U0901388

中国经济普查年鉴

China Economic Census Yearbook

2023

综 | 合 | 卷

国务院第五次全国经济普查领导小组办公室 编著

中国统计出版社
China Statistics Press

图书在版编目（CIP）数据

中国经济普查年鉴. 2023. 综合卷 / 国务院第五次全国经济普查领导小组办公室编著. -- 北京 ： 中国统计出版社, 2025.3. -- ISBN 978-7-5230-0716-7

I. F123-54

中国国家版本馆 CIP 数据核字第 2025MP6659 号

中国经济普查年鉴 2023/综合卷

作　　者/国务院第五次全国经济普查领导小组办公室
责任编辑/冯诗萌
装帧设计/黄俊杰　李雪燕
出版发行/中国统计出版社有限公司
通信地址/北京市丰台区西三环南路甲 6 号　邮政编码/100073
电　　话/邮购（010）63376909　书店（010）68783171
网　　址/http://www.zgtjcbs.com/
印　　刷/河北鑫兆源印刷有限公司
经　　销/新华书店
开　　本/880mm×1230mm　1/16
字　　数/984 千字
印　　张/30.75
版　　别/2025 年 3 月第 1 版
版　　次/2025 年 3 月第 1 次印刷
定　　价/890.00 元（全四册附光盘）

本书附同版本 CD-ROM 一张，光盘内容以书面文字为准。
如有印装差错，由本社发行部调换。

编者说明

为便于社会各界共享第五次全国经济普查成果，更方便地开发利用普查资料，我们将经济普查资料编辑整理，汇编成《中国经济普查年鉴2023》一书。全书共三卷四册，即综合卷、第二产业卷（上、下）和第三产业卷，并随书配送同版本光盘一张。《综合卷》分四篇：第一篇为“综合篇”，第二篇为“企业篇”，第三篇为“文化及相关产业篇”，第四篇为“企业法人数字化情况篇”。《第二产业卷》按内容分为上、下两册。上册两篇：第一篇为“工业企业生产经营及财务状况篇”，第二篇为“主要工业产品产量篇”。下册两篇：第一篇为“规模以上工业企业科技情况篇”，第二篇为“建筑业企业生产经营及财务状况篇”。《第三产业卷》分五篇：第一篇为“批发和零售业企业基本情况及财务状况篇”，第二篇为“住宿和餐饮业企业基本情况及财务状况篇”，第三篇为“房地产开发经营业企业生产经营及财务状况篇”，第四篇为“服务业企业财务状况篇”，第五篇为“服务业行政事业及非企业法人单位篇”，现对有关问题做如下说明：

一、第五次全国经济普查的标准时点为2023年12月31日，时期资料为2023年度；

二、综合卷中综合篇和企业篇汇总表，均不包含少量无分组标识的单位数据。其中，单位数包含兼营第二、三产业活动的农、林、牧、渔业法人单位；从业人员数不包含兼营第二、三产业活动的农、林、牧、渔业法人单位，不包含中国人民银行、金融监管总局、中国证监会、铁路运输部门负责普查的单位；

三、综合卷第一、二篇中企业法人单位为机构类型为企业的法人单位；综合卷第三、四篇，第二产业卷和第三产业卷中企业法人单位，包括机构类型为企业的法人单位，以及执行企业会计制度的事业法人单位、民办非企业法人单位和基金会，农民专业合作社，农村集体经济组织和除宗教活动场所以外的机构类型为其他组织机构的法人单位；

四、本资料建筑业按法人单位注册地，其他行业按法人单位经营地进行汇总；

五、本资料对部分数据由于计量单位取舍不同或四舍五入而产生的误差数均未作机械调整；

六、表中空格表示该项统计指标数值为零、不足最小单位，“#”表示其中的主要项，NA表示数值小于或等于3；

七、为了更准确地使用本年鉴，每卷后附有该卷详细的指标解释。

我们希望此书的出版，能使社会各界对我国第五次全国经济普查有一个全面的了解，更愿本书的内容，能为社会经济研究工作者提供有价值的参考。

第五次全国经济普查资料是全国普查工作者共同辛勤工作的成果，也是广大普查对象积极支持配合的结果。在此，我们向全国所有普查工作者、普查对象和所有参与、支持普查工作的人员致以崇高的敬意和衷心的感谢！

国务院第五次全国经济普查领导小组办公室

2025年3月

综合卷　目录

第一篇　综合篇

第二篇　企业篇

第三篇 文化及相关产业篇

第四篇　企业法人数字化情况篇

附录

第1篇

综合篇

1-1 按地区、行业门类

地区	法人单位数(个)	农、林、牧、渔业	采矿业	制造业	电力、热力、燃气及水生产和供应业	建筑业	批发和零售业	交通运输、仓储和邮政业	住宿和餐饮业	信息传输、软件和信息技术服务业
全国	**33267885**	**272350**	**51605**	**4047228**	**135796**	**2722407**	**10197183**	**939056**	**711948**	**1695873**
北京	1178832	347	13	19716	1649	60257	293453	19996	51183	118764
天津	424775	446	37	39988	1059	32789	112099	19477	7359	25372
河北	1494574	4975	2379	259808	5332	162503	448592	41882	22728	57511
山西	699821	7165	4751	42145	6214	76651	205606	25101	14462	32839
内蒙古	408532	4858	3001	24924	3560	46994	116849	16446	5693	13753
辽宁	907494	8512	3154	106069	4784	69109	271826	37519	14312	54300
吉林	345702	6183	723	25154	2002	29388	98815	10618	5458	15575
黑龙江	369436	5071	1333	28286	3108	28291	102847	14354	3980	17984
上海	772054	409	NA	55446	337	33412	245761	28689	27860	46915
江苏	2906706	10486	163	568658	6647	261416	857093	94570	45935	151292
浙江	2280047	2902	686	504983	7522	102080	797011	52888	39646	103722
安徽	1329276	21628	861	152636	6126	158157	401407	39238	26596	53306
福建	1265255	5642	1136	162408	6675	74425	490573	26968	21428	75617
江西	760414	7133	2093	90148	8132	71655	224192	24806	13733	33903
山东	2784910	30752	1444	380475	8761	297368	892449	87119	48511	116349
河南	2097188	47873	2534	194285	7097	227586	672254	45052	37915	96314
湖北	1423244	24772	2032	128174	6544	139101	415799	43499	35975	88503
湖南	1023392	21545	2188	93356	8956	66107	264380	24897	24816	48824
广东	4658826	6444	1439	751307	10942	212719	1514268	118838	93372	278974
广西	644336	5099	1779	48452	3890	40439	175139	20244	12952	23532
海南	174052	1281	126	4822	644	18306	38976	5029	4347	12092
重庆	736285	8294	847	63755	2555	38958	233040	19343	26411	43749
四川	1367190	6732	3139	91101	6683	109790	408687	34708	40274	69338
贵州	521556	1607	3258	47766	2515	43162	151726	13016	19877	16122
云南	751441	8528	3307	44768	3702	66627	248996	20062	27306	21349
西藏	86914	560	258	5377	258	12390	18437	1714	2238	2903
陕西	888960	7159	4059	54673	3693	154241	232010	19355	17547	48172
甘肃	392334	6935	1521	20182	2437	40380	109288	10763	9911	9528
青海	98236	510	291	4485	783	9499	22473	2401	2425	2759
宁夏	113219	1123	411	8236	677	12523	31590	4608	2088	3573
新疆	362884	7379	2639	25645	2512	26084	101547	15856	5610	12939

分组的法人单位数

金融业	房地产业	租赁和商务服务业	科学研究和技术服务业	水利、环境和公共设施管理业	居民服务、修理和其他服务业	教育	卫生和社会工作	文化、体育和娱乐业	公共管理、社会保障和社会组织
107575	**1042264**	**4609109**	**2117795**	**223244**	**901638**	**817923**	**337213**	**817224**	**1520454**
7845	34718	213502	177195	8269	50779	20971	8687	73865	17623
5059	16784	64753	49757	2254	12241	8659	4183	10782	11677
2117	46605	140943	80066	11231	34413	39850	15710	31425	86504
1683	23790	101683	39852	6655	21471	17504	8856	17146	46247
1236	15909	56243	21982	4711	10716	12796	5374	7517	35970
2406	33295	114750	57690	4929	23751	25664	14894	20375	40155
1065	12098	49554	21228	2837	10197	11482	5946	8079	29300
1245	13501	49203	25026	2982	7577	13296	6949	9173	35230
7441	34547	133163	62229	3800	31749	13544	6383	25145	15221
9335	78346	309019	233058	18135	60419	43939	28748	57616	71831
7670	61233	232792	103875	13335	55167	48043	20433	52566	73493
2929	37381	186684	68220	9868	39181	31275	13115	26274	54394
4166	32249	140303	62192	7129	28998	24229	10194	35012	55911
6521	20020	101112	35877	5283	16427	23511	8694	14955	52219
5394	72614	363212	158687	16653	60558	60381	22804	51247	110132
2625	64440	247506	130605	13205	48106	73577	22194	53490	110530
2394	41982	203908	98730	12216	36079	31083	13063	36790	62600
2114	29369	163110	76916	9586	29067	37496	13313	35741	71611
18672	171220	760468	290981	17411	120373	84424	27272	98635	81067
1438	23386	102712	39826	4826	34739	32332	7098	13933	52520
1879	11918	37398	9576	1359	5365	5546	2171	5191	8026
1582	22910	121923	40670	5613	24611	18677	8362	25020	29965
2662	41351	221718	79116	11114	39234	39554	23306	41552	97131
1185	17219	76191	17233	3710	23578	21920	8781	10190	42500
1432	21877	125529	31560	5758	24271	20296	8392	16404	51277
353	1558	17261	4050	599	1543	1277	741	1712	13685
1833	28923	125268	52324	10309	25015	23954	9328	18937	52160
970	12199	63554	18009	3574	10857	15083	4791	7710	44642
333	3039	18747	5412	1250	2551	2682	1608	2134	14854
425	3559	16542	4914	1028	3205	4087	1149	2309	11172
1566	14224	50358	20939	3615	9400	10791	4674	6299	40807

1-2 按地区分组的法人单位数及从业人员数

地 区	法人单位数(个)	单产业法人单位	多产业法人单位	从业人员数(人)	#女性
全 国	**33267885**	**32587748**	**680137**	**413731653**	**163096101**
北 京	1178832	1143170	35662	12233283	5153445
天 津	424775	417274	7501	5002941	1942259
河 北	1494574	1470740	23834	16185378	6392428
山 西	699821	685787	14034	8312720	3057248
内蒙古	408532	398868	9664	5092831	1952411
辽 宁	907494	892513	14981	9146016	3635580
吉 林	345702	337964	7738	4492402	1829097
黑龙江	369436	359361	10075	4519720	1804233
上 海	772054	735872	36182	12502328	5376280
江 苏	2906706	2851176	55530	37972355	14159576
浙 江	2280047	2243321	36726	31393324	11876800
安 徽	1329276	1299602	29674	17308221	6474353
福 建	1265255	1240256	24999	17323430	6887453
江 西	760414	743791	16623	10945329	4458672
山 东	2784910	2736462	48448	31439749	11978425
河 南	2097188	2062137	35051	25635810	10277148
湖 北	1423244	1396618	26626	17696611	6864105
湖 南	1023392	1001720	21672	15769211	6264655
广 东	4658826	4584550	74276	51336918	20468266
广 西	644336	630616	13720	8408928	3805733
海 南	174052	170351	3701	1857992	809057
重 庆	736285	721205	15080	10052076	3969724
四 川	1367190	1339687	27503	20391879	8177677
贵 州	521556	505546	16010	6282218	2633715
云 南	751441	728354	23087	8729804	3528269
西 藏	86914	84595	2319	937777	332056
陕 西	888960	870168	18792	10426544	3992801
甘 肃	392334	380443	11891	4406909	1742753
青 海	98236	96273	1963	1219701	486357
宁 夏	113219	110226	2993	1560992	646103
新 疆	362884	349102	13782	5148256	2119422

1-3 按行业(中类)分组的法人单位数及从业人员数

行业中类	代码	法人单位数(个)	单产业法人单位	多产业法人单位	从业人员数(人)	#女性
总 计		**33267885**	**32587748**	**680137**	**413731653**	**163096101**
农、林、牧、渔业	A	**272350**	**270470**	**1880**	**1335252**	**459387**
农业	01	349		349		
谷物种植	011	106		106		
豆类、油料和薯类种植	012	30		30		
棉、麻、糖、烟草种植	013	7		7		
蔬菜、食用菌及园艺作物种植	014	110		110		
水果种植	015	47		47		
坚果、含油果、香料和饮料作物种植	016	13		13		
中药材种植	017	18		18		
草种植及割草	018	6		6		
其他农业	019	12		12		
林业	02	145		145		
林木育种和育苗	021	38		38		
造林和更新	022	11		11		
森林经营、管护和改培	023	89		89		
木材和竹材采运	024	6		6		
林产品采集	025	NA		NA		
畜牧业	03	208		208		
牲畜饲养	031	144		144		
家禽饲养	032	50		50		
狩猎和捕捉动物	033					
其他畜牧业	039	14		14		
渔业	04	64		64		
水产养殖	041	57		57		
水产捕捞	042	7		7		
农、林、牧、渔专业及辅助性活动	05	271584	270470	1114	1335252	459387
农业专业及辅助性活动	051	231322	230507	815	1077356	373625
林业专业及辅助性活动	052	10339	10204	135	83045	24243
畜牧专业及辅助性活动	053	19846	19723	123	120957	43785
渔业专业及辅助性活动	054	10077	10036	41	53894	17734
采矿业	B	**51605**	**49623**	**1982**	**4697262**	**731534**
煤炭开采和洗选业	06	9557	8885	672	2772385	340011
烟煤和无烟煤开采洗选	061	9030	8380	650	2691940	330235
褐煤开采洗选	062	177	158	19	70611	8131
其他煤炭采选	069	350	347	NA	9834	1645

1-3 续表 1

行业中类	代码	法人单位数(个)	单产业法人单位	多产业法人单位	从业人员数(人)	#女性
石油和天然气开采业	07	418	370	48	511880	139728
石油开采	071	234	207	27	458352	124729
天然气开采	072	184	163	21	53528	14999
黑色金属矿采选业	08	6890	6608	282	313245	47737
铁矿采选	081	6422	6154	268	301451	45481
锰矿、铬矿采选	082	329	318	11	8544	1669
其他黑色金属矿采选	089	139	136	NA	3250	587
有色金属矿采选业	09	4681	4479	202	293673	53291
常用有色金属矿采选	091	3244	3126	118	168272	30974
贵金属矿采选	092	890	835	55	83124	13733
稀有稀土金属矿采选	093	547	518	29	42277	8584
非金属矿采选业	10	24756	24136	620	493184	95453
土砂石开采	101	21139	20665	474	373302	70753
化学矿开采	102	808	742	66	40206	7381
采盐	103	203	175	28	27438	6189
石棉及其他非金属矿采选	109	2606	2554	52	52238	11130
开采专业及辅助性活动	11	4023	3882	141	299281	52224
煤炭开采和洗选专业及辅助性活动	111	292	287	5	15761	2380
石油和天然气开采专业及辅助性活动	112	3480	3354	126	279300	49170
其他开采专业及辅助性活动	119	251	241	10	4220	674
其他采矿业	12	1280	1263	17	13614	3090
其他采矿业	120	1280	1263	17	13614	3090
制造业	**C**	**4047228**	**3989509**	**57719**	**103841445**	**39335785**
农副食品加工业	13	166969	163548	3421	4062211	1791429
谷物磨制	131	29503	28989	514	454286	144374
饲料加工	132	18231	17856	375	563711	161002
植物油加工	133	12234	11998	236	220460	77408
制糖业	134	1010	972	38	86596	27848
屠宰及肉类加工	135	29366	28153	1213	1149554	549561
水产品加工	136	11511	11323	188	367466	207964
蔬菜、菌类、水果和坚果加工	137	24949	24604	345	520385	291628
其他农副食品加工	139	40165	39653	512	699753	331644
食品制造业	14	83463	81077	2386	2538401	1287439
焙烤食品制造	141	18439	17645	794	522062	299164
糖果、巧克力及蜜饯制造	142	4826	4694	132	160722	90304
方便食品制造	143	16205	15899	306	480367	251820
乳制品制造	144	2239	2077	162	240054	106794

1-3　续表 2

行业中类	代码	法人单位数（个）	单产业法人单位	多产业法人单位	从业人员数（人）	#女性
罐头食品制造	145	2331	2256	75	131174	80553
调味品、发酵制品制造	146	10117	9838	279	310780	137911
其他食品制造	149	29306	28668	638	693242	320893
酒、饮料和精制茶制造业	15	77958	76146	1812	1594467	610808
酒的制造	151	23779	23248	531	720123	239439
饮料制造	152	18323	17729	594	515083	206284
精制茶加工	153	35856	35169	687	359261	165085
烟草制品业	16	324	280	44	180567	56187
烟叶复烤	161	86	78	8	14904	7340
卷烟制造	162	132	105	27	154733	45320
其他烟草制品制造	169	106	97	9	10930	3527
纺织业	17	149488	148155	1333	3844129	2090930
棉纺织及印染精加工	171	46684	46294	390	1724215	949604
毛纺织及染整精加工	172	6415	6330	85	176891	97695
麻纺织及染整精加工	173	900	894	6	46892	29216
丝绢纺织及印染精加工	174	1938	1858	80	80654	53717
化纤织造及印染精加工	175	13003	12878	125	388257	190449
针织或钩针编织物及其制品制造	176	22800	22682	118	389968	205662
家用纺织制成品制造	177	32294	32038	256	520776	306350
产业用纺织制成品制造	178	25454	25181	273	516476	258237
纺织服装、服饰业	18	195307	193087	2220	4491581	3036396
机织服装制造	181	85386	84195	1191	2211082	1519162
针织或钩针编织服装制造	182	31192	30756	436	1039277	702935
服饰制造	183	78729	78136	593	1241222	814299
皮革、毛皮、羽毛及其制品和制鞋业	19	88319	87635	684	2505906	1372613
皮革鞣制加工	191	4523	4491	32	92259	37731
皮革制品制造	192	31752	31562	190	616049	358465
毛皮鞣制及制品加工	193	4504	4488	16	60038	30756
羽毛(绒)加工及制品制造	194	2595	2557	38	58565	34615
制鞋业	195	44945	44537	408	1678995	911046
木材加工和木、竹、藤、棕、草制品业	20	133423	132765	658	2205224	862856
木材加工	201	65110	64900	210	798901	288989
人造板制造	202	20131	20011	120	672750	289452
木质制品制造	203	35935	35689	246	522086	187801
竹、藤、棕、草等制品制造	204	12247	12165	82	211487	96614
家具制造业	21	109034	107936	1098	1985705	699643
木质家具制造	211	76960	76221	739	1282833	433164

1-3 续表 3

行业中类	代码	法人单位数(个)	单产业法人单位	多产业法人单位	从业人员数(人)	#女性
竹、藤家具制造	212	794	794		21843	10276
金属家具制造	213	11532	11357	175	315632	119621
塑料家具制造	214	1012	1004	8	26965	11098
其他家具制造	219	18736	18560	176	338432	125484
造纸和纸制品业	22	90534	89975	559	1682019	637271
纸浆制造	221	296	291	5	19364	5839
造纸	222	13207	13074	133	505161	157569
纸制品制造	223	77031	76610	421	1157494	473863
印刷和记录媒介复制业	23	91475	90417	1058	1544587	644787
印刷	231	81668	80747	921	1446794	605271
装订及印刷相关服务	232	9552	9416	136	94694	38234
记录媒介复制	233	255	254	NA	3099	1282
文教、工美、体育和娱乐用品制造业	24	150591	149186	1405	2870658	1477614
文教办公用品制造	241	13178	12994	184	230840	112632
乐器制造	242	3124	3082	42	73190	36073
工艺美术及礼仪用品制造	243	90118	89403	715	1377613	686261
体育用品制造	244	17016	16857	159	384913	184819
玩具制造	245	21802	21573	229	700490	414630
游艺器材及娱乐用品制造	246	5353	5277	76	103612	43199
石油、煤炭及其他燃料加工业	25	14819	14530	289	855939	189482
精炼石油产品制造	251	4962	4817	145	458711	100417
煤炭加工	252	3554	3449	105	325279	69900
生物质燃料加工	254	6295	6257	38	71139	18983
化学原料和化学制品制造业	26	118787	115817	2970	4367254	1348463
基础化学原料制造	261	14788	14332	456	1064850	264286
肥料制造	262	15336	14888	448	456631	120361
农药制造	263	1956	1823	133	183094	55640
涂料、油墨、颜料及类似产品制造	264	21829	21376	453	526432	146332
合成材料制造	265	13769	13486	283	625556	169288
专用化学产品制造	266	29169	28463	706	801456	229946
炸药、火工及焰火产品制造	267	2113	1986	127	237589	121866
日用化学产品制造	268	19827	19463	364	471646	240744
医药制造业	27	35059	33662	1397	2366022	1144307
化学药品原料药制造	271	2929	2801	128	386439	131788
化学药品制剂制造	272	2946	2700	246	552460	276051
中药饮片加工	273	9153	8974	179	206207	110200
中成药生产	274	4530	4242	288	479299	250207

1-3　续表 4

行业中类	代码	法人单位数（个）	单产业法人单位	多产业法人单位	从业人员数（人）	#女性
兽用药品制造	275	1836	1760	76	92953	38638
生物药品制品制造	276	4145	3908	237	303187	145124
卫生材料及医药用品制造	277	8616	8398	218	287901	165974
药用辅料及包装材料	278	904	879	25	57576	26325
化学纤维制造业	28	8143	8058	85	495069	180036
纤维素纤维原料及纤维制造	281	790	783	7	58811	20812
合成纤维制造	282	5590	5526	64	388478	142840
生物基材料制造	283	1763	1749	14	47780	16384
橡胶和塑料制品业	29	239924	237740	2184	4926350	1969944
橡胶制品业	291	42336	41909	427	1054158	382579
塑料制品业	292	197588	195831	1757	3872192	1587365
非金属矿物制品业	30	306549	300440	6109	7118765	2036345
水泥、石灰和石膏制造	301	11879	11436	443	560610	125493
石膏、水泥制品及类似制品制造	302	74375	71296	3079	1671508	371473
砖瓦、石材等建筑材料制造	303	116380	115093	1287	1656948	424781
玻璃制造	304	8571	8469	102	344539	99276
玻璃制品制造	305	20130	19973	157	582825	238012
玻璃纤维和玻璃纤维增强塑料制品制造	306	8221	8104	117	237936	80920
陶瓷制品制造	307	27241	26908	333	987903	417925
耐火材料制品制造	308	13783	13632	151	332588	85165
石墨及其他非金属矿物制品制造	309	25969	25529	440	743908	193300
黑色金属冶炼和压延加工业	31	24406	24036	370	2011367	379676
炼铁	311	352	343	9	49247	9158
炼钢	312	255	246	9	184651	36397
钢压延加工	313	22145	21841	304	1633780	302953
铁合金冶炼	314	1654	1606	48	143689	31168
有色金属冶炼和压延加工业	32	33061	32594	467	1784459	425190
常用有色金属冶炼	321	2894	2798	96	583951	99304
贵金属冶炼	322	458	435	23	63204	12950
稀有稀土金属冶炼	323	738	713	25	50229	12782
有色金属合金制造	324	9319	9233	86	220540	62346
有色金属压延加工	325	19652	19415	237	866535	237808
金属制品业	33	455086	450923	4163	7589602	2333057
结构性金属制品制造	331	201278	199452	1826	2737477	738177
金属工具制造	332	24756	24552	204	482275	180903
集装箱及金属包装容器制造	333	10375	10155	220	335835	90461
金属丝绳及其制品制造	334	18824	18690	134	281624	82586

1-3 续表 5

行业中类	代码	法人单位数(个)	单产业法人单位	多产业法人单位	从业人员数(人)	#女性
建筑、安全用金属制品制造	335	62320	61762	558	963788	347133
金属表面处理及热处理加工	336	18809	18596	213	489370	160642
搪瓷制品制造	337	2568	2557	11	41260	16103
金属制日用品制造	338	23583	23271	312	516646	206370
铸造及其他金属制品制造	339	92573	91888	685	1741327	510682
通用设备制造业	34	428788	423967	4821	7907882	2265970
锅炉及原动设备制造	341	8963	8667	296	357601	84267
金属加工机械制造	342	52867	52422	445	933756	231848
物料搬运设备制造	343	16307	15556	751	627535	133133
泵、阀门、压缩机及类似机械制造	344	48946	48093	853	1210893	364470
轴承、齿轮和传动部件制造	345	25768	25561	207	673568	211009
烘炉、风机、包装等设备制造	346	45862	45108	754	1014932	323334
文化、办公用机械制造	347	3711	3628	83	184910	85254
通用零部件制造	348	180278	179255	1023	2249727	663937
其他通用设备制造业	349	46086	45677	409	654960	168718
专用设备制造业	35	304449	299888	4561	6131870	1833009
采矿、冶金、建筑专用设备制造	351	36475	35864	611	987231	213724
化工、木材、非金属加工专用设备制造	352	92703	92171	532	1366442	359750
食品、饮料、烟草及饲料生产专用设备制造	353	7916	7782	134	160861	39245
印刷、制药、日化及日用品生产专用设备制造	354	8980	8835	145	215311	55619
纺织、服装和皮革加工专用设备制造	355	11399	11289	110	233034	73684
电子和电工机械专用设备制造	356	19294	18884	410	592793	178642
农、林、牧、渔专用机械制造	357	20025	19810	215	359240	96668
医疗仪器设备及器械制造	358	32283	31392	891	1033768	494303
环保、邮政、社会公共服务及其他专用设备制造	359	75374	73861	1513	1183190	321374
汽车制造业	36	94150	92454	1696	5549941	1711789
汽车整车制造	361	1357	1266	91	939512	151533
汽车用发动机制造	362	405	394	11	74844	12632
改装汽车制造	363	1360	1288	72	97607	18020
低速汽车制造	364	62	58	4	12127	2739
电车制造	365	271	269	NA	5342	1584
汽车车身、挂车制造	366	2002	1958	44	83411	18341
汽车零部件及配件制造	367	88693	87221	1472	4337098	1506940
铁路、船舶、航空航天和其他运输设备制造业	37	35741	34976	765	1490547	421312
铁路运输设备制造	371	4174	3975	199	305333	63890
城市轨道交通设备制造	372	837	816	21	49094	12500
船舶及相关装置制造	373	9782	9566	216	372129	75785

1-3 续表 6

行业中类	代码	法人单位数(个)	单产业法人单位	多产业法人单位	从业人员数(人)	#女性
航空、航天器及设备制造	374	2290	2191	99	139251	37627
摩托车制造	375	6922	6821	101	305013	110619
自行车和残疾人座车制造	376	4511	4482	29	110448	42994
助动车制造	377	4869	4797	72	149622	55669
非公路休闲车及零配件制造	378	1094	1084	10	35523	13150
潜水救捞及其他未列明运输设备制造	379	1262	1244	18	24134	9078
电气机械和器材制造业	38	256314	251864	4450	8103295	3156706
电机制造	381	17977	17658	319	811751	302985
输配电及控制设备制造	382	97669	95758	1911	2674145	1002488
电线、电缆、光缆及电工器材制造	383	31877	31270	607	932932	359632
电池制造	384	9612	9408	204	1106941	384297
家用电力器具制造	385	29833	29353	480	1430749	623998
非电力家用器具制造	386	4905	4740	165	121981	45259
照明器具制造	387	47089	46545	544	788984	355690
其他电气机械及器材制造	389	17352	17132	220	235812	82357
计算机、通信和其他电子设备制造业	39	173484	169912	3572	10308701	4266003
计算机制造	391	12616	12202	414	1104070	464332
通信设备制造	392	12011	11515	496	1750322	595225
广播电视设备制造	393	2321	2214	107	155101	69475
雷达及配套设备制造	394	447	424	23	20472	6707
非专业视听设备制造	395	7469	7353	116	414022	192627
智能消费设备制造	396	11668	11343	325	618804	238044
电子器件制造	397	27431	26667	764	2197709	909565
电子元件及电子专用材料制造	398	82502	81438	1064	3581321	1589906
其他电子设备制造	399	17019	16756	263	466880	200122
仪器仪表制造业	40	60843	59414	1429	1504734	537845
通用仪器仪表制造	401	43640	42727	913	952163	308145
专用仪器仪表制造	402	7157	6831	326	225414	77262
钟表与计时仪器制造	403	3248	3216	32	106446	56066
光学仪器制造	404	3383	3319	64	146961	67793
衡器制造	405	1266	1222	44	30899	12342
其他仪器仪表制造业	409	2149	2099	50	42851	16237
其他制造业	41	30054	29775	279	547924	267423
日用杂品制造	411	18977	18812	165	391404	209786
废弃资源综合利用业	42	22566	22170	396	422703	113617
金属废料和碎屑加工处理	421	12232	11974	258	238373	61413
非金属废料和碎屑加工处理	422	10334	10196	138	184330	52204

1-3 续表 7

行业中类	代码	法人单位数(个)	单产业法人单位	多产业法人单位	从业人员数(人)	#女性
金属制品、机械和设备修理业	43	68120	67082	1038	853566	187638
金属制品修理	431	1391	1377	14	13390	3317
通用设备修理	432	12304	12079	225	123250	29380
专用设备修理	433	14344	14108	236	151137	36471
铁路、船舶、航空航天等运输设备修理	434	8398	8141	257	294740	51111
电气设备修理	435	8557	8455	102	95408	21226
仪器仪表修理	436	1762	1746	16	11597	3272
其他机械和设备修理业	439	21364	21176	188	164044	42861
电力、热力、燃气及水生产和供应业	**D**	**135796**	**130678**	**5118**	**4781487**	**1247789**
电力、热力生产和供应业	44	95198	93121	2077	3374448	791167
电力生产	441	73811	72360	1451	1413018	306004
电力供应	442	10728	10386	342	1544852	378217
热力生产和供应	443	10659	10375	284	416578	106946
燃气生产和供应业	45	10444	8731	1713	454911	142002
燃气生产和供应业	451	9907	8215	1692	447479	139624
生物质燃气生产和供应业	452	537	516	21	7432	2378
水的生产和供应业	46	30154	28826	1328	952128	314620
自来水生产和供应	461	17321	16302	1019	681137	234683
污水处理及其再生利用	462	12423	12123	300	263597	77706
海水淡化处理	463	56	56		1104	352
其他水的处理、利用与分配	469	354	345	9	6290	1879
建筑业	**E**	**2722407**	**2634457**	**87950**	**51172315**	**9900993**
房屋建筑业	47	796864	755031	41833	25870412	4353305
住宅房屋建筑	471	739092	700985	38107	23762045	3996023
体育场馆建筑	472	550	493	57	44001	5834
其他房屋建筑业	479	57222	53553	3669	2064366	351448
土木工程建筑业	48	553996	530213	23783	11264451	2311664
铁路、道路、隧道和桥梁工程建筑	481	159030	146188	12842	5385650	1013854
水利和水运工程建筑	482	14870	12744	2126	744550	125907
海洋工程建筑	483	432	413	19	15049	2919
工矿工程建筑	484	4998	4473	525	526652	62396
架线和管道工程建筑	485	32972	31052	1920	1018423	203595
节能环保工程施工	486	12567	12121	446	131096	36389
电力工程施工	487	21261	20144	1117	497511	103289
其他土木工程建筑	489	307866	303078	4788	2945520	763315
建筑安装业	49	284405	276372	8033	3849722	799478
电气安装	491	90671	88004	2667	1316810	282274

1-3 续表 8

行业中类	代码	法人单位数(个)	单产业法人单位	多产业法人单位	从业人员数(人)	#女性
管道和设备安装	492	72308	70867	1441	961113	185222
其他建筑安装业	499	121426	117501	3925	1571799	331982
建筑装饰、装修和其他建筑业	50	1087142	1072841	14301	10187730	2436546
建筑装饰和装修业	501	877147	866431	10716	6940551	1784967
建筑物拆除和场地准备活动	502	72542	71430	1112	711543	152426
提供施工设备服务	503	18660	18391	269	210376	45610
其他未列明建筑业	509	118793	116589	2204	2325260	453543
批发和零售业	**F**	**10197183**	**10040924**	**156259**	**53256004**	**23732113**
批发业	51	5509532	5445921	63611	29931601	12149623
农、林、牧、渔产品批发	511	310893	307372	3521	1625154	595023
食品、饮料及烟草制品批发	512	636795	627169	9626	4182570	1766944
纺织、服装及家庭用品批发	513	794986	787376	7610	4117021	2057700
文化、体育用品及器材批发	514	199963	197516	2447	1022094	503621
医药及医疗器材批发	515	249358	243871	5487	2131855	1039361
矿产品、建材及化工产品批发	516	1569224	1552130	17094	8365515	2955230
机械设备、五金产品及电子产品批发	517	1228151	1214690	13461	6213160	2343667
贸易经纪与代理	518	80816	80111	705	330867	143367
其他批发业	519	439346	435686	3660	1943365	744710
零售业	52	4687651	4595003	92648	23324403	11582490
综合零售	521	436578	425685	10893	3430374	2058668
食品、饮料及烟草制品专门零售	522	658813	646941	11872	2763056	1316904
纺织、服装及日用品专门零售	523	601106	587697	13409	2594349	1475873
文化、体育用品及器材专门零售	524	274888	270015	4873	1201634	611308
医药及医疗器材专门零售	525	382421	360018	22403	2258503	1557123
汽车、摩托车、零配件和燃料及其他动力销售	526	420880	407643	13237	3268105	1309758
家用电器及电子产品专门零售	527	468015	461051	6964	1977531	850478
五金、家具及室内装饰材料专门零售	528	672682	669203	3479	2686197	1020850
货摊、无店铺及其他零售业	529	772268	766750	5518	3144654	1381528
交通运输、仓储和邮政业	**G**	**939056**	**914471**	**24585**	**14006067**	**3942940**
铁路运输业	53	402	346	56		
铁路旅客运输	531	144	131	13		
铁路货物运输	532	228	189	39		
铁路运输辅助活动	533	30	26	4		
道路运输业	54	634609	622392	12217	8467731	2162169
城市公共交通运输	541	19244	18207	1037	1795910	391336
公路旅客运输	542	10831	9377	1454	458040	123732
道路货物运输	543	566780	558298	8482	5168981	1262313
道路运输辅助活动	544	37754	36510	1244	1044800	384788

1-3 续表 9

行业中类	代码	法人单位数(个)	单产业法人单位	多产业法人单位	从业人员数(人)	#女性
水上运输业	55	18886	18233	653	477993	95549
水上旅客运输	551	1073	1032	41	37927	10859
水上货物运输	552	11393	10986	407	215553	44953
水上运输辅助活动	553	6420	6215	205	224513	39737
航空运输业	56	4103	3878	225	655711	239973
航空客货运输	561	1089	1007	82	379745	149723
通用航空服务	562	2028	1965	63	30008	9097
航空运输辅助活动	563	986	906	80	245958	81153
管道运输业	57	426	399	27	42119	9106
海底管道运输	571	8	8		69	10
陆地管道运输	572	418	391	27	42050	9096
多式联运和运输代理业	58	143742	138967	4775	1348826	532904
多式联运	581	1679	1606	73	78050	17456
运输代理业	582	142063	137361	4702	1270776	515448
装卸搬运和仓储业	59	106527	104437	2090	1434011	388087
装卸搬运	591	45681	45180	501	669567	145454
通用仓储	592	25291	24835	456	345353	112096
低温仓储	593	7039	6956	83	61958	21166
危险品仓储	594	1046	1007	39	30024	6939
谷物、棉花等农产品仓储	595	11728	11007	721	163531	47889
中药材仓储	596	166	165	NA	1567	589
其他仓储业	599	15576	15287	289	162011	53954
邮政业	60	30361	25819	4542	1579676	515152
邮政基本服务	601	1286	815	471	497157	247583
快递服务	602	27767	23793	3974	960537	243447
其他寄递服务	609	1308	1211	97	121982	24122
住宿和餐饮业	**H**	**711948**	**680998**	**30950**	**8941820**	**5063887**
住宿业	61	191490	185037	6453	2798224	1686383
旅游饭店	611	37851	35505	2346	1349477	767233
一般旅馆	612	123368	119759	3609	1257627	806747
民宿服务	613	20801	20539	262	87581	49711
露营地服务	614	1858	1844	14	7815	3490
其他住宿业	619	7612	7390	222	95724	59202
餐饮业	62	520458	495961	24497	6143596	3377504
正餐服务	621	415221	396995	18226	4416220	2352546
快餐服务	622	34292	32112	2180	879166	556685

1-3 续表 10

行业中类	代码	法人单位数(个)	单产业法人单位	多产业法人单位	从业人员数(人)	#女性
饮料及冷饮服务	623	21193	19469	1724	257225	145669
餐饮配送及外卖送餐服务	624	12215	11385	830	271261	149175
其他餐饮业	629	37537	36000	1537	319724	173429
信息传输、软件和信息技术服务业	**I**	**1695873**	**1669742**	**26131**	**15141692**	**5858457**
电信、广播电视和卫星传输服务	63	37816	34757	3059	1630091	664170
电信	631	32652	29851	2801	1360120	570101
广播电视传输服务	632	4371	4158	213	256169	89706
卫星传输服务	633	793	748	45	13802	4363
互联网和相关服务	64	279408	275625	3783	2435527	1033985
互联网接入及相关服务	641	14716	14500	216	129472	43990
互联网信息服务	642	168485	166615	1870	1302543	563824
互联网平台	643	20721	19925	796	450337	206410
互联网安全服务	644	6174	6073	101	60294	19767
互联网数据服务	645	22604	22200	404	242953	94378
其他互联网服务	649	46708	46312	396	249928	105616
软件和信息技术服务业	65	1378649	1359360	19289	11076074	4160302
软件开发	651	623917	613974	9943	5769232	2056138
集成电路设计	652	11479	11007	472	200976	62118
信息系统集成和物联网技术服务	653	116214	114003	2211	1082993	365639
运行维护服务	654	15960	15531	429	275524	91098
信息处理和存储支持服务	655	10225	9924	301	158529	69182
信息技术咨询服务	656	529863	525071	4792	2826677	1165185
数字内容服务	657	17522	17143	379	180463	75844
其他信息技术服务业	659	53469	52707	762	581680	275098
金融业	**J**	**107575**	**86906**	**20669**	**285410**	**124132**
货币金融服务	66	30101	20324	9777	133724	58703
中央银行服务	661	360	46	314	546	273
货币银行服务	662	12141	3194	8947	2395	1058
非货币银行服务	663	17226	16710	516	130783	57372
银行理财服务	664	31	31			
银行监管服务	665	343	343			
资本市场服务	67	50915	50444	471	57075	22524
证券市场服务	671	345	219	126	1386	708
公开募集证券投资基金	672	162	44	118	57	21
非公开募集证券投资基金	673	21805	21794	11	165	65
期货市场服务	674	273	131	142	NA	
证券期货监管服务	675	43	43			

1-3 续表 11

行业中类	代码	法人单位数(个)	单产业法人单位	多产业法人单位	从业人员数(人)	#女性
资本投资服务	676	15186	15137	49	36391	14393
其他资本市场服务	679	13101	13076	25	19075	7337
保险业	68	17219	7069	10150	4564	2160
人身保险	681	6503	2335	4168		
财产保险	682	6832	2283	4549	8	5
再保险	683	22	22			
商业养老金	684	209	198	11		
保险中介服务	685	2527	1139	1388	38	15
保险资产管理	686	36	35	NA		
保险监管服务	687					
其他保险活动	689	1090	1057	33	4518	2140
其他金融业	69	9340	9069	271	90047	40745
金融信托与管理服务	691	468	461	7	1271	532
控股公司服务	692	1412	1394	18	10384	4341
非金融机构支付服务	693	178	100	78		
金融信息服务	694	1081	1044	37	19009	9308
金融资产管理公司	695	376	362	14	4800	1975
其他未列明金融业	699	5825	5708	117	54583	24589
房地产业	**K**	**1042264**	**997177**	**45087**	**14433863**	**6373049**
房地产业	70	1042264	997177	45087	14433863	6373049
房地产开发经营	701	205938	196841	9097	2712633	1105474
物业管理	702	375527	358131	17396	8555975	3917635
房地产中介服务	703	300270	287134	13136	1872651	832815
房地产租赁经营	704	150189	144998	5191	1208581	484577
其他房地产业	709	10340	10073	267	84023	32548
租赁和商务服务业	**L**	**4609109**	**4536650**	**72459**	**39050041**	**14626258**
租赁业	71	510473	505491	4982	2957173	819042
机械设备经营租赁	711	496330	491518	4812	2887607	791442
文体设备和用品出租	712	12527	12382	145	59651	23401
日用品出租	713	1616	1591	25	9915	4199
商务服务业	72	4098636	4031159	67477	36092868	13807216
组织管理服务	721	1061495	1052916	8579	4506148	1781849
综合管理服务	722	149567	146594	2973	1311077	519529
法律服务	723	86784	85671	1113	913441	443360
咨询与调查	724	1156682	1137330	19352	5854440	2998798
广告业	725	548331	544294	4037	2757402	1171144

1-3 续表 12

行业中类	代码	法人单位数（个）	单产业法人单位	多产业法人单位	从业人员数（人）	#女性
人力资源服务	726	589819	575802	14017	14240016	5001246
安全保护服务	727	49422	45870	3552	3843055	651900
会议、展览及相关服务	728	95621	94449	1172	515679	231105
其他商务服务业	729	360915	348233	12682	2151610	1008285
科学研究和技术服务业	M	**2117795**	**2074256**	**43539**	**16832475**	**6045696**
研究和试验发展	73	229521	226633	2888	2165908	861594
自然科学研究和试验发展	731	7620	7532	88	127138	51488
工程和技术研究和试验发展	732	160645	158831	1814	1307784	446284
农业科学研究和试验发展	733	19765	19567	198	191127	75536
医学研究和试验发展	734	37147	36385	762	474330	257488
社会人文科学研究	735	4344	4318	26	65529	30798
专业技术服务业	74	960077	928438	31639	9804913	3307754
气象服务	741	6593	6180	413	74347	30872
地震服务	742	2232	2210	22	25961	8196
海洋服务	743	1106	1072	34	15480	4919
测绘地理信息服务	744	19457	17886	1571	248926	82207
质检技术服务	745	89176	85093	4083	1471826	552033
环境与生态监测检测服务	746	20799	20099	700	265757	108034
地质勘查	747	14318	13873	445	366707	83370
工程技术与设计服务	748	539643	518513	21130	5705817	1839237
工业与专业设计及其他专业技术服务	749	266753	263512	3241	1630092	598886
科技推广和应用服务业	75	928197	919185	9012	4861654	1876348
技术推广服务	751	638872	632750	6122	3453873	1286476
知识产权服务	752	34964	34003	961	235570	125685
科技中介服务	753	26731	26542	189	124189	53417
创业空间服务	754	8529	8449	80	47325	21247
其他科技推广服务业	759	219101	217441	1660	1000697	389523
水利、环境和公共设施管理业	N	**223244**	**218666**	**4578**	**4852324**	**2004853**
水利管理业	76	18694	18242	452	323725	92985
防洪除涝设施管理	761	3039	2974	65	55337	14460
水资源管理	762	5882	5723	159	112942	33631
天然水收集与分配	763	2008	1967	41	44300	11314
水文服务	764	728	700	28	21506	7148
其他水利管理业	769	7037	6878	159	89640	26432
生态保护和环境治理业	77	39361	38484	877	495555	148846
生态保护	771	6713	6567	146	142045	44164
环境治理业	772	32648	31917	731	353510	104682

1-3 续表 13

行业中类	代码	法人单位数(个)	单产业法人单位	多产业法人单位	从业人员数(人)	#女性
公共设施管理业	78	153607	150676	2931	3907109	1713409
市政设施管理	781	20858	20525	333	349817	116300
环境卫生管理	782	38616	37602	1014	2270725	1084416
城乡市容管理	783	3245	3176	69	116857	47218
绿化管理	784	70278	69402	876	742597	282706
城市公园管理	785	2694	2638	56	87191	37484
游览景区管理	786	17916	17333	583	339922	145285
土地管理业	79	11582	11264	318	125935	49613
土地整治服务	791	5729	5647	82	52823	18475
土地调查评估服务	792	1534	1369	165	14787	6452
土地登记服务	793	542	535	7	15823	8323
土地登记代理服务	794	598	583	15	6232	3015
其他土地管理服务	799	3179	3130	49	36270	13348
居民服务、修理和其他服务业	**O**	**901638**	**881834**	**19804**	**6736057**	**3408255**
居民服务业	80	463105	451805	11300	2975700	1771757
家庭服务	801	94464	92931	1533	737376	474392
托儿所服务	802	33093	32354	739	220124	177522
洗染服务	803	11431	10960	471	101522	56796
理发及美容服务	804	85087	81577	3510	388081	268530
洗浴和保健养生服务	805	72248	69803	2445	478605	296743
摄影扩印服务	806	46806	46183	623	231517	112696
婚姻服务	807	24446	24184	262	117494	62615
殡葬服务	808	15410	15023	387	173957	58374
其他居民服务业	809	80120	78790	1330	527024	264089
机动车、电子产品和日用产品修理业	81	310150	304632	5518	1641252	455292
汽车、摩托车等修理与维护	811	222216	217728	4488	1209341	314799
计算机和办公设备维修	812	37388	36979	409	172794	59607
家用电器修理	813	37590	37205	385	194537	60702
其他日用产品修理业	819	12956	12720	236	64580	20184
其他服务业	82	128383	125397	2986	2119105	1181206
清洁服务	821	97727	95751	1976	1918760	1100479
宠物服务	822	11866	11209	657	65724	33023
其他未列明服务业	829	18790	18437	353	134621	47704
教育	**P**	**817923**	**797829**	**20094**	**26769212**	**17798823**
教育	83	817923	797829	20094	26769212	17798823

1-3　续表 14

行业中类	代码	法人单位数（个）	单产业法人单位	多产业法人单位	从业人员数（人）	#女性
学前教育	831	209953	208844	1109	4629091	4086331
初等教育	832	124727	119729	4998	7396467	5203700
中等教育	833	66368	64675	1693	8439904	5071480
高等教育	834	5571	5332	239	2908704	1522767
特殊教育	835	3320	3296	24	106800	77142
技能培训、教育辅助及其他教育	839	407984	395953	12031	3288246	1837403
卫生和社会工作	**Q**	**337213**	**322925**	**14288**	**14616843**	**10029507**
卫生	84	229882	217202	12680	13462549	9256329
医院	841	48144	45260	2884	9088610	6328230
基层医疗卫生服务	842	159070	150273	8797	3200137	2115112
专业公共卫生服务	843	14973	14639	334	935063	651589
其他卫生活动	849	7695	7030	665	238739	161398
社会工作	85	107331	105723	1608	1154294	773178
提供住宿社会工作	851	79437	77989	1448	951020	638602
不提供住宿社会工作	852	27894	27734	160	203274	134576
文化、体育和娱乐业	**R**	**817224**	**804737**	**12487**	**5194530**	**2473917**
新闻和出版业	86	8573	8266	307	314554	165574
新闻业	861	1468	1437	31	67171	31940
出版业	862	7105	6829	276	247383	133634
广播、电视、电影和录音制作业	87	101648	100192	1456	798007	369846
广播	871	2111	2082	29	59131	26277
电视	872	1451	1419	32	112221	51897
影视节目制作	873	77735	77095	640	407356	179676
广播电视集成播控	874	820	800	20	44246	20200
电影和广播电视节目发行	875	3377	3307	70	25529	13313
电影放映	876	12011	11370	641	132064	70706
录音制作	877	4143	4119	24	17460	7777
文化艺术业	88	209629	207563	2066	1369038	695207
文艺创作与表演	881	84807	84035	772	539569	268671
艺术表演场馆	882	1964	1925	39	30870	15050
图书馆与档案馆	883	11498	11344	154	147293	88949
文物及非物质文化遗产保护	884	6009	5925	84	72706	33233
博物馆	885	5112	5070	42	85622	44948
烈士陵园、纪念馆	886	1284	1280	4	16036	7825
群众文体活动	887	30520	30309	211	185672	97432
其他文化艺术业	889	68435	67675	760	291270	139099

1—3 续表 15

行业中类	代码	法人单位数(个)	单产业法人单位	多产业法人单位	从业人员数(人)	#女性
体育	89	103903	100282	3621	634083	264471
体育组织	891	28191	27639	552	155243	57153
体育场地设施管理	892	7760	7389	371	82956	33181
健身休闲活动	893	58066	55647	2419	350711	155241
其他体育	899	9886	9607	279	45173	18896
娱乐业	90	393471	388434	5037	2078848	978819
室内娱乐活动	901	107000	105299	1701	606815	292088
游乐园	902	8423	8137	286	170688	82484
休闲观光活动	903	30570	30295	275	221453	96593
彩票活动	904	901	887	14	19568	7905
文化体育娱乐活动与经纪代理服务	905	243543	240836	2707	1031949	488172
其他娱乐业	909	3034	2980	54	28375	11577
公共管理、社会保障和社会组织	**S**	**1520454**	**1485896**	**34558**	**27787554**	**9938726**
中国共产党机关	91	33525	30794	2731	947827	338915
中国共产党机关	910	33525	30794	2731	947827	338915
国家机构	92	463597	433506	30091	20773706	7119457
国家权力机构	921	4680	4296	384	158424	50382
国家行政机构	922	443287	414933	28354	19270885	6578765
监察委员会、人民法院和人民检察院	923	8010	7147	863	915867	434383
其他国家机构	929	7620	7130	490	428530	55927
人民政协、民主党派	93	6233	5922	311	121504	41558
人民政协	931	3823	3531	292	106300	34115
民主党派	932	2410	2391	19	15204	7443
社会保障	94	6995	6977	18	138042	79876
基本保险	941	5005	4988	17	113536	66443
补充保险	942	14	14		348	220
其他社会保障	949	1976	1975	NA	24158	13213
群众团体、社会团体和其他成员组织	95	399092	398409	683	1418060	617044
群众团体	951	21910	21469	441	207684	113907
社会团体	952	262119	261949	170	732306	313263
基金会	953	7593	7593		30742	16173
宗教组织	954	107470	107398	72	447328	173701
基层群众自治组织	96	611012	610288	724	4388415	1741876
社区居民自治组织	961	121173	121060	113	1290833	798835
村民自治组织	962	489839	489228	611	3097582	943041

1-4　按机构类型、从业人员组距分组的法人单位数及从业人员数

分　组	法人单位数（个）	单产业法人单位	多产业法人单位	从业人员数（人）	#女性
总　计	**33267885**	**32587748**	**680137**	**413731653**	**163096101**
按机构类型分组					
企业法人	29803508	29171123	632385	342081484	125734839
事业法人	742082	728764	13318	37928583	22856799
机关法人	229958	198494	31464	17554119	5866433
社会团体	286596	286002	594	947607	427731
民办非企业单位	396660	396570	90	6962553	5068906
基金会	7589	7589		30692	16152
居(村)委会	610872	610148	724	4387897	1741638
其他法人	1190620	1189058	1562	3838718	1383603
按从业人员组距分组					
7人及以下	24500213	24275268	224945	66289570	26312931
8-19人	5692732	5549721	143011	65763842	26210544
20-49人	2000161	1878955	121206	58205052	24204134
50-99人	576518	506271	70247	39260165	16987231
100-299人	360814	289873	70941	57704056	25143857
300-499人	64052	45129	18923	23119829	9251959
500-999人	43617	27683	15934	28116382	10623865
1000-4999人	27025	13991	13034	47175661	16467071
5000-9999人	1895	664	1231	12030924	3507236
10000人及以上	858	193	665	16066172	4387273

1-5 按成立时间分组的法人单位数及从业人员数

成立时间	法人单位数（个）	单产业法人单位	多产业法人单位	从业人员数（人）	#女性
总　计	**33267885**	**32587748**	**680137**	**413731653**	**163096101**
1949年以前	27981	26033	1948	4213336	2249416
1950-1977年	111364	103825	7539	9872049	4937384
1978-1991年	261752	238411	23341	16456167	5720497
1992-2000年	604643	547258	57385	36685689	13088648
2001年	193890	178885	15005	11209035	4647322
2002年	205392	189554	15838	9138277	3473589
2003年	243016	225774	17242	9872111	3898080
2004年	257165	239937	17228	9426361	3669721
2005年	304427	287968	16459	9114632	3537110
2006年	360423	344477	15946	9326094	3617077
2007年	336224	320645	15579	8488588	3218847
2008年	350336	334405	15931	7996252	3082699
2009年	422768	404837	17931	8668183	3373811
2010年	520066	498620	21446	10771970	4247731
2011年	615739	594362	21377	11024622	4342089
2012年	659952	639271	20681	10456392	4281104
2013年	798540	775135	23405	11291736	4619051
2014年	1160563	1129961	30602	13898833	5571792
2015年	1358688	1325881	32807	14666093	6152376
2016年	1744752	1705557	39195	18167845	7371687
2017年	2151646	2109070	42576	21584527	8463477
2018年	2524880	2480863	44017	23057310	9175934
2019年	3032667	2987254	45413	26266489	10358634
2020年	3432224	3390239	41985	26952227	10497734
2021年	3949983	3910793	39190	30075861	11815660
2022年	3859309	3833530	25779	25776737	10055036
2023年	3779495	3765203	14292	19274237	7629595

1-6　按登记注册统计类别分组的法人单位数及从业人员数

登记注册统计类别	法人单位数(个)	单产业法人单位	多产业法人单位	从业人员数(人)	#女性
总　计	**33267885**	**32587748**	**680137**	**413731653**	**163096101**
内资企业	**32582418**	**31925256**	**657162**	**390632691**	**153269255**
有限责任公司	27266630	26711973	554657	293355381	106265499
股份有限公司	124818	98056	26762	13487667	4561934
非公司企业法人	2511883	2452497	59386	64827849	32120546
个人独资企业	2289804	2275032	14772	16709370	9215972
合伙企业	308352	306853	1499	1684035	788868
其他内资企业	80931	80845	86	568389	316436
港澳台投资企业	**152024**	**141810**	**10214**	**11274211**	**5008239**
外商投资企业	**120637**	**108622**	**12015**	**10420161**	**4319706**
农民专业合作社(联合社)	**412806**	**412060**	**746**	**1404590**	**498901**

1-7　按行业(大类)、地区

行业大类	代码	法人单位数(个)	北京	天津	河北
总　计		**33267885**	**1178832**	**424775**	**1494574**
农、林、牧、渔业	A	**272350**	**347**	**446**	**4975**
农业	01	349	7	NA	20
林业	02	145	NA		NA
畜牧业	03	208	NA	NA	9
渔业	04	64			NA
农、林、牧、渔专业及辅助性活动	05	271584	336	444	4944
采矿业	B	**51605**	**13**	**37**	**2379**
煤炭开采和洗选业	06	9557		NA	207
石油和天然气开采业	07	418	NA	NA	5
黑色金属矿采选业	08	6890	NA	NA	1352
有色金属矿采选业	09	4681			137
非金属矿采选业	10	24756	NA	5	601
开采专业及辅助性活动	11	4023	9	19	69
其他采矿业	12	1280		5	8
制造业	C	**4047228**	**19716**	**39988**	**259808**
农副食品加工业	13	166969	399	849	8067
食品制造业	14	83463	519	774	3913
酒、饮料和精制茶制造业	15	77958	204	156	1625
烟草制品业	16	324	NA	NA	4
纺织业	17	149488	197	538	11403
纺织服装、服饰业	18	195307	731	820	5914
皮革、毛皮、羽毛及其制品和制鞋业	19	88319	65	155	8563
木材加工和木、竹、藤、棕、草制品业	20	133423	236	699	6041
家具制造业	21	109034	408	705	7467
造纸和纸制品业	22	90534	362	1328	4861
印刷和记录媒介复制业	23	91475	964	756	3689
文教、工美、体育和娱乐用品制造业	24	150591	538	1296	11824
石油、煤炭及其他燃料加工业	25	14819	77	135	895
化学原料和化学制品制造业	26	118787	738	1314	8084
医药制造业	27	35059	605	320	1434
化学纤维制造业	28	8143	22	24	361
橡胶和塑料制品业	29	239924	526	2139	19538
非金属矿物制品业	30	306549	967	1884	20793
黑色金属冶炼和压延加工业	31	24406	72	1044	1659
有色金属冶炼和压延加工业	32	33061	95	323	1190
金属制品业	33	455086	1905	5958	43655
通用设备制造业	34	428788	1742	6336	34584
专用设备制造业	35	304449	1848	3554	20940

分组的法人单位数

山 西	内蒙古	辽 宁	吉 林	黑龙江	上 海	江 苏	代码
699821	**408532**	**907494**	**345702**	**369436**	**772054**	**2906706**	
7165	**4858**	**8512**	**6183**	**5071**	**409**	**10486**	A
NA	12	18	NA	80	14	9	01
NA	22	NA	18	42			02
7	20	7	5	7	4	6	03
		9			4	NA	04
7152	4804	8477	6157	4942	387	10469	05
4751	**3001**	**3154**	**723**	**1333**	**NA**	**163**	B
3000	1080	88	57	492		6	06
57	71	7	20	11	NA	4	07
693	389	1110	100	31		30	08
131	253	472	67	35		13	09
760	1066	1364	324	612		100	10
90	111	76	129	141		7	11
20	31	37	26	11		NA	12
42145	**24924**	**106069**	**25154**	**28286**	**55446**	**568658**	C
3209	4038	7965	3088	5096	492	7553	13
1763	1304	2657	1168	1213	832	4886	14
1277	731	1664	816	991	146	1754	15
4	NA	7	NA	5	NA	9	16
340	460	1524	176	248	1111	36309	17
642	522	6951	664	262	2923	21098	18
122	74	559	64	147	405	4035	19
879	672	3145	1014	1650	886	11300	20
627	287	2168	449	630	1370	9560	21
528	199	1437	338	365	1846	9202	22
1264	718	2131	693	699	1778	14126	23
765	357	1523	304	325	1015	19249	24
749	411	1094	351	991	60	765	25
2203	1613	4751	1161	1591	2030	7890	26
547	305	973	905	417	549	3220	27
43	32	97	36	28	53	2585	28
1229	887	5004	921	981	3568	30028	29
7199	4107	10554	2889	2652	1932	25058	30
452	378	742	116	93	561	4125	31
396	407	967	95	77	380	4969	32
5072	2412	9718	1859	2090	8275	62769	33
4101	1106	17583	2144	2681	8096	99000	34
2825	949	7666	1574	2210	5188	65908	35

1-7 续表 1

行业大类	代码	法人单位数（个）	北京	天津	河北
汽车制造业	36	94150	466	1280	7359
铁路、船舶、航空航天和其他运输设备制造业	37	35741	221	1627	3788
电气机械和器材制造业	38	256314	1196	2011	11603
计算机、通信和其他电子设备制造业	39	173484	1316	998	2688
仪器仪表制造业	40	60843	918	1001	2212
其他制造业	41	30054	60	204	1182
废弃资源综合利用业	42	22566	49	173	1491
金属制品、机械和设备修理业	43	68120	2268	1586	2981
电力、热力、燃气及水生产和供应业	**D**	**135796**	**1649**	**1059**	**5332**
电力、热力生产和供应业	44	95198	1165	660	3304
燃气生产和供应业	45	10444	80	150	857
水的生产和供应业	46	30154	404	249	1171
建筑业	**E**	**2722407**	**60257**	**32789**	**162503**
房屋建筑业	47	796864	17503	7794	50707
土木工程建筑业	48	553996	9437	6772	35191
建筑安装业	49	284405	5098	4890	16399
建筑装饰、装修和其他建筑业	50	1087142	28219	13333	60206
批发和零售业	**F**	**10197183**	**293453**	**112099**	**448592**
批发业	51	5509532	120055	73423	244544
零售业	52	4687651	173398	38676	204048
交通运输、仓储和邮政业	**G**	**939056**	**19996**	**19477**	**41882**
铁路运输业	53	402	27	8	17
道路运输业	54	634609	13045	9382	33047
水上运输业	55	18886	13	480	495
航空运输业	56	4103	259	150	124
管道运输业	57	426	7	15	24
多式联运和运输代理业	58	143742	3504	6546	2222
装卸搬运和仓储业	59	106527	2106	2488	5137
邮政业	60	30361	1035	408	816
住宿和餐饮业	**H**	**711948**	**51183**	**7359**	**22728**
住宿业	61	191490	7101	1518	6087
餐饮业	62	520458	44082	5841	16641
信息传输、软件和信息技术服务业	**I**	**1695873**	**118764**	**25372**	**57511**
电信、广播电视和卫星传输服务	63	37816	2174	422	915
互联网和相关服务	64	279408	10891	2838	7834
软件和信息技术服务业	65	1378649	105699	22112	48762
金融业	**J**	**107575**	**7845**	**5059**	**2117**
货币金融服务	66	30101	1128	3430	1015
资本市场服务	67	50915	5586	1352	161
保险业	68	17219	769	166	842
其他金融业	69	9340	362	111	99

山 西	内蒙古	辽 宁	吉 林	黑龙江	上 海	江 苏	代码
341	159	1754	1777	214	1981	16524	36
172	22	1394	216	150	436	7992	37
1089	556	4321	646	892	3382	44257	38
593	256	1442	279	168	2038	26822	39
276	67	1776	325	266	1722	14900	40
116	56	409	116	106	235	3014	41
568	291	619	181	230	109	2250	42
2754	1546	3474	786	818	2045	7501	43
6214	**3560**	**4784**	**2002**	**3108**	**337**	**6647**	**D**
4839	2609	3748	1460	2357	197	4345	44
546	259	340	198	208	27	542	45
829	692	696	344	543	113	1760	46
76651	**46994**	**69109**	**29388**	**28291**	**33412**	**261416**	**E**
23396	13744	14942	8622	8131	6744	80916	47
15924	11834	13321	5302	5796	6098	50590	48
6902	4669	9949	3918	3269	6098	33813	49
30429	16747	30897	11546	11095	14472	96097	50
205606	**116849**	**271826**	**98815**	**102847**	**245761**	**857093**	**F**
103837	64405	152641	42550	59588	171573	549771	51
101769	52444	119185	56265	43259	74188	307322	52
25101	**16446**	**37519**	**10618**	**14354**	**28689**	**94570**	**G**
34	38	14	4	10	6	11	53
20165	12112	26583	7766	10187	10509	71191	54
30	14	752	24	82	621	2914	55
100	108	206	48	75	73	248	56
17	13	17	NA	NA	6	45	57
997	1291	5160	556	1109	12710	8982	58
3153	2278	3744	1674	2308	3861	9741	59
605	592	1043	543	581	903	1438	60
14462	**5693**	**14312**	**5458**	**3980**	**27860**	**45935**	**H**
4198	2413	4713	1509	1441	5456	10229	61
10264	3280	9599	3949	2539	22404	35706	62
32839	**13753**	**54300**	**15575**	**17984**	**46915**	**151292**	**I**
1097	835	1994	487	839	900	3255	63
4970	2921	12352	2715	2553	5608	24715	64
26772	9997	39954	12373	14592	40407	123322	65
1683	**1236**	**2406**	**1065**	**1245**	**7441**	**9335**	**J**
932	577	1128	510	626	1522	1725	66
156	92	252	118	85	5273	3213	67
519	458	823	317	457	422	1133	68
76	109	203	120	77	224	3264	69

1-7 续表 2

行业大类	代码	法人单位数（个）	北京	天津	河北
房地产业	K	**1042264**	**34718**	**16784**	**46605**
房地产业	70	1042264	34718	16784	46605
租赁和商务服务业	L	**4609109**	**213502**	**64753**	**140943**
租赁业	71	510473	16421	6905	26386
商务服务业	72	4098636	197081	57848	114557
科学研究和技术服务业	M	**2117795**	**177195**	**49757**	**80066**
研究和试验发展	73	229521	10882	2942	5436
专业技术服务业	74	960077	45310	14225	30590
科技推广和应用服务业	75	928197	121003	32590	44040
水利、环境和公共设施管理业	N	**223244**	**8269**	**2254**	**11231**
水利管理业	76	18694	258	107	651
生态保护和环境治理业	77	39361	1643	382	1235
公共设施管理业	78	153607	6260	1665	8453
土地管理业	79	11582	108	100	892
居民服务、修理和其他服务业	O	**901638**	**50779**	**12241**	**34413**
居民服务业	80	463105	30003	5401	16464
机动车、电子产品和日用产品修理业	81	310150	12757	4423	12824
其他服务业	82	128383	8019	2417	5125
教育	P	**817923**	**20971**	**8659**	**39850**
教育	83	817923	20971	8659	39850
卫生和社会工作	Q	**337213**	**8687**	**4183**	**15710**
卫生	84	229882	5640	3005	11689
社会工作	85	107331	3047	1178	4021
文化、体育和娱乐业	R	**817224**	**73865**	**10782**	**31425**
新闻和出版业	86	8573	1804	120	251
广播、电视、电影和录音制作业	87	101648	13213	1603	3832
文化艺术业	88	209629	18224	2512	10451
体育	89	103903	7197	1942	4021
娱乐业	90	393471	33427	4605	12870
公共管理、社会保障和社会组织	S	**1520454**	**17623**	**11677**	**86504**
中国共产党机关	91	33525	227	202	1888
国家机构	92	463597	4018	3033	16875
人民政协、民主党派	93	6233	60	62	236
社会保障	94	6995	81	37	390
群众团体、社会团体和其他成员组织	95	399092	5844	2891	13399
基层群众自治组织	96	611012	7393	5452	53716

山西	内蒙古	辽宁	吉林	黑龙江	上海	江苏	代码
23790	**15909**	**33295**	**12098**	**13501**	**34547**	**78346**	K
23790	15909	33295	12098	13501	34547	78346	70
101683	**56243**	**114750**	**49554**	**49203**	**133163**	**309019**	L
15863	10386	11318	7674	8060	7390	28649	71
85820	45857	103432	41880	41143	125773	280370	72
39852	**21982**	**57690**	**21228**	**25026**	**62229**	**233058**	M
1634	1331	6487	2557	2470	6018	42838	73
19805	14486	24471	10052	10149	30715	110931	74
18413	6165	26732	8619	12407	25496	79289	75
6655	**4711**	**4929**	**2837**	**2982**	**3800**	**18135**	N
453	392	407	492	405	199	1651	76
1164	906	824	384	491	567	3208	77
4618	3182	3403	1793	1881	2981	12684	78
420	231	295	168	205	53	592	79
21471	**10716**	**23751**	**10197**	**7577**	**31749**	**60419**	O
9568	4874	12949	5235	3647	18135	28101	80
8824	4279	8110	3457	2366	9458	21999	81
3079	1563	2692	1505	1564	4156	10319	82
17504	**12796**	**25664**	**11482**	**13296**	**13544**	**43939**	P
17504	12796	25664	11482	13296	13544	43939	83
8856	**5374**	**14894**	**5946**	**6949**	**6383**	**28748**	Q
7006	3808	11052	3655	4610	3322	12204	84
1850	1566	3842	2291	2339	3061	16544	85
17146	**7517**	**20375**	**8079**	**9173**	**25145**	**57616**	R
228	98	285	121	142	245	553	86
1850	1396	2795	887	816	2567	6542	87
5567	1782	4863	2214	2793	4069	14910	88
2054	1163	2732	1131	1164	5613	6254	89
7447	3078	9700	3726	4258	12651	29357	90
46247	**35970**	**40155**	**29300**	**35230**	**15221**	**71831**	S
1281	1027	1085	754	1919	253	1218	91
12790	13508	14088	11616	15311	3604	19133	92
211	160	222	116	252	129	263	93
233	214	120	92	228	82	327	94
9964	7234	8067	5264	5476	4645	29514	95
21768	13827	16573	11458	12044	6508	21376	96

1-7 续表 3

行业大类	代码	浙江	安徽	福建	江西
总　计		**2280047**	**1329276**	**1265255**	**760414**
农、林、牧、渔业	A	**2902**	**21628**	**5642**	**7133**
农业	01	29	10	NA	NA
林业	02	NA	NA	NA	NA
畜牧业	03	11	7	NA	NA
渔业	04	17	NA	NA	
农、林、牧、渔专业及辅助性活动	05	2844	21608	5635	7126
采矿业	B	**686**	**861**	**1136**	**2093**
煤炭开采和洗选业	06	NA	23	46	54
石油和天然气开采业	07		NA		
黑色金属矿采选业	08	31	138	164	185
有色金属矿采选业	09	42	90	123	287
非金属矿采选业	10	593	572	763	1399
开采专业及辅助性活动	11	NA	18	11	23
其他采矿业	12	17	19	29	145
制造业	C	**504983**	**152636**	**162408**	**90148**
农副食品加工业	13	4795	9211	6155	4470
食品制造业	14	3272	3859	4818	1821
酒、饮料和精制茶制造业	15	2736	5473	7968	1782
烟草制品业	16	4	7	9	NA
纺织业	17	35505	4983	5922	2450
纺织服装、服饰业	18	32559	11567	10544	7983
皮革、毛皮、羽毛及其制品和制鞋业	19	19852	2229	12203	3239
木材加工和木、竹、藤、棕、草制品业	20	7418	7013	5948	4921
家具制造业	21	8951	4807	6724	6191
造纸和纸制品业	22	17855	3084	4531	1515
印刷和记录媒介复制业	23	11469	2895	3232	1910
文教、工美、体育和娱乐用品制造业	24	28723	4320	9552	2895
石油、煤炭及其他燃料加工业	25	530	695	325	512
化学原料和化学制品制造业	26	8835	4699	3762	3816
医药制造业	27	1835	3357	813	1203
化学纤维制造业	28	2157	239	265	106
橡胶和塑料制品业	29	43107	9360	8891	3139
非金属矿物制品业	30	14618	12733	18248	12802
黑色金属冶炼和压延加工业	31	2489	634	615	357
有色金属冶炼和压延加工业	32	3309	1000	851	1546
金属制品业	33	49390	14907	14790	6217
通用设备制造业	34	64484	11468	9302	3313
专用设备制造业	35	33905	8735	8544	4378

山东	河南	湖北	湖南	广东	广西	海南	代码
2784910	**2097188**	**1423244**	**1023392**	**4658826**	**644336**	**174052**	
30752	**47873**	**24772**	**21545**	**6444**	**5099**	**1281**	A
7	9	NA	13	9	23	NA	01
NA	NA	NA	NA	NA	11		02
NA	NA	4	9	8	22	NA	03
15		NA	NA		4	NA	04
30726	47859	24763	21520	6425	5039	1276	05
1444	**2534**	**2032**	**2188**	**1439**	**1779**	**126**	B
213	470	21	134	NA	23		06
34	8	5		8	NA	4	07
182	214	213	168	125	153	18	08
133	448	70	283	95	208	23	09
681	1212	1576	1508	1142	1299	68	10
171	86	54	13	47	22	7	11
30	96	93	82	21	72	6	12
380475	**194285**	**128174**	**93356**	**751307**	**48452**	**4822**	C
19177	12071	10384	12506	8253	3338	578	13
10090	7157	3247	2866	9307	2463	286	14
4026	3763	5941	3449	3325	1822	231	15
12	30	17	42	104	NA	NA	16
13694	5327	5246	1243	16074	763	48	17
15994	8976	11187	2950	42601	1561	72	18
3466	5225	1143	2112	21363	512	7	19
27827	11331	4951	4645	8110	9547	334	20
7998	5318	2627	2221	25681	1477	175	21
7231	3352	1861	1534	22661	852	54	22
7810	3381	3315	2027	18266	1151	273	23
14184	7640	2711	2458	29650	1334	89	24
1727	847	570	432	900	228	22	25
12871	7517	4810	4021	20941	1931	207	26
2729	3196	2249	1385	2843	516	161	27
642	240	172	76	633	23	5	28
19624	7525	4714	2583	60960	1694	141	29
31929	26508	14548	11097	29405	6238	685	30
2730	1101	686	429	3161	287	24	31
2314	2411	822	1440	5081	421	30	32
38957	14173	10103	8905	116098	3036	464	33
54787	18312	8205	6466	48881	1533	85	34
34195	14402	7523	5182	57354	1675	164	35

1-7 续表 4

行业大类	代码	浙江	安徽	福建	江西
汽车制造业	36	19587	4403	1963	1182
铁路、船舶、航空航天和其他运输设备制造业	37	4682	840	1056	582
电气机械和器材制造业	38	50202	6628	5782	4028
计算机、通信和其他电子设备制造业	39	13797	4726	3960	4113
仪器仪表制造业	40	7767	2251	1332	778
其他制造业	41	6375	2332	1669	725
废弃资源综合利用业	42	904	1518	812	1205
金属制品、机械和设备修理业	43	3871	2663	1822	967
电力、热力、燃气及水生产和供应业	D	**7522**	**6126**	**6675**	**8132**
电力、热力生产和供应业	44	5882	4121	5212	6635
燃气生产和供应业	45	304	342	195	325
水的生产和供应业	46	1336	1663	1268	1172
建筑业	E	**102080**	**158157**	**74425**	**71655**
房屋建筑业	47	18446	47531	25530	27347
土木工程建筑业	48	21941	29953	14292	12474
建筑安装业	49	11365	14686	5103	5334
建筑装饰、装修和其他建筑业	50	50328	65987	29500	26500
批发和零售业	F	**797011**	**401407**	**490573**	**224192**
批发业	51	451660	216769	236122	108176
零售业	52	345351	184638	254451	116016
交通运输、仓储和邮政业	G	**52888**	**39238**	**26968**	**24806**
铁路运输业	53	16	10	17	6
道路运输业	54	33016	30067	16335	20602
水上运输业	55	2365	1298	1488	379
航空运输业	56	199	85	128	85
管道运输业	57	12	9	6	8
多式联运和运输代理业	58	10703	2025	5507	1032
装卸搬运和仓储业	59	4730	4472	2515	1954
邮政业	60	1847	1272	972	740
住宿和餐饮业	H	**39646**	**26596**	**21428**	**13733**
住宿业	61	12932	6508	6370	4869
餐饮业	62	26714	20088	15058	8864
信息传输、软件和信息技术服务业	I	**103722**	**53306**	**75617**	**33903**
电信、广播电视和卫星传输服务	63	1350	1205	949	907
互联网和相关服务	64	12469	12132	12689	7694
软件和信息技术服务业	65	89903	39969	61979	25302
金融业	J	**7670**	**2929**	**4166**	**6521**
货币金融服务	66	1390	792	1151	621
资本市场服务	67	5000	1109	2159	5379
保险业	68	733	772	483	416
其他金融业	69	547	256	373	105

山东	河南	湖北	湖南	广东	广西	海南	代码
8334	3479	6957	1219	6090	1188	38	36
2911	1131	659	665	2905	232	40	37
13391	7340	4474	3858	77458	1360	107	38
7753	2965	3496	3480	82927	1358	43	39
4871	2432	1566	848	11951	265	19	40
1627	1711	675	610	7363	153	19	41
1250	2562	1106	1282	2413	378	32	42
6324	2862	2209	1325	8548	1113	387	43
8761	**7097**	**6544**	**8956**	**10942**	**3890**	**644**	D
5686	4780	4240	6612	7902	2818	432	44
841	502	530	438	610	217	56	45
2234	1815	1774	1906	2430	855	156	46
297368	**227586**	**139101**	**66107**	**212719**	**40439**	**18306**	E
87905	77511	50051	20858	40016	8912	3627	47
63068	41182	28255	13605	36012	6457	2704	48
39244	17013	10061	7574	29943	3525	1922	49
107151	91880	50734	24070	106748	21545	10053	50
892449	**672254**	**415799**	**264380**	**1514268**	**175139**	**38976**	F
553077	303961	185290	129293	851049	93234	22673	51
339372	368293	230509	135087	663219	81905	16303	52
87119	**45052**	**43499**	**24897**	**118838**	**20244**	**5029**	G
33	15	16	6	25	7	NA	53
58094	34101	33222	17604	53608	14538	3212	54
1592	433	822	472	2401	848	420	55
292	174	153	141	445	64	113	56
80	28	20	8	12	NA	NA	57
15259	2616	2484	3066	44953	1686	560	58
10488	6317	5564	2645	12841	2247	394	59
1281	1368	1218	955	4553	851	328	60
48511	**37915**	**35975**	**24816**	**93372**	**12952**	**4347**	H
10810	10345	9645	7129	20750	4750	2266	61
37701	27570	26330	17687	72622	8202	2081	62
116349	**96314**	**88503**	**48824**	**278974**	**23532**	**12092**	I
1438	1908	2245	1627	5161	793	529	63
22159	21077	15745	9851	41809	5272	3197	64
92752	73329	70513	37346	232004	17467	8366	65
5394	**2625**	**2394**	**2114**	**18672**	**1438**	**1879**	J
1500	928	850	706	2782	728	303	66
2245	441	655	764	12862	175	1381	67
1303	1042	688	560	1582	441	131	68
346	214	201	84	1446	94	64	69

1-7 续表 5

行业大类	代码	浙 江	安 徽	福 建	江 西
房地产业	K	**61233**	**37381**	**32249**	**20020**
房地产业	70	61233	37381	32249	20020
租赁和商务服务业	L	**232792**	**186684**	**140303**	**101112**
租赁业	71	21878	27696	12775	13614
商务服务业	72	210914	158988	127528	87498
科学研究和技术服务业	M	**103875**	**68220**	**62192**	**35877**
研究和试验发展	73	15049	6265	8639	1880
专业技术服务业	74	49162	34203	27989	21678
科技推广和应用服务业	75	39664	27752	25564	12319
水利、环境和公共设施管理业	N	**13335**	**9868**	**7129**	**5283**
水利管理业	76	880	918	506	361
生态保护和环境治理业	77	2877	1274	1346	909
公共设施管理业	78	8924	7264	5122	3830
土地管理业	79	654	412	155	183
居民服务、修理和其他服务业	O	**55167**	**39181**	**28998**	**16427**
居民服务业	80	32787	19588	13996	7352
机动车、电子产品和日用产品修理业	81	15674	14446	10016	6097
其他服务业	82	6706	5147	4986	2978
教育	P	**48043**	**31275**	**24229**	**23511**
教育	83	48043	31275	24229	23511
卫生和社会工作	Q	**20433**	**13115**	**10194**	**8694**
卫生	84	11122	8633	6540	5894
社会工作	85	9311	4482	3654	2800
文化、体育和娱乐业	R	**52566**	**26274**	**35012**	**14955**
新闻和出版业	86	353	212	248	191
广播、电视、电影和录音制作业	87	9666	2360	3791	1606
文化艺术业	88	11606	7605	11087	4401
体育	89	6630	3321	3976	1739
娱乐业	90	24311	12776	15910	7018
公共管理、社会保障和社会组织	S	**73493**	**54394**	**55911**	**52219**
中国共产党机关	91	1319	1155	1045	943
国家机构	92	14537	14269	13696	14103
人民政协、民主党派	93	288	250	228	245
社会保障	94	158	286	216	192
群众团体、社会团体和其他成员组织	95	32138	20259	23394	15278
基层群众自治组织	96	25053	18175	17332	21458

山东	河南	湖北	湖南	广东	广西	海南	代码
72614	**64440**	**41982**	**29369**	**171220**	**23386**	**11918**	K
72614	64440	41982	29369	171220	23386	11918	70
363212	**247506**	**203908**	**163110**	**760468**	**102712**	**37398**	L
43434	35556	23621	21317	44395	10606	3980	71
319778	211950	180287	141793	716073	92106	33418	72
158687	**130605**	**98730**	**76916**	**290981**	**39826**	**9576**	M
19982	9149	9512	10468	44711	2401	666	73
65641	44268	48828	28006	142416	18209	5925	74
73064	77188	40390	38442	103854	19216	2985	75
16653	**13205**	**12216**	**9586**	**17411**	**4826**	**1359**	N
847	834	1579	1024	1117	829	106	76
2890	2219	1795	1861	4178	756	250	77
11639	9501	7959	6114	11713	2778	894	78
1277	651	883	587	403	463	109	79
60558	**48106**	**36079**	**29067**	**120373**	**34739**	**5365**	O
31320	24666	18415	16926	59872	25587	2427	80
21946	16648	12181	7698	40583	6569	1927	81
7292	6792	5483	4443	19918	2583	1011	82
60381	**73577**	**31083**	**37496**	**84424**	**32332**	**5546**	P
60381	73577	31083	37496	84424	32332	5546	83
22804	**22194**	**13063**	**13313**	**27272**	**7098**	**2171**	Q
15661	14607	9057	9322	22186	5685	1821	84
7143	7587	4006	3991	5086	1413	350	85
51247	**53490**	**36790**	**35741**	**98635**	**13933**	**5191**	R
393	317	438	255	592	160	79	86
8284	4317	3150	2648	11412	1933	1174	87
11908	15921	9612	8136	22354	3744	1154	88
6974	5387	3690	3609	15417	2165	972	89
23688	27548	19900	21093	48860	5931	1812	90
110132	**110530**	**62600**	**71611**	**81067**	**52520**	**8026**	S
1710	1773	1057	1554	1655	1408	219	91
26798	38525	20816	20945	22854	24789	2844	92
296	293	334	276	352	238	57	93
287	558	475	370	157	345	25	94
19410	17423	14001	19208	29352	9225	1720	95
61631	51958	25917	29258	26697	16515	3161	96

1-7 续表 6

行业大类	代码	重 庆	四 川	贵 州	云 南
总　　计		**736285**	**1367190**	**521556**	**751441**
农、林、牧、渔业	A	**8294**	**6732**	**1607**	**8528**
农业	01	13	7	4	12
林业	02	NA	6		6
畜牧业	03	10	7	NA	6
渔业	04	NA	NA		
农、林、牧、渔专业及辅助性活动	05	8266	6710	1601	8504
采矿业	B	**847**	**3139**	**3258**	**3307**
煤炭开采和洗选业	06	53	383	899	525
石油和天然气开采业	07	15	39	11	NA
黑色金属矿采选业	08	26	340	204	380
有色金属矿采选业	09	14	315	213	615
非金属矿采选业	10	699	1917	1815	1655
开采专业及辅助性活动	11	15	87	15	40
其他采矿业	12	25	58	101	89
制造业	C	**63755**	**91101**	**47766**	**44768**
农副食品加工业	13	5444	8023	4540	6194
食品制造业	14	2193	3535	2642	2214
酒、饮料和精制茶制造业	15	1956	4878	7414	9571
烟草制品业	16	12	5	9	13
纺织业	17	1054	1439	724	389
纺织服装、服饰业	18	1681	2134	1585	487
皮革、毛皮、羽毛及其制品和制鞋业	19	667	1048	501	95
木材加工和木、竹、藤、棕、草制品业	20	2425	3894	3328	2166
家具制造业	21	2119	4336	2276	1441
造纸和纸制品业	22	781	1644	867	634
印刷和记录媒介复制业	23	1650	2558	724	1057
文教、工美、体育和娱乐用品制造业	24	1355	1718	2105	1237
石油、煤炭及其他燃料加工业	25	200	343	401	335
化学原料和化学制品制造业	26	1433	3339	1514	1724
医药制造业	27	685	1437	530	667
化学纤维制造业	28	37	106	14	16
橡胶和塑料制品业	29	2260	3520	1244	1394
非金属矿物制品业	30	6399	11936	7739	5550
黑色金属冶炼和压延加工业	31	498	532	264	311
有色金属冶炼和压延加工业	32	618	869	387	558
金属制品业	33	6773	7623	3423	3683
通用设备制造业	34	5635	8462	1196	1071
专用设备制造业	35	4081	4835	849	959

西 藏	陕 西	甘 肃	青 海	宁 夏	新 疆	代码
86914	**888960**	**392334**	**98236**	**113219**	**362884**	
560	**7159**	**6935**	**510**	**1123**	**7379**	A
NA	4	12	7	NA	11	01
NA	4	5	4		NA	02
NA	5	11	6	6	12	03
					NA	04
556	7146	6907	493	1114	7354	05
258	**4059**	**1521**	**291**	**411**	**2639**	B
	1051	139	20	280	289	06
NA	28	15	4	8	50	07
12	147	122	46	7	306	08
37	176	128	44	NA	227	09
185	633	854	149	94	1108	10
4	1982	215	6	18	536	11
19	42	48	22	NA	123	12
5377	**54673**	**20182**	**4485**	**8236**	**25645**	C
1008	3303	2377	525	896	2965	13
262	1684	849	194	338	1337	14
144	2042	824	201	315	733	15
	8	NA		NA	NA	16
331	559	225	50	166	990	17
500	737	405	138	121	998	18
67	128	121	17	46	89	19
116	1185	414	80	195	1053	20
560	1340	391	62	163	505	21
17	826	253	31	118	367	22
59	1120	985	129	204	442	23
601	1012	483	621	93	614	24
22	533	181	19	114	355	25
286	2034	1163	305	677	1527	26
60	827	965	86	75	165	27
NA	63	12	NA	12	40	28
21	1741	815	83	439	1848	29
712	6551	3977	696	1378	4765	30
33	383	192	59	145	234	31
15	1942	207	84	75	182	32
274	5760	2502	501	1139	2655	33
33	6464	583	113	438	584	34
64	3191	550	104	250	847	35

1-7 续表 7

行业大类	代码	重 庆	四 川	贵 州	云 南
汽车制造业	36	4574	1953	227	137
铁路、船舶、航空航天和其他运输设备制造业	37	2433	728	122	38
电气机械和器材制造业	38	1986	3393	894	805
计算机、通信和其他电子设备制造业	39	2100	2917	582	347
仪器仪表制造业	40	830	875	88	228
其他制造业	41	240	283	251	104
废弃资源综合利用业	42	369	647	554	485
金属制品、机械和设备修理业	43	1267	2091	772	858
电力、热力、燃气及水生产和供应业	**D**	**2555**	**6683**	**2515**	**3702**
电力、热力生产和供应业	44	1387	3544	1482	2410
燃气生产和供应业	45	310	931	278	280
水的生产和供应业	46	858	2208	755	1012
建筑业	**E**	**38958**	**109790**	**43162**	**66627**
房屋建筑业	47	9456	43611	12356	19317
土木工程建筑业	48	6211	15770	8441	14553
建筑安装业	49	4878	7680	3620	4066
建筑装饰、装修和其他建筑业	50	18413	42729	18745	28691
批发和零售业	**F**	**233040**	**408687**	**151726**	**248996**
批发业	51	90334	216192	67057	129779
零售业	52	142706	192495	84669	119217
交通运输、仓储和邮政业	**G**	**19343**	**34708**	**13016**	**20062**
铁路运输业	53	5	20	9	7
道路运输业	54	13609	26924	9911	15230
水上运输业	55	419	279	82	118
航空运输业	56	83	214	60	133
管道运输业	57	7	16	5	6
多式联运和运输代理业	58	2368	2273	417	1478
装卸搬运和仓储业	59	2130	3533	1287	1785
邮政业	60	722	1449	1245	1305
住宿和餐饮业	**H**	**26411**	**40274**	**19877**	**27306**
住宿业	61	7068	11693	6865	10066
餐饮业	62	19343	28581	13012	17240
信息传输、软件和信息技术服务业	**I**	**43749**	**69338**	**16122**	**21349**
电信、广播电视和卫星传输服务	63	904	1424	524	793
互联网和相关服务	64	7288	9461	3628	4396
软件和信息技术服务业	65	35557	58453	11970	16160
金融业	**J**	**1582**	**2662**	**1185**	**1432**
货币金融服务	66	1087	899	607	711
资本市场服务	67	260	630	159	157
保险业	68	139	910	278	475
其他金融业	69	96	223	141	89

西藏	陕西	甘肃	青海	宁夏	新疆	代码
NA	837	38	7	13	68	36
4	634	28	6	NA	24	37
39	2882	524	102	232	876	38
15	1874	135	45	66	185	39
6	1078	69	11	53	62	40
28	247	52	12	12	68	41
13	547	229	28	92	179	42
85	3141	630	173	367	886	43
258	**3693**	**2437**	**783**	**677**	**2512**	D
186	2246	1889	647	536	1867	44
17	504	223	46	44	244	45
55	943	325	90	97	401	46
12390	**154241**	**40380**	**9499**	**12523**	**26084**	E
6079	41180	12747	2845	2695	6345	47
2751	54205	9897	2774	3256	5930	48
448	12027	4995	749	1764	3403	49
3112	46829	12741	3131	4808	10406	50
18437	**232010**	**109288**	**22473**	**31590**	**101547**	F
6823	115129	59506	10516	18621	61884	51
11614	116881	49782	11957	12969	39663	52
1714	**19355**	**10763**	**2401**	**4608**	**15856**	G
	11	9	NA	4	14	53
1380	13497	8371	1920	3821	11560	54
	19	15	5	4	NA	55
21	130	48	13	15	116	56
NA	28	NA	NA	NA	22	57
120	1389	324	100	148	2157	58
123	3516	1410	245	329	1512	59
69	765	584	115	285	473	60
2238	**17547**	**9911**	**2425**	**2088**	**5610**	H
1121	5926	3550	1143	697	2322	61
1117	11621	6361	1282	1391	3288	62
2903	**48172**	**9528**	**2759**	**3573**	**12939**	I
228	1568	521	178	131	515	63
416	6732	2749	483	849	1915	64
2259	39872	6258	2098	2593	10509	65
353	**1833**	**970**	**333**	**425**	**1566**	J
89	784	525	190	205	660	66
191	406	55	12	72	515	67
60	500	332	69	96	303	68
13	143	58	62	52	88	69

1-7 续表 8

行业大类	代码	重 庆	四 川	贵 州	云 南
房地产业	K	**22910**	**41351**	**17219**	**21877**
房地产业	70	22910	41351	17219	21877
租赁和商务服务业	L	**121923**	**221718**	**76191**	**125529**
租赁业	71	17848	28497	8789	12102
商务服务业	72	104075	193221	67402	113427
科学研究和技术服务业	M	**40670**	**79116**	**17233**	**31560**
研究和试验发展	73	2496	6714	804	1969
专业技术服务业	74	23582	42968	11495	18574
科技推广和应用服务业	75	14592	29434	4934	11017
水利、环境和公共设施管理业	N	**5613**	**11114**	**3710**	**5758**
水利管理业	76	304	879	330	904
生态保护和环境治理业	77	1173	1754	626	890
公共设施管理业	78	3909	7509	2499	3643
土地管理业	79	227	972	255	321
居民服务、修理和其他服务业	O	**24611**	**39234**	**23578**	**24271**
居民服务业	80	12573	18882	11343	11412
机动车、电子产品和日用产品修理业	81	8370	15085	10050	10490
其他服务业	82	3668	5267	2185	2369
教育	P	**18677**	**39554**	**21920**	**20296**
教育	83	18677	39554	21920	20296
卫生和社会工作	Q	**8362**	**23306**	**8781**	**8392**
卫生	84	5345	17061	7327	6716
社会工作	85	3017	6245	1454	1676
文化、体育和娱乐业	R	**25020**	**41552**	**10190**	**16404**
新闻和出版业	86	178	365	137	184
广播、电视、电影和录音制作业	87	2068	4242	1068	1859
文化艺术业	88	7135	9986	2055	3572
体育	89	2492	4931	1813	2436
娱乐业	90	13147	22028	5117	8353
公共管理、社会保障和社会组织	S	**29965**	**97131**	**42500**	**51277**
中国共产党机关	91	407	2224	890	1434
国家机构	92	10167	39383	16776	18747
人民政协、民主党派	93	152	373	165	237
社会保障	94	372	496	101	410
群众团体、社会团体和其他成员组织	95	7564	20255	6580	15529
基层群众自治组织	96	11303	34400	17988	14920

西藏	陕西	甘肃	青海	宁夏	新疆	代码
1558	**28923**	**12199**	**3039**	**3559**	**14224**	K
1558	28923	12199	3039	3559	14224	70
17261	**125268**	**63554**	**18747**	**16542**	**50358**	L
2950	18588	10282	2298	3083	8112	71
14311	106680	53272	16449	13459	42246	72
4050	**52324**	**18009**	**5412**	**4914**	**20939**	M
267	4072	734	205	207	736	73
2658	31616	12128	3733	3393	12871	74
1125	16636	5147	1474	1314	7332	75
599	**10309**	**3574**	**1250**	**1028**	**3615**	N
76	831	504	108	112	580	76
134	1863	582	364	200	616	77
374	7114	2322	746	684	2149	78
15	451	166	32	32	270	79
1543	**25015**	**10857**	**2551**	**3205**	**9400**	O
580	10494	4651	1056	1317	3484	80
779	10673	5084	1113	1478	4746	81
184	3848	1122	382	410	1170	82
1277	**23954**	**15083**	**2682**	**4087**	**10791**	P
1277	23954	15083	2682	4087	10791	83
741	**9328**	**4791**	**1608**	**1149**	**4674**	Q
625	6851	3743	1185	770	3740	84
116	2477	1048	423	379	934	85
1712	**18937**	**7710**	**2134**	**2309**	**6299**	R
40	264	105	37	39	139	86
395	2960	1008	385	416	1405	87
525	5586	2850	723	583	1701	88
99	2564	1026	224	362	805	89
653	7563	2721	765	909	2249	90
13685	**52160**	**44642**	**14854**	**11172**	**40807**	S
649	1157	916	467	302	1387	91
5002	14275	10147	3883	2334	14731	92
71	194	181	68	91	133	93
6	475	111	6	20	125	94
2404	15896	15802	5757	5565	10034	95
5553	20163	17485	4673	2860	14397	96

1-8 按行业(大类)、地区分组的

行业大类	代码	从业人员数(人)	北京	天津	河北
总　计		**413731653**	**12233283**	**5002941**	**16185378**
农、林、牧、渔业	A	**1335252**	**1527**	**2176**	**23598**
农业	01				
林业	02				
畜牧业	03				
渔业	04				
农、林、牧、渔专业及辅助性活动	05	1335252	1527	2176	23598
采矿业	B	**4697262**	**23169**	**49619**	**232805**
煤炭开采和洗选业	06	2772385		394	118956
石油和天然气开采业	07	511880	553	19023	19273
黑色金属矿采选业	08	313245	9083	489	70915
有色金属矿采选业	09	293673			4883
非金属矿采选业	10	493184	5	4200	16389
开采专业及辅助性活动	11	299281	13528	25510	2332
其他采矿业	12	13614		NA	57
制造业	C	**103841445**	**766307**	**1092161**	**4419568**
农副食品加工业	13	4062211	21372	20303	160369
食品制造业	14	2538401	36744	32703	116018
酒、饮料和精制茶制造业	15	1594467	17897	8171	38877
烟草制品业	16	180567	807	742	4441
纺织业	17	3844129	2268	8511	163966
纺织服装、服饰业	18	4491581	19651	14008	94996
皮革、毛皮、羽毛及其制品和制鞋业	19	2505906	591	4675	98099
木材加工和木、竹、藤、棕、草制品业	20	2205224	1275	5015	82659
家具制造业	21	1985705	7064	19420	95729
造纸和纸制品业	22	1682019	4801	20809	66064
印刷和记录媒介复制业	23	1544587	21046	14511	51645
文教、工美、体育和娱乐用品制造业	24	2870658	4762	18314	122656
石油、煤炭及其他燃料加工业	25	855939	9730	11746	47735
化学原料和化学制品制造业	26	4367254	17683	47443	196593
医药制造业	27	2366022	98932	46721	114536
化学纤维制造业	28	495069	933	416	12889
橡胶和塑料制品业	29	4926350	7540	49671	240070
非金属矿物制品业	30	7118765	29563	40747	372284
黑色金属冶炼和压延加工业	31	2011367	1189	58546	358256
有色金属冶炼和压延加工业	32	1784459	3160	12411	32263
金属制品业	33	7589602	20951	95979	545938
通用设备制造业	34	7907882	50499	105965	407595
专用设备制造业	35	6131870	85349	81739	303642

法人单位从业人员数

山 西	内蒙古	辽 宁	吉 林	黑龙江	上 海	江 苏	代码
8312720	**5092831**	**9146016**	**4492402**	**4519720**	**12502328**	**37972355**	
29596	**24261**	**30885**	**18940**	**21697**	**2458**	**63686**	A
							01
							02
							03
							04
29596	24261	30885	18940	21697	2458	63686	05
977391	**257811**	**218262**	**74425**	**270369**	**1802**	**38315**	B
932696	199084	60263	18771	147045		22391	06
5878	5526	32929	25341	92157	1802	5321	07
16212	17368	51603	5081	1712		4525	08
6313	19031	20410	8518	4047		990	09
8652	13407	19615	4313	9128		4843	10
7460	3208	33248	12083	16246		42	11
180	187	194	318	34		203	12
1155072	**804707**	**2220788**	**818897**	**598666**	**2058968**	**13584664**	C
45034	62023	180612	65566	100558	25854	187971	13
28958	77176	52390	30597	42891	64493	136748	14
31614	16539	19527	19328	19583	10044	58215	15
945	2136	1630	3669	4327	3497	5460	16
6312	6423	24719	4702	8483	22444	819324	17
13680	11639	161842	40846	4007	50363	512042	18
2300	2111	10740	2316	2342	11683	86111	19
6475	6578	34260	16829	23646	8645	184755	20
4544	2008	21732	5628	9962	29859	135219	21
8480	6163	20037	6982	7780	31310	144459	22
12166	4896	20682	7784	6483	32883	215258	23
7269	1742	15435	4946	4100	22056	338435	24
80863	48144	78164	26423	41312	12337	36946	25
87993	121296	120509	32263	34968	115455	352769	26
38227	26315	45859	67094	34111	72429	246307	27
1316	1554	2177	13403	264	1676	164510	28
23478	9754	80968	20175	13745	103791	609010	29
174626	120252	174197	57048	41848	49263	525389	30
109574	87315	120270	23212	16186	25811	227436	31
41477	57252	42983	8054	5838	13172	156704	32
100822	24627	148256	26091	22440	142180	1051488	33
58941	13921	272960	31505	43098	264724	1591469	34
70719	11372	123873	34953	40332	174164	1195124	35

1-8 续表 1

行业大类	代码	从业人员数(人)	北京	天津	河北
汽车制造业	36	5549941	72930	118970	230900
铁路、船舶、航空航天和其他运输设备制造业	37	1490547	17249	48789	68318
电气机械和器材制造业	38	8103295	45090	70544	193719
计算机、通信和其他电子设备制造业	39	10308701	106825	87917	76857
仪器仪表制造业	40	1504734	32603	20048	42936
其他制造业	41	547924	756	3484	13884
废弃资源综合利用业	42	422703	1131	2832	26074
金属制品、机械和设备修理业	43	853566	25916	21011	39560
电力、热力、燃气及水生产和供应业	D	**4781487**	**103827**	**47668**	**241655**
电力、热力生产和供应业	44	3374448	76525	29948	162247
燃气生产和供应业	45	454911	10194	8223	34989
水的生产和供应业	46	952128	17108	9497	44419
建筑业	E	**51172315**	**920476**	**633175**	**1589407**
房屋建筑业	47	25870412	359386	262970	636570
土木工程建筑业	48	11264451	235257	150220	435973
建筑安装业	49	3849722	104686	82232	151758
建筑装饰、装修和其他建筑业	50	10187730	221147	137753	365106
批发和零售业	F	**53256004**	**1358578**	**525153**	**2231953**
批发业	51	29931601	775709	342969	1211118
零售业	52	23324403	582869	182184	1020835
交通运输、仓储和邮政业	G	**14006067**	**489675**	**232872**	**528924**
铁路运输业	53				
道路运输业	54	8467731	259728	116075	367618
水上运输业	55	477993	199	12518	20487
航空运输业	56	655711	79723	9739	6435
管道运输业	57	42119	11043	886	6237
多式联运和运输代理业	58	1348826	46598	43214	18414
装卸搬运和仓储业	59	1434011	19991	29449	57704
邮政业	60	1579676	72393	20991	52029
住宿和餐饮业	H	**8941820**	**582198**	**113419**	**228797**
住宿业	61	2798224	119778	23510	87327
餐饮业	62	6143596	462420	89909	141470
信息传输、软件和信息技术服务业	I	**15141692**	**1584911**	**174044**	**398531**
电信、广播电视和卫星传输服务	63	1630091	83123	16498	58247
互联网和相关服务	64	2435527	222633	23245	43016
软件和信息技术服务业	65	11076074	1279155	134301	297268
金融业	J	**285410**	**31972**	**14622**	**4621**
货币金融服务	66	133724	8844	11833	3120
资本市场服务	67	57075	7712	1493	329
保险业	68	4564	537	11	193
其他金融业	69	90047	14879	1285	979

山 西	内蒙古	辽 宁	吉 林	黑龙江	上 海	江 苏	代码
21391	6047	141457	192939	9936	239080	754076	36
15067	1356	64361	23223	16137	30200	333217	37
32420	18716	100837	13722	20228	158932	1341355	38
83901	31236	52336	18641	3480	223747	1675128	39
5766	629	30873	6965	9654	57712	317175	40
817	372	5547	1255	1150	7984	42703	41
11989	4638	7419	3320	2720	3067	35155	42
27908	20477	44136	9418	7057	50113	104706	43
193180	**193044**	**178859**	**108328**	**164765**	**35895**	**208545**	D
134594	153901	124576	83219	132317	19022	127335	44
27414	13807	18313	7852	8226	5689	24493	45
31172	25336	35970	17257	24222	11184	56717	46
824510	**425592**	**714958**	**349765**	**262533**	**775202**	**5744117**	E
326694	156710	224096	133830	85244	275695	3323951	47
246091	118091	204420	100830	99784	173870	980275	48
79171	38882	104543	42875	25189	123603	554793	49
172554	111909	181899	72230	52316	202034	885098	50
922461	**507767**	**1040894**	**560510**	**526066**	**1965785**	**4409110**	F
489955	281889	564981	273685	302045	1373736	2815244	51
432506	225878	475913	286825	224021	592049	1593866	52
324009	**215556**	**402150**	**151576**	**185557**	**694352**	**1126049**	G
							53
246237	147930	253611	93984	103016	228107	708989	54
120	106	22777	181	2250	35518	61908	55
5934	8316	11387	4089	8724	90244	17306	56
2444	205	118	76	34	1022	5366	57
6822	7688	33883	4451	6102	193728	78551	58
32333	23641	47316	28176	29716	76768	155074	59
30119	27670	33058	20619	35715	68965	98855	60
184862	**83353**	**158846**	**61448**	**47519**	**559234**	**661646**	H
63655	36535	49441	26103	23911	99795	163112	61
121207	46818	109405	35345	23608	459439	498534	62
179323	**98234**	**341258**	**128933**	**127257**	**1058378**	**1293561**	I
38252	36855	51505	32110	49059	53368	174164	63
22693	12916	44598	17730	12662	189607	216373	64
118378	48463	245155	79093	65536	815403	903024	65
4955	**3392**	**4676**	**4119**	**3247**	**38678**	**22041**	J
3063	1868	3099	2162	1139	24492	8523	66
561	303	183	447	443	1817	4230	67
88	21	156	16	302	55	318	68
1243	1200	1238	1494	1363	12314	8970	69

1-8 续表 2

行业大类	代码	从业人员数(人)	北京	天津	河北
房地产业	K	**14433863**	**687482**	**258151**	**536628**
房地产业	70	14433863	687482	258151	536628
租赁和商务服务业	L	**39050041**	**1883113**	**588450**	**1010992**
租赁业	71	2957173	71506	34602	135794
商务服务业	72	36092868	1811607	553848	875198
科学研究和技术服务业	M	**16832475**	**1299297**	**333606**	**605057**
研究和试验发展	73	2165908	225818	33028	36389
专业技术服务业	74	9804913	552816	181688	344337
科技推广和应用服务业	75	4861654	520663	118890	224331
水利、环境和公共设施管理业	N	**4852324**	**180307**	**49189**	**232645**
水利管理业	76	323725	9407	4287	12417
生态保护和环境治理业	77	495555	20018	4334	15579
公共设施管理业	78	3907109	148566	38616	198716
土地管理业	79	125935	2316	1952	5933
居民服务、修理和其他服务业	O	**6736057**	**337303**	**113377**	**213298**
居民服务业	80	2975700	124088	28666	99707
机动车、电子产品和日用产品修理业	81	1641252	56215	18629	60602
其他服务业	82	2119105	157000	66082	52989
教育	P	**26769212**	**639794**	**270746**	**1282078**
教育	83	26769212	639794	270746	1282078
卫生和社会工作	Q	**14616843**	**431652**	**179657**	**649745**
卫生	84	13462549	393115	164558	603362
社会工作	85	1154294	38537	15099	46383
文化、体育和娱乐业	R	**5194530**	**391505**	**54006**	**189019**
新闻和出版业	86	314554	73172	2488	11644
广播、电视、电影和录音制作业	87	798007	94107	13660	31430
文化艺术业	88	1369038	78571	13431	60418
体育	89	634083	42484	9759	26226
娱乐业	90	2078848	103171	14668	59301
公共管理、社会保障和社会组织	S	**27787554**	**520190**	**270850**	**1566057**
中国共产党机关	91	947827	11809	7064	56516
国家机构	92	20773706	389854	216868	1115516
人民政协、民主党派	93	121504	2528	738	5496
社会保障	94	138042	3629	1809	6903
群众团体、社会团体和其他成员组织	95	1418060	45335	10203	57201
基层群众自治组织	96	4388415	67035	34168	324425

山 西	内蒙古	辽 宁	吉 林	黑龙江	上 海	江 苏	代码
316555	**239089**	**351472**	**163417**	**152524**	**601432**	**1110191**	K
316555	239089	351472	163417	152524	601432	1110191	70
552642	**347967**	**737218**	**340794**	**301885**	**1955305**	**3049701**	L
63017	48040	38817	37794	28287	50983	171957	71
489625	299927	698401	303000	273598	1904322	2877744	72
284636	**183424**	**329863**	**179929**	**180667**	**851904**	**1695610**	M
14770	11717	42735	24103	19045	211635	313203	73
190063	138273	190266	108472	99895	455353	972023	74
79803	33434	96862	47354	61727	184916	410384	75
146471	**108193**	**124815**	**96232**	**101764**	**168343**	**306673**	N
10471	7856	11097	8167	8877	6192	21259	76
13840	11073	10457	5640	17296	18932	31936	77
118648	87083	100798	80307	72169	141617	247262	78
3512	2181	2463	2118	3422	1602	6216	79
110675	**62021**	**123089**	**80166**	**49305**	**343384**	**466397**	O
48003	28755	63412	41176	23576	138784	180511	80
33707	16507	30072	17152	9677	56330	117038	81
28965	16759	29605	21838	16052	148270	168848	82
698428	**461998**	**680149**	**422900**	**453113**	**478200**	**1509560**	P
698428	461998	680149	422900	453113	478200	1509560	83
365851	**259027**	**457028**	**269266**	**316813**	**428065**	**906909**	Q
343752	245210	425123	247489	297120	323215	786806	84
22099	13817	31905	21777	19693	104850	120103	85
112895	**57292**	**104910**	**70537**	**55636**	**150609**	**336820**	R
8044	4546	9093	5540	5734	8865	14736	86
20576	13186	18453	12230	7954	20024	49911	87
43716	22250	24442	19726	19427	28971	87361	88
10456	5596	12785	13642	6016	31073	34430	89
30103	11714	40137	19399	16505	61676	150382	90
929208	**760103**	**925896**	**592220**	**700337**	**334334**	**1438760**	S
41086	25394	28177	18234	30063	7160	41713	91
671420	595830	744712	447010	559505	247249	1110759	92
3831	3851	3784	2156	4053	1011	5911	93
7474	6078	6086	2659	7350	3662	7050	94
35687	25598	30603	19413	19570	21682	81323	95
169710	103352	112534	102748	79796	53570	192004	96

1-8 续表 3

行业大类	代码	浙 江	安 徽	福 建	江 西
总 计		**31393324**	**17308221**	**17323430**	**10945329**
农、林、牧、渔业	A	**12120**	**81171**	**33414**	**37318**
农业	01				
林业	02				
畜牧业	03				
渔业	04				
农、林、牧、渔专业及辅助性活动	05	12120	81171	33414	37318
采矿业	B	**15442**	**155030**	**38280**	**68960**
煤炭开采和洗选业	06	15	113222	10841	10411
石油和天然气开采业	07		301		
黑色金属矿采选业	08	945	17982	5887	4202
有色金属矿采选业	09	1559	6630	3358	19040
非金属矿采选业	10	12711	16594	17472	33586
开采专业及辅助性活动	11	19	172	157	158
其他采矿业	12	193	129	565	1563
制造业	C	**11809565**	**4071713**	**4695306**	**2989574**
农副食品加工业	13	107061	174705	207647	91784
食品制造业	14	104397	89737	165811	52408
酒、饮料和精制茶制造业	15	52565	83104	93070	33553
烟草制品业	16	3624	6454	4203	4448
纺织业	17	818751	131407	238508	76016
纺织服装、服饰业	18	688015	293162	337533	235219
皮革、毛皮、羽毛及其制品和制鞋业	19	515875	69346	514774	126108
木材加工和木、竹、藤、棕、草制品业	20	117333	93562	129199	78849
家具制造业	21	268369	65063	126694	121823
造纸和纸制品业	22	232644	49971	112120	36578
印刷和记录媒介复制业	23	180799	54534	64139	35237
文教、工美、体育和娱乐用品制造业	24	448464	99264	222971	77517
石油、煤炭及其他燃料加工业	25	13143	14405	10640	13450
化学原料和化学制品制造业	26	300379	155595	118438	172267
医药制造业	27	190408	98574	42107	72316
化学纤维制造业	28	133282	11244	37974	6582
橡胶和塑料制品业	29	743944	229012	252257	78620
非金属矿物制品业	30	325892	304392	388054	345575
黑色金属冶炼和压延加工业	31	77625	50522	52753	39815
有色金属冶炼和压延加工业	32	90724	57918	59579	113784
金属制品业	33	946065	258375	265620	123886
通用设备制造业	34	1368307	271750	193234	90505
专用设备制造业	35	658604	185468	177477	108828

山 东	河 南	湖 北	湖 南	广 东	广 西	海 南	代码
31439749	**25635810**	**17696611**	**15769211**	**51336918**	**8408928**	**1857992**	
178217	**185452**	**117626**	**129127**	**39458**	**34625**	**13963**	A
							01
							02
							03
							04
178217	185452	117626	129127	39458	34625	13963	05
309207	**348872**	**68597**	**99622**	**37245**	**45410**	**6663**	B
159123	229369	1438	26630	4	4212		06
60145	30996	8537		5574	178	1255	07
22239	7695	11400	5337	2059	2157	2558	08
33317	27232	4566	22154	6374	12508	711	09
16361	29927	36823	43964	21139	25643	2026	10
17690	21765	4439	182	1967	139	34	11
332	1888	1394	1355	128	573	79	12
8735412	**5709511**	**3747686**	**3584209**	**18613942**	**1621929**	**138387**	C
680412	364862	220345	332754	216030	120102	31671	13
274277	242396	97832	147264	281273	53771	8057	14
86614	97222	102401	88676	99614	37742	10158	15
8059	13464	7441	12090	42430	3312	533	16
429032	177508	212902	56676	358968	41840	661	17
349737	266344	273550	90699	792234	44354	520	18
78958	160293	44220	129696	523518	25694	41	19
394296	233221	89549	110369	111796	269817	4442	20
118048	138725	50553	47692	492599	15094	954	21
169046	97776	52380	52504	363622	43537	4738	22
108585	72224	71740	54295	332007	13460	2820	23
228580	182360	60724	80293	745389	48763	1094	24
104674	36847	14475	21873	30446	6413	4030	25
529509	256666	217260	238697	503394	64023	5652	26
241581	137284	123750	83196	191571	31432	19762	27
21505	19241	7314	4304	17811	243	36	28
452948	181823	125369	78099	1276141	37446	4470	29
629024	700907	336349	408057	730905	177733	18736	30
143072	78163	53091	43794	99609	69340	156	31
153166	157935	42598	83410	182175	58215	426	32
597644	327208	203657	219210	1848246	49663	5025	33
827518	427360	174121	209043	958513	34439	557	34
643585	365652	169250	185261	1088132	40846	1780	35

1-8 续表 4

行业大类	代码	浙 江	安 徽	福 建	江 西
汽车制造业	36	749820	348638	106025	95230
铁路、船舶、航空航天和其他运输设备制造业	37	158245	34956	34869	30992
电气机械和器材制造业	38	1318105	401753	280942	212313
计算机、通信和其他电子设备制造业	39	753040	318055	330315	437108
仪器仪表制造业	40	236623	48258	41939	23828
其他制造业	41	113470	22395	43806	15487
废弃资源综合利用业	42	21637	25128	14780	28764
金属制品、机械和设备修理业	43	72355	24966	27828	10684
电力、热力、燃气及水生产和供应业	D	**170868**	**132139**	**170161**	**144345**
电力、热力生产和供应业	44	112483	84939	132607	106406
燃气生产和供应业	45	14970	14950	8921	10087
水的生产和供应业	46	43415	32250	28633	27852
建筑业	E	**4238562**	**2965174**	**2989327**	**1524912**
房屋建筑业	47	2387442	1420722	1765148	895454
土木工程建筑业	48	870522	714036	647548	332593
建筑安装业	49	188981	218269	107316	60402
建筑装饰、装修和其他建筑业	50	791617	612147	469315	236463
批发和零售业	F	**3656210**	**1937510**	**2820757**	**1311588**
批发业	51	2195018	1062811	1529095	650383
零售业	52	1461192	874699	1291662	661205
交通运输、仓储和邮政业	G	**804760**	**582288**	**514108**	**371270**
铁路运输业	53				
道路运输业	54	436683	403010	275709	280796
水上运输业	55	55990	25831	37471	6937
航空运输业	56	16195	3858	28517	5221
管道运输业	57	266	56	173	369
多式联运和运输代理业	58	88589	18468	56677	8812
装卸搬运和仓储业	59	75073	63860	46116	27400
邮政业	60	131964	67205	69445	41735
住宿和餐饮业	H	**558572**	**322571**	**320165**	**192527**
住宿业	61	203328	86426	121301	78700
餐饮业	62	355244	236145	198864	113827
信息传输、软件和信息技术服务业	I	**988451**	**491931**	**648293**	**269232**
电信、广播电视和卫星传输服务	63	107189	52978	49585	41036
互联网和相关服务	64	163162	104791	93801	50586
软件和信息技术服务业	65	718100	334162	504907	177610
金融业	J	**18096**	**7796**	**12237**	**5317**
货币金融服务	66	6567	2869	4816	1587
资本市场服务	67	6427	1292	5401	1296
保险业	68	169	376	138	66
其他金融业	69	4933	3259	1882	2368

山东	河南	湖北	湖南	广东	广西	海南	代码
421818	204200	388702	128612	545755	101682	2599	36
121584	38162	31355	58204	124934	9013	362	37
333970	250627	202181	181022	2295588	73938	2898	38
376995	276328	259577	329987	3797562	123266	863	39
95737	68791	40534	30224	296668	6284	87	40
22798	40399	11518	26287	148733	3307	238	41
19641	51017	27604	34416	34575	6203	397	42
72999	44506	35344	17505	83704	10957	4624	43
376628	**331967**	**166652**	**241032**	**331056**	**132388**	**23654**	D
281240	233331	105757	172636	214981	103799	14457	44
33677	28391	15406	14386	27267	7637	1757	45
61711	70245	45489	54010	88808	20952	7440	46
3845759	**3683356**	**2606250**	**2061031**	**4217432**	**735990**	**137799**	E
1790748	1653215	1490912	1220632	1829211	432482	44041	47
835704	795598	552321	452504	771274	138459	25806	48
454993	233299	130997	133929	388641	34281	15422	49
764314	1001244	432020	253966	1228306	130768	52530	50
4939200	**3668981**	**2601623**	**2050615**	**6532067**	**859235**	**208967**	F
3066839	1687059	1240029	1055937	3977746	449109	112712	51
1872361	1981922	1361594	994678	2554321	410126	96255	52
1078061	**778959**	**632338**	**458973**	**1644268**	**311331**	**93355**	G
							53
672412	548918	440811	309334	761131	185290	34550	54
49667	7535	20365	8276	54689	16624	7806	55
30679	10809	9657	8866	119322	8751	28689	56
2327	351	1203	508	1030	76	172	57
119582	41642	24738	33383	396804	13315	3964	58
120534	76516	59935	45942	175838	34321	6895	59
82860	93188	75629	52664	135454	52954	11279	60
528011	**369752**	**395348**	**310416**	**1233643**	**180285**	**86277**	H
153301	137460	105167	107557	317144	78613	56949	61
374710	232292	290181	202859	916499	101672	29328	62
928871	**854785**	**684593**	**488780**	**2180829**	**169988**	**57228**	I
77077	78585	63420	61990	138715	51854	9132	63
151160	196355	111983	96023	342906	23080	14689	64
700634	579345	509190	330767	1699208	95054	33407	65
13413	**9955**	**6737**	**4285**	**32740**	**4498**	**3373**	J
4963	2914	3102	2096	14260	2316	1252	66
4588	2664	1377	857	10731	228	1627	67
161	417	140	76	479	37	19	68
3701	3960	2118	1256	7270	1917	475	69

1-8 续表 5

行业大类	代码	浙 江	安 徽	福 建	江 西
房地产业	K	**801696**	**468777**	**417248**	**302472**
房地产业	70	801696	468777	417248	302472
租赁和商务服务业	L	**3494272**	**2489100**	**1509045**	**836572**
租赁业	71	106661	150712	98081	87379
商务服务业	72	3387611	2338388	1410964	749193
科学研究和技术服务业	M	**904993**	**526091**	**514033**	**311154**
研究和试验发展	73	144548	60692	65877	22080
专业技术服务业	74	558272	316394	292795	209956
科技推广和应用服务业	75	202173	149005	155361	79118
水利、环境和公共设施管理业	N	**242811**	**217655**	**148437**	**161226**
水利管理业	76	10792	14078	7357	5885
生态保护和环境治理业	77	31589	12038	16005	10086
公共设施管理业	78	195614	187962	122141	143703
土地管理业	79	4816	3577	2934	1552
居民服务、修理和其他服务业	O	**399416**	**265517**	**282768**	**134515**
居民服务业	80	186264	122759	135992	61250
机动车、电子产品和日用产品修理业	81	86264	67909	66619	35179
其他服务业	82	126888	74849	80157	38086
教育	P	**1197675**	**1003198**	**828777**	**900103**
教育	83	1197675	1003198	828777	900103
卫生和社会工作	Q	**773700**	**510897**	**381042**	**397059**
卫生	84	700893	466605	351550	370546
社会工作	85	72807	44292	29492	26513
文化、体育和娱乐业	R	**281863**	**154656**	**238197**	**117311**
新闻和出版业	86	11440	8154	7118	5468
广播、电视、电影和录音制作业	87	55852	20188	28163	14475
文化艺术业	88	63787	46290	71043	33464
体育	89	36729	16063	27654	11786
娱乐业	90	114055	63961	104219	52118
公共管理、社会保障和社会组织	S	**1024252**	**925007**	**761835**	**869874**
中国共产党机关	91	39980	26699	28053	27963
国家机构	92	824493	690122	524297	639673
人民政协、民主党派	93	4826	3699	3364	4478
社会保障	94	3338	3733	3982	5109
群众团体、社会团体和其他成员组织	95	86351	40341	61717	54099
基层群众自治组织	96	65264	160413	140422	138552

山东	河南	湖北	湖南	广东	广西	海南	代码
933721	**797110**	**576885**	**449330**	**2153615**	**308225**	**160432**	K
933721	797110	576885	449330	2153615	308225	160432	70
2504464	**1967665**	**1939459**	**1449286**	**4702610**	**879897**	**186865**	L
246322	269808	162418	158178	251288	59691	16765	71
2258142	1697857	1777041	1291108	4451322	820206	170100	72
1218117	**1076289**	**769873**	**626036**	**1949301**	**295333**	**73154**	M
158175	86148	78558	85566	283703	22744	10574	73
645186	464902	461314	318809	1208173	188782	49664	74
414756	525239	230001	221661	457425	83807	12916	75
318555	**325117**	**183839**	**180601**	**411295**	**111380**	**66406**	N
16441	16292	19584	16392	20403	10092	2818	76
30225	25008	20217	23775	42666	10547	4245	77
261882	275693	135781	129369	342747	85535	57804	78
10007	8124	8257	11065	5479	5206	1539	79
383469	**375119**	**292802**	**271629**	**972510**	**176079**	**36502**	O
188674	180460	134551	155431	359137	106099	12449	80
110808	103809	74939	58169	199271	34501	8915	81
83987	90850	83312	58029	414102	35479	15138	82
1839382	**1974965**	**1014149**	**1217867**	**2531846**	**1061432**	**216091**	P
1839382	1974965	1014149	1217867	2531846	1061432	216091	83
1022251	**935823**	**585355**	**621812**	**1230406**	**496796**	**98120**	Q
941795	868297	543125	579048	1134217	473762	94011	84
80456	67526	42230	42764	96189	23034	4109	85
321685	**380258**	**263681**	**303023**	**509740**	**96793**	**35722**	R
17095	13683	13750	10186	18876	6453	3671	86
64539	41246	29043	36816	71131	15162	6236	87
75405	118174	68174	73469	109544	25584	6833	88
39219	36189	25142	28245	89396	12817	7355	89
125427	170966	127572	154307	220793	36777	11627	90
1965326	**1861874**	**1043118**	**1221537**	**2012915**	**887314**	**215034**	S
50756	66592	27855	45250	56412	34304	8065	91
1398847	1354013	749635	882688	1627978	669316	159482	92
6956	6524	4919	6126	5967	3850	816	93
4959	9086	7455	5882	3879	6745	876	94
69943	82239	63912	89563	105169	30567	9085	95
433865	343420	189342	192028	213510	142532	36710	96

1-8 续表 6

行业大类	代码	重 庆	四 川	贵 州	云 南
总　　计		**10052076**	**20391879**	**6282218**	**8729804**
农、林、牧、渔业	A	**37101**	**45360**	**9544**	**48574**
农业	01				
林业	02				
畜牧业	03				
渔业	04				
农、林、牧、渔专业及辅助性活动	05	37101	45360	9544	48574
采矿业	B	**23260**	**205466**	**244383**	**153981**
煤炭开采和洗选业	06	1010	65778	212727	76506
石油和天然气开采业	07	2888	31433	362	5
黑色金属矿采选业	08	533	17752	2477	11011
有色金属矿采选业	09	292	17181	4545	34703
非金属矿采选业	10	17872	47069	23344	30109
开采专业及辅助性活动	11	194	25583	388	518
其他采矿业	12	471	670	540	1129
制造业	C	**2099874**	**3553315**	**827490**	**993077**
农副食品加工业	13	118344	198788	44266	115797
食品制造业	14	59623	140390	27902	50526
酒、饮料和精制茶制造业	15	34695	214906	148840	86484
烟草制品业	16	3393	5219	7418	20691
纺织业	17	17475	59960	8805	7673
纺织服装、服饰业	18	38534	48119	32047	11307
皮革、毛皮、羽毛及其制品和制鞋业	19	18133	45819	17683	2738
木材加工和木、竹、藤、棕、草制品业	20	40292	69613	32018	32816
家具制造业	21	36440	119466	14779	12489
造纸和纸制品业	22	29284	58674	18554	16103
印刷和记录媒介复制业	23	32643	64228	15911	18047
文教、工美、体育和娱乐用品制造业	24	26684	27869	24882	17819
石油、煤炭及其他燃料加工业	25	3624	13919	6138	13033
化学原料和化学制品制造业	26	57997	182760	50417	68369
医药制造业	27	48878	131408	32067	37154
化学纤维制造业	28	4113	17253	198	720
橡胶和塑料制品业	29	64794	111857	27206	27423
非金属矿物制品业	30	170063	410630	97403	118033
黑色金属冶炼和压延加工业	31	26805	80314	17087	38930
有色金属冶炼和压延加工业	32	33791	62120	24389	83720
金属制品业	33	127344	207492	36932	45202
通用设备制造业	34	128986	213440	21169	18380
专用设备制造业	35	91377	150697	14750	18287

西藏	陕西	甘肃	青海	宁夏	新疆	代码
937777	**10426544**	**4406909**	**1219701**	**1560992**	**5148256**	
2875	**37395**	**24449**	**2698**	**6091**	**39850**	A
						01
						02
						03
						04
2875	37395	24449	2698	6091	39850	05
9045	**362334**	**99564**	**26008**	**70292**	**165633**	B
	197757	56365	3824	55410	48143	06
	73300	12703	14913	12150	49337	07
659	8008	3767	1782	785	7022	08
6356	9083	7917	2233	21	9701	09
1737	11346	11157	3070	1318	9364	10
37	62551	7350	7	607	41667	11
256	289	305	179	NA	399	12
45839	**1438385**	**478212**	**151446**	**308242**	**708533**	C
5225	56202	36632	5394	14012	50516	13
2101	48719	15488	3868	18491	35352	14
2658	42290	15653	3483	5750	15194	15
	6620	2438		361	715	16
2357	23472	3743	692	9723	100808	17
3414	13526	8118	1424	3826	31825	18
504	3007	3164	95	751	4521	19
723	12360	2592	447	1325	10468	20
2976	15339	2038	503	1116	3780	21
168	14816	2775	184	3272	6388	22
1260	18741	6618	1419	4003	4523	23
4626	19979	3340	4210	1003	5112	24
152	64457	28999	600	19167	42054	25
2700	34169	44670	31062	66836	89422	26
2552	44447	21887	4132	8403	12582	27
4	1400	482	35	2845	9345	28
254	33484	10714	989	7300	23998	29
10033	130234	76158	18141	31210	106019	30
206	28866	25412	10248	26541	21223	31
220	69034	60938	21047	10892	45064	32
1724	77738	24416	4988	13718	26677	33
329	99960	13484	1128	9412	5570	34
393	71801	18151	965	9003	10296	35

1-8 续表 7

行业大类	代码	重 庆	四 川	贵 州	云 南
汽车制造业	36	346483	143972	10209	8005
铁路、船舶、航空航天和其他运输设备制造业	37	124044	56054	6118	3422
电气机械和器材制造业	38	104303	211540	32349	28442
计算机、通信和其他电子设备制造业	39	256618	427604	37132	67988
仪器仪表制造业	40	29979	29708	2296	5165
其他制造业	41	4117	5620	6086	1489
废弃资源综合利用业	42	8379	19418	4846	10011
金属制品、机械和设备修理业	43	12639	24458	7593	6814
电力、热力、燃气及水生产和供应业	D	**96928**	**273394**	**100373**	**127155**
电力、热力生产和供应业	44	59888	173691	70276	98342
燃气生产和供应业	45	13950	38571	8048	7490
水的生产和供应业	46	23090	61132	22049	21323
建筑业	E	**1652946**	**3222923**	**689034**	**1256459**
房屋建筑业	47	998425	1949422	339155	575218
土木工程建筑业	48	288536	598799	163628	311863
建筑安装业	49	98024	158115	41996	57519
建筑装饰、装修和其他建筑业	50	267961	516587	144255	311859
批发和零售业	F	**1367367**	**2579519**	**701329**	**1397395**
批发业	51	577862	1420836	343907	775173
零售业	52	789505	1158683	357422	622222
交通运输、仓储和邮政业	G	**415179**	**649817**	**190159**	**300157**
铁路运输业	53				
道路运输业	54	268444	451224	122080	184242
水上运输业	55	23906	3509	1164	1467
航空运输业	56	16504	46103	12402	27940
管道运输业	57	156	1886	408	336
多式联运和运输代理业	58	24579	22494	3169	16429
装卸搬运和仓储业	59	30693	45079	17767	35398
邮政业	60	50897	79522	33169	34345
住宿和餐饮业	H	**226908**	**557239**	**160460**	**254613**
住宿业	61	68999	164730	69046	113262
餐饮业	62	157909	392509	91414	141351
信息传输、软件和信息技术服务业	I	**352277**	**728037**	**127398**	**155852**
电信、广播电视和卫星传输服务	63	28203	82553	32320	37481
互联网和相关服务	64	57031	96431	27072	26477
软件和信息技术服务业	65	267043	549053	68006	91894
金融业	J	**6573**	**7371**	**3786**	**2937**
货币金融服务	66	3689	3944	1776	1271
资本市场服务	67	342	540	332	405
保险业	68	64	345	85	255
其他金融业	69	2478	2542	1593	1006

西藏	陕西	甘肃	青海	宁夏	新疆	代码
NA	157540	970	53	680	1221	36
27	39197	547	60	102	383	37
475	104361	22012	12062	12817	26034	38
126	96115	14985	19921	19165	5883	39
46	20216	1196	471	1921	402	40
111	2876	515	90	86	544	41
99	8645	3885	193	1953	2767	42
375	23774	6192	3542	2558	9847	43
14455	**163211**	**111642**	**27107**	**40569**	**129997**	**D**
12902	112591	90070	22382	32203	95783	44
299	21521	6744	1381	3144	17114	45
1254	29099	14828	3344	5222	17100	46
122631	**1743499**	**546515**	**116713**	**133217**	**443051**	**E**
69377	637503	277983	38328	50895	218953	47
28736	620030	154173	46851	44866	125793	48
3431	119639	44509	8460	13144	30623	49
21087	366327	69850	23074	24312	67682	50
94025	**1251857**	**493265**	**104415**	**154514**	**477288**	**F**
43821	623490	263559	50486	89091	285307	51
50204	628367	229706	53929	65423	191981	52
33689	**331555**	**146515**	**45494**	**59882**	**213189**	**G**
						53
20349	216771	106414	32503	44494	147271	54
	265	190	94	96	47	55
7711	11933	4688	2839	2155	10975	56
46	1938	16	29	22	3320	57
855	17575	2406	1306	1393	13195	58
1143	33871	12306	4023	3292	17841	59
3585	49202	20495	4700	8430	20540	60
21943	**285119**	**120199**	**27502**	**26148**	**82800**	**H**
13528	111498	48917	14158	10513	44460	61
8415	173621	71282	13344	15635	38340	62
27277	**390516**	**70363**	**19716**	**28439**	**94406**	**I**
7772	44757	27745	8331	8044	28143	63
1977	46497	10472	2150	4693	8718	64
17528	299262	32146	9235	15702	57545	65
248	**5229**	**2572**	**1160**	**1657**	**3107**	**J**
88	3232	1915	394	781	1749	66
64	522	53		128	683	67
NA	19	12		NA	NA	68
93	1456	592	766	745	672	69

1-8 续表 8

行业大类	代码	重 庆	四 川	贵 州	云 南
房地产业	K	**426144**	**739665**	**228556**	**303693**
房地产业	70	426144	739665	228556	303693
租赁和商务服务业	L	**1001433**	**2049822**	**506381**	**802603**
租赁业	71	120027	208195	41915	72617
商务服务业	72	881406	1841627	464466	729986
科学研究和技术服务业	M	**368310**	**855386**	**160277**	**283827**
研究和试验发展	73	30755	83565	10370	22080
专业技术服务业	74	240901	578510	124007	197137
科技推广和应用服务业	75	96654	193311	25900	64610
水利、环境和公共设施管理业	N	**139737**	**227884**	**83851**	**111289**
水利管理业	76	4737	11266	3792	9504
生态保护和环境治理业	77	23881	25093	8209	14125
公共设施管理业	78	103665	181789	70010	84451
土地管理业	79	7454	9736	1840	3209
居民服务、修理和其他服务业	O	**211288**	**353754**	**151303**	**192635**
居民服务业	80	88681	157850	72413	99112
机动车、电子产品和日用产品修理业	81	54544	106566	46766	59470
其他服务业	82	68063	89338	32124	34053
教育	P	**639172**	**1543925**	**834574**	**827245**
教育	83	639172	1543925	834574	827245
卫生和社会工作	Q	**331673**	**909187**	**399676**	**460330**
卫生	84	300445	848736	383947	444019
社会工作	85	31228	60451	15729	16311
文化、体育和娱乐业	R	**169581**	**308473**	**73594**	**117232**
新闻和出版业	86	6135	12667	5769	6315
广播、电视、电影和录音制作业	87	16802	38776	9532	15110
文化艺术业	88	48169	75746	15463	28203
体育	89	17352	34789	10219	16846
娱乐业	90	81123	146495	32611	50758
公共管理、社会保障和社会组织	S	**486325**	**1581342**	**790050**	**940750**
中国共产党机关	91	13178	57470	29838	38994
国家机构	92	367733	1185808	609758	726989
人民政协、民主党派	93	2424	8853	3878	6489
社会保障	94	3018	7582	1721	3851
群众团体、社会团体和其他成员组织	95	19451	78564	23001	44989
基层群众自治组织	96	80521	243065	121854	119438

西藏	陕西	甘肃	青海	宁夏	新疆	代码
20245	**420305**	**184013**	**53044**	**63623**	**208123**	K
20245	420305	184013	53044	63623	208123	70
109874	**839973**	**336669**	**143473**	**126693**	**405818**	L
16111	103136	45162	14046	13478	34386	71
93763	736837	291507	129427	113215	371432	72
35990	**464678**	**165968**	**52573**	**52640**	**184459**	M
3066	39454	11644	2769	2430	8667	73
25391	337266	128108	42580	43116	140464	74
7533	87958	26216	7224	7094	35328	75
10774	**170613**	**87560**	**19655**	**30671**	**88336**	N
764	17527	16055	1515	3211	15190	76
798	20375	11894	5214	3306	7154	77
9086	127696	58176	12547	23712	63964	78
126	5015	1435	379	442	2028	79
9094	**178386**	**54108**	**16650**	**18663**	**60835**	O
3927	72481	24829	7327	8112	21224	80
4118	53692	20060	5653	6594	21477	81
1049	52213	9219	3670	3957	18134	82
61938	**843856**	**491861**	**109559**	**155692**	**578939**	P
61938	843856	491861	109559	155692	578939	83
33257	**451596**	**261014**	**74190**	**74288**	**304358**	Q
31529	421762	248555	68458	69436	292063	84
1728	29834	12459	5732	4852	12295	85
13695	**139122**	**60701**	**16728**	**19475**	**49771**	R
1454	9210	4583	1193	1845	5627	86
3643	21680	9570	2708	3912	11892	87
4533	52906	26537	6255	5822	15324	88
713	14975	6133	1574	1978	6442	89
3352	40351	13878	4998	5918	10486	90
270883	**908915**	**671719**	**211570**	**190196**	**909763**	S
13684	33335	25582	9738	6718	40145	91
174622	658457	495433	138076	124584	672979	92
1384	4509	3947	1675	1195	2266	93
15	9256	2250	123	479	2003	94
33176	59238	44422	33498	17778	24342	95
48002	144120	100085	28460	39442	168028	96

1-9 按地区、机构类型

地区	法人单位数（个）	企业法人	事业法人	机关法人	社会团体
全国	**33267885**	**29803508**	**742082**	**229958**	**286596**
北京	1178832	1136505	9723	1822	4921
天津	424775	401077	5174	1910	2621
河北	1494574	1346359	32763	11629	9130
山西	699821	601331	17924	8014	7215
内蒙古	408532	342518	17640	7528	6004
辽宁	907494	814664	18533	7657	5552
吉林	345702	289089	16724	5337	3151
黑龙江	369436	301012	20033	9283	4019
上海	772054	737641	7204	2018	3635
江苏	2906706	2737876	35653	8962	24227
浙江	2280047	2115776	27063	7723	21757
安徽	1329276	1198894	20620	8366	14018
福建	1265255	1162060	23355	6241	16378
江西	760414	658114	21614	7988	9302
山东	2784910	2505844	40526	11205	14641
河南	2097188	1831474	69233	13426	10986
湖北	1423244	1269253	34771	8841	10162
湖南	1023392	858860	36706	10420	12997
广东	4658826	4326781	44408	12772	25363
广西	644336	531886	41464	8142	8480
海南	174052	154148	4420	1689	1541
重庆	736285	662408	17034	3569	6820
四川	1367190	1179063	56152	15650	16977
贵州	521556	442453	23685	7017	5183
云南	751441	604320	26654	9823	9436
西藏	86914	63474	2493	5277	815
陕西	888960	775626	24451	7958	13353
甘肃	392334	299978	17131	6504	8631
青海	98236	73907	4960	2859	3523
宁夏	113219	95308	3397	1786	1536
新疆	362884	285809	20574	8542	4222

分组的法人单位数

民办非企业单位	基金会	居(村)委会	农民专业合作社	农村集体经济组织	其他组织机构
396660	**7589**	**610872**	**412806**	**627142**	**150672**
5789	733	7390	2233	6746	2970
3256	108	5449	491	3636	1053
20415	435	53716	8113	6480	5534
8741	154	21768	8059	22682	3933
6800	138	13827	6430	5474	2173
16925	87	16571	12894	10233	4378
4810	64	11456	6940	5310	2821
7262	83	12044	4375	8788	2537
10049	477	6508	788	1641	2093
35163	724	21370	22355	12616	7760
36036	1038	25053	11303	23133	11165
16002	167	18178	30916	14701	7414
12270	445	17332	11069	8049	8056
10978	72	21458	12239	11810	6839
31857	238	61631	50048	61101	7819
30289	110	51957	44800	36435	8478
15745	163	25917	39242	14024	5126
16671	339	29257	32574	18473	7095
30578	1147	26658	10666	173536	6917
12668	100	16515	5716	17458	1907
2938	66	3161	502	5217	370
7809	92	11221	7128	18397	1807
18143	154	34398	7910	32959	5784
6153	52	17987	3833	12355	2838
8271	76	14920	22129	48251	7561
75	22	5553	4813	2724	1668
9927	145	20163	17514	16352	3471
5449	50	17485	13743	15585	7778
1303	32	4673	956	3654	2369
1267	49	2860	1212	1589	4215
3021	29	14396	11815	7733	6743

1-10 按地区、机构类型分组的

地区	从业人员数(人)	企业法人	事业法人	机关法人	社会团体
全国	**413731653**	**342081484**	**37928583**	**17554119**	**947607**
北京	12233283	10502097	1042729	348428	38110
天津	5002941	4276542	411159	186586	8793
河北	16185378	12622955	1685466	1027015	36696
山西	8312720	6172440	1109314	554918	25316
内蒙古	5092831	3497469	898756	452185	19271
辽宁	9146016	7032202	1163746	534368	19636
吉林	4492402	3123579	814313	326757	9578
黑龙江	4519720	2915599	920421	469373	12734
上海	12502328	11210137	684845	205584	14906
江苏	37972355	34031557	2129192	965887	55853
浙江	31393324	28367681	1646071	745876	46290
安徽	17308221	14822500	1249546	594830	20453
福建	17323430	15325902	1075660	455362	35016
江西	10945329	8751061	1190956	528478	32004
山东	31439749	26394487	2473700	1193449	52591
河南	25635810	20671688	2503108	1102073	54008
湖北	17696611	14851085	1517103	599695	48092
湖南	15769211	12554093	1623615	763440	62674
广东	51336918	45438913	2917576	1424783	85306
广西	8408928	5895335	1566977	514237	27839
海南	1857992	1315736	291815	132249	8026
重庆	10052076	8626709	816747	297123	15269
四川	20391879	16354603	2213618	968429	60293
贵州	6282218	4337213	1112435	515697	19256
云南	8729804	6369514	1186228	668240	31475
西藏	937777	531483	112001	181337	5773
陕西	10426544	8084996	1275458	518401	47160
甘肃	4406909	2839431	856090	429373	24540
青海	1219701	796006	213070	124487	8959
宁夏	1560992	1131552	232883	106506	6538
新疆	5148256	3236919	993985	618953	15152

法人单位从业人员数

民办非企业单位	基金会	居(村)委会	农民专业合作社	农村集体经济组织	其他组织机构
6962553	**30692**	**4387897**	**1404590**	**1337945**	**1096183**
140768	6070	67014	1982	26440	59645
60797	304	34049	1373	10467	12871
412822	1936	324425	25004	12499	36560
194212	625	169710	27988	33888	24309
82097	492	103352	18425	3331	17453
207344	285	112519	37555	11011	27350
79741	272	102725	16016	3069	16352
73481	329	79796	13232	21454	13301
278053	1911	53570	2832	1676	48814
376779	2559	191977	104137	46647	67767
302661	2517	65264	35908	109664	71392
312662	559	160423	77524	30189	39535
178084	1349	140422	55764	6760	49111
211897	202	138552	38008	21467	32704
493100	802	433865	192985	152747	52023
648580	648	343419	99779	155312	57195
261038	706	189342	142987	53385	33178
280969	1725	192021	163532	84201	42941
894880	3690	213198	31856	227818	98898
218071	345	142532	21999	4546	17047
63094	259	36710	2433	1343	6327
147035	488	80521	18908	27483	21793
361639	784	243062	34111	101667	53673
131495	212	121854	11709	13110	19237
158167	248	119438	60710	102864	32920
1378	239	48002	28455	1297	27812
232378	620	144120	60851	33445	29115
73298	182	100085	31677	25974	26259
18335	127	28460	2924	873	26460
23639	131	39442	3665	1551	15085
44059	76	168028	40261	11767	19056

1-11 按地区、成立时间

地区	法人单位数(个)	1949年以前	1950-1977年	1978-1991年
全国	**33267885**	**27981**	**111364**	**261752**
北京	1178832	357	1573	8766
天津	424775	258	912	4179
河北	1494574	3367	6676	13875
山西	699821	2552	6086	9152
内蒙古	408532	518	3296	3750
辽宁	907494	954	3676	9709
吉林	345702	1270	4133	7075
黑龙江	369436	407	1708	5544
上海	772054	348	904	6349
江苏	2906706	708	2167	17249
浙江	2280047	268	772	9406
安徽	1329276	982	3827	6612
福建	1265255	1159	3428	12052
江西	760414	408	1639	4983
山东	2784910	1114	4331	14127
河南	2097188	1473	7383	15068
湖北	1423244	310	1951	7188
湖南	1023392	1209	7237	11040
广东	4658826	2456	9068	28499
广西	644336	424	2198	5688
海南	174052	93	627	1501
重庆	736285	63	278	2166
四川	1367190	947	8502	10728
贵州	521556	937	3507	4572
云南	751441	826	4972	8263
西藏	86914	295	1506	2016
陕西	888960	1116	3751	7670
甘肃	392334	1699	4562	8899
青海	98236	235	2145	3176
宁夏	113219	252	1114	2882
新疆	362884	976	7435	9568

分组的法人单位数

1992—2000年	2001年	2002年	2003年	2004年	2005年
604643	**193890**	**205392**	**243016**	**257165**	**304427**
35684	11578	12653	15174	17781	18816
9916	2481	2821	3648	3814	4074
19893	7696	8286	8041	10356	10187
10597	3068	4059	3620	4052	4855
6545	1663	2271	2074	2500	3139
23818	6911	7106	8527	9168	9368
7435	1924	2088	2413	2446	3064
10242	4707	3494	3793	4642	5366
34671	8690	11358	14028	14982	16394
60907	26609	26786	30057	29536	29251
60218	22419	20820	23674	20708	21229
15129	4135	5204	6205	6657	7211
25966	5443	7534	9189	9530	10103
7759	6627	3744	4236	3883	6025
36633	10850	12729	16058	17662	30043
21411	5364	7666	12639	10368	18473
16652	5650	6719	7376	9239	12403
17185	3981	4290	5109	5330	8943
78679	17557	20730	27466	31546	34687
9747	6525	5532	5630	6685	5431
2959	669	897	960	1078	1042
10152	5111	4458	3980	4726	4954
24566	9151	7777	10499	11024	16098
9119	1709	2126	2697	2314	3826
14747	4092	3344	4107	4919	4355
1478	202	506	243	293	316
13139	3485	4016	4141	4832	6585
7693	2137	2376	3124	2561	3412
1832	656	683	709	603	799
2520	583	630	1016	975	821
7351	2217	2689	2583	2955	3157

1-11 续表 1

地 区	2006年	2007年	2008年	2009年
全 国	**360423**	**336224**	**350336**	**422768**
北 京	18841	20961	24042	29233
天 津	4949	4774	5991	6324
河 北	21998	14963	15643	15094
山 西	5632	5711	7819	7545
内蒙古	3969	4484	4237	6417
辽 宁	10259	10240	11528	14905
吉 林	3712	3372	3755	4892
黑龙江	6787	4152	4446	5671
上 海	14386	13008	13590	18395
江 苏	37734	37905	36608	44561
浙 江	26713	26617	25073	31762
安 徽	10486	15505	11546	13236
福 建	11494	16832	11192	14248
江 西	6675	4412	4763	6344
山 东	23168	19931	22492	28423
河 南	24035	13277	14522	17659
湖 北	15998	11006	12068	15328
湖 南	17772	6658	6965	9015
广 东	38098	38994	49674	62976
广 西	5876	5843	5621	8920
海 南	1226	1450	2748	2163
重 庆	5932	6778	8231	8924
四 川	14990	13396	13928	15918
贵 州	4470	4035	3590	3490
云 南	5237	5261	6893	8878
西 藏	374	390	417	556
陕 西	7534	11624	8779	10692
甘 肃	5235	8886	4645	4075
青 海	2058	827	824	876
宁 夏	970	1250	1151	1776
新 疆	3815	3682	7555	4472

2010年	2011年	2012年	2013年	2014年
520066	**615739**	**659952**	**798540**	**1160563**
33890	34857	34939	38355	60823
7610	9029	8508	10511	16199
17383	22028	23870	30168	47950
8338	12253	12440	12284	19613
7476	7821	7919	8560	13501
19664	23712	19904	21774	33174
5518	6060	6465	8271	11105
6112	6659	6572	7587	11627
22021	23465	24310	27049	37854
58884	62574	61130	77186	109985
40348	43598	42938	70583	83885
17204	20570	21066	27224	42011
19079	22953	25048	28388	46132
7955	8834	10613	14148	21004
35513	39473	43905	57318	91518
21248	26832	29256	38260	64952
20141	22790	25646	34602	48169
11211	13657	14905	20526	30254
72924	102979	125254	129177	174826
10859	11627	12897	14707	20846
2767	2544	2761	3297	4513
11976	20221	19687	22836	28964
19368	22483	24193	29820	41047
5090	7271	11273	12950	17499
11570	10784	11496	13355	21408
1141	1856	1387	1881	2591
11709	14005	13556	16083	27189
5076	5733	7208	8832	13655
1113	1326	1651	2205	3255
1843	1777	2086	2424	3975
5035	5968	7069	8179	11039

1-11 续表 2

地区	2015年	2016年	2017年	2018年
全国	**1358688**	**1744752**	**2151646**	**2524880**
北京	69173	74054	69212	73049
天津	20110	25357	29409	32705
河北	60347	88190	110335	125868
山西	23479	31189	42403	52886
内蒙古	17549	21044	25852	28889
辽宁	36412	45861	57232	66395
吉林	12832	16695	20114	21932
黑龙江	13209	17596	21508	26894
上海	40942	44512	46726	51832
江苏	124711	166207	209301	227307
浙江	84249	111593	146543	170019
安徽	47841	67931	86614	111523
福建	57049	66765	79186	94070
江西	24018	32914	45479	61009
山东	110838	144747	180750	271119
河南	76077	101768	131457	163379
湖北	53485	68384	84773	102524
湖南	35988	49611	62425	70807
广东	208325	260247	310887	335166
广西	24554	28770	36402	41279
海南	5112	6774	8264	9726
重庆	32532	38687	45777	53042
四川	47981	66895	87707	95069
贵州	20305	27932	37009	35827
云南	29804	40310	42998	45882
西藏	4342	5415	6968	6996
陕西	38181	41439	63678	82652
甘肃	19056	23880	26264	28685
青海	3729	6367	7311	7285
宁夏	4732	6410	7892	8083
新疆	11726	17208	21170	22981

2019年	2020年	2021年	2022年	2023年
3032667	**3432224**	**3949983**	**3859309**	**3779495**
80024	82195	115487	113464	83851
38654	40355	47471	44085	40631
146389	159035	182061	174682	150193
74117	84846	85081	89062	77082
35864	40713	51087	46158	51236
84844	82635	97735	95068	96915
27222	37503	42747	37343	44316
38713	34484	40101	40304	37111
53295	58408	70882	55293	48362
251016	278747	323809	306053	269718
206837	238453	253354	246070	251898
137560	144591	168793	180937	148676
114346	126646	147644	151611	148168
68330	92381	110018	109987	92226
294368	323647	366147	319926	268080
217957	233979	273977	261269	287439
134742	133188	162524	185984	224404
97751	103432	116554	154957	136580
384346	464516	539523	529689	580537
56213	77000	84966	78654	71442
12453	22082	31244	23817	21285
67289	77242	86718	84552	81009
117167	149663	168437	160506	179330
45811	54066	57437	71481	71213
64100	79919	92966	101464	109491
7957	9832	12105	6801	9050
94041	98546	108907	96881	94729
31569	45479	43288	36106	38199
9648	10447	10508	8682	9286
10662	11285	11909	12104	12097
29382	36909	46503	36319	44941

1-12 按地区、成立时间分组的

地区	从业人员数(人)	1949年以前	1950—1977年	1978—1991年
全国	**413731653**	**4213336**	**9872049**	**16456167**
北京	12233283	162338	406869	782624
天津	5002941	77320	132855	247909
河北	16185378	223498	435449	649067
山西	8312720	244560	475596	655511
内蒙古	5092831	64776	279944	245033
辽宁	9146016	239755	291568	454060
吉林	4492402	164500	250193	300582
黑龙江	4519720	47045	157249	319697
上海	12502328	179197	168127	434425
江苏	37972355	210964	404960	1486363
浙江	31393324	66982	95792	579218
安徽	17308221	175121	381497	491132
福建	17323430	155385	254829	669735
江西	10945329	64556	108801	230161
山东	31439749	264837	629856	1238538
河南	25635810	145965	511956	859446
湖北	17696611	106551	255971	394959
湖南	15769211	204621	664951	728055
广东	51336918	377104	788664	2102819
广西	8408928	77119	259952	367430
海南	1857992	13480	67098	92906
重庆	10052076	20934	54042	299096
四川	20391879	191891	678109	723702
贵州	6282218	131231	282276	319817
云南	8729804	131060	432153	424780
西藏	937777	6745	67558	55789
陕西	10426544	208959	327741	410552
甘肃	4406909	118881	261397	345297
青海	1219701	16687	103906	98984
宁夏	1560992	24737	85144	84525
新疆	5148256	96537	557546	363955

法人单位从业人员数

1992—2000年	2001年	2002年	2003年	2004年	2005年
36685689	**11209035**	**9138277**	**9872111**	**9426361**	**9114632**
1773686	403674	359273	337117	373854	406694
585774	87230	65539	99313	125201	108828
1189191	516687	388978	313211	315641	309124
725766	208861	177516	175611	180107	150731
415138	80761	92312	94075	132085	123511
1021908	251869	197188	243497	202863	222518
429765	94477	91034	81264	75975	88785
556522	204199	123149	139400	151832	129236
2004568	348408	433036	428183	480729	526328
3552523	1563568	1131630	1133747	1002028	883108
3672594	1516552	890530	1005068	856629	743027
959804	264965	238368	336781	259999	300448
1517470	317929	426407	453619	402002	425076
486057	478860	249755	257218	179128	192224
2728839	617919	513863	649702	653425	670654
1344429	321990	315329	460875	394321	449149
1230946	331899	459494	392837	359043	394544
1097140	390575	226157	293822	268599	319141
5278020	1046118	1035266	1296745	1344368	1198115
476052	362146	255964	346786	324298	219686
152246	30656	32619	37771	38534	36994
973695	476785	265179	198913	217556	178537
1726407	590072	404257	411879	371597	387341
559874	73144	80274	89909	101110	85768
535922	207949	143857	177241	203256	145825
65651	7056	16175	14625	8278	13023
787971	139587	180827	136679	162598	185762
295706	112646	140903	119816	80948	84026
76043	25232	22892	22243	16880	15850
101623	27521	66125	49064	40373	38022
364359	109700	114381	75100	103104	82557

1-12 续表 1

地 区	2006年	2007年	2008年	2009年
全 国	**9326094**	**8488588**	**7996252**	**8668183**
北 京	417300	320694	321931	376414
天 津	113919	99080	112532	127737
河 北	334953	338377	281199	329416
山 西	176524	137177	181020	175717
内蒙古	125574	113801	120005	138462
辽 宁	223123	193339	179054	208834
吉 林	115101	84371	68073	89633
黑龙江	95332	80046	96129	101384
上 海	386469	306218	343285	368686
江 苏	1007373	913201	869397	916837
浙 江	873900	700149	608230	700988
安 徽	349011	389258	297425	334638
福 建	382665	406894	331550	322820
江 西	173175	194902	186308	216235
山 东	673118	533770	508176	552182
河 南	425735	353375	341869	371686
湖 北	342174	306948	292143	334759
湖 南	362233	249244	233908	290932
广 东	1281399	1295159	1060349	1175993
广 西	167122	151658	141683	152549
海 南	31409	42340	56760	55408
重 庆	193133	218511	187790	190397
四 川	390308	383680	402146	406882
贵 州	94548	79680	96080	89842
云 南	166199	118449	143536	172888
西 藏	13339	15426	8265	9231
陕 西	170695	222934	276725	220315
甘 肃	83837	102203	60963	76181
青 海	25029	21000	33911	19321
宁 夏	27070	24005	27263	36418
新 疆	104327	92699	128547	105398

2010年	2011年	2012年	2013年	2014年
10771970	**11024622**	**10456392**	**11291736**	**13898833**
385197	407737	390243	334081	444711
148708	182270	121836	123872	163831
339460	331658	327129	395837	518675
185444	254401	252223	186914	223041
135975	138007	113925	123452	146967
262514	250868	230043	221791	276458
103706	107270	93378	104722	135478
94378	88321	72034	84269	183779
442316	439166	375133	445140	538615
1190646	1111490	996809	1107668	1366511
909673	887076	736243	965671	990945
484771	442442	378715	435543	540186
445115	565863	509890	472018	610221
240854	234202	255572	262067	346033
689017	681812	846892	802276	1120854
529453	489625	593989	578419	821384
442808	410338	487904	607942	599078
315306	384796	368530	388777	490424
1446659	1565695	1342068	1582922	1919682
191107	195917	189722	195091	246229
61819	50755	47100	45723	47700
272465	357082	274750	310691	350763
570738	520669	504429	546363	615437
114493	177436	177240	187175	223078
215803	183513	195435	211107	251707
29997	30273	19583	25444	27211
227773	252746	251970	232483	318382
94394	96007	108894	114810	137078
25899	27205	24351	29204	37566
44768	31651	38961	43742	55599
130714	128331	131401	126522	151210

1-12 续表 2

地 区	2015年	2016年	2017年	2018年
全 国	**14666093**	**18167845**	**21584527**	**23057310**
北 京	492546	473266	443723	459274
天 津	189359	212443	247900	293848
河 北	590415	777878	961697	989097
山 西	239299	265691	400051	420113
内蒙古	152152	204563	232725	247773
辽 宁	265168	326825	407621	603806
吉 林	117200	152354	186801	208414
黑龙江	118294	170295	172310	204489
上 海	511679	438806	461543	549257
江 苏	1254877	1847065	2087603	2036596
浙 江	1026524	1307008	1762435	1675348
安 徽	593312	831625	1009430	1125719
福 建	669574	800347	867877	985539
江 西	368712	438544	624085	702800
山 东	1102417	1368383	1645085	1969403
河 南	822172	1107108	1396892	1545235
湖 北	617980	755473	933904	1026450
湖 南	520825	670561	812752	864063
广 东	2037491	2434010	2746530	2907764
广 西	277255	314448	383085	421488
海 南	65441	84074	86907	83662
重 庆	347276	463081	497418	512257
四 川	627082	944579	1165489	1121938
贵 州	241722	350555	366709	333253
云 南	294808	428645	443607	425278
西 藏	38779	48632	65957	58022
陕 西	648645	421559	606950	669002
甘 肃	150264	178107	195796	227390
青 海	40339	65847	63838	64935
宁 夏	61507	75719	73168	80930
新 疆	182979	210354	234639	244167

2019年	2020年	2021年	2022年	2023年
26266489	**26952227**	**30075861**	**25776737**	**19274237**
492292	437041	498342	339898	192464
438950	283630	262296	207854	142907
1110403	1121129	1205916	1092901	798392
489848	487294	531014	416017	296673
308640	269310	462185	291052	240628
528823	488176	522706	476022	355619
261944	273253	305519	245993	262617
314641	218170	241610	203381	152529
463799	444140	495088	310947	179040
2140932	2200499	2385016	1932803	1238141
2011771	1885528	2018171	1798410	1108862
1291692	1377253	1600119	1475792	943175
1041740	1298143	1158127	1045371	787224
754329	924553	1206110	956880	613208
2279709	2341315	2666448	2159355	1531904
1942470	2092510	2994581	2326086	2099761
1368869	1132123	1338702	1424137	1348635
1076172	1076252	1128504	1319781	1023090
2871342	3193111	3338106	2695364	1976055
557316	609750	649448	521826	353801
121936	141922	154218	107725	70789
584702	656638	757728	672403	520254
1345159	1393230	1462039	1353867	1152589
378338	417865	452087	444966	333748
557083	609832	623507	704217	582147
67720	68615	67633	45011	43739
733662	757246	811130	614672	448979
280612	290450	249540	217159	183604
75577	78009	78546	64283	46124
94210	100365	96815	75667	56000
281808	284875	314610	236897	191539

1-13 按行业(大类)、成立时间

行业大类	代码	法人单位数(个)	1949年以前	1950-1977年
总　计		**33267885**	**27981**	**111364**
农、林、牧、渔业	A	**272350**	**25**	**390**
农业	01	349		NA
林业	02	145	NA	11
畜牧业	03	208		
渔业	04	64		
农、林、牧、渔专业及辅助性活动	05	271584	23	378
采矿业	B	**51605**	**4**	**42**
煤炭开采和洗选业	06	9557	NA	28
石油和天然气开采业	07	418	NA	
黑色金属矿采选业	08	6890		NA
有色金属矿采选业	09	4681	NA	4
非金属矿采选业	10	24756		7
开采专业及辅助性活动	11	4023		
其他采矿业	12	1280		
制造业	C	**4047228**	**41**	**897**
农副食品加工业	13	166969		40
食品制造业	14	83463		19
酒、饮料和精制茶制造业	15	77958	NA	21
烟草制品业	16	324	NA	
纺织业	17	149488		16
纺织服装、服饰业	18	195307	4	29
皮革、毛皮、羽毛及其制品和制鞋业	19	88319		8
木材加工和木、竹、藤、棕、草制品业	20	133423		12
家具制造业	21	109034		11
造纸和纸制品业	22	90534		14
印刷和记录媒介复制业	23	91475	8	69
文教、工美、体育和娱乐用品制造业	24	150591		23
石油、煤炭及其他燃料加工业	25	14819	NA	6
化学原料和化学制品制造业	26	118787	NA	52
医药制造业	27	35059	5	36
化学纤维制造业	28	8143		NA
橡胶和塑料制品业	29	239924		34
非金属矿物制品业	30	306549	NA	56
黑色金属冶炼和压延加工业	31	24406		9
有色金属冶炼和压延加工业	32	33061		15
金属制品业	33	455086	NA	67
通用设备制造业	34	428788	4	123
专用设备制造业	35	304449	NA	66
汽车制造业	36	94150	NA	37

分组的法人单位数

1978-1991年	1992-2000年	2001年	2002年	2003年	2004年	2005年	代码
261752	**604643**	**193890**	**205392**	**243016**	**257165**	**304427**	
741	**1091**	**327**	**323**	**405**	**454**	**576**	A
13	80	5	4	4	12	8	01
42	31	NA	NA	4		4	02
4	9	NA	NA	4	4	8	03
NA	12	7	4	NA	NA	NA	04
680	959	310	311	392	435	555	05
566	**1992**	**683**	**752**	**1206**	**1696**	**1803**	B
199	599	208	198	369	456	477	06
5	47	6	9	4	5	6	07
70	326	127	133	277	518	465	08
98	350	114	136	174	236	309	09
180	591	205	236	328	420	467	10
12	68	19	31	41	47	52	11
NA	11	4	9	13	14	27	12
24552	**143804**	**42661**	**51733**	**61086**	**62166**	**60813**	C
978	5131	1541	1679	2164	2326	2514	13
516	3300	832	893	1051	1149	1096	14
500	3244	797	892	1021	955	946	15
22	34	4	5	14	10	4	16
875	6540	2185	3158	3575	2931	2875	17
832	5668	1779	2032	2338	2297	2221	18
431	2744	679	841	925	930	936	19
322	1771	602	742	913	1009	1048	20
161	1816	472	530	776	782	799	21
624	3649	1112	1487	1646	1669	1583	22
2194	7382	1964	2504	2829	2647	2270	23
719	4457	1249	1692	1984	1973	1866	24
74	511	145	164	214	205	182	25
1217	7903	2135	2508	2940	2946	2967	26
457	2614	651	691	822	762	662	27
46	386	137	192	261	204	148	28
1575	10242	3338	3940	4410	4335	4384	29
1709	8732	2512	3356	4109	4142	3998	30
196	1160	370	448	786	712	678	31
232	1497	570	596	665	718	713	32
2181	13158	4094	4916	5775	6084	5932	33
2988	16628	4864	5965	7177	7733	7620	34
1550	9171	2894	3511	4166	4580	4459	35
745	4265	1239	1617	2026	2095	1912	36

1-13 续表 1

行业大类	代码	法人单位数（个）	1949年以前	1950—1977年	1978—1991年
铁路、船舶、航空航天和其他运输设备制造业	37	35741	NA	22	350
电气机械和器材制造业	38	256314	NA	44	1551
计算机、通信和其他电子设备制造业	39	173484		20	562
仪器仪表制造业	40	60843	NA	36	430
其他制造业	41	30054		NA	117
废弃资源综合利用业	42	22566		NA	59
金属制品、机械和设备修理业	43	68120	NA	7	339
电力、热力、燃气及水生产和供应业	**D**	**135796**	**9**	**111**	**2510**
电力、热力生产和供应业	44	95198	NA	52	1264
燃气生产和供应业	45	10444	NA	NA	69
水的生产和供应业	46	30154	6	57	1177
建筑业	**E**	**2722407**	**5**	**441**	**7365**
房屋建筑业	47	796864	NA	325	4117
土木工程建筑业	48	553996	NA	80	1731
建筑安装业	49	284405	NA	26	844
建筑装饰、装修和其他建筑业	50	1087142		10	673
批发和零售业	**F**	**10197183**	**28**	**808**	**21854**
批发业	51	5509532	11	361	11835
零售业	52	4687651	17	447	10019
交通运输、仓储和邮政业	**G**	**939056**	**53**	**685**	**4803**
铁路运输业	53	402	NA	9	10
道路运输业	54	634609	40	503	2367
水上运输业	55	18886	NA	36	422
航空运输业	56	4103		NA	23
管道运输业	57	426			NA
多式联运和运输代理业	58	143742		5	238
装卸搬运和仓储业	59	106527	10	126	1720
邮政业	60	30361		NA	21
住宿和餐饮业	**H**	**711948**	**11**	**116**	**2349**
住宿业	61	191490	7	78	1639
餐饮业	62	520458	4	38	710
信息传输、软件和信息技术服务业	**I**	**1695873**	**11**	**136**	**700**
电信、广播电视和卫星传输服务	63	37816	6	101	295
互联网和相关服务	64	279408	NA	11	49
软件和信息技术服务业	65	1378649	NA	24	356
金融业	**J**	**107575**	**150**	**227**	**1808**
货币金融服务	66	30101	149	227	1671
资本市场服务	67	50915			41
保险业	68	17219	NA		43
其他金融业	69	9340			53

1992–2000年	2001年	2002年	2003年	2004年	2005年	代码
1898	490	494	602	663	768	**37**
9862	2933	3336	3870	3907	3771	38
4697	1580	1833	1999	2279	2307	39
2878	815	859	1043	1039	1030	40
916	282	323	377	356	384	41
229	82	101	138	177	167	42
1321	314	428	470	551	573	43
5977	**1535**	**2258**	**3628**	**3741**	**3004**	**D**
3977	1124	1655	2847	2957	2272	44
424	136	187	264	213	231	45
1576	275	416	517	571	501	46
31044	**8340**	**9131**	**10004**	**11317**	**11945**	**E**
10013	2962	2707	2238	2507	2693	47
6880	1917	2058	2604	2790	2828	48
5720	1427	1739	1893	2136	2331	49
8431	2034	2627	3269	3884	4093	50
111314	**33425**	**43813**	**54002**	**57431**	**61266**	**F**
69829	21588	27652	35037	36870	39667	51
41485	11837	16161	18965	20561	21599	52
15167	**4141**	**4763**	**5961**	**8093**	**9006**	**G**
55	9	7	14	15	13	53
8260	2606	2930	3538	4653	4696	54
851	223	260	311	418	423	55
136	29	32	61	60	45	56
15	4	5	5	NA	6	57
2064	540	749	1016	1799	2491	58
3284	669	725	921	1020	1193	59
502	61	55	95	125	139	60
7633	**1832**	**2127**	**2752**	**3167**	**3669**	**H**
3931	814	961	1269	1495	1704	61
3702	1018	1166	1483	1672	1965	62
9047	**4060**	**4332**	**5782**	**7063**	**7295**	**I**
1072	748	500	511	636	446	63
738	344	450	634	838	812	64
7237	2968	3382	4637	5589	6037	65
3983	**526**	**1031**	**1355**	**1211**	**1717**	**J**
2471	161	265	247	158	545	66
549	107	92	110	175	121	67
802	218	597	894	788	937	68
161	40	77	104	90	114	69

1-13 续表 2

行业大类	代码	法人单位数（个）	1949年以前	1950—1977年	1978—1991年
房地产业	K	**1042264**	**14**	**659**	**12031**
房地产业	70	1042264	14	659	12031
租赁和商务服务业	L	**4609109**	**442**	**2293**	**19896**
租赁业	71	510473	4	12	336
商务服务业	72	4098636	438	2281	19560
科学研究和技术服务业	M	**2117795**	**247**	**4094**	**7751**
研究和试验发展	73	229521	52	733	1084
专业技术服务业	74	960077	133	2710	4565
科技推广和应用服务业	75	928197	62	651	2102
水利、环境和公共设施管理业	N	**223244**	**154**	**1837**	**2936**
水利管理业	76	18694	91	1183	1215
生态保护和环境治理业	77	39361	9	324	387
公共设施管理业	78	153607	51	314	1270
土地管理业	79	11582	NA	16	64
居民服务、修理和其他服务业	O	**901638**	**19**	**387**	**1870**
居民服务业	80	463105	15	358	773
机动车、电子产品和日用产品修理业	81	310150	NA	22	918
其他服务业	82	128383	NA	7	179
教育	P	**817923**	**11416**	**35455**	**24229**
教育	83	817923	11416	35455	24229
卫生和社会工作	Q	**337213**	**1520**	**17001**	**8852**
卫生	84	229882	1439	16385	6564
社会工作	85	107331	81	616	2288
文化、体育和娱乐业	R	**817224**	**413**	**2690**	**5420**
新闻和出版业	86	8573	57	155	634
广播、电视、电影和录音制作业	87	101648	13	129	856
文化艺术业	88	209629	332	2286	3586
体育	89	103903	NA	74	135
娱乐业	90	393471	8	46	209
公共管理、社会保障和社会组织	S	**1520454**	**13419**	**43095**	**111519**
中国共产党机关	91	33525	1406	4025	5690
国家机构	92	463597	4830	21656	42102
人民政协、民主党派	93	6233	139	796	1599
社会保障	94	6995	33	34	387
群众团体、社会团体和其他成员组织	95	399092	3896	6703	28185
基层群众自治组织	96	611012	3115	9881	33556

1992-2000年	2001年	2002年	2003年	2004年	2005年	代码
46070	**10772**	**12065**	**14932**	**14261**	**14320**	K
46070	10772	12065	14932	14261	14320	70
52933	**14623**	**14402**	**18369**	**22536**	**25287**	L
2172	625	750	976	1198	1394	71
50761	13998	13652	17393	21338	23893	72
22950	**8609**	**8779**	**10757**	**12356**	**13504**	M
2099	933	881	1013	1131	1121	73
15406	5338	5606	6839	7882	8397	74
5445	2338	2292	2905	3343	3986	75
4872	**2574**	**1995**	**2323**	**2064**	**2220**	N
1160	975	410	469	377	422	76
557	245	224	299	309	305	77
2810	1190	1162	1335	1234	1326	78
345	164	199	220	144	167	79
9400	**2877**	**3303**	**4315**	**4641**	**5114**	O
3298	1190	1280	1645	1693	1857	80
5020	1294	1533	2031	2206	2351	81
1082	393	490	639	742	906	82
20802	**21826**	**9942**	**14809**	**10887**	**10788**	P
20802	21826	9942	14809	10887	10788	83
6840	**6501**	**3420**	**3689**	**3441**	**3814**	Q
4928	5563	2793	2958	2803	3086	84
1912	938	627	731	638	728	85
6261	**3685**	**3985**	**5805**	**5917**	**5427**	R
846	235	145	189	187	200	86
895	268	259	296	393	434	87
2315	1858	1176	1050	1134	1238	88
545	212	271	338	272	362	89
1660	1112	2134	3932	3931	3193	90
103463	**24893**	**27238**	**21836**	**24723**	**62859**	S
2623	1117	1678	386	289	240	91
31475	12526	13446	9503	8192	10529	92
625	125	212	167	75	58	93
617	296	207	230	199	192	94
51363	4932	6440	6116	7008	7172	95
16760	5897	5255	5434	8960	44668	96

1-13 续表 3

行业大类	代码	2006年	2007年	2008年
总　　计		**360423**	**336224**	**350336**
农、林、牧、渔业	A	**563**	**1104**	**2731**
农业	01	6	6	13
林业	02	NA	NA	NA
畜牧业	03	7	4	9
渔业	04	NA		NA
农、林、牧、渔专业及辅助性活动	05	546	1092	2706
采矿业	B	**1754**	**1594**	**1884**
煤炭开采和洗选业	06	323	299	381
石油和天然气开采业	07	12	7	17
黑色金属矿采选业	08	343	345	419
有色金属矿采选业	09	357	332	276
非金属矿采选业	10	613	500	643
开采专业及辅助性活动	11	74	81	113
其他采矿业	12	32	30	35
制造业	C	**70032**	**68486**	**64190**
农副食品加工业	13	2663	2723	2969
食品制造业	14	1219	1204	1118
酒、饮料和精制茶制造业	15	1011	1154	1103
烟草制品业	16	9	4	NA
纺织业	17	3365	2828	2234
纺织服装、服饰业	18	2603	2486	2016
皮革、毛皮、羽毛及其制品和制鞋业	19	1106	1052	918
木材加工和木、竹、藤、棕、草制品业	20	1364	1401	1306
家具制造业	21	1048	985	956
造纸和纸制品业	22	1837	1763	1519
印刷和记录媒介复制业	23	2338	2119	1782
文教、工美、体育和娱乐用品制造业	24	2092	2039	1807
石油、煤炭及其他燃料加工业	25	229	216	240
化学原料和化学制品制造业	26	3246	2843	2642
医药制造业	27	610	526	485
化学纤维制造业	28	279	221	133
橡胶和塑料制品业	29	5073	4924	4458
非金属矿物制品业	30	4925	4978	5281
黑色金属冶炼和压延加工业	31	628	627	578
有色金属冶炼和压延加工业	32	798	845	758
金属制品业	33	6955	6967	6487
通用设备制造业	34	8591	8788	8296
专用设备制造业	35	5195	5056	4830
汽车制造业	36	2127	2122	1917

2009年	2010年	2011年	2012年	2013年	2014年	代码
422768	**520066**	**615739**	**659952**	**798540**	**1160563**	
5538	**5532**	**5557**	**7368**	**12871**	**14524**	A
10	14	8	9	7	25	01
4	NA	NA	NA	NA	4	02
9	5	13	10	12	12	03
NA	NA	6	NA	NA	NA	04
5514	5510	5529	7347	12848	14482	05
1874	**1925**	**2004**	**2092**	**2012**	**2299**	B
388	477	454	460	285	348	06
19	12	15	18	13	19	07
276	269	319	258	248	211	08
169	160	165	138	138	134	09
866	888	915	1065	1141	1344	10
125	94	91	121	153	200	11
31	25	45	32	34	43	12
80265	**103071**	**112400**	**108927**	**138995**	**173561**	C
3374	3630	4871	5961	7282	7860	13
1199	1488	2444	3057	3622	3864	14
1367	1494	2062	2726	3415	3912	15
9	12	24	14	17	17	16
3018	4247	4205	3724	5013	5842	17
2626	3870	4514	4169	6153	7802	18
1292	1924	2207	2049	3128	4225	19
1766	2247	2465	2918	3831	4254	20
1392	1970	2053	2567	3426	4970	21
2202	2653	2572	2556	3298	4031	22
2204	2659	2614	2413	3042	3506	23
2249	3138	3455	3639	5268	7097	24
302	298	345	353	375	550	25
3294	3456	3547	3494	3955	5003	26
699	791	797	865	1037	1256	27
204	351	340	174	267	266	28
5765	6998	6924	6687	8663	10351	29
6844	8629	10275	9874	11571	13276	30
670	764	800	688	797	970	31
761	967	1028	907	1103	1301	32
7831	10219	11160	10694	14405	18997	33
9160	12591	13310	11201	13453	18072	34
6369	8267	8575	8049	10167	13025	35
2188	3255	3195	2759	3670	4346	36

1-13 续表 4

行业大类	代码	2006年	2007年	2008年
铁路、船舶、航空航天和其他运输设备制造业	37	847	819	820
电气机械和器材制造业	38	4545	4465	4343
计算机、通信和其他电子设备制造业	39	2793	2733	2636
仪器仪表制造业	40	1097	1099	1041
其他制造业	41	483	464	405
废弃资源综合利用业	42	212	252	240
金属制品、机械和设备修理业	43	744	783	871
电力、热力、燃气及水生产和供应业	**D**	**2913**	**2529**	**2410**
电力、热力生产和供应业	44	2130	1729	1414
燃气生产和供应业	45	232	232	281
水的生产和供应业	46	551	568	715
建筑业	**E**	**12963**	**13253**	**14511**
房屋建筑业	47	2870	2874	2975
土木工程建筑业	48	2982	3055	3293
建筑安装业	49	2536	2514	2895
建筑装饰、装修和其他建筑业	50	4575	4810	5348
批发和零售业	**F**	**72013**	**77572**	**89494**
批发业	51	47098	50762	58265
零售业	52	24915	26810	31229
交通运输、仓储和邮政业	**G**	**9205**	**9376**	**10524**
铁路运输业	53	14	14	26
道路运输业	54	5150	5304	6211
水上运输业	55	376	382	414
航空运输业	56	38	46	35
管道运输业	57	4	9	6
多式联运和运输代理业	58	2231	2020	2033
装卸搬运和仓储业	59	1226	1368	1458
邮政业	60	166	233	341
住宿和餐饮业	**H**	**4061**	**4493**	**4971**
住宿业	61	1967	2192	2320
餐饮业	62	2094	2301	2651
信息传输、软件和信息技术服务业	**I**	**8312**	**8525**	**9815**
电信、广播电视和卫星传输服务	63	431	344	636
互联网和相关服务	64	899	956	920
软件和信息技术服务业	65	6982	7225	8259
金融业	**J**	**1613**	**2650**	**3288**
货币金融服务	66	468	1019	1116
资本市场服务	67	166	336	384
保险业	68	845	1172	1617
其他金融业	69	134	123	171

2009年	2010年	2011年	2012年	2013年	2014年	代码
935	1078	1068	976	1276	1624	37
5731	7184	7636	6867	8451	11032	38
3506	4675	5239	4986	6609	8132	39
1386	1650	1894	1786	2182	2807	40
517	684	721	706	1024	1409	41
269	364	407	439	445	557	42
1136	1518	1653	1629	2050	3207	43
2878	**2959**	**2914**	**2976**	**3483**	**4427**	D
1672	1776	1771	1668	1970	2758	44
332	441	421	458	540	496	45
874	742	722	850	973	1173	46
20245	**25367**	**29888**	**31124**	**41508**	**70774**	E
4503	5565	6248	6949	9089	14742	47
4902	5955	7024	7539	9689	15461	48
3601	4404	5235	5067	6253	10093	49
7239	9443	11381	11569	16477	30478	50
122930	**155265**	**189587**	**198010**	**261777**	**394769**	F
78454	98622	117164	121802	157659	229946	51
44476	56643	72423	76208	104118	164823	52
13601	**17253**	**17133**	**17211**	**24476**	**35753**	G
40	41	9	12	18	13	53
8117	9588	10069	10362	15180	22543	54
473	533	460	316	413	650	55
49	75	62	63	85	156	56
15	13	9	15	17	19	57
2382	3023	3397	3436	4551	6729	58
1735	2058	2293	2309	3139	4370	59
790	1922	834	698	1073	1273	60
6009	**7836**	**9185**	**11014**	**15390**	**21097**	H
2573	3490	3960	4547	6198	7661	61
3436	4346	5225	6467	9192	13436	62
12417	**14832**	**18207**	**19789**	**27665**	**51373**	I
539	529	648	668	892	1728	63
1322	1519	1851	2046	3026	6131	64
10556	12784	15708	17075	23747	43514	65
2793	**3568**	**4487**	**4286**	**4908**	**6565**	J
1275	1757	1897	1902	1990	2013	66
451	937	1351	1209	1829	3523	67
758	632	888	923	786	580	68
309	242	351	252	303	449	69

1-13 续表 5

行业大类	代码	2006年	2007年	2008年
房地产业	K	**16295**	**18130**	**14713**
房地产业	70	16295	18130	14713
租赁和商务服务业	L	**26666**	**28846**	**41895**
租赁业	71	1588	1771	2256
商务服务业	72	25078	27075	39639
科学研究和技术服务业	M	**14841**	**14218**	**16191**
研究和试验发展	73	1395	1514	1627
专业技术服务业	74	9276	8352	9039
科技推广和应用服务业	75	4170	4352	5525
水利、环境和公共设施管理业	N	**2160**	**2214**	**2419**
水利管理业	76	366	286	361
生态保护和环境治理业	77	314	349	344
公共设施管理业	78	1301	1410	1556
土地管理业	79	179	169	158
居民服务、修理和其他服务业	O	**5216**	**5509**	**6296**
居民服务业	80	1822	1905	2252
机动车、电子产品和日用产品修理业	81	2447	2515	2788
其他服务业	82	947	1089	1256
教育	P	**8893**	**7234**	**8501**
教育	83	8893	7234	8501
卫生和社会工作	Q	**3639**	**3474**	**4014**
卫生	84	2801	2375	2777
社会工作	85	838	1099	1237
文化、体育和娱乐业	R	**5992**	**5976**	**5609**
新闻和出版业	86	155	129	171
广播、电视、电影和录音制作业	87	523	495	628
文化艺术业	88	1227	1077	1250
体育	89	411	406	456
娱乐业	90	3676	3869	3104
公共管理、社会保障和社会组织	S	**93292**	**61041**	**46880**
中国共产党机关	91	190	130	142
国家机构	92	6897	6553	7091
人民政协、民主党派	93	54	33	33
社会保障	94	171	168	208
群众团体、社会团体和其他成员组织	95	12474	11029	10557
基层群众自治组织	96	73506	43128	28849

2009年	2010年	2011年	2012年	2013年	2014年	代码
20328	**27983**	**27399**	**24160**	**32691**	**36648**	K
20328	27983	27399	24160	32691	36648	70
50643	**58601**	**78435**	**103447**	**85347**	**144688**	L
3580	4695	5703	6019	8131	14357	71
47063	53906	72732	97428	77216	130331	72
20911	**25337**	**29931**	**32176**	**43872**	**68839**	M
2236	2889	3568	3779	5068	8550	73
11234	13593	15748	16499	21982	33864	74
7441	8855	10615	11898	16822	26425	75
2958	**3287**	**3650**	**4490**	**5102**	**7215**	N
327	331	381	665	420	435	76
422	454	516	636	648	1058	77
2014	2274	2501	2956	3742	5404	78
195	228	252	233	292	318	79
8172	**9867**	**12176**	**13836**	**18284**	**29938**	O
2827	3524	4490	5331	7089	11542	80
3744	4574	5432	6004	7959	12876	81
1601	1769	2254	2501	3236	5520	82
9615	**11458**	**13581**	**21435**	**24328**	**26137**	P
9615	11458	13581	21435	24328	26137	83
3745	**4762**	**5957**	**7248**	**8676**	**9880**	Q
2433	3124	4146	4237	3984	4937	84
1312	1638	1811	3011	4692	4943	85
8009	**8541**	**9683**	**12061**	**14676**	**25143**	R
229	260	243	371	224	236	86
785	1081	1297	1400	1640	3111	87
1747	1871	2511	3732	3991	6048	88
582	580	737	825	1151	2080	89
4666	4749	4895	5733	7670	13668	90
29837	**32622**	**43565**	**38302**	**32479**	**36933**	S
158	323	245	360	258	170	91
6356	11280	10517	13517	8831	6725	92
30	45	64	79	57	28	93
142	205	250	341	167	114	94
7318	7692	9827	11365	14849	16057	95
15833	13077	22662	12640	8317	13839	96

1-13 续表 6

行业大类	代码			
		2015年	2016年	2017年
总　　计		**1358688**	**1744752**	**2151646**
农、林、牧、渔业	A	**16330**	**19638**	**20677**
农业	01	17	12	22
林业	02	6	NA	4
畜牧业	03	13	15	13
渔业	04	NA	4	NA
农、林、牧、渔专业及辅助性活动	05	16292	19604	20636
采矿业	B	**2129**	**2189**	**2583**
煤炭开采和洗选业	06	292	327	414
石油和天然气开采业	07	16	13	10
黑色金属矿采选业	08	128	143	156
有色金属矿采选业	09	112	142	124
非金属矿采选业	10	1332	1359	1574
开采专业及辅助性活动	11	215	148	243
其他采矿业	12	34	57	62
制造业	C	**180219**	**223263**	**290498**
农副食品加工业	13	9291	10032	10061
食品制造业	14	4896	4850	5016
酒、饮料和精制茶制造业	15	5003	4849	4798
烟草制品业	16	11	8	10
纺织业	17	6344	8369	10336
纺织服装、服饰业	18	8361	10760	13436
皮革、毛皮、羽毛及其制品和制鞋业	19	3616	4651	5988
木材加工和木、竹、藤、棕、草制品业	20	4989	6664	10472
家具制造业	21	5137	7161	10644
造纸和纸制品业	22	3918	4667	6439
印刷和记录媒介复制业	23	3892	4540	5704
文教、工美、体育和娱乐用品制造业	24	7764	9700	11462
石油、煤炭及其他燃料加工业	25	596	807	1006
化学原料和化学制品制造业	26	5429	6065	6944
医药制造业	27	1544	1844	2019
化学纤维制造业	28	296	319	420
橡胶和塑料制品业	29	10511	13117	17037
非金属矿物制品业	30	12640	16225	22873
黑色金属冶炼和压延加工业	31	970	1333	1871
有色金属冶炼和压延加工业	32	1202	1637	2344
金属制品业	33	19081	24704	33535
通用设备制造业	34	17781	22042	32022
专用设备制造业	35	13545	17057	23393
汽车制造业	36	4193	5267	7221

2018年	2019年	2020年	2021年	2022年	2023年	代码
2524880	**3032667**	**3432224**	**3949983**	**3859309**	**3779495**	
22670	**21152**	**24872**	**24068**	**31053**	**31770**	A
14	12	8	17	18	4	01
4	NA	4	NA		NA	02
6	13	11	12	9	NA	03
NA	NA	NA	NA	NA		04
22643	21121	24848	24035	31024	31764	05
2948	**3534**	**3265**	**3060**	**3184**	**2531**	B
341	385	339	476	611	421	06
22	33	21	24	35	29	07
184	257	301	405	403	306	08
124	149	144	168	230	197	09
1868	2133	2020	1556	1398	1107	10
350	489	331	281	333	311	11
59	88	109	150	174	160	12
301072	**302387**	**343927**	**383633**	**350411**	**304138**	C
10641	10632	12689	13251	15664	17002	13
5133	5572	7167	8055	8061	6642	14
4799	5014	5780	6238	8443	6411	15
12	19	14	24	12	12	16
10887	10384	13362	12720	10940	9515	17
16113	15330	16474	20832	19948	20614	18
6679	6493	7145	9860	9587	8905	19
12109	11662	12150	15735	16459	15212	20
9246	9252	11011	11851	10285	9733	21
6694	6874	7216	7621	6698	6192	22
5633	5320	5616	6172	5341	4713	23
11556	12117	12570	14560	13032	13083	24
1253	1032	1123	1389	1862	1341	25
7166	7311	8256	8592	8020	6854	26
2172	2072	4031	2571	2787	2253	27
471	438	595	754	701	539	28
16831	17247	19622	21018	17558	14882	29
24417	25954	27781	27534	25152	19704	30
1753	1630	1673	1704	1421	1170	31
2246	2161	2305	2966	2650	2076	32
35050	36889	42426	49241	42555	35682	33
32349	30915	34766	40876	34119	27354	34
23652	23577	28142	29423	25518	20210	35
6747	5938	6343	7257	6491	5177	36

1-13 续表 7

行业大类	代码	2015年	2016年	2017年
铁路、船舶、航空航天和其他运输设备制造业	37	1602	1969	2250
电气机械和器材制造业	38	10820	13343	17170
计算机、通信和其他电子设备制造业	39	8505	10814	13002
仪器仪表制造业	40	2855	3397	4295
其他制造业	41	1476	2131	2406
废弃资源综合利用业	42	645	867	1500
金属制品、机械和设备修理业	43	3306	4074	4824
电力、热力、燃气及水生产和供应业	D	**5375**	**9230**	**12258**
电力、热力生产和供应业	44	3485	7227	10031
燃气生产和供应业	45	478	433	535
水的生产和供应业	46	1412	1570	1692
建筑业	E	**76068**	**124579**	**185455**
房屋建筑业	47	14898	28227	48246
土木工程建筑业	48	15782	26792	39827
建筑安装业	49	10642	16033	21633
建筑装饰、装修和其他建筑业	50	34746	53527	75749
批发和零售业	F	**458048**	**597007**	**689414**
批发业	51	251254	322663	383753
零售业	52	206794	274344	305661
交通运输、仓储和邮政业	G	**40364**	**50249**	**61883**
铁路运输业	53	14	15	11
道路运输业	54	25908	34516	44420
水上运输业	55	692	795	851
航空运输业	56	180	213	247
管道运输业	57	14	21	23
多式联运和运输代理业	58	7041	7462	8350
装卸搬运和仓储业	59	4665	5012	5946
邮政业	60	1850	2215	2035
住宿和餐饮业	H	**28993**	**35523**	**41511**
住宿业	61	9863	11128	12537
餐饮业	62	19130	24395	28974
信息传输、软件和信息技术服务业	I	**67794**	**86893**	**105102**
电信、广播电视和卫星传输服务	63	2152	2302	2327
互联网和相关服务	64	9316	12173	14312
软件和信息技术服务业	65	56326	72418	88463
金融业	J	**10752**	**8662**	**8075**
货币金融服务	66	1747	1762	1659
资本市场服务	67	7586	5434	5082
保险业	68	642	771	640
其他金融业	69	777	695	694

2018年	2019年	2020年	2021年	2022年	2023年	代码
2118	2126	2692	3101	2812	2338	37
17328	18448	21892	25306	23129	19349	38
13761	13712	15324	16415	13465	11900	39
4642	4354	4572	5451	4648	3556	40
2366	2398	2606	2635	2379	2488	41
1934	2137	2254	3045	3625	2418	42
5314	5379	6330	7436	7049	6813	43
7963	**7246**	**7256**	**10661**	**13103**	**12442**	D
5447	4576	4296	7268	9820	10010	44
601	541	633	698	865	700	45
1915	2129	2327	2695	2418	1732	46
222107	**306827**	**362444**	**392123**	**373887**	**329692**	E
62140	91225	111488	117193	127566	112501	47
45726	63257	78766	76801	67259	58997	48
24636	32010	32011	34452	28474	25799	49
89605	120335	140179	163677	150588	132395	50
769948	**888326**	**1035672**	**1200799**	**1294349**	**1318262**	F
432061	485571	552295	633998	647284	598031	51
337887	402755	483377	566801	647065	720231	52
68912	**84442**	**102368**	**113150**	**109516**	**100968**	G
8	9	11	7	NA	6	53
49525	61078	73581	78224	75221	70019	54
1051	1271	1504	2113	2036	1610	55
308	345	405	469	449	489	56
24	26	45	50	44	32	57
9036	11077	13383	17410	16698	14581	58
6866	8435	10788	12012	11968	11211	59
2094	2201	2651	2865	3099	3020	60
49121	**57755**	**62822**	**89154**	**104240**	**135117**	H
15421	16597	15116	19238	18986	25798	61
33700	41158	47706	69916	85254	109319	62
126693	**158483**	**182957**	**231194**	**256931**	**270465**	I
2444	2702	2859	3733	4515	4052	63
17193	20990	29275	41038	52189	60374	64
107056	134791	150823	186423	200227	206039	65
5894	**4305**	**5686**	**7484**	**5886**	**4665**	J
1691	872	767	784	810	678	66
2987	2580	3633	5522	4011	2699	67
529	395	659	372	230	500	68
687	458	627	806	835	788	69

1-13 续表 8

行业大类	代码	2015年	2016年	2017年
房地产业	K	**34556**	**46750**	**62976**
房地产业	70	34556	46750	62976
租赁和商务服务业	L	**186211**	**213625**	**273631**
租赁业	71	17139	25035	35267
商务服务业	72	169072	188590	238364
科学研究和技术服务业	M	**80014**	**106669**	**134005**
研究和试验发展	73	10639	14588	18462
专业技术服务业	74	36787	47893	61826
科技推广和应用服务业	75	32588	44188	53717
水利、环境和公共设施管理业	N	**9089**	**12112**	**15161**
水利管理业	76	787	815	796
生态保护和环境治理业	77	1406	1938	2665
公共设施管理业	78	6413	8772	10923
土地管理业	79	483	587	777
居民服务、修理和其他服务业	O	**37545**	**48689**	**57223**
居民服务业	80	14750	19427	24572
机动车、电子产品和日用产品修理业	81	16328	21037	23494
其他服务业	82	6467	8225	9157
教育	P	**31594**	**39858**	**44466**
教育	83	31594	39858	44466
卫生和社会工作	Q	**13071**	**15666**	**19391**
卫生	84	7602	9294	11779
社会工作	85	5469	6372	7612
文化、体育和娱乐业	R	**38177**	**48321**	**53826**
新闻和出版业	86	283	319	323
广播、电视、电影和录音制作业	87	4587	6580	7319
文化艺术业	88	8596	11150	13329
体育	89	3365	4762	5978
娱乐业	90	21346	25510	26877
公共管理、社会保障和社会组织	S	**42359**	**55829**	**73511**
中国共产党机关	91	308	1496	1424
国家机构	92	12731	17523	15422
人民政协、民主党派	93	57	329	257
社会保障	94	305	252	268
群众团体、社会团体和其他成员组织	95	17701	22550	25920
基层群众自治组织	96	11257	13679	30220

2018年	2019年	2020年	2021年	2022年	2023年	代码
80576	**96141**	**102451**	**106290**	**89119**	**79934**	K
80576	96141	102451	106290	89119	79934	70
388757	**534334**	**584143**	**577206**	**535528**	**526325**	L
42790	61122	71093	73933	65405	63122	71
345967	473212	513050	503273	470123	463203	72
162908	**196232**	**227575**	**282379**	**299912**	**272738**	M
21406	23966	22527	26903	28001	23356	73
73191	87067	104880	122763	121290	107917	74
68311	85199	100168	132713	150621	141465	75
17326	**20552**	**23997**	**26011**	**24458**	**20068**	N
733	1054	1176	1426	1159	874	76
3310	3901	4688	5211	5026	3816	77
12373	14753	16938	18158	17085	14342	78
910	844	1195	1216	1188	1036	79
65968	**85568**	**92063**	**119519**	**121553**	**132290**	O
30612	45887	49724	69681	72818	82743	80
24755	27157	29698	34667	34011	35288	81
10601	12524	12641	15171	14724	14259	82
58584	**77715**	**80199**	**89860**	**54140**	**50171**	P
58584	77715	80199	89860	54140	50171	83
22693	**28403**	**28885**	**34219**	**32387**	**36025**	Q
14250	17017	18282	23364	23054	27907	84
8443	11386	10603	10855	9333	8118	85
64051	**77079**	**76080**	**103863**	**107710**	**112824**	R
333	576	523	543	529	478	86
8271	9476	10307	12757	14255	13593	87
15977	19832	19842	26922	26728	28824	88
7482	9444	9650	16675	18679	18428	89
31988	37751	35758	46966	47519	51501	90
86689	**82186**	**85562**	**155310**	**51942**	**39070**	S
939	3184	971	3370	1630	773	91
17369	52466	30655	44155	25871	15379	92
125	196	173	517	268	92	93
161	747	429	493	218	161	94
23098	18489	17299	18838	17926	14288	95
44997	7104	36035	87937	6029	8377	96

1-14 按行业(大类)、成立时间

行业大类	代码	从业人员数(人)	1949年以前	1950-1977年	1978-1991年
总　计		**413731653**	**4213336**	**9872049**	**16456167**
农、林、牧、渔业	A	**1335252**	**350**	**10263**	**15039**
农业	01				
林业	02				
畜牧业	03				
渔业	04				
农、林、牧、渔专业及辅助性活动	05	1335252	350	10263	15039
采矿业	B	**4697262**	**64895**	**90505**	**361985**
煤炭开采和洗选业	06	2772385	17736	86630	257039
石油和天然气开采业	07	511880	46815		7573
黑色金属矿采选业	08	313245		842	21212
有色金属矿采选业	09	293673	344	2469	22182
非金属矿采选业	10	493184		564	12135
开采专业及辅助性活动	11	299281			41583
其他采矿业	12	13614			261
制造业	C	**103841445**	**29699**	**169782**	**2036347**
农副食品加工业	13	4062211		3750	45711
食品制造业	14	2538401		1823	48992
酒、饮料和精制茶制造业	15	1594467	721	3403	51064
烟草制品业	16	180567	2848		13715
纺织业	17	3844129		216	59868
纺织服装、服饰业	18	4491581	801	2019	69455
皮革、毛皮、羽毛及其制品和制鞋业	19	2505906		846	34214
木材加工和木、竹、藤、棕、草制品业	20	2205224		4211	6300
家具制造业	21	1985705		206	5470
造纸和纸制品业	22	1682019		138	29768
印刷和记录媒介复制业	23	1544587	657	4789	65258
文教、工美、体育和娱乐用品制造业	24	2870658		248	39038
石油、煤炭及其他燃料加工业	25	855939	4387	15663	12878
化学原料和化学制品制造业	26	4367254	1168	10911	105036
医药制造业	27	2366022	3981	15511	117832
化学纤维制造业	28	495069		507	15894
橡胶和塑料制品业	29	4926350		5043	67622
非金属矿物制品业	30	7118765	456	5673	65348
黑色金属冶炼和压延加工业	31	2011367		22467	68609
有色金属冶炼和压延加工业	32	1784459		8589	36718
金属制品业	33	7589602	NA	5033	98272
通用设备制造业	34	7907882	2384	15127	162958
专用设备制造业	35	6131870	1442	13080	84695

分组的法人单位从业人员数

1992–2000年	2001年	2002年	2003年	2004年	2005年	代码
36685689	**11209035**	**9138277**	**9872111**	**9426361**	**9114632**	
31075	**4962**	**4339**	**4494**	**5350**	**7239**	A
						01
						02
						03
						04
31075	4962	4339	4494	5350	7239	05
1088440	**221354**	**177224**	**156087**	**204569**	**195753**	B
583935	182714	125392	101006	130006	135275	06
334082	851	10887	1422	719	4771	07
58046	12424	7402	23578	25147	16626	08
45917	11409	10676	15956	30162	22519	09
31537	9738	8619	10650	15241	13974	10
34317	4153	14030	3249	3130	2279	11
606	65	218	226	164	309	12
12272252	**2877114**	**3178757**	**3715746**	**3422241**	**3114505**	C
375690	108030	93849	125342	119438	120405	13
388235	67820	70152	104324	73804	93094	14
402389	32836	58805	48624	41005	48874	15
38657	870	1588	51215	12985	1507	16
431697	117047	181458	195440	142977	143148	17
352139	108792	124750	112701	115653	96956	18
236313	59099	52629	57532	53506	54142	19
46338	21427	23369	30255	29125	28561	20
119980	29739	34224	40732	36628	44185	21
181741	37381	64044	61412	54234	46208	22
224098	49578	58694	64685	62473	47060	23
237261	62448	71212	80989	105412	83140	24
254829	17167	25186	37131	32813	26754	25
618604	133054	150018	203964	179007	171702	26
708370	154822	104467	119239	82324	82964	27
67578	11893	22213	32982	11364	11855	28
526238	120994	152570	165114	169689	164576	29
493801	147399	159972	205891	208249	160368	30
405316	76399	152829	220555	68110	104495	31
257245	77556	59560	71604	60696	65801	32
616349	166026	187596	242577	243575	211103	33
971590	218679	245740	282473	278879	266441	34
612055	154957	228984	190538	211469	190100	35

1-14 续表 1

行业大类	代码	从业人员数（人）	1949年以前	1950-1977年	1978-1991年
汽车制造业	36	5549941	493	8390	157216
铁路、船舶、航空航天和其他运输设备制造业	37	1490547	6890	3822	54393
电气机械和器材制造业	38	8103295	135	7325	132172
计算机、通信和其他电子设备制造业	39	10308701		4402	301599
仪器仪表制造业	40	1504734		3218	25644
其他制造业	41	547924			13116
废弃资源综合利用业	42	422703		336	2291
金属制品、机械和设备修理业	43	853566	3333	3036	45201
电力、热力、燃气及水生产和供应业	**D**	**4781487**	**10113**	**26039**	**881223**
电力、热力生产和供应业	44	3374448	1250	13186	708442
燃气生产和供应业	45	454911	9	439	14658
水的生产和供应业	46	952128	8854	12414	158123
建筑业	**E**	**51172315**	**3345**	**700303**	**3745276**
房屋建筑业	47	25870412	2926	520292	2458874
土木工程建筑业	48	11264451	418	157881	899093
建筑安装业	49	3849722	NA	16373	267439
建筑装饰、装修和其他建筑业	50	10187730		5757	119870
批发和零售业	**F**	**53256004**	**1652**	**22740**	**549126**
批发业	51	29931601	414	12731	372282
零售业	52	23324403	1238	10009	176844
交通运输、仓储和邮政业	**G**	**14006067**	**4312**	**101495**	**739160**
铁路运输业	53				
道路运输业	54	8467731	3804	88663	570839
水上运输业	55	477993	72	4899	38066
航空运输业	56	655711		135	51593
管道运输业	57	42119			1244
多式联运和运输代理业	58	1348826		294	15798
装卸搬运和仓储业	59	1434011	436	4344	46818
邮政业	60	1579676		3160	14802
住宿和餐饮业	**H**	**8941820**	**2376**	**14018**	**258957**
住宿业	61	2798224	1637	11893	122647
餐饮业	62	6143596	739	2125	136310
信息传输、软件和信息技术服务业	**I**	**15141692**	**368**	**5025**	**56275**
电信、广播电视和卫星传输服务	63	1630091	337	2999	18094
互联网和相关服务	64	2435527	8	250	8277
软件和信息技术服务业	65	11076074	23	1776	29904
金融业	**J**	**285410**			**5586**
货币金融服务	66	133724			3469
资本市场服务	67	57075			434
保险业	68	4564			21
其他金融业	69	90047			1662

1992–2000年	2001年	2002年	2003年	2004年	2005年	代码
830441	194238	192094	245769	260659	216636	36
204237	32719	53980	60002	53873	60493	37
1099299	206733	219108	255076	257180	216020	38
1256259	380733	309869	318758	366519	273422	39
207893	60537	51102	61518	55540	55929	40
50915	13447	10493	11954	14939	12839	41
12161	2700	3817	7929	7164	4767	42
44534	11994	14385	9421	12952	10960	43
972874	**181987**	**120063**	**187444**	**149589**	**144651**	D
809524	151390	73746	119438	99675	88621	44
49461	14404	18300	37507	22668	23703	45
113889	16193	28017	30499	27246	32327	46
6334725	**1807963**	**1456839**	**1150185**	**1112853**	**1114270**	E
4125448	1199633	1029294	682680	570921	631145	47
1290586	420808	235321	282265	243128	257308	48
423133	106884	83361	91073	114441	103581	49
495558	80638	108863	94167	184363	122236	50
2325701	**554557**	**584044**	**748118**	**684731**	**693824**	F
1322419	308794	328055	411531	376056	413051	51
1003282	245763	255989	336587	308675	280773	52
1641888	**224120**	**255213**	**282683**	**335907**	**289602**	G
						53
724194	122623	151197	169488	172974	148082	54
58193	17826	16927	16138	20951	26915	55
235871	7656	28646	35037	45622	16294	56
1223	839	573	2226	205	285	57
91205	17433	33059	20159	44873	53616	58
108878	25015	18194	26809	37221	29322	59
422324	32728	6617	12826	14061	15088	60
819633	**77129**	**90215**	**133186**	**119783**	**158176**	H
200925	30257	40127	50602	53377	59567	61
618708	46872	50088	82584	66406	98609	62
1017533	**408740**	**271231**	**337675**	**328921**	**229033**	I
352470	223468	107508	122347	155039	35663	63
123021	28153	13403	18859	29098	28232	64
542042	157119	150320	196469	144784	165138	65
13601	**1514**	**9634**	**3171**	**3958**	**7396**	J
4824	274	1236	1055	1748	5082	66
2968	556	639	612	920	405	67
274	10	NA	8	40	17	68
5535	674	7757	1496	1250	1892	69

1-14 续表 2

行业大类	代码	从业人员数(人)	1949年以前	1950—1977年	1978—1991年
房地产业	K	**14433863**	**636**	**11680**	**204891**
房地产业	70	14433863	636	11680	204891
租赁和商务服务业	L	**39050041**	**6663**	**20647**	**644224**
租赁业	71	2957173	232	167	4684
商务服务业	72	36092868	6431	20480	639540
科学研究和技术服务业	M	**16832475**	**21206**	**266022**	**462807**
研究和试验发展	73	2165908	15870	125040	66182
专业技术服务业	74	9804913	4101	129338	361915
科技推广和应用服务业	75	4861654	1235	11644	34710
水利、环境和公共设施管理业	N	**4852324**	**17202**	**99210**	**195411**
水利管理业	76	323725	4563	39355	29060
生态保护和环境治理业	77	495555	785	18010	22967
公共设施管理业	78	3907109	11713	41542	141902
土地管理业	79	125935	141	303	1482
居民服务、修理和其他服务业	O	**6736057**	**1032**	**14292**	**35587**
居民服务业	80	2975700	986	13852	18421
机动车、电子产品和日用产品修理业	81	1641252	6	397	8192
其他服务业	82	2119105	40	43	8974
教育	P	**26769212**	**1510618**	**3049699**	**1895794**
教育	83	26769212	1510618	3049699	1895794
卫生和社会工作	Q	**14616843**	**1415065**	**2770018**	**1185757**
卫生	84	13462549	1411196	2746729	1156253
社会工作	85	1154294	3869	23289	29504
文化、体育和娱乐业	R	**5194530**	**38433**	**97670**	**139401**
新闻和出版业	86	314554	18070	17197	41942
广播、电视、电影和录音制作业	87	798007	2578	4259	23301
文化艺术业	88	1369038	17657	70553	63468
体育	89	634083	50	4700	5589
娱乐业	90	2078848	78	961	5101
公共管理、社会保障和社会组织	S	**27787554**	**1085371**	**2402641**	**3043321**
中国共产党机关	91	947827	56059	145383	174042
国家机构	92	20773706	975461	2106347	2451281
人民政协、民主党派	93	121504	5279	22400	31929
社会保障	94	138042	886	852	9670
群众团体、社会团体和其他成员组织	95	1418060	28690	60115	152457
基层群众自治组织	96	4388415	18996	67544	223942

1992—2000年	2001年	2002年	2003年	2004年	2005年	代码
2057453	**343525**	**402703**	**444604**	**442145**	**398154**	K
2057453	343525	402703	444604	442145	398154	70
1590453	**316356**	**345093**	**497107**	**629859**	**668339**	L
31017	6839	9024	10606	13437	14717	71
1559436	309517	336069	486501	616422	653622	72
1313297	**314722**	**274940**	**288382**	**286232**	**264531**	M
82746	39299	29318	30341	34842	18702	73
1158776	238403	211869	229710	221461	214650	74
71775	37020	33753	28331	29929	31179	75
310138	**144997**	**112282**	**96890**	**96805**	**95440**	N
30214	19477	6821	7613	9410	7117	76
20276	15118	7725	10666	10614	8251	77
248235	107294	93802	73358	74116	76549	78
11413	3108	3934	5253	2665	3523	79
275482	**79803**	**67512**	**86659**	**86778**	**108875**	O
55967	18994	15025	21043	20025	27478	80
48384	11396	15349	19679	17041	17938	81
171131	49413	37138	45937	49712	63459	82
1620822	**1853369**	**779219**	**947327**	**755368**	**679909**	P
1620822	1853369	779219	947327	755368	679909	83
687397	**1071860**	**328915**	**368933**	**304093**	**261804**	Q
664084	1051146	318084	355291	294855	253239	84
23313	20714	10831	13642	9238	8565	85
179083	**78634**	**46849**	**59289**	**58833**	**63061**	R
51444	12962	4855	7852	8006	8411	86
22033	16224	7376	6757	12729	16581	87
42177	36392	15758	15038	12049	12665	88
30968	5487	5832	8483	4250	6561	89
32461	7569	13028	21159	21799	18843	90
2133842	**646329**	**633205**	**364131**	**398346**	**620070**	S
77843	28077	42989	8508	5338	5516	91
1692186	533367	502027	282077	293515	281038	92
10019	2349	5656	2638	965	859	93
15471	8790	4040	4520	3652	2824	94
206544	23373	32319	22640	25002	25538	95
131779	50373	46174	43748	69874	304295	96

1-14 续表 3

行业大类	代码	2006年	2007年	2008年
总　计		**9326094**	**8488588**	**7996252**
农、林、牧、渔业	A	**7325**	**8891**	**16852**
农业	01			
林业	02			
畜牧业	03			
渔业	04			
农、林、牧、渔专业及辅助性活动	05	7325	8891	16852
采矿业	B	**213436**	**142439**	**251408**
煤炭开采和洗选业	06	96479	80994	149561
石油和天然气开采业	07	60000	2125	1169
黑色金属矿采选业	08	12449	12138	12070
有色金属矿采选业	09	24749	16923	17900
非金属矿采选业	10	14994	10899	14894
开采专业及辅助性活动	11	4423	18748	55141
其他采矿业	12	342	612	673
制造业	C	**3455475**	**3311789**	**2625041**
农副食品加工业	13	130847	124186	113840
食品制造业	14	83072	79006	50460
酒、饮料和精制茶制造业	15	43941	45011	27120
烟草制品业	16	10133	3714	63
纺织业	17	140378	112088	70678
纺织服装、服饰业	18	124521	103338	74695
皮革、毛皮、羽毛及其制品和制鞋业	19	52631	68589	46759
木材加工和木、竹、藤、棕、草制品业	20	41104	44148	29932
家具制造业	21	50504	44344	37407
造纸和纸制品业	22	60353	45316	39866
印刷和记录媒介复制业	23	52016	41053	40024
文教、工美、体育和娱乐用品制造业	24	70384	77192	56222
石油、煤炭及其他燃料加工业	25	31004	29535	31240
化学原料和化学制品制造业	26	178194	177642	145692
医药制造业	27	55143	52818	42453
化学纤维制造业	28	15254	14216	14062
橡胶和塑料制品业	29	173647	147766	129867
非金属矿物制品业	30	203359	232456	211990
黑色金属冶炼和压延加工业	31	71662	68296	41290
有色金属冶炼和压延加工业	32	69292	78969	58710
金属制品业	33	217888	210403	185002
通用设备制造业	34	273900	263877	230152
专用设备制造业	35	213814	191901	169154

2009年	2010年	2011年	2012年	2013年	2014年	代码
8668183	**10771970**	**11024622**	**10456392**	**11291736**	**13898833**	
27846	**26170**	**27312**	**36875**	**49068**	**60843**	A
						01
						02
						03
						04
27846	26170	27312	36875	49068	60843	05
134242	**138039**	**177294**	**213032**	**78348**	**151567**	B
89445	96003	130596	132345	40358	109997	06
479	773	704	3558	899	1722	07
10341	10858	9828	6899	5371	5830	08
9925	8864	8227	3783	5931	3134	09
17988	17740	22405	19322	20182	26035	10
5828	3744	5112	46869	5316	4318	11
236	57	422	256	291	531	12
2963710	**4016270**	**3905497**	**3225919**	**3419915**	**3939080**	C
107696	153858	156123	165590	167305	173509	13
53210	85554	91688	94138	87360	99353	14
42454	36897	52865	54918	55209	55118	15
4607	2088	7774	1996	6466	4089	16
100889	146453	121777	106154	106677	129248	17
93258	142485	145995	117838	141440	161467	18
61883	94965	95078	75360	80472	111135	19
38875	53207	54761	53364	73844	79652	20
45568	84026	58820	67960	75886	113313	21
58772	75019	55057	51408	56297	64284	22
45605	57033	60908	47474	51301	51059	23
72790	90821	95367	91484	105691	120804	24
26784	21826	20235	25553	17423	24627	25
158936	172039	180418	137350	148998	159756	26
69979	76305	48907	53401	70729	57803	27
14405	23290	22576	15188	11873	17388	28
163963	211225	194217	156623	188141	209484	29
256007	323133	326820	263071	277352	292283	30
75767	66037	61156	54982	47812	36248	31
51349	75201	82648	37322	51621	57223	32
203038	266652	259996	217114	275436	312683	33
212626	288583	294176	228460	247299	289664	34
199329	246211	237063	197750	216992	246645	35

1-14 续表 4

行业大类	代码	2006年	2007年	2008年
汽车制造业	36	267048	168720	138748
铁路、船舶、航空航天和其他运输设备制造业	37	56031	95171	39010
电气机械和器材制造业	38	277280	252873	235936
计算机、通信和其他电子设备制造业	39	402624	444291	276603
仪器仪表制造业	40	53148	50572	49058
其他制造业	41	14042	11171	11440
废弃资源综合利用业	42	10170	8764	14721
金属制品、机械和设备修理业	43	12091	24363	12847
电力、热力、燃气及水生产和供应业	D	**112051**	**100702**	**108194**
电力、热力生产和供应业	44	62378	62035	64191
燃气生产和供应业	45	26439	17549	16399
水的生产和供应业	46	23234	21118	27604
建筑业	E	**952928**	**837913**	**766900**
房屋建筑业	47	553233	440413	410940
土木工程建筑业	48	183648	214082	166429
建筑安装业	49	69722	62591	70479
建筑装饰、装修和其他建筑业	50	146325	120827	119052
批发和零售业	F	**793933**	**752735**	**801149**
批发业	51	486168	456418	475927
零售业	52	307765	296317	325222
交通运输、仓储和邮政业	G	**331364**	**307639**	**314370**
铁路运输业	53			
道路运输业	54	164001	168833	166042
水上运输业	55	12993	13810	22180
航空运输业	56	62538	18868	15642
管道运输业	57	245	358	1025
多式联运和运输代理业	58	35778	29075	28073
装卸搬运和仓储业	59	33784	43611	35403
邮政业	60	22025	33084	46005
住宿和餐饮业	H	**139251**	**155915**	**166480**
住宿业	61	57192	65400	62723
餐饮业	62	82059	90515	103757
信息传输、软件和信息技术服务业	I	**317653**	**199638**	**399249**
电信、广播电视和卫星传输服务	63	26051	16259	126699
互联网和相关服务	64	38050	24881	28027
软件和信息技术服务业	65	253552	158498	244523
金融业	J	**5165**	**10171**	**6809**
货币金融服务	66	2490	3546	3328
资本市场服务	67	706	1086	987
保险业	68	66	78	25
其他金融业	69	1903	5461	2469

2009年	2010年	2011年	2012年	2013年	2014年	代码
176659	206608	226687	171837	168852	184120	36
50806	47854	42205	38836	59327	53307	37
244655	333968	347065	243973	239032	279449	38
240862	526670	444233	354223	287792	408291	39
46698	58614	64671	52456	48370	56404	40
20722	15977	14795	13968	21983	23932	41
9970	14162	14033	14279	10549	14264	42
15548	19509	27383	21849	22386	52478	43
123660	**104727**	**92449**	**128131**	**98680**	**103142**	D
72678	59099	55934	85222	56693	55442	44
24215	23023	15235	20926	18897	14528	45
26767	22505	21280	21983	23090	33172	46
956117	**1044622**	**1091826**	**976050**	**1145952**	**1345914**	E
503393	510616	527826	470503	572670	603638	47
229772	263620	297130	273367	273699	330270	48
86437	88919	82085	81878	96043	115025	49
136515	181467	184785	150302	203540	296981	50
1010072	**1187918**	**1330533**	**1292003**	**1599593**	**2188630**	F
602321	691620	782579	767459	933359	1291872	51
407751	496298	547954	524544	666234	896758	52
364069	**446460**	**296156**	**302731**	**410550**	**475257**	G
						53
214236	239551	174877	198199	240383	292642	54
19434	20634	11612	8056	13365	14233	55
15651	19892	7493	7201	12914	13663	56
1508	670	1621	510	833	4796	57
33922	41270	36778	34726	42613	57045	58
34896	36854	36938	33295	55575	60868	59
44422	87589	26837	20744	44867	32010	60
184972	**197716**	**239021**	**222021**	**266188**	**299711**	H
64231	81168	87220	83208	100700	110904	61
120741	116548	151801	138813	165488	188807	62
275441	**326037**	**340677**	**370306**	**354240**	**709639**	I
15598	81505	27229	19975	15346	68079	63
39608	40405	53470	49207	42632	131877	64
220235	204127	259978	301124	296262	509683	65
12150	**12052**	**13650**	**16877**	**16661**	**22724**	J
6341	7180	7959	12799	12010	14268	66
1018	1662	1924	1354	1871	2928	67
79	12	132	136	178	144	68
4712	3198	3635	2588	2602	5384	69

1-14 续表 5

行业大类	代码	2006年	2007年	2008年
房地产业	K	**399280**	**416001**	**354711**
房地产业	70	399280	416001	354711
租赁和商务服务业	L	**577068**	**654587**	**669027**
租赁业	71	13928	21596	21580
商务服务业	72	563140	632991	647447
科学研究和技术服务业	M	**281640**	**230198**	**228846**
研究和试验发展	73	37252	22793	23771
专业技术服务业	74	210672	170515	169176
科技推广和应用服务业	75	33716	36890	35899
水利、环境和公共设施管理业	N	**86397**	**84856**	**72070**
水利管理业	76	6437	6102	5663
生态保护和环境治理业	77	8341	8319	8731
公共设施管理业	78	69063	66406	55131
土地管理业	79	2556	4029	2545
居民服务、修理和其他服务业	O	**103619**	**95312**	**112092**
居民服务业	80	29355	32113	35877
机动车、电子产品和日用产品修理业	81	18106	19551	23377
其他服务业	82	56158	43648	52838
教育	P	**497360**	**399415**	**392271**
教育	83	497360	399415	392271
卫生和社会工作	Q	**240121**	**173770**	**179143**
卫生	84	227777	159165	161193
社会工作	85	12344	14605	17950
文化、体育和娱乐业	R	**58699**	**55293**	**64544**
新闻和出版业	86	6305	3244	9280
广播、电视、电影和录音制作业	87	14886	8548	12885
文化艺术业	88	10521	11270	12384
体育	89	5913	6484	5282
娱乐业	90	21074	25747	24713
公共管理、社会保障和社会组织	S	**753329**	**551324**	**467096**
中国共产党机关	91	3879	2965	2558
国家机构	92	214086	172131	200822
人民政协、民主党派	93	694	321	292
社会保障	94	3279	2758	2261
群众团体、社会团体和其他成员组织	95	43631	38423	32578
基层群众自治组织	96	487760	334726	228585

2009年	2010年	2011年	2012年	2013年	2014年	代码
432342	**488722**	**478730**	**402161**	**490063**	**499973**	K
432342	488722	478730	402161	490063	499973	70
657186	**866374**	**1089875**	**934084**	**1155066**	**1547472**	L
27043	35692	44650	44673	55263	89614	71
630143	830682	1045225	889411	1099803	1457858	72
261098	**300480**	**322890**	**336374**	**381805**	**559162**	M
35228	35001	50787	46806	60673	78275	73
178662	199508	193576	215752	226091	329823	74
47208	65971	78527	73816	95041	151064	75
87895	**113944**	**92659**	**110109**	**124954**	**144184**	N
5786	4758	5888	7751	4821	4750	76
7516	7811	9431	11023	10032	14238	77
70661	97538	73987	89026	106407	122962	78
3932	3837	3353	2309	3694	2234	79
122077	**144097**	**150670**	**152921**	**212288**	**265875**	O
31036	52360	42068	52155	69677	102446	80
25882	30199	35846	36897	47676	73134	81
65159	61538	72756	63869	94935	90295	82
432703	**466781**	**472504**	**805677**	**738778**	**707371**	P
432703	466781	472504	805677	738778	707371	83
167576	**200871**	**258459**	**325937**	**254460**	**328449**	Q
147332	180529	233919	291844	206288	274778	84
20244	20342	24540	34093	48172	53671	85
82109	**94730**	**107205**	**125103**	**115771**	**165315**	R
8113	10204	9964	10139	8134	5264	86
16322	27554	18440	23069	16875	26846	87
17054	19873	25118	44800	30003	39340	88
10121	6454	9366	8796	9292	16128	89
30499	30645	44317	38299	51467	77737	90
372918	**595960**	**537215**	**480081**	**379356**	**384525**	S
2565	6953	3860	7850	5355	4215	91
215555	461518	331942	338704	259690	229657	92
497	282	589	933	756	346	93
2382	2326	3442	4381	2768	1421	94
23624	25217	39167	34116	41769	43227	95
128295	99664	158215	94097	69018	105659	96

1-14 续表 6

行业大类	代码	2015年	2016年	2017年
总　计		**14666093**	**18167845**	**21584527**
农、林、牧、渔业	A	**66416**	**85201**	**85911**
农业	01			
林业	02			
畜牧业	03			
渔业	04			
农、林、牧、渔专业及辅助性活动	05	66416	85201	85911
采矿业	B	**54711**	**57494**	**70213**
煤炭开采和洗选业	06	18900	16317	28418
石油和天然气开采业	07	959	391	421
黑色金属矿采选业	08	3968	8128	5778
有色金属矿采选业	09	2842	3058	3100
非金属矿采选业	10	21743	26067	27618
开采专业及辅助性活动	11	5996	2738	4173
其他采矿业	12	303	795	705
制造业	C	**3820737**	**4465492**	**5611046**
农副食品加工业	13	191864	186573	199627
食品制造业	14	99427	99718	126987
酒、饮料和精制茶制造业	15	59631	51677	52592
烟草制品业	16	2213	1692	1017
纺织业	17	138757	193926	187461
纺织服装、服饰业	18	164980	204733	275096
皮革、毛皮、羽毛及其制品和制鞋业	19	88046	108347	141774
木材加工和木、竹、藤、棕、草制品业	20	83590	118419	180059
家具制造业	21	85307	116585	171021
造纸和纸制品业	22	63664	70462	98657
印刷和记录媒介复制业	23	51166	58893	74324
文教、工美、体育和娱乐用品制造业	24	119398	145116	162895
石油、煤炭及其他燃料加工业	25	14230	20537	23065
化学原料和化学制品制造业	26	175549	163893	174872
医药制造业	27	55563	65469	61066
化学纤维制造业	28	15259	9857	35073
橡胶和塑料制品业	29	180828	232360	276242
非金属矿物制品业	30	256701	321128	454574
黑色金属冶炼和压延加工业	31	27769	41309	66929
有色金属冶炼和压延加工业	32	51142	82634	81777
金属制品业	33	297213	368054	473122
通用设备制造业	34	279417	335897	449695
专用设备制造业	35	237244	268969	349346

2018年	2019年	2020年	2021年	2022年	2023年	代码
23057310	**26266489**	**26952227**	**30075861**	**25776737**	**19274237**	
99680	**102369**	**122237**	**124414**	**157730**	**147001**	A
						01
						02
						03
						04
99680	102369	122237	124414	157730	147001	05
70526	**93795**	**105878**	**72695**	**66471**	**44862**	B
19803	36909	20551	32696	31687	21593	06
2575	2850	24431	581	764	359	07
4869	8021	14323	6280	6362	4455	08
2807	3763	4172	5219	5386	2256	09
32461	32371	31807	23628	18382	12190	10
7553	8815	9474	2897	2646	2749	11
458	1066	1120	1394	1244	1260	12
5310996	**5012135**	**5220978**	**5591571**	**4384722**	**2744629**	C
197425	196268	229268	195691	204615	175711	13
111377	110117	127096	124292	101671	65631	14
48721	52637	57521	62306	65706	42422	15
5280	1855	1993	2092	59	51	16
193522	183096	205840	193699	148952	92683	17
305648	277271	267552	350467	308183	249348	18
165958	143112	137209	212901	162714	110692	19
176609	173091	182444	231363	224695	176481	20
128522	125816	134246	140596	112347	82273	21
88051	88749	97092	81470	66445	46131	22
73144	59604	64211	61828	45468	32184	23
165077	175272	175468	191979	152872	122078	24
31263	24789	21301	18530	21347	25842	25
178916	163600	164350	148169	105431	59985	26
55235	50335	65744	42388	34520	18654	27
20957	27276	26403	19504	12737	5465	28
251758	246464	251197	251728	177057	111937	29
436267	430888	444862	415139	332756	192822	30
44472	72570	42747	35038	22611	15892	31
78561	71014	59296	73635	59062	27234	32
453323	435201	477902	502976	398904	264161	33
421829	362653	391907	396714	309667	187095	34
334219	296939	324221	325106	246937	142710	35

1-14 续表 7

行业大类	代码			
		2015年	2016年	2017年
汽车制造业	36	164918	210159	263394
铁路、船舶、航空航天和其他运输设备制造业	37	45260	53561	65560
电气机械和器材制造业	38	301265	324602	380238
计算机、通信和其他电子设备制造业	39	434246	452422	586936
仪器仪表制造业	40	59480	66050	75465
其他制造业	41	27050	30203	38212
废弃资源综合利用业	42	14543	19278	33271
金属制品、机械和设备修理业	43	35017	42969	50699
电力、热力、燃气及水生产和供应业	D	**143182**	**139241**	**150997**
电力、热力生产和供应业	44	96205	93261	103628
燃气生产和供应业	45	12641	10815	12032
水的生产和供应业	46	34336	35165	35337
建筑业	E	**1172432**	**2022593**	**2655244**
房屋建筑业	47	453275	847498	1201742
土木工程建筑业	48	296060	522247	598143
建筑安装业	49	119815	162917	206571
建筑装饰、装修和其他建筑业	50	303282	489931	648788
批发和零售业	F	**2403345**	**2978049**	**3392277**
批发业	51	1371564	1665472	1961269
零售业	52	1031781	1312577	1431008
交通运输、仓储和邮政业	G	**575389**	**572106**	**973223**
铁路运输业	53			
道路运输业	54	312121	398396	505733
水上运输业	55	13819	14888	10941
航空运输业	56	9020	9296	6866
管道运输业	57	3158	812	3576
多式联运和运输代理业	58	57615	59826	108020
装卸搬运和仓储业	59	64237	52398	98985
邮政业	60	115419	36490	239102
住宿和餐饮业	H	**357753**	**489637**	**478171**
住宿业	61	132437	147606	173107
餐饮业	62	225316	342031	305064
信息传输、软件和信息技术服务业	I	**714387**	**732191**	**854276**
电信、广播电视和卫星传输服务	63	48386	20638	15341
互联网和相关服务	64	116300	125377	133009
软件和信息技术服务业	65	549701	586176	705926
金融业	J	**24293**	**18136**	**16620**
货币金融服务	66	10083	9017	7142
资本市场服务	67	5064	3570	4467
保险业	68	177	284	311
其他金融业	69	8969	5265	4700

2018年	2019年	2020年	2021年	2022年	2023年	代码
260953	162188	169199	278200	157907	67808	36
55090	62165	53522	59776	52359	30298	37
383480	386207	396304	497048	415615	171257	38
453602	450124	463721	479451	274416	116633	39
64336	59420	54912	58140	41091	24468	40
32988	36865	31519	31973	23545	19836	41
33192	35538	32842	38496	42512	20954	42
61221	51011	69089	70876	62521	45893	43
120074	**114134**	**107416**	**126862**	**131816**	**102046**	D
66092	66520	57410	80263	91707	80418	44
14718	10687	9637	9755	10358	5908	45
39264	36927	40369	36844	29751	15720	46
2786720	**3352339**	**3861620**	**3536374**	**3024827**	**2216185**	E
1199806	1361671	1617673	1335649	1176832	861821	47
610638	694385	841175	723801	564149	395028	48
224103	271522	269027	263977	212476	159849	49
752173	1024761	1133745	1212947	1071370	799487	50
3663799	**4052855**	**4564193**	**5125877**	**5334889**	**4619661**	F
2128636	2336198	2571578	2848078	2827462	2188288	51
1535163	1716657	1992615	2277799	2507427	2431373	52
679756	**839910**	**854870**	**937391**	**882579**	**567867**	G
						53
463788	592568	604828	644828	525263	409578	54
14007	21388	18063	21014	18142	9427	55
4791	5497	8429	8981	5787	2328	56
504	7265	7844	371	235	193	57
67281	77540	94077	105110	103028	60612	58
70861	87777	88590	121444	114651	66807	59
58524	47875	33039	35643	115473	18922	60
527513	**595464**	**588751**	**762131**	**808305**	**789347**	H
182432	206154	171740	192435	164270	144265	61
345081	389310	417011	569696	644035	645082	62
982737	**1013513**	**1139120**	**1289343**	**1381749**	**1086695**	I
18481	22691	23406	22523	24792	19167	63
147155	163091	203069	261485	323105	265478	64
817101	827731	912645	1005335	1033852	802050	65
14736	**11071**	**10028**	**10790**	**9927**	**8690**	J
6018	3394	3133	3022	2576	1730	66
3354	3301	3562	5037	4887	3763	67
283	308	406	683	363	527	68
5081	4068	2927	2048	2101	2670	69

1-14 续表 8

行业大类	代码	2015年	2016年	2017年
房地产业	K	**434681**	**555649**	**626391**
房地产业	70	434681	555649	626391
租赁和商务服务业	L	**1572720**	**1875341**	**2361878**
租赁业	71	102917	155672	203138
商务服务业	72	1469803	1719669	2158740
科学研究和技术服务业	M	**619766**	**758818**	**900800**
研究和试验发展	73	96225	120030	145837
专业技术服务业	74	333146	410725	477841
科技推广和应用服务业	75	190395	228063	277122
水利、环境和公共设施管理业	N	**197914**	**255312**	**307257**
水利管理业	76	13769	10050	8969
生态保护和环境治理业	77	20783	27432	32916
公共设施管理业	78	155589	208141	258855
土地管理业	79	7773	9689	6517
居民服务、修理和其他服务业	O	**326149**	**396131**	**393670**
居民服务业	80	135576	160531	162923
机动车、电子产品和日用产品修理业	81	90215	109351	121229
其他服务业	82	100358	126249	109518
教育	P	**881139**	**921777**	**926558**
教育	83	881139	921777	926558
卫生和社会工作	Q	**503871**	**520872**	**524228**
卫生	84	440270	443274	432285
社会工作	85	63601	77598	91943
文化、体育和娱乐业	R	**241246**	**275737**	**315625**
新闻和出版业	86	5406	5283	5377
广播、电视、电影和录音制作业	87	37842	39555	47478
文化艺术业	88	58826	64037	75644
体育	89	23850	29968	36146
娱乐业	90	115322	136894	150980
公共管理、社会保障和社会组织	S	**555962**	**1048068**	**940142**
中国共产党机关	91	5912	40301	29673
国家机构	92	412311	822204	603671
人民政协、民主党派	93	554	5674	3397
社会保障	94	4048	3753	4267
群众团体、社会团体和其他成员组织	95	48099	66239	75563
基层群众自治组织	96	85038	109897	223571

2018年	2019年	2020年	2021年	2022年	2023年	代码
802520	**876925**	**921567**	**833536**	**668913**	**445907**	K
802520	876925	921567	833536	668913	445907	70
2797668	**3728500**	**3913555**	**3789374**	**3509633**	**2631892**	L
249301	360122	411706	407215	340852	281488	71
2548367	3368378	3501849	3382159	3168781	2350404	72
1066083	**1273456**	**1408416**	**1662824**	**1579863**	**1167817**	M
158328	177005	169919	198237	165929	101472	73
550540	645566	732249	803687	686762	500399	74
357215	450885	506248	660900	727172	565946	75
357654	**386171**	**339673**	**387404**	**341021**	**194475**	N
12324	14680	17895	21990	11642	6820	76
39220	42538	42275	37254	32500	20783	77
299153	321783	271757	319951	290267	161921	78
6957	7170	7746	8209	6612	4951	79
460790	**505874**	**546042**	**701123**	**688583**	**602724**	O
214003	241626	275074	387587	401977	357525	80
123074	137661	145842	164223	156864	143743	81
123713	126587	125126	149313	129742	101456	82
989527	**1248781**	**1246677**	**1219832**	**801669**	**528267**	P
989527	1248781	1246677	1219832	801669	528267	83
484926	**555601**	**450073**	**466778**	**333911**	**253955**	Q
383565	438599	350048	370567	263383	206756	84
101361	116902	100025	96211	70528	47199	85
355617	**453135**	**406672**	**528640**	**525510**	**462326**	R
6856	19837	11339	8294	6154	4622	86
55320	90719	59143	66678	66831	57178	87
85009	103014	100877	138715	126463	120333	88
44070	50430	51682	83538	90351	74292	89
164362	189135	183631	231415	235711	205901	90
1485988	**2050461**	**1144461**	**2908902**	**1144619**	**659891**	S
24819	65611	19884	108666	45995	23011	91
1085674	1857500	892769	2056919	981601	519653	92
1665	3514	2500	9656	6001	1739	93
4709	17533	9675	11168	3850	3316	94
65443	53337	48698	65956	57779	38516	95
303678	52966	170935	656537	49393	73656	96

1-15 按地区、从业人员组

地区	法人单位数(个)	7人及以下	8-19人	20-49人	50-99人
全国	**33267885**	**24500213**	**5692732**	**2000161**	**576518**
北京	1178832	996554	108511	43040	14883
天津	424775	336990	53033	21549	6700
河北	1494574	1118482	248824	87173	22690
山西	699821	554371	83596	37998	12848
内蒙古	408532	310783	56372	25816	8292
辽宁	907494	738752	103127	39348	13872
吉林	345702	250389	59115	23015	7295
黑龙江	369436	280783	52978	21946	7611
上海	772054	582904	106298	47480	17578
江苏	2906706	2134730	505693	168806	49968
浙江	2280047	1723874	331594	136558	47204
安徽	1329276	982713	222382	79907	23339
福建	1265255	865083	276840	82631	21580
江西	760414	519841	146411	60781	19044
山东	2784910	1999976	576503	140816	34695
河南	2097188	1383082	484766	173253	34167
湖北	1423244	965322	328457	90567	21378
湖南	1023392	601028	292569	89922	21869
广东	4658826	3683127	622561	222459	68209
广西	644336	481816	95015	41454	13708
海南	174052	135701	22620	9765	3237
重庆	736285	521443	143330	48441	12166
四川	1367190	926670	279527	104900	30920
贵州	521556	395284	74507	32170	11041
云南	751441	559322	122702	44075	13898
西藏	86914	61700	15861	6396	1749
陕西	888960	658522	145654	57332	15564
甘肃	392334	304017	51207	23144	7779
青海	98236	72024	15025	7293	2127
宁夏	113219	83974	16452	7920	2645
新疆	362884	270956	51202	24206	8462

距分组的法人单位数

100-299人	300-499人	500-999人	1000-4999人	5000-9999人	10000人及以上
360814	**64052**	**43617**	**27025**	**1895**	**858**
10943	2214	1469	1022	129	67
4711	850	506	383	39	14
12776	2224	1477	840	65	23
7784	1340	1184	652	30	18
5300	878	661	409	12	9
8951	1574	1115	705	34	16
4345	689	524	311	7	12
4473	771	568	285	11	10
12492	2379	1655	1129	94	45
34383	6279	3999	2568	201	79
29804	5003	3439	2282	204	85
14969	2761	1892	1199	84	30
13786	2491	1651	1062	93	38
10689	1773	1191	636	39	9
23504	4314	3091	1854	104	53
15816	2851	1907	1234	75	37
12395	2319	1641	1057	75	33
13087	2309	1602	937	51	18
45007	7958	5545	3551	280	129
9276	1530	979	515	27	16
2059	325	212	127	4	NA
7587	1493	1063	677	61	24
18121	3344	2290	1322	63	33
6491	1043	623	368	20	9
8577	1439	926	480	14	8
965	131	81	29	NA	
8749	1504	968	611	36	20
4723	751	462	233	11	7
1394	201	103	63	4	NA
1601	323	203	95	NA	4
6056	991	590	389	24	8

1-16 按地区、从业人员组距

地区	从业人员数（人）	7人及以下	8-19人	20-49人	50-99人
全国	**413731653**	**66289570**	**65763842**	**58205052**	**39260165**
北京	12233283	1671632	1258376	1250963	1018211
天津	5002941	688480	620793	623453	458091
河北	16185378	3477840	2869505	2491129	1540959
山西	8312720	1337457	969182	1113481	871130
内蒙古	5092831	736418	665673	755481	563088
辽宁	9146016	1573247	1189412	1150381	939191
吉林	4492402	700524	689560	677326	496360
黑龙江	4519720	686692	626643	638778	516042
上海	12502328	1244093	1228838	1410303	1203403
江苏	37972355	5764326	5834012	4906992	3431548
浙江	31393324	4179027	3827399	4024529	3229538
安徽	17308221	2857220	2555774	2333778	1586072
福建	17323430	2600765	3203157	2376888	1480091
江西	10945329	1583497	1709942	1792754	1298012
山东	31439749	6566300	6519844	4011343	2370129
河南	25635810	4634434	5655661	5036836	2285188
湖北	17696611	3150870	3773731	2592388	1446831
湖南	15769211	2065486	3385252	2592338	1486442
广东	51336918	8234042	7157788	6506129	4667956
广西	8408928	1256824	1105938	1210184	937885
海南	1857992	273675	264005	286128	219848
重庆	10052076	1621924	1655683	1407434	822909
四川	20391879	2962863	3265266	3084347	2100853
贵州	6282218	1054788	868658	948795	751080
云南	8729804	1586518	1414034	1290773	944941
西藏	937777	147848	182408	185274	116531
陕西	10426544	1847743	1694342	1657122	1051013
甘肃	4406909	790877	595088	681984	525443
青海	1219701	173281	178836	213997	143798
宁夏	1560992	214676	194631	231935	181040
新疆	5148256	606203	604411	721809	576542

分组的法人单位从业人员数

100—299人	300—499人	500—999人	1000—4999人	5000—9999人	10000人及以上
57704056	**23119829**	**28116382**	**47175661**	**12030924**	**16066172**
1778111	800714	957399	1842976	757656	897245
753096	300493	331440	684632	256891	285572
2007776	782037	935335	1298359	403725	378713
1213941	480022	749798	1074068	199148	304493
817564	295713	390590	656536	71508	140260
1409492	554428	687115	1146283	213480	282987
667166	229971	303759	480967	43615	203154
676508	257073	338535	455180	60619	263650
2012897	866432	1076483	2083355	563652	812872
5628267	2320891	2634738	4670723	1293646	1487212
4771891	1852346	2267907	4149233	1369905	1721549
2423110	995050	1218664	2247465	570883	520205
2235797	915591	1081617	1965874	591662	871988
1677654	638456	762637	1072080	266648	143649
3813212	1559808	1985401	3065148	626207	922357
2509371	994106	1201948	2046775	490702	780789
2002194	830694	1053420	1838628	483278	524577
2103494	822956	1009762	1602057	314906	386518
7301179	2966639	3682104	6422027	1736772	2662282
1453637	538385	616129	855381	173342	261223
322999	114938	133491	203141	18089	21678
1221582	547135	718340	1270425	395005	391639
2909213	1214176	1468360	2277059	369388	740354
1006160	364903	400190	574620	124711	188313
1334922	519975	586735	820654	93609	137643
149989	45897	48440	43606	17784	
1379832	533327	616262	1001547	230473	414883
722651	249529	285611	367922	80924	106880
211874	70471	66027	111159	35383	14875
244848	114266	138360	152560	13166	75510
943629	343407	369785	695221	164147	123102

1-17 按行业(大类)、从业人员

行业大类	代码	法人单位数(个)	7人及以下	8-19人	20-49人
总计		**33267885**	**24500213**	**5692732**	**2000161**
农、林、牧、渔业	**A**	**272350**	**223971**	**40169**	**6805**
农业	01	349	349		
林业	02	145	145		
畜牧业	03	208	208		
渔业	04	64	64		
农、林、牧、渔专业及辅助性活动	05	271584	223205	40169	6805
采矿业	**B**	**51605**	**22447**	**11462**	**9593**
煤炭开采和洗选业	06	9557	2790	1606	1783
石油和天然气开采业	07	418	164	55	55
黑色金属矿采选业	08	6890	3301	1349	1199
有色金属矿采选业	09	4681	1980	826	846
非金属矿采选业	10	24756	11220	6505	5013
开采专业及辅助性活动	11	4023	2172	855	545
其他采矿业	12	1280	820	266	152
制造业	**C**	**4047228**	**2066339**	**1050511**	**595248**
农副食品加工业	13	166969	80647	43731	27929
食品制造业	14	83463	38582	22223	14068
酒、饮料和精制茶制造业	15	77958	47572	17782	8483
烟草制品业	16	324	87	31	21
纺织业	17	149488	72628	39565	23414
纺织服装、服饰业	18	195307	88466	55208	34944
皮革、毛皮、羽毛及其制品和制鞋业	19	88319	37527	24183	17274
木材加工和木、竹、藤、棕、草制品业	20	133423	60795	41760	22629
家具制造业	21	109034	58400	29819	14219
造纸和纸制品业	22	90534	49670	24233	11109
印刷和记录媒介复制业	23	91475	51192	23734	11187
文教、工美、体育和娱乐用品制造业	24	150591	80586	38634	21593
石油、煤炭及其他燃料加工业	25	14819	7863	3682	2000
化学原料和化学制品制造业	26	118787	53742	28538	20408
医药制造业	27	35059	14272	7005	5805
化学纤维制造业	28	8143	3390	2056	1329
橡胶和塑料制品业	29	239924	124140	63469	34718
非金属矿物制品业	30	306549	138315	82426	58064
黑色金属冶炼和压延加工业	31	24406	11450	5906	3832
有色金属冶炼和压延加工业	32	33061	13495	8066	6107
金属制品业	33	455086	254107	117713	57504
通用设备制造业	34	428788	231127	116404	55809
专用设备制造业	35	304449	162289	79994	41430

组距分组的法人单位数

50–99人	100–299人	300–499人	500–999人	1000–4999人	5000–9999人	10000人及以上	代码
576518	**360814**	**64052**	**43617**	**27025**	**1895**	**858**	
966	**363**	**50**	**19**	**7**			A
							01
							02
							03
							04
966	363	50	19	7			05
3462	**2374**	**793**	**798**	**574**	**38**	**64**	B
887	858	474	626	464	27	42	06
42	47	14	8	14	5	14	07
487	369	98	47	38	NA		08
389	423	114	71	32			09
1395	525	61	28	9			10
227	147	30	18	17	4	8	11
35	5	NA					12
185788	**108914**	**19491**	**13146**	**7181**	**440**	**170**	C
8385	4657	851	529	234	4	NA	13
4388	2995	613	396	187	10	NA	14
2221	1366	238	163	119	8	6	15
20	74	28	27	28	7	NA	16
7517	4673	889	569	226	7		17
9956	5318	735	498	176	4	NA	18
5435	3026	432	276	158	7	NA	19
5975	2065	139	49	11			20
4144	1916	272	173	87	NA	NA	21
3168	1810	284	172	87	NA		22
3217	1702	265	143	33	NA		23
5754	3163	453	282	124	NA		24
499	303	115	178	157	16	6	25
7874	5952	1121	745	400	4	NA	26
3221	3203	722	536	277	15	NA	27
649	458	102	75	75	8	NA	28
10416	5665	807	472	231	6		29
17605	7866	1325	684	256	8		30
1405	1018	257	216	239	68	15	31
2584	1843	383	321	247	10	5	32
16038	7739	1107	621	249	6	NA	33
15204	7843	1259	785	339	12	6	34
12016	6643	1098	674	289	13	NA	35

1-17 续表 1

行业大类	代码	法人单位数（个）	7人及以下	8-19人	20-49人
汽车制造业	36	94150	39245	22995	16055
铁路、船舶、航空航天和其他运输设备制造业	37	35741	15288	9088	6202
电气机械和器材制造业	38	256314	135294	62480	34055
计算机、通信和其他电子设备制造业	39	173484	88465	37994	23847
仪器仪表制造业	40	60843	32026	15129	8242
其他制造业	41	30054	16329	7634	4191
废弃资源综合利用业	42	22566	11726	5554	3651
金属制品、机械和设备修理业	43	68120	47624	13475	5129
电力、热力、燃气及水生产和供应业	D	**135796**	**76338**	**29268**	**17226**
电力、热力生产和供应业	44	95198	59225	19520	9394
燃气生产和供应业	45	10444	3682	2421	2292
水的生产和供应业	46	30154	13431	7327	5540
建筑业	E	**2722407**	**1803077**	**602855**	**215832**
房屋建筑业	47	796864	477200	193476	78244
土木工程建筑业	48	553996	347830	127419	52162
建筑安装业	49	284405	189604	62872	23089
建筑装饰、装修和其他建筑业	50	1087142	788443	219088	62337
批发和零售业	F	**10197183**	**8679961**	**1226341**	**226714**
批发业	51	5509532	4577340	751265	146787
零售业	52	4687651	4102621	475076	79927
交通运输、仓储和邮政业	G	**939056**	**646105**	**192907**	**69797**
铁路运输业	53	402	53	57	87
道路运输业	54	634609	437224	132997	46172
水上运输业	55	18886	10953	4024	2257
航空运输业	56	4103	2802	626	223
管道运输业	57	426	200	87	55
多式联运和运输代理业	58	143742	107070	25702	7995
装卸搬运和仓储业	59	106527	70617	22767	8978
邮政业	60	30361	17186	6647	4030
住宿和餐饮业	H	**711948**	**483109**	**149949**	**55216**
住宿业	61	191490	116634	44986	20356
餐饮业	62	520458	366475	104963	34860
信息传输、软件和信息技术服务业	I	**1695873**	**1371634**	**235369**	**61466**
电信、广播电视和卫星传输服务	63	37816	27344	5636	2152
互联网和相关服务	64	279408	224464	40678	10209
软件和信息技术服务业	65	1378649	1119826	189055	49105
金融业	J	**107575**	**62439**	**15718**	**7840**
货币金融服务	66	30101	12925	4451	3127
资本市场服务	67	50915	40144	8394	1486

50—99人	100—299人	300—499人	500—999人	1000—4999人	5000—9999人	10000人及以上	代码
6999	5821	1352	1013	611	28	31	36
2609	1818	361	222	142	8	NA	37
12446	8210	1710	1279	769	56	15	38
9898	8206	1958	1686	1248	121	61	39
2889	1882	374	210	89	NA		40
1191	556	87	42	23	NA		41
1024	509	71	21	10			42
1041	614	83	89	60	NA	NA	43
6637	**4547**	**944**	**548**	**239**	**21**	**28**	**D**
3498	2391	604	377	144	17	28	44
1114	723	116	59	36	NA		45
2025	1433	224	112	59	NA		46
47694	**33399**	**8188**	**6045**	**4637**	**477**	**203**	**E**
19790	16390	4658	3650	2958	338	160	47
13129	8857	2035	1393	1067	73	31	48
4961	2785	511	336	220	21	6	49
9814	5367	984	666	392	45	6	50
40995	**17895**	**2520**	**1760**	**916**	**66**	**15**	**F**
22207	9314	1322	836	428	30	NA	51
18788	8581	1198	924	488	36	12	52
17311	**9054**	**1509**	**1163**	**1031**	**90**	**89**	**G**
60	52	18	24	25	5	21	53
10773	5385	874	621	480	45	38	54
873	548	103	90	36	NA		55
88	145	48	56	94	13	8	56
43	25	6	NA	7	NA		57
1804	891	127	102	49		NA	58
2492	1329	184	96	58	5	NA	59
1178	679	149	173	282	18	19	60
13505	**8387**	**1039**	**460**	**231**	**27**	**25**	**H**
4967	3826	547	155	19			61
8538	4561	492	305	212	27	25	62
14052	**9047**	**1743**	**1372**	**1048**	**100**	**42**	**I**
890	789	267	385	323	23	7	63
2112	1337	274	173	135	17	9	64
11050	6921	1202	814	590	60	26	65
5200	**7882**	**3374**	**2922**	**2027**	**121**	**52**	**J**
2280	3449	1727	1388	712	30	12	66
335	301	85	66	84	13	7	67

1-17 续表 2

行业大类	代码	法人单位数（个）	7人及以下	8-19人	20-49人
保险业	68	17219	2184	1768	2626
其他金融业	69	9340	7186	1105	601
房地产业	K	**1042264**	**678472**	**229178**	**96173**
房地产业	70	1042264	678472	229178	96173
租赁和商务服务业	L	**4609109**	**3720363**	**669283**	**161512**
租赁业	71	510473	397811	92921	17339
商务服务业	72	4098636	3322552	576362	144173
科学研究和技术服务业	M	**2117795**	**1625406**	**357667**	**99008**
研究和试验发展	73	229521	173896	38959	11430
专业技术服务业	74	960077	692197	184406	58820
科技推广和应用服务业	75	928197	759313	134302	28758
水利、环境和公共设施管理业	N	**223244**	**142816**	**47259**	**20122**
水利管理业	76	18694	10278	4489	2546
生态保护和环境治理业	77	39361	25813	8183	3601
公共设施管理业	78	153607	98938	32252	12995
土地管理业	79	11582	7787	2335	980
居民服务、修理和其他服务业	O	**901638**	**709166**	**148357**	**33294**
居民服务业	80	463105	367327	73393	17732
机动车、电子产品和日用产品修理业	81	310150	250773	50715	7578
其他服务业	82	128383	91066	24249	7984
教育	P	**817923**	**379676**	**186691**	**124982**
教育	83	817923	379676	186691	124982
卫生和社会工作	Q	**337213**	**181524**	**62061**	**45754**
卫生	84	229882	109025	39987	36871
社会工作	85	107331	72499	22074	8883
文化、体育和娱乐业	R	**817224**	**655528**	**123857**	**28383**
新闻和出版业	86	8573	4348	1542	1113
广播、电视、电影和录音制作业	87	101648	80091	16173	3705
文化艺术业	88	209629	163997	33712	9122
体育	89	103903	84086	15248	3452
娱乐业	90	393471	323006	57182	10991
公共管理、社会保障和社会组织	S	**1520454**	**971842**	**313830**	**125196**
中国共产党机关	91	33525	9054	10153	9675
国家机构	92	463597	176160	99254	86977
人民政协、民主党派	93	6233	2723	926	2145
社会保障	94	6995	2865	1883	1629
群众团体、社会团体和其他成员组织	95	399092	354866	36529	6273
基层群众自治组织	96	611012	426174	165085	18497

50—99人	100—299人	300—499人	500—999人	1000—4999人	5000—9999人	10000人及以上	代码
2394	3965	1513	1448	1212	76	33	68
191	167	49	20	19	NA		69
22887	**11774**	**1787**	**1274**	**651**	**43**	**25**	**K**
22887	11774	1787	1274	651	43	25	70
29511	**18367**	**4083**	**3169**	**2462**	**253**	**106**	**L**
1704	591	65	33	9			71
27807	17776	4018	3136	2453	253	106	72
20969	**11400**	**1741**	**1036**	**548**	**16**	**4**	**M**
2862	1735	327	199	109	4		73
14055	8223	1247	736	381	10	NA	74
4052	1442	167	101	58	NA	NA	75
6272	**4351**	**952**	**862**	**598**	**10**	**NA**	**N**
881	430	42	24	4			76
1129	550	49	26	9	NA		77
3939	3224	857	807	584	9	NA	78
323	147	4	5	NA			79
6080	**3466**	**580**	**448**	**226**	**15**	**6**	**O**
3058	1284	162	96	47	4	NA	80
760	276	23	20	5			81
2262	1906	395	332	174	11	4	82
63434	**52855**	**6822**	**2396**	**1006**	**51**	**10**	**P**
63434	52855	6822	2396	1006	51	10	83
24507	**15200**	**2943**	**2937**	**2201**	**81**	**5**	**Q**
21995	14008	2829	2890	2191	81	5	84
2512	1192	114	47	10			85
5851	**2912**	**392**	**226**	**69**	**4**	**NA**	**R**
782	612	102	63	11			86
959	539	84	61	34	NA	NA	87
1887	800	72	32	7			88
657	374	60	18	8			89
1566	587	74	52	9	NA	NA	90
61397	**38627**	**5101**	**3036**	**1373**	**42**	**10**	**S**
3035	1472	94	35	7			91
55358	36479	4963	2988	1366	42	10	92
369	65	4	NA				93
483	113	14	NA				94
1075	326	17	6				95
1077	167	9	NA				96

1-18 按行业(大类)、从业人员组距

行业大类	代码	从业人员数(人)	7人及以下	8-19人	20-49人
总　计		**413731653**	**66289570**	**65763842**	**58205052**
农、林、牧、渔业	A	**1335252**	**529625**	**454492**	**187706**
农业	01				
林业	02				
畜牧业	03				
渔业	04				
农、林、牧、渔专业及辅助性活动	05	1335252	529625	454492	187706
采矿业	B	**4697262**	**54068**	**143519**	**292505**
煤炭开采和洗选业	06	2772385	5979	20416	55383
石油和天然气开采业	07	511880	301	685	1735
黑色金属矿采选业	08	313245	6483	16890	36133
有色金属矿采选业	09	293673	3943	10445	26185
非金属矿采选业	10	493184	28590	81546	152172
开采专业及辅助性活动	11	299281	6902	10200	16202
其他采矿业	12	13614	1870	3337	4695
制造业	C	**103841445**	**6604526**	**12706976**	**17729854**
农副食品加工业	13	4062211	237467	537807	839114
食品制造业	14	2538401	120714	272302	419190
酒、饮料和精制茶制造业	15	1594467	141537	213497	250217
烟草制品业	16	180567	158	366	719
纺织业	17	3844129	234097	477516	698904
纺织服装、服饰业	18	4491581	276436	675384	1027093
皮革、毛皮、羽毛及其制品和制鞋业	19	2505906	120264	296752	515753
木材加工和木、竹、藤、棕、草制品业	20	2205224	204675	505797	671109
家具制造业	21	1985705	198066	355935	421036
造纸和纸制品业	22	1682019	171129	288649	325202
印刷和记录媒介复制业	23	1544587	172060	283249	328892
文教、工美、体育和娱乐用品制造业	24	2870658	256830	469180	633826
石油、煤炭及其他燃料加工业	25	855939	23172	44381	59605
化学原料和化学制品制造业	26	4367254	163925	352287	620530
医药制造业	27	2366022	37030	87290	180399
化学纤维制造业	28	495069	10326	25057	39721
橡胶和塑料制品业	29	4926350	409719	763595	1030783
非金属矿物制品业	30	7118765	443432	1014623	1756994
黑色金属冶炼和压延加工业	31	2011367	36756	72059	115313
有色金属冶炼和压延加工业	32	1784459	42009	100512	187442
金属制品业	33	7589602	836589	1409653	1694070
通用设备制造业	34	7907882	770991	1395952	1639229
专用设备制造业	35	6131870	520889	965818	1228401

分组的法人单位从业人员数

50-99人	100-299人	300-499人	500-999人	1000-4999人	5000-9999人	10000人及以上	代码
39260165	**57704056**	**23119829**	**28116382**	**47175661**	**12030924**	**16066172**	
64004	**54324**	**19583**	**12902**	**12616**			A
							01
							02
							03
							04
64004	54324	19583	12902	12616			05
237904	**404807**	**307834**	**562114**	**1052877**	**272228**	**1369406**	B
61297	157084	185445	444325	834275	188561	819620	06
3082	7832	5503	5898	33359	38590	414895	07
34206	62101	37624	31697	73011	15100		08
27683	72049	44216	49062	60090			09
93574	80446	22655	18627	15574			10
15900	24532	11604	12505	36568	29977	134891	11
2162	763	787					12
12737354	**17833463**	**7446362**	**9062135**	**13319917**	**2965820**	**3435038**	C
573155	758549	324074	361829	385856	23249	21111	13
302318	496627	234177	271252	333352	64839	23630	14
152139	225066	90262	113256	214120	60595	133778	15
1446	13855	10978	19485	70347	45918	17295	16
519205	763957	340287	388228	369511	52424		17
681059	859485	280934	343783	295689	28115	23603	18
371853	486880	166895	192037	301278	43823	10371	19
404261	316185	51378	31778	20041			20
281276	309641	103657	118962	156081	20099	20952	21
215717	293858	108166	119351	154118	5829		22
218861	277653	99556	95931	55933	12452		23
392155	511456	173058	196720	224430	13003		24
33650	51609	45954	125865	267792	107772	96139	25
550313	984192	429264	511200	692079	25811	37653	26
227689	543957	278305	368066	505258	100129	37899	27
45182	76524	38841	53312	136451	56922	12733	28
712242	913647	304117	321212	434801	36234		29
1189428	1269144	504246	463985	426046	50867		30
97430	172908	99716	150930	593611	471043	201601	31
180578	307177	147217	224369	474063	59310	61782	32
1089191	1230829	418808	419114	420961	42710	27677	33
1035167	1274681	479036	541413	612701	78237	80475	34
823314	1081962	421336	456123	507805	89593	36629	35

1-18 续表 1

行业大类	代码	从业人员数（人）	7人及以下	8-19人	20-49人
汽车制造业	36	5549941	126452	281450	487976
铁路、船舶、航空航天和其他运输设备制造业	37	1490547	48134	111882	187539
电气机械和器材制造业	38	8103295	421226	741447	1021337
计算机、通信和其他电子设备制造业	39	10308701	254822	461528	723418
仪器仪表制造业	40	1504734	101558	183548	245878
其他制造业	41	547924	50781	92261	123389
废弃资源综合利用业	42	422703	34877	67910	110198
金属制品、机械和设备修理业	43	853566	138405	159289	146577
电力、热力、燃气及水生产和供应业	**D**	**4781487**	**205295**	**356350**	**519248**
电力、热力生产和供应业	44	3374448	152032	234524	279638
燃气生产和供应业	45	454911	11347	30701	71828
水的生产和供应业	46	952128	41916	91125	167782
建筑业	**E**	**51172315**	**5430757**	**7090448**	**6141286**
房屋建筑业	47	25870412	1478397	2298749	2252497
土木工程建筑业	48	11264451	1050749	1510290	1501359
建筑安装业	49	3849722	578870	739367	656338
建筑装饰、装修和其他建筑业	50	10187730	2322741	2542042	1731092
批发和零售业	**F**	**53256004**	**23293750**	**13509743**	**6329101**
批发业	51	29931601	12460325	8384678	4062165
零售业	52	23324403	10833425	5125065	2266936
交通运输、仓储和邮政业	**G**	**14006067**	**1896027**	**2253845**	**2008471**
铁路运输业	53				
道路运输业	54	8467731	1311394	1550991	1322888
水上运输业	55	477993	31654	48302	68396
航空运输业	56	655711	6695	7319	6399
管道运输业	57	42119	548	1119	1826
多式联运和运输代理业	58	1348826	292310	297647	229889
装卸搬运和仓储业	59	1434011	202986	268123	261521
邮政业	60	1579676	50440	80344	117552
住宿和餐饮业	**H**	**8941820**	**1425545**	**1742247**	**1583368**
住宿业	61	2798224	360108	539786	577785
餐饮业	62	6143596	1065437	1202461	1005583
信息传输、软件和信息技术服务业	**I**	**15141692**	**3264478**	**2683430**	**1742863**
电信、广播电视和卫星传输服务	63	1630091	69658	65745	63895
互联网和相关服务	64	2435527	558550	462946	288027
软件和信息技术服务业	65	11076074	2636270	2154739	1390941
金融业	**J**	**285410**	**66114**	**61143**	**46617**
货币金融服务	66	133724	31824	35985	20997
资本市场服务	67	57075	22992	10793	8581
保险业	68	4564	2072	1189	669
其他金融业	69	90047	9226	13176	16370

50—99人	100—299人	300—499人	500—999人	1000—4999人	5000—9999人	10000人及以上	代码
491036	992316	517471	698356	1121521	181968	651395	36
180939	303742	137179	156027	264724	62469	37912	37
859027	1356562	654586	885256	1465344	358268	340242	38
689324	1378752	752040	1185439	2496893	830180	1536305	39
199228	311364	144019	146209	156050	16880		40
80186	89843	33011	29573	43493	5387		41
69865	79297	26279	14034	20243			42
70120	101745	31515	59040	99325	21694	25856	43
461720	**737405**	**360540**	**370926**	**408528**	**150206**	**1211269**	**D**
244233	397802	230994	255375	244221	124360	1211269	44
76534	112834	44572	41460	57973	7662		45
140953	226769	84974	74091	106334	18184		46
3260665	**5638662**	**3138755**	**4215518**	**9328667**	**3279936**	**3647621**	**E**
1365232	2819022	1793466	2549421	6026949	2337249	2949430	47
899337	1481803	774947	972015	2088112	489805	496034	48
337209	456009	196688	227161	414063	143854	100163	49
658887	881828	373654	466921	799543	309028	101994	50
2762615	**2845633**	**956361**	**1214418**	**1678404**	**447083**	**218896**	**F**
1486936	1477750	497304	576981	746999	203461	35002	51
1275679	1367883	459057	637437	931405	243622	183894	52
1175642	**1447582**	**566415**	**798639**	**1995226**	**592090**	**1272130**	**G**
							53
732039	858811	331345	433262	937032	317721	672248	54
60459	91096	38876	61792	65359	12059		55
6190	25043	18914	40147	230295	85091	229618	56
3068	4233	2495	718	15567	12545		57
122951	142865	47502	71274	86313		58075	58
169818	215424	71128	64226	121719	34260	24806	59
81117	110110	56155	127220	538941	130414	287383	60
925888	**1376061**	**389003**	**307906**	**468964**	**193781**	**529057**	**H**
343701	645620	201580	99670	29974			61
582187	730441	187423	208236	438990	193781	529057	62
965832	**1511033**	**662554**	**964842**	**1983711**	**671430**	**691519**	**I**
61606	133907	103048	279738	558924	149484	144086	63
145250	219572	102231	121109	274654	109491	153697	64
758976	1157554	457275	563995	1150133	412455	393736	65
26609	**30852**	**11337**	**15167**	**21580**	**5991**		**J**
9431	11014	4949	8343	11181			66
5998	4748	2569	1394				67
114	520						68
11066	14570	3819	5430	10399	5991		69

1-18 续表 2

行业大类	代码	从业人员数(人)	7人及以下	8-19人	20-49人
房地产业	K	**14433863**	**1850249**	**2719876**	**2788708**
房地产业	70	14433863	1850249	2719876	2788708
租赁和商务服务业	L	**39050041**	**8668465**	**7624748**	**4522101**
租赁业	71	2957173	1169693	1052116	467103
商务服务业	72	36092868	7498772	6572632	4054998
科学研究和技术服务业	M	**16832475**	**4118330**	**4119582**	**2809516**
研究和试验发展	73	2165908	434501	449280	330749
专业技术服务业	74	9804913	1924288	2142940	1681837
科技推广和应用服务业	75	4861654	1759541	1527362	796930
水利、环境和公共设施管理业	N	**4852324**	**403214**	**560090**	**593134**
水利管理业	76	323725	28764	54636	77265
生态保护和环境治理业	77	495555	71511	97461	106111
公共设施管理业	78	3907109	283329	380659	380292
土地管理业	79	125935	19610	27334	29466
居民服务、修理和其他服务业	O	**6736057**	**1973188**	**1677008**	**924751**
居民服务业	80	2975700	963196	834482	494053
机动车、电子产品和日用产品修理业	81	1641252	750593	562064	203751
其他服务业	82	2119105	259399	280462	226947
教育	P	**26769212**	**1156360**	**2278098**	**3887770**
教育	83	26769212	1156360	2278098	3887770
卫生和社会工作	Q	**14616843**	**518201**	**748082**	**1433911**
卫生	84	13462549	330282	488338	1173955
社会工作	85	1154294	187919	259744	259956
文化、体育和娱乐业	R	**5194530**	**1672126**	**1400790**	**799652**
新闻和出版业	86	314554	11217	18506	35278
广播、电视、电影和录音制作业	87	798007	198386	184719	105741
文化艺术业	88	1369038	413460	385914	260729
体育	89	634083	217067	171306	95761
娱乐业	90	2078848	831996	640345	302143
公共管理、社会保障和社会组织	S	**27787554**	**3159252**	**3633375**	**3864490**
中国共产党机关	91	947827	25271	131465	295647
国家机构	92	20773706	437989	1241503	2780176
人民政协、民主党派	93	121504	6325	12801	66176
社会保障	94	138042	6394	24222	50735
群众团体、社会团体和其他成员组织	95	1418060	700812	411276	176853
基层群众自治组织	96	4388415	1982461	1812108	494903

50–99人	100–299人	300–499人	500–999人	1000–4999人	5000–9999人	10000人及以上	代码
1548389	**1937485**	**685506**	**886580**	**1230510**	**314229**	**472331**	K
1548389	1937485	685506	886580	1230510	314229	472331	70
2010430	**3088867**	**1563414**	**2195602**	**4960781**	**1751723**	**2663910**	L
112383	94814	23466	21922	15676			71
1898047	2994053	1539948	2173680	4945105	1751723	2663910	72
1429161	**1855915**	**662288**	**706716**	**951454**	**107485**	**72028**	M
196792	280346	125208	137608	183541	27883		73
961883	1351223	474343	501271	656722	62575	47831	74
270486	224346	62737	67837	111191	17027	24197	75
430261	**735792**	**366118**	**606950**	**1061583**	**63175**	**32007**	N
60292	66302	15537	15129	5800			76
76983	85652	18349	16435	16530	6523		77
270831	562407	330743	571972	1038217	56652	32007	78
22155	21431	1489	3414	1036			79
411018	**582284**	**224777**	**308368**	**420623**	**105163**	**108877**	O
204024	205221	62611	66050	89808	28833	27422	80
49722	43281	9134	13173	9534			81
157272	333782	153032	229145	321281	76330	81455	82
4434171	**8617372**	**2540935**	**1596588**	**1814703**	**320330**	**122885**	P
4434171	8617372	2540935	1596588	1814703	320330	122885	83
1704552	**2438707**	**1139874**	**2064308**	**3995236**	**505669**	**68303**	Q
1535117	2251630	1097617	2031552	3980086	505669	68303	84
169435	187077	42257	32756	15150			85
394279	**460230**	**148467**	**148973**	**118159**	**28209**	**23645**	R
55271	98956	38806	40218	16302			86
65125	85227	32069	42036	66722	6523	11459	87
125948	124336	26930	20610	11111			88
44557	59853	22553	12540	10446			89
103378	91858	28109	33569	13578	21686	12186	90
4279671	**6107582**	**1929706**	**2077730**	**2352122**	**256376**	**127250**	S
212833	212284	35056	22832	12439			91
3871615	5794326	1878538	2046250	2339683	256376	127250	92
24030	9820	1586	766				93
31566	18044	4889	2192				94
70044	48867	6420	3788				95
69583	24241	3217	1902				96

1-19 按行业门类分组的个体经营户数和从业人员数

行　业	个体经营户数 (万个)	从业人员数 (万人)
总　计	**8799.5**	**17956.4**
农、林、牧、渔业*	98.3	207.7
采矿业	1.7	6.8
制造业	512.3	1836.1
电力、热力、燃气及水生产和供应业	18.4	29.6
建筑业	373.4	961.8
批发和零售业	4479.1	8224.1
交通运输、仓储和邮政业	816.9	1272.7
住宿和餐饮业	1092.2	2541.0
信息传输、软件和信息技术服务业	83.3	154.2
金融业		
房地产业	35.7	76.4
租赁和商务服务业	250.4	501.6
科学研究和技术服务业	46.6	111.7
水利、环境和公共设施管理业	14.8	52.0
居民服务、修理和其他服务业	774.9	1497.4
教育	28.5	77.1
卫生和社会工作	56.1	132.8
文化、体育和娱乐业	116.9	273.4
公共管理、社会保障和社会组织		

注：表中农、林、牧、渔业仅包括从事农、林、牧、渔专业及辅助性活动的个体经营户与个体经营户从业人员。

第2篇

企业篇

2-1　按地区分组的企业法人单位数及从业人员数

地　区	企业法人单位数（个）			从业人员数（人）	
		单产业法人单位	多产业法人单位		#女性
全　国	**29803508**	**29171123**	**632385**	**342081484**	**125734839**
北　京	1136505	1101049	35456	10502097	4186106
天　津	401077	393604	7473	4276542	1546770
河　北	1346359	1323291	23068	12622955	4508700
山　西	601331	588965	12366	6172440	1924373
内蒙古	342518	334598	7920	3497469	1136332
辽　宁	814664	800262	14402	7032202	2503835
吉　林	289089	281820	7269	3123579	1130531
黑龙江	301012	292946	8066	2915599	1009750
上　海	737641	701570	36071	11210137	4605819
江　苏	2737876	2683414	54462	34031557	12095848
浙　江	2115776	2079209	36567	28367681	10240759
安　徽	1198894	1173568	25326	14822500	5237530
福　建	1162060	1139035	23025	15325902	5821667
江　西	658114	643102	15012	8751061	3336319
山　东	2505844	2459468	46376	26394487	9395369
河　南	1831474	1798027	33447	20671688	7665931
湖　北	1269253	1245485	23768	14851085	5433286
湖　南	858860	840282	18578	12554093	4661771
广　东	4326781	4255103	71678	45438913	17329933
广　西	531886	518247	13639	5895335	2383479
海　南	154148	150721	3427	1315736	535291
重　庆	662408	648334	14074	8626709	3195851
四　川	1179063	1152524	26539	16354603	6078715
贵　州	442453	432580	9873	4337213	1635512
云　南	604320	585105	19215	6369514	2350123
西　藏	63474	61422	2052	531483	167968
陕　西	775626	757891	17735	8084996	2782122
甘　肃	299978	290507	9471	2839431	1002647
青　海	73907	72039	1868	796006	279435
宁　夏	95308	93082	2226	1131552	411441
新　疆	285809	273873	11936	3236919	1141626

2-2 按控股情况、开业时间分组的企业法人单位数及从业人员数

分组	企业法人单位数(个)	单产业法人单位	多产业法人单位	从业人员数(人)	#女性
总计	**29803508**	**29171123**	**632385**	**342081484**	**125734839**
按控股情况分组					
国有控股	305763	256710	49053	35722492	10171293
集体控股	150023	137553	12470	3967889	1291269
私人控股	29078984	28531287	547697	282549852	105474377
港澳台商控股	148287	138466	9821	10339681	4696520
外商控股	116502	105605	10897	9436838	4083539
按开业时间分组					
1949年以前	115	71	44	108881	22387
1950—1977年	3423	2481	942	1040300	187924
1978—1991年	85456	69766	15690	9477018	2310082
1992—2000年	433148	381287	51861	31124888	10410932
2001年	123173	110307	12866	7041634	2284941
2002年	148429	134714	13715	6942555	2360941
2003年	189052	173176	15876	7835015	2768363
2004年	207345	191284	16061	7851897	2789220
2005年	214857	199430	15427	7372366	2655311
2006年	242642	227482	15160	7569808	2760163
2007年	250111	235233	14878	7190175	2564738
2008年	262766	247472	15294	6795391	2461505
2009年	341055	324042	17013	7463959	2757087
2010年	430250	410438	19812	9096620	3432471
2011年	502065	482062	20003	9425771	3500067
2012年	515504	496207	19297	8571488	3232339
2013年	673973	651804	22169	9570774	3650410
2014年	1017061	988324	28737	12113782	4585507
2015年	1201369	1170397	30972	12504135	4932350
2016年	1570838	1534125	36713	15607415	6039065
2017年	1948501	1907791	40710	18845893	7058174
2018年	2242561	2200630	41931	20028947	7698176
2019年	2677949	2636700	41249	22255732	8474004
2020年	3070228	3028631	41597	24149862	9079892
2021年	3640560	3602302	38258	26144235	10023799
2022年	3787243	3759483	27760	25212593	9617493
2023年	3770222	3752821	17401	20439103	7990093
无开业年份	253612	252663	949	301247	87405

2-3　按行业(中类)分组的企业法人单位数及从业人员数

行业中类	代码	企业法人单位数(个)	单产业法人单位	多产业法人单位	从业人员数(人)	#女性
总　计		**29803508**	**29171123**	**632385**	**342081484**	**125734839**
农、林、牧、渔业	A	**115699**	**114072**	**1627**	**793533**	**297917**
农业	01	301		301		
谷物种植	011	98		98		
豆类、油料和薯类种植	012	27		27		
棉、麻、糖、烟草种植	013	7		7		
蔬菜、食用菌及园艺作物种植	014	88		88		
水果种植	015	38		38		
坚果、含油果、香料和饮料作物种植	016	13		13		
中药材种植	017	14		14		
草种植及割草	018	6		6		
其他农业	019	10		10		
林业	02	139		139		
林木育种和育苗	021	36		36		
造林和更新	022	10		10		
森林经营、管护和改培	023	86		86		
木材和竹材采运	024	6		6		
林产品采集	025	NA		NA		
畜牧业	03	176		176		
牲畜饲养	031	123		123		
家禽饲养	032	42		42		
狩猎和捕捉动物	033					
其他畜牧业	039	11		11		
渔业	04	56		56		
水产养殖	041	50		50		
水产捕捞	042	6		6		
农、林、牧、渔专业及辅助性活动	05	115027	114072	955	793533	297917
农业专业及辅助性活动	051	92229	91552	677	592656	228196
林业专业及辅助性活动	052	6428	6303	125	53050	16959
畜牧专业及辅助性活动	053	10383	10267	116	102467	37676
渔业专业及辅助性活动	054	5987	5950	37	45360	15086
采矿业	B	**51567**	**49585**	**1982**	**4696956**	**731491**
煤炭开采和洗选业	06	9557	8885	672	2772385	340011
烟煤和无烟煤开采洗选	061	9030	8380	650	2691940	330235
褐煤开采洗选	062	177	158	19	70611	8131
其他煤炭采选	069	350	347	NA	9834	1645
石油和天然气开采业	07	418	370	48	511880	139728
石油开采	071	234	207	27	458352	124729
天然气开采	072	184	163	21	53528	14999

2-3 续表 1

行业中类	代码	企业法人单位数（个）	单产业法人单位	多产业法人单位	从业人员数（人）	#女性
黑色金属矿采选业	08	6890	6608	282	313245	47737
铁矿采选	081	6422	6154	268	301451	45481
锰矿、铬矿采选	082	329	318	11	8544	1669
其他黑色金属矿采选	089	139	136	NA	3250	587
有色金属矿采选业	09	4681	4479	202	293673	53291
常用有色金属矿采选	091	3244	3126	118	168272	30974
贵金属矿采选	092	890	835	55	83124	13733
稀有稀土金属矿采选	093	547	518	29	42277	8584
非金属矿采选业	10	24719	24099	620	492878	95410
土砂石开采	101	21103	20629	474	373002	70712
化学矿开采	102	808	742	66	40206	7381
采盐	103	203	175	28	27438	6189
石棉及其他非金属矿采选	109	2605	2553	52	52232	11128
开采专业及辅助性活动	11	4022	3881	141	299281	52224
煤炭开采和洗选专业及辅助性活动	111	292	287	5	15761	2380
石油和天然气开采专业及辅助性活动	112	3480	3354	126	279300	49170
其他开采专业及辅助性活动	119	250	240	10	4220	674
其他采矿业	12	1280	1263	17	13614	3090
其他采矿业	120	1280	1263	17	13614	3090
制造业	**C**	**4016224**	**3958585**	**57639**	**103682268**	**39268435**
农副食品加工业	13	154039	150650	3389	3998295	1764804
谷物磨制	131	26128	25621	507	440447	139814
饲料加工	132	17710	17337	373	561788	160487
植物油加工	133	10919	10684	235	215381	75651
制糖业	134	955	917	38	86256	27732
屠宰及肉类加工	135	28130	26920	1210	1144332	547747
水产品加工	136	11104	10917	187	365436	207122
蔬菜、菌类、水果和坚果加工	137	21380	21046	334	497368	279519
其他农副食品加工	139	37713	37208	505	687287	326732
食品制造业	14	82181	79800	2381	2531734	1284339
焙烤食品制造	141	18357	17563	794	521637	298894
糖果、巧克力及蜜饯制造	142	4760	4628	132	160247	90117
方便食品制造	143	15816	15511	305	478298	250761
乳制品制造	144	2005	1845	160	239149	106431
罐头食品制造	145	2284	2209	75	130870	80412
调味品、发酵制品制造	146	9974	9695	279	310133	137608
其他食品制造	149	28985	28349	636	691400	320116
酒、饮料和精制茶制造业	15	70003	68212	1791	1555025	595036
酒的制造	151	23558	23027	531	719301	239129
饮料制造	152	18185	17592	593	514471	206066
精制茶加工	153	28260	27593	667	321253	149841

2-3　续表 2

行业中类	代码	企业法人单位数(个)	单产业法人单位	多产业法人单位	从业人员数(人)	#女性
烟草制品业	16	272	228	44	180322	56131
烟叶复烤	161	49	41	8	14731	7302
卷烟制造	162	131	104	27	154733	45320
其他烟草制品制造	169	92	83	9	10858	3509
纺织业	17	148977	147646	1331	3840499	2088409
棉纺织及印染精加工	171	46618	46228	390	1723666	949215
毛纺织及染整精加工	172	6302	6217	85	176142	97204
麻纺织及染整精加工	173	893	888	5	46860	29200
丝绢纺织及印染精加工	174	1886	1806	80	80347	53579
化纤织造及印染精加工	175	13003	12878	125	388257	190449
针织或钩针编织物及其制品制造	176	22681	22564	117	389183	205006
家用纺织制成品制造	177	32183	31927	256	519990	305735
产业用纺织制成品制造	178	25411	25138	273	516054	258021
纺织服装、服饰业	18	194662	192445	2217	4487342	3033658
机织服装制造	181	85220	84029	1191	2209983	1518385
针织或钩针编织服装制造	182	31135	30699	436	1038865	702631
服饰制造	183	78307	77717	590	1238494	812642
皮革、毛皮、羽毛及其制品和制鞋业	19	88204	87520	684	2505057	1372028
皮革鞣制加工	191	4513	4481	32	92197	37717
皮革制品制造	192	31732	31542	190	615847	358308
毛皮鞣制及制品加工	193	4484	4468	16	59940	30726
羽毛(绒)加工及制品制造	194	2586	2548	38	58531	34596
制鞋业	195	44889	44481	408	1678542	910681
木材加工和木、竹、藤、棕、草制品业	20	132134	131481	653	2196874	859927
木材加工	201	64605	64395	210	795633	287948
人造板制造	202	20127	20007	120	672629	289425
木质制品制造	203	35847	35601	246	521595	187612
竹、藤、棕、草等制品制造	204	11555	11478	77	207017	94942
家具制造业	21	108620	107524	1096	1983473	699154
木质家具制造	211	76584	75847	737	1280854	432770
竹、藤家具制造	212	784	784		21737	10227
金属家具制造	213	11529	11354	175	315612	119611
塑料家具制造	214	1011	1003	8	26961	11097
其他家具制造	219	18712	18536	176	338309	125449
造纸和纸制品业	22	90496	89938	558	1681615	637118
纸浆制造	221	295	290	5	19364	5839
造纸	222	13189	13057	132	505067	157526
纸制品制造	223	77012	76591	421	1157184	473753

2-3 续表 3

行业中类	代码	企业法人单位数(个)	单产业法人单位	多产业法人单位	从业人员数(人)	#女性
印刷和记录媒介复制业	23	91452	90394	1058	1543943	644572
印刷	231	81651	80730	921	1446180	605069
装订及印刷相关服务	232	9546	9410	136	94664	38221
记录媒介复制	233	255	254	NA	3099	1282
文教、工美、体育和娱乐用品制造业	24	149352	147950	1402	2863018	1472852
文教办公用品制造	241	13172	12988	184	230818	112624
乐器制造	242	3100	3058	42	73052	36033
工艺美术及礼仪用品制造	243	88915	88203	712	1370165	681565
体育用品制造	244	17013	16854	159	384895	184811
玩具制造	245	21800	21571	229	700488	414630
游艺器材及娱乐用品制造	246	5352	5276	76	103600	43189
石油、煤炭及其他燃料加工业	25	14675	14386	289	855066	189233
精炼石油产品制造	251	4962	4817	145	458711	100417
煤炭加工	252	3548	3443	105	325254	69889
生物质燃料加工	254	6157	6119	38	70291	18745
化学原料和化学制品制造业	26	118383	115414	2969	4365131	1347717
基础化学原料制造	261	14782	14326	456	1064822	264271
肥料制造	262	15119	14672	447	455433	119987
农药制造	263	1954	1821	133	183084	55639
涂料、油墨、颜料及类似产品制造	264	21826	21373	453	526428	146330
合成材料制造	265	13769	13486	283	625556	169288
专用化学产品制造	266	29115	28409	706	801220	229879
炸药、火工及焰火产品制造	267	2113	1986	127	237589	121866
日用化学产品制造	268	19705	19341	364	470999	240457
医药制造业	27	32996	31600	1396	2358757	1140852
化学药品原料药制造	271	2928	2800	128	386439	131788
化学药品制剂制造	272	2946	2700	246	552460	276051
中药饮片加工	273	7224	7046	178	200390	107401
中成药生产	274	4403	4115	288	479033	250101
兽用药品制造	275	1835	1759	76	92948	38636
生物药品制品制造	276	4142	3905	237	302016	144578
卫生材料及医药用品制造	277	8615	8397	218	287897	165973
药用辅料及包装材料制造	278	903	878	25	57574	26324
化学纤维制造业	28	8141	8056	85	495063	180034
纤维素纤维原料及纤维制造	281	790	783	7	58811	20812
合成纤维制造	282	5589	5525	64	388477	142839
生物基材料制造	283	1762	1748	14	47775	16383
橡胶和塑料制品业	29	239821	237639	2182	4925717	1969727
橡胶制品业	291	42330	41903	427	1054110	382567
塑料制品业	292	197491	195736	1755	3871607	1587160

2-3 续表 4

行业中类	代码	企业法人单位数(个)	单产业法人单位	多产业法人单位	从业人员数(人)	#女性
非金属矿物制品业	30	306359	300251	6108	7117842	2036155
水泥、石灰和石膏制造	301	11876	11433	443	560605	125492
石膏、水泥制品及类似制品制造	302	74318	71239	3079	1671218	371424
砖瓦、石材等建筑材料制造	303	116299	115013	1286	1656559	424703
玻璃制造	304	8571	8469	102	344539	99276
玻璃制品制造	305	20130	19973	157	582825	238012
玻璃纤维和玻璃纤维增强塑料制品制造	306	8221	8104	117	237936	80920
陶瓷制品制造	307	27198	26865	333	987702	417866
耐火材料制品制造	308	13782	13631	151	332580	85163
石墨及其他非金属矿物制品制造	309	25964	25524	440	743878	193299
黑色金属冶炼和压延加工业	31	24403	24033	370	2011352	379672
炼铁	311	352	343	9	49247	9158
炼钢	312	255	246	9	184651	36397
钢压延加工	313	22143	21839	304	1633767	302949
铁合金冶炼	314	1653	1605	48	143687	31168
有色金属冶炼和压延加工业	32	33059	32592	467	1784457	425189
常用有色金属冶炼	321	2893	2797	96	583949	99303
贵金属冶炼	322	457	434	23	63204	12950
稀有稀土金属冶炼	323	738	713	25	50229	12782
有色金属合金制造	324	9319	9233	86	220540	62346
有色金属压延加工	325	19652	19415	237	866535	237808
金属制品业	33	454993	450831	4162	7589148	2332941
结构性金属制品制造	331	201253	199427	1826	2737382	738152
金属工具制造	332	24716	24512	204	482019	180832
集装箱及金属包装容器制造	333	10375	10155	220	335835	90461
金属丝绳及其制品制造	334	18822	18689	133	281617	82582
建筑、安全用金属制品制造	335	62313	61755	558	963756	347130
金属表面处理及热处理加工	336	18803	18590	213	489347	160639
搪瓷制品制造	337	2568	2557	11	41260	16103
金属制日用品制造	338	23579	23267	312	516629	206367
铸造及其他金属制品制造	339	92564	91879	685	1741303	510675
通用设备制造业	34	428751	423930	4821	7907587	2265881
锅炉及原动设备制造	341	8962	8666	296	357598	84267
金属加工机械制造	342	52866	52421	445	933751	231847
物料搬运设备制造	343	16306	15555	751	627524	133129
泵、阀门、压缩机及类似机械制造	344	48944	48091	853	1210870	364459
轴承、齿轮和传动部件制造	345	25768	25561	207	673568	211009
烘炉、风机、包装等设备制造	346	45860	45106	754	1014929	323333

2-3 续表 5

行业中类	代码	企业法人单位数（个）	单产业法人单位	多产业法人单位	从业人员数（人）	#女性
文化、办公用机械制造	347	3711	3628	83	184910	85254
通用零部件制造	348	180251	179228	1023	2249497	663871
其他通用设备制造业	349	46083	45674	409	654940	168712
专用设备制造业	35	304134	299573	4561	6130078	1832472
采矿、冶金、建筑专用设备制造	351	36472	35861	611	987215	213720
化工、木材、非金属加工专用设备制造	352	92701	92169	532	1366432	359744
食品、饮料、烟草及饲料生产专用设备制造	353	7880	7746	134	160680	39198
印刷、制药、日化及日用品生产专用设备制造	354	8980	8835	145	215311	55619
纺织、服装和皮革加工专用设备制造	355	11393	11283	110	232989	73666
电子和电工机械专用设备制造	356	19292	18882	410	592793	178642
农、林、牧、渔专用机械制造	357	19769	19554	215	357743	96222
医疗仪器设备及器械制造	358	32283	31392	891	1033768	494303
环保、邮政、社会公共服务及其他专用设备制造	359	75364	73851	1513	1183147	321358
汽车制造业	36	94150	92454	1696	5549941	1711789
汽车整车制造	361	1357	1266	91	939512	151533
汽车用发动机制造	362	405	394	11	74844	12632
改装汽车制造	363	1360	1288	72	97607	18020
低速汽车制造	364	62	58	4	12127	2739
电车制造	365	271	269	NA	5342	1584
汽车车身、挂车制造	366	2002	1958	44	83411	18341
汽车零部件及配件制造	367	88693	87221	1472	4337098	1506940
铁路、船舶、航空航天和其他运输设备制造业	37	35738	34973	765	1490542	421312
铁路运输设备制造	371	4174	3975	199	305333	63890
城市轨道交通设备制造	372	837	816	21	49094	12500
船舶及相关装置制造	373	9779	9563	216	372124	75785
航空、航天器及设备制造	374	2290	2191	99	139251	37627
摩托车制造	375	6922	6821	101	305013	110619
自行车和残疾人座车制造	376	4511	4482	29	110448	42994
助动车制造	377	4869	4797	72	149622	55669
非公路休闲车及零配件制造	378	1094	1084	10	35523	13150
潜水救捞及其他未列明运输设备制造	379	1262	1244	18	24134	9078
电气机械和器材制造业	38	256300	251850	4450	8103198	3156666
电机制造	381	17977	17658	319	811751	302985
输配电及控制设备制造	382	97662	95751	1911	2674102	1002476
电线、电缆、光缆及电工器材制造	383	31877	31270	607	932932	359632
电池制造	384	9612	9408	204	1106941	384297
家用电力器具制造	385	29833	29353	480	1430749	623998
非电力家用器具制造	386	4901	4736	165	121941	45235
照明器具制造	387	47087	46543	544	788972	355687
其他电气机械及器材制造	389	17351	17131	220	235810	82356

2-3　续表 6

行业中类	代码	企业法人单位数(个)	单产业法人单位	多产业法人单位	从业人员数(人)	#女性
计算机、通信和其他电子设备制造业	39	173480	169908	3572	10308607	4265977
计算机制造	391	12616	12202	414	1104070	464332
通信设备制造	392	12010	11514	496	1750316	595223
广播电视设备制造	393	2321	2214	107	155101	69475
雷达及配套设备制造	394	447	424	23	20472	6707
非专业视听设备制造	395	7469	7353	116	414022	192627
智能消费设备制造	396	11667	11342	325	618801	238041
电子器件制造	397	27431	26667	764	2197709	909565
电子元件及电子专用材料制造	398	82500	81436	1064	3581236	1589885
其他电子设备制造	399	17019	16756	263	466880	200122
仪器仪表制造业	40	60841	59412	1429	1504729	537843
通用仪器仪表制造	401	43639	42726	913	952162	308145
专用仪器仪表制造	402	7156	6830	326	225410	77260
钟表与计时仪器制造	403	3248	3216	32	106446	56066
光学仪器制造	404	3383	3319	64	146961	67793
衡器制造	405	1266	1222	44	30899	12342
其他仪器仪表制造业	409	2149	2099	50	42851	16237
其他制造业	41	29934	29655	279	547200	267005
日用杂品制造	411	18937	18772	165	391017	209540
废弃资源综合利用业	42	22385	21989	396	421459	113361
金属废料和碎屑加工处理	421	12228	11970	258	238349	61403
非金属废料和碎屑加工处理	422	10157	10019	138	183110	51958
金属制品、机械和设备修理业	43	67289	66251	1038	849197	186581
金属制品修理	431	1389	1375	14	13381	3317
通用设备修理	432	12298	12073	225	123215	29375
专用设备修理	433	13750	13514	236	148174	35757
铁路、船舶、航空航天等运输设备修理	434	8398	8141	257	294740	51111
电气设备修理	435	8557	8455	102	95408	21226
仪器仪表修理	436	1762	1746	16	11597	3272
其他机械和设备修理业	439	21135	20947	188	162682	42523
电力、热力、燃气及水生产和供应业	**D**	**131826**	**126713**	**5113**	**4757904**	**1241129**
电力、热力生产和供应业	44	91450	89375	2075	3358833	787449
电力生产	441	70137	68686	1451	1401307	303107
电力供应	442	10696	10354	342	1544759	378202
热力生产和供应	443	10617	10335	282	412767	106140
燃气生产和供应业	45	10423	8710	1713	454705	141900
燃气生产和供应业	451	9901	8209	1692	447367	139574
生物质燃气生产和供应业	452	522	501	21	7338	2326

2-3 续表 7

行业中类	代码	企业法人单位数(个)	单产业法人单位	多产业法人单位	从业人员数(人)	#女性
水的生产和供应业	46	29953	28628	1325	944366	311780
自来水生产和供应	461	17168	16151	1017	674687	232294
污水处理及其再生利用	462	12378	12078	300	262307	77262
海水淡化处理	463	56	56		1104	352
其他水的处理、利用与分配	469	351	343	8	6268	1872
建筑业	**E**	**2721969**	**2634019**	**87950**	**51169025**	**9900053**
房屋建筑业	47	796635	754802	41833	25868869	4352975
住宅房屋建筑	471	738886	700779	38107	23760752	3995748
体育场馆建筑	472	550	493	57	44001	5834
其他房屋建筑业	479	57199	53530	3669	2064116	351393
土木工程建筑业	48	553850	530067	23783	11263094	2311142
铁路、道路、隧道和桥梁工程建筑	481	158978	146136	12842	5385213	1013754
水利和水运工程建筑	482	14853	12727	2126	744436	125883
海洋工程建筑	483	432	413	19	15049	2919
工矿工程建筑	484	4998	4473	525	526652	62396
架线和管道工程建筑	485	32972	31052	1920	1018423	203595
节能环保工程施工	486	12558	12112	446	131079	36385
电力工程施工	487	21260	20143	1117	497510	103289
其他土木工程建筑	489	307799	303011	4788	2944732	762921
建筑安装业	49	284399	276366	8033	3849694	799470
电气安装	491	90671	88004	2667	1316810	282274
管道和设备安装	492	72308	70867	1441	961113	185222
其他建筑安装业	499	121420	117495	3925	1571771	331974
建筑装饰、装修和其他建筑业	50	1087085	1072784	14301	10187368	2436466
建筑装饰和装修业	501	877111	866395	10716	6940278	1784908
建筑物拆除和场地准备活动	502	72535	71423	1112	711535	152426
提供施工设备服务	503	18659	18390	269	210376	45610
其他未列明建筑业	509	118780	116576	2204	2325179	453522
批发和零售业	**F**	**10048930**	**9892983**	**155947**	**52741753**	**23528498**
批发业	51	5400198	5336810	63388	29528810	11990461
农、林、牧、渔产品批发	511	267142	263705	3437	1486457	546496
食品、饮料及烟草制品批发	512	582682	573151	9531	3954183	1668953
纺织、服装及家庭用品批发	513	794857	787248	7609	4116284	2057230
文化、体育用品及器材批发	514	199865	197418	2447	1021745	503446
医药及医疗器材批发	515	245522	240041	5481	2122297	1035541
矿产品、建材及化工产品批发	516	1565185	1548125	17060	8354015	2951466
机械设备、五金产品及电子产品批发	517	1226582	1213123	13459	6206775	2341847
贸易经纪与代理	518	80226	79521	705	328481	142505
其他批发业	519	438137	434478	3659	1938573	742977

2-3　续表 8

行业中类	代码	企业法人单位数（个）	单产业法人单位	多产业法人单位	从业人员数（人）	#女性
零售业	52	4648732	4556173	92559	23212943	11538037
综合零售	521	436032	425142	10890	3428663	2057980
食品、饮料及烟草制品专门零售	522	625975	614179	11796	2670714	1280355
纺织、服装及日用品专门零售	523	600089	586682	13407	2590508	1474228
文化、体育用品及器材专门零售	524	274554	269682	4872	1200174	610548
医药及医疗器材专门零售	525	380976	358576	22400	2255370	1555827
汽车、摩托车、零配件和燃料及其他动力销售	526	420835	407598	13237	3267918	1309717
家用电器及电子产品专门零售	527	467998	461034	6964	1977491	850464
五金、家具及室内装饰材料专门零售	528	672533	669054	3479	2685606	1020665
货摊、无店铺及其他零售业	529	769740	764226	5514	3136499	1378253
交通运输、仓储和邮政业	**G**	**930938**	**906504**	**24434**	**13701179**	**3853976**
铁路运输业	53	402	346	56		
铁路旅客运输	531	144	131	13		
铁路货物运输	532	228	189	39		
铁路运输辅助活动	533	30	26	4		
道路运输业	54	629929	617847	12082	8220053	2087898
城市公共交通运输	541	19154	18117	1037	1790298	389715
公路旅客运输	542	10777	9323	1454	456580	123182
道路货物运输	543	565916	557439	8477	5156554	1258351
道路运输辅助活动	544	34082	32968	1114	816621	316650
水上运输业	55	18548	17901	647	458125	92258
水上旅客运输	551	1052	1011	41	37413	10716
水上货物运输	552	11370	10963	407	214860	44799
水上运输辅助活动	553	6126	5927	199	205852	36743
航空运输业	56	3993	3771	222	637163	235016
航空客货运输	561	1085	1003	82	379050	149553
通用航空服务	562	1963	1901	62	28634	8695
航空运输辅助活动	563	945	867	78	229479	76768
管道运输业	57	426	399	27	42119	9106
海底管道运输	571	8	8		69	10
陆地管道运输	572	418	391	27	42050	9096
多式联运和运输代理业	58	143708	138933	4775	1348580	532818
多式联运	581	1679	1606	73	78050	17456
运输代理业	582	142029	137327	4702	1270530	515362
装卸搬运和仓储业	59	103749	101666	2083	1416487	382185
装卸搬运	591	45665	45164	501	669401	145433
通用仓储	592	25162	24706	456	343872	111655
低温仓储	593	6057	5974	83	58008	19686
危险品仓储	594	1034	995	39	29775	6881

2-3 续表 9

行业中类	代码	企业法人单位数（个）	单产业法人单位	多产业法人单位	从业人员数（人）	#女性
谷物、棉花等农产品仓储	595	10319	9605	714	155426	45023
中药材仓储	596	129	128	NA	1462	526
其他仓储业	599	15383	15094	289	158543	52981
邮政业	60	30183	25641	4542	1578652	514695
邮政基本服务	601	1154	683	471	496372	247216
快递服务	602	27724	23750	3974	960334	243372
其他寄递服务	609	1305	1208	97	121946	24107
住宿和餐饮业	**H**	**710235**	**679296**	**30939**	**8921328**	**5053815**
住宿业	61	190697	184252	6445	2783241	1679040
旅游饭店	611	37700	35357	2343	1341532	763555
一般旅馆	612	123146	119540	3606	1253257	804387
民宿服务	613	20426	20165	261	86521	49233
露营地服务	614	1844	1830	14	7782	3479
其他住宿业	619	7581	7360	221	94149	58386
餐饮业	62	519538	495044	24494	6138087	3374775
正餐服务	621	414420	396197	18223	4411410	2350196
快餐服务	622	34258	32078	2180	879035	556614
饮料及冷饮服务	623	21181	19457	1724	257181	145648
餐饮配送及外卖送餐服务	624	12199	11369	830	271188	149123
其他餐饮业	629	37480	35943	1537	319273	173194
信息传输、软件和信息技术服务业	**I**	**1689565**	**1663465**	**26100**	**15026299**	**5812974**
电信、广播电视和卫星传输服务	63	35867	32835	3032	1568866	641178
电信	631	32544	29745	2799	1357990	569319
广播电视传输服务	632	2632	2441	191	201689	68570
卫星传输服务	633	691	649	42	9187	3289
互联网和相关服务	64	278136	274354	3782	2419168	1026899
互联网接入及相关服务	641	14663	14447	216	128896	43756
互联网信息服务	642	167978	166109	1869	1296862	561241
互联网平台	643	20501	19705	796	447894	205296
互联网安全服务	644	6036	5935	101	57355	18586
互联网数据服务	645	22373	21969	404	239322	92860
其他互联网服务	649	46585	46189	396	248839	105160
软件和信息技术服务业	65	1375562	1356276	19286	11038265	4144897
软件开发	651	623595	613652	9943	5762654	2053642
集成电路设计	652	11444	10972	472	199650	61614
信息系统集成和物联网技术服务	653	116062	113851	2211	1078671	364119
运行维护服务	654	15818	15389	429	273588	90315
信息处理和存储支持服务	655	10095	9794	301	156683	68392
信息技术咨询服务	656	527826	523036	4790	2810082	1158014
数字内容服务	657	17429	17050	379	178262	74935
其他信息技术服务业	659	53293	52532	761	578675	273866

2-3　续表 10

行业中类	代码	企业法人单位数（个）	单产业法人单位	多产业法人单位	从业人员数（人）	#女性
金融业	J	**106665**	**86311**	**20354**	**284355**	**123593**
货币金融服务	66	29332	19870	9462	132946	58311
中央银行服务	661					
货币银行服务	662	12094	3148	8946	2246	990
非货币银行服务	663	17207	16691	516	130700	57321
银行理财服务	664	31	31			
银行监管服务	665					
资本市场服务	67	50860	50389	471	57006	22481
证券市场服务	671	340	214	126	1386	708
公开募集证券投资基金	672	162	44	118	57	21
非公开募集证券投资基金	673	21805	21794	11	165	65
期货市场服务	674	271	129	142	NA	
证券期货监管服务	675					
资本投资服务	676	15185	15136	49	36383	14388
其他资本市场服务	679	13097	13072	25	19014	7299
保险业	68	17157	7007	10150	4564	2160
人身保险	681	6501	2333	4168		
财产保险	682	6831	2282	4549	8	5
再保险	683	22	22			
商业养老金	684	209	198	11		
保险中介服务	685	2527	1139	1388	38	15
保险资产管理	686	36	35	NA		
保险监管服务	687					
其他保险活动	689	1031	998	33	4518	2140
其他金融业	69	9316	9045	271	89839	40641
金融信托与管理服务	691	468	461	7	1271	532
控股公司服务	692	1412	1394	18	10384	4341
非金融机构支付服务	693	178	100	78		
金融信息服务	694	1075	1038	37	18939	9272
金融资产管理公司	695	375	361	14	4800	1975
其他未列明金融业	699	5808	5691	117	54445	24521
房地产业	K	**1038453**	**993388**	**45065**	**14378667**	**6350719**
房地产业	70	1038453	993388	45065	14378667	6350719
房地产开发经营	701	205934	196837	9097	2712554	1105448
物业管理	702	374134	356747	17387	8538388	3910543
房地产中介服务	703	299945	286810	13135	1866184	830038
房地产租赁经营	704	148617	143432	5185	1190030	477713
其他房地产业	709	9823	9562	261	71511	26977

2-3 续表 11

行业中类	代码	企业法人单位数（个）	单产业法人单位	多产业法人单位	从业人员数（人）	#女性
租赁和商务服务业	L	**3883704**	**3811901**	**71803**	**36496231**	**13663575**
租赁业	71	503280	498304	4976	2924231	810541
机械设备经营租赁	711	489204	484398	4806	2855205	783203
文体设备和用品出租	712	12475	12330	145	59152	23154
日用品出租	713	1601	1576	25	9874	4184
商务服务业	72	3380424	3313597	66827	33572000	12853034
组织管理服务	721	425085	416719	8366	3034484	1331084
综合管理服务	722	147017	144081	2936	1266148	503842
法律服务	723	32994	32238	756	183894	86843
咨询与调查	724	1148458	1129112	19346	5788474	2962594
广告业	725	548081	544045	4036	2747087	1166374
人力资源服务	726	580543	566551	13992	14121068	4942552
安全保护服务	727	48257	44706	3551	3813619	643901
会议、展览及相关服务	728	93700	92530	1170	498252	222394
其他商务服务业	729	356289	343615	12674	2118974	993450
科学研究和技术服务业	M	**2014288**	**1971423**	**42865**	**15426117**	**5509027**
研究和试验发展	73	218527	215712	2815	1723216	680693
自然科学研究和试验发展	731	6714	6634	80	37250	14698
工程和技术研究和试验发展	732	157787	155996	1791	1151780	391512
农业科学研究和试验发展	733	17182	17014	168	89830	34120
医学研究和试验发展	734	35550	34792	758	437940	237657
社会人文科学研究	735	1294	1276	18	6416	2706
专业技术服务业	74	930820	899625	31195	9193747	3086808
气象服务	741	978	872	106	7493	2969
地震服务	742	687	675	12	4677	1251
海洋服务	743	984	952	32	10424	3141
测绘地理信息服务	744	18941	17372	1569	218071	71812
质检技术服务	745	81122	77077	4045	1274633	473237
环境与生态监测检测服务	746	17987	17297	690	205102	82571
地质勘查	747	13543	13120	423	272966	59789
工程技术与设计服务	748	534882	513775	21107	5614923	1807418
工业与专业设计及其他专业技术服务	749	261696	258485	3211	1585458	584620
科技推广和应用服务业	75	864941	856086	8855	4509154	1741526
技术推广服务	751	578615	572647	5968	3149370	1176864
知识产权服务	752	34495	33534	961	210513	110803
科技中介服务	753	26297	26108	189	119432	51139
创业空间服务	754	8196	8116	80	43817	19543
其他科技推广服务业	759	217338	215681	1657	986022	383177

2–3　续表 12

行业中类	代码	企业法人单位数(个)	单产业法人单位	多产业法人单位	从业人员数(人)	#女性
水利、环境和公共设施管理业	N	**193720**	**189528**	**4192**	**3626878**	**1522636**
水利管理业	76	7419	7197	222	92184	27540
防洪除涝设施管理	761	717	707	10	10356	2503
水资源管理	762	2195	2131	64	30871	9602
天然水收集与分配	763	573	554	19	13723	3761
水文服务	764	335	327	8	2713	986
其他水利管理业	769	3599	3478	121	34521	10688
生态保护和环境治理业	77	35353	34538	815	392738	118659
生态保护	771	3192	3107	85	50954	18069
环境治理业	772	32161	31431	730	341784	100590
公共设施管理业	78	142446	139599	2847	3053021	1343088
市政设施管理	781	18615	18291	324	247436	82671
环境卫生管理	782	35509	34523	986	1789834	859104
城乡市容管理	783	2498	2431	67	70928	29373
绿化管理	784	67893	67031	862	619499	230795
城市公园管理	785	1549	1503	46	33545	14350
游览景区管理	786	16382	15820	562	291779	126795
土地管理业	79	8502	8194	308	88935	33349
土地整治服务	791	4960	4878	82	47438	16691
土地调查评估服务	792	1433	1269	164	13277	5923
土地登记服务	793	76	73	NA	613	282
土地登记代理服务	794	531	517	14	3409	1486
其他土地管理服务	799	1502	1457	45	24198	8967
居民服务、修理和其他服务业	O	**870379**	**850615**	**19764**	**6492559**	**3283320**
居民服务业	80	434465	423198	11267	2758607	1657189
家庭服务	801	93059	91526	1533	728292	468414
托儿所服务	802	30873	30135	738	198871	159073
洗染服务	803	11426	10955	471	101495	56778
理发及美容服务	804	84982	81472	3510	387267	268009
洗浴和保健养生服务	805	71552	69107	2445	468071	289949
摄影扩印服务	806	46714	46091	623	231072	112484
婚姻服务	807	24017	23755	262	115870	61559
殡葬服务	808	12124	11766	358	113999	41300
其他居民服务业	809	59718	58391	1327	413670	199623

2-3 续表 13

行业中类	代码	企业法人单位数(个)	单产业法人单位	多产业法人单位	从业人员数(人)	#女性
机动车、电子产品和日用产品修理业	81	309673	304156	5517	1638014	454302
汽车、摩托车等修理与维护	811	221889	217402	4487	1206923	314073
计算机和办公设备维修	812	37335	36926	409	172516	59525
家用电器修理	813	37549	37164	385	194366	60637
其他日用产品修理业	819	12900	12664	236	64209	20067
其他服务业	82	126241	123261	2980	2095938	1171829
清洁服务	821	97317	95345	1972	1907863	1096435
宠物服务	822	11713	11057	656	64903	32674
其他未列明服务业	829	17211	16859	352	123172	42720
教育	**P**	**356766**	**344725**	**12041**	**2741707**	**1630153**
教育	83	356766	344725	12041	2741707	1630153
学前教育	831	23463	23160	303	345673	295832
初等教育	832	3555	3501	54	25700	15711
中等教育	833	2123	2105	18	142211	83170
高等教育	834	847	818	29	17422	10203
特殊教育	835	410	394	16	4419	3432
技能培训、教育辅助及其他教育	839	326368	314747	11621	2206282	1221805
卫生和社会工作	**Q**	**167292**	**154918**	**12374**	**2891173**	**1954638**
卫生	84	135250	124382	10868	2487370	1680734
医院	841	28692	26358	2334	1480247	1028880
基层医疗卫生服务	842	96865	89214	7651	750505	479226
专业公共卫生服务	843	2877	2655	222	41864	27296
其他卫生活动	849	6816	6155	661	214754	145332
社会工作	85	32042	30536	1506	403803	273904
提供住宿社会工作	851	29440	28076	1364	373683	252046
不提供住宿社会工作	852	2602	2460	142	30120	21858
文化、体育和娱乐业	**R**	**755288**	**743092**	**12196**	**4253552**	**2008890**
新闻和出版业	86	6237	5981	256	172479	97063
新闻业	861	432	422	10	7718	4170
出版业	862	5805	5559	246	164761	92893

2-3　续表 14

行业中类	代码	企业法人单位数（个）	单产业法人单位	多产业法人单位	从业人员数（人）	#女性
广播、电视、电影和录音制作业	87	99229	97823	1406	589303	275438
广播	871	1536	1516	20	10435	4703
电视	872	843	834	9	26247	12302
影视节目制作	873	77405	76768	637	373027	164206
广播电视集成播控	874	319	311	8	10094	4620
电影和广播电视节目发行	875	3329	3259	70	23022	12165
电影放映	876	11671	11033	638	129189	69737
录音制作	877	4126	4102	24	17289	7705
文化艺术业	88	170828	168921	1907	905101	444886
文艺创作与表演	881	79122	78361	761	453208	225157
艺术表演场馆	882	1681	1644	37	23994	11654
图书馆与档案馆	883	4764	4675	89	37371	22629
文物及非物质文化遗产保护	884	3237	3168	69	33367	14728
博物馆	885	560	546	14	6414	3343
烈士陵园、纪念馆	886	41	39	NA	473	213
群众文体活动	887	15857	15675	182	75686	36241
其他文化艺术业	889	65566	64813	753	274588	130921
体育	89	94629	91024	3605	563086	237067
体育组织	891	22740	22194	546	114283	41489
体育场地设施管理	892	7098	6734	364	69158	28053
健身休闲活动	893	55180	52764	2416	336512	149478
其他体育	899	9611	9332	279	43133	18047
娱乐业	90	384365	379343	5022	2023583	954436
室内娱乐活动	901	106498	104797	1701	604716	291142
游乐园	902	8386	8101	285	170120	82233
休闲观光活动	903	26174	25908	266	206260	90568
彩票活动	904	250	238	12	2279	1033
文化体育娱乐活动与经纪代理服务	905	240102	237398	2704	1012218	478017
其他娱乐业	909	2955	2901	54	27990	11443

2-4 按行业(大类)、地区

行业大类	代码	企业法人单位数(个)	北 京	天 津	河 北
总 计		**29803508**	**1136505**	**401077**	**1346359**
农、林、牧、渔业	A	**115699**	**211**	**203**	**2332**
农业	01	301	6	NA	18
林业	02	139	NA		NA
畜牧业	03	176	NA	NA	9
渔业	04	56			NA
农、林、牧、渔专业及辅助性活动	05	115027	201	201	2303
采矿业	B	**51567**	**13**	**37**	**2379**
煤炭开采和洗选业	06	9557		NA	207
石油和天然气开采业	07	418	NA	NA	5
黑色金属矿采选业	08	6890	NA	NA	1352
有色金属矿采选业	09	4681			137
非金属矿采选业	10	24719	NA	5	601
开采专业及辅助性活动	11	4022	9	19	69
其他采矿业	12	1280		5	8
制造业	C	**4016224**	**19694**	**39963**	**259519**
农副食品加工业	13	154039	391	840	7909
食品制造业	14	82181	516	774	3905
酒、饮料和精制茶制造业	15	70003	204	156	1625
烟草制品业	16	272	NA	NA	4
纺织业	17	148977	195	536	11390
纺织服装、服饰业	18	194662	731	817	5914
皮革、毛皮、羽毛及其制品和制鞋业	19	88204	64	155	8562
木材加工和木、竹、藤、棕、草制品业	20	132134	235	697	6036
家具制造业	21	108620	408	705	7467
造纸和纸制品业	22	90496	362	1326	4860
印刷和记录媒介复制业	23	91452	963	756	3687
文教、工美、体育和娱乐用品制造业	24	149352	535	1295	11813
石油、煤炭及其他燃料加工业	25	14675	77	135	894
化学原料和化学制品制造业	26	118383	737	1314	8079
医药制造业	27	32996	605	320	1403
化学纤维制造业	28	8141	22	24	361
橡胶和塑料制品业	29	239821	526	2139	19537
非金属矿物制品业	30	306359	967	1884	20793
黑色金属冶炼和压延加工业	31	24403	72	1044	1659
有色金属冶炼和压延加工业	32	33059	95	323	1190

分组的企业法人单位数

山 西	内蒙古	辽 宁	吉 林	黑龙江	上 海	江 苏	代码
601331	**342518**	**814664**	**289089**	**301012**	**737641**	**2737876**	
3025	**1199**	**2581**	**1093**	**1800**	**233**	**4195**	A
NA	11	12	NA	79	5	7	01
NA	21	NA	18	41			02
6	16	6	5	6	NA	6	03
		9				NA	04
3015	1151	2553	1068	1674	226	4180	05
4751	**3001**	**3154**	**723**	**1332**	**NA**	**163**	B
3000	1080	88	57	492		6	06
57	71	7	20	11	NA	4	07
693	389	1110	100	31		30	08
131	253	472	67	35		13	09
760	1066	1364	324	612		100	10
90	111	76	129	140		7	11
20	31	37	26	11		NA	12
41597	**24116**	**105739**	**24856**	**27969**	**55432**	**568214**	C
2874	3474	7778	2968	4964	483	7363	13
1713	1222	2649	1159	1199	832	4875	14
1260	727	1661	810	988	144	1696	15
4	NA	6	NA	NA	NA	9	16
332	455	1519	174	245	1111	36300	17
641	511	6949	664	262	2923	21097	18
118	72	559	64	146	405	4035	19
875	646	3138	978	1633	886	11266	20
627	283	2167	449	630	1370	9558	21
527	199	1436	338	365	1846	9201	22
1264	718	2128	693	696	1778	14125	23
707	318	1514	277	315	1015	19232	24
747	403	1086	343	964	59	756	25
2195	1608	4740	1131	1576	2030	7870	26
526	296	937	877	415	549	3219	27
43	32	97	36	28	53	2584	28
1229	885	5003	921	981	3568	30026	29
7199	4107	10552	2889	2652	1932	25057	30
452	378	742	116	93	561	4125	31
396	407	966	94	77	380	4969	32

2-4 续表 1

行业大类	代码	企业法人单位数(个)	北 京	天 津	河 北
金属制品业	33	454993	1905	5958	43654
通用设备制造业	34	428751	1742	6336	34583
专用设备制造业	35	304134	1848	3554	20930
汽车制造业	36	94150	466	1280	7359
铁路、船舶、航空航天和其他运输设备制造业	37	35738	221	1627	3788
电气机械和器材制造业	38	256300	1196	2011	11603
计算机、通信和其他电子设备制造业	39	173480	1316	996	2688
仪器仪表制造业	40	60841	918	1001	2212
其他制造业	41	29934	60	204	1181
废弃资源综合利用业	42	22385	49	173	1488
金属制品、机械和设备修理业	43	67289	2266	1582	2945
电力、热力、燃气及水生产和供应业	D	**131826**	**1642**	**1055**	**5144**
电力、热力生产和供应业	44	91450	1158	656	3151
燃气生产和供应业	45	10423	80	150	856
水的生产和供应业	46	29953	404	249	1137
建筑业	E	**2721969**	**60255**	**32788**	**162487**
房屋建筑业	47	796635	17503	7793	50706
土木工程建筑业	48	553850	9435	6772	35176
建筑安装业	49	284399	5098	4890	16399
建筑装饰、装修和其他建筑业	50	1087085	28219	13333	60206
批发和零售业	F	**10048930**	**291988**	**111947**	**445076**
批发业	51	5400198	119331	73297	241522
零售业	52	4648732	172657	38650	203554
交通运输、仓储和邮政业	G	**930938**	**19967**	**19440**	**41286**
铁路运输业	53	402	27	8	17
道路运输业	54	629929	13028	9360	32706
水上运输业	55	18548	13	475	489
航空运输业	56	3993	259	148	120
管道运输业	57	426	7	15	24
多式联运和运输代理业	58	143708	3504	6545	2222
装卸搬运和仓储业	59	103749	2094	2482	4897
邮政业	60	30183	1035	407	811
住宿和餐饮业	H	**710235**	**51020**	**7357**	**22643**
住宿业	61	190697	6977	1518	6022
餐饮业	62	519538	44043	5839	16621
信息传输、软件和信息技术服务业	I	**1689565**	**118586**	**25328**	**57334**
电信、广播电视和卫星传输服务	63	35867	2156	418	884
互联网和相关服务	64	278136	10850	2829	7781
软件和信息技术服务业	65	1375562	105580	22081	48669

山 西	内蒙古	辽 宁	吉 林	黑龙江	上 海	江 苏	代码
5071	2411	9716	1858	2090	8275	62769	33
4099	1106	17582	2142	2681	8096	98999	34
2813	944	7655	1565	2201	5188	65890	35
341	159	1754	1777	214	1981	16524	36
172	22	1394	216	150	436	7992	37
1089	555	4321	646	892	3381	44257	38
593	256	1442	279	168	2038	26822	39
276	67	1776	325	266	1722	14899	40
114	54	408	115	105	235	3014	41
568	291	614	178	184	109	2223	42
2732	1503	3450	771	786	2044	7462	43
5959	**3528**	**4769**	**1987**	**3083**	**337**	**6640**	D
4603	2590	3739	1446	2347	197	4342	44
546	259	338	198	208	27	541	45
810	679	692	343	528	113	1757	46
76646	**46991**	**69109**	**29387**	**28289**	**33411**	**261414**	E
23395	13743	14942	8622	8131	6744	80916	47
15920	11833	13321	5301	5794	6098	50589	48
6902	4669	9949	3918	3269	6097	33813	49
30429	16746	30897	11546	11095	14472	96096	50
203508	**115651**	**267402**	**97998**	**102374**	**245341**	**845491**	F
102554	63398	149074	41826	59167	171366	541141	51
100954	52253	118328	56172	43207	73975	304350	52
24694	**16192**	**37302**	**10494**	**14106**	**28663**	**94230**	G
34	38	14	4	10	6	11	53
19961	11958	26508	7685	10005	10499	71009	54
30	14	743	24	71	613	2856	55
96	102	203	47	70	70	246	56
17	13	17	NA	NA	6	45	57
996	1291	5160	556	1107	12710	8981	58
2961	2188	3618	1639	2265	3856	9674	59
599	588	1039	536	576	903	1408	60
14426	**5670**	**14301**	**5439**	**3963**	**27763**	**45893**	H
4184	2405	4708	1499	1428	5419	10209	61
10242	3265	9593	3940	2535	22344	35684	62
32704	**13599**	**54153**	**15466**	**17837**	**46835**	**150605**	I
1068	770	1919	430	751	897	3071	63
4930	2874	12328	2696	2524	5592	24606	64
26706	9955	39906	12340	14562	40346	122928	65

2-4 续表 2

行业大类	代码	企业法人单位数(个)	北京	天津	河北
金融业	J	**106665**	**7780**	**5051**	**2091**
货币金融服务	66	29332	1120	3426	992
资本市场服务	67	50860	5577	1351	160
保险业	68	17157	722	166	842
其他金融业	69	9316	361	108	97
房地产业	K	**1038453**	**34649**	**16745**	**46482**
房地产业	70	1038453	34649	16745	46482
租赁和商务服务业	L	**3883704**	**202531**	**59797**	**130919**
租赁业	71	503280	16392	6880	26264
商务服务业	72	3380424	186139	52917	104655
科学研究和技术服务业	M	**2014288**	**175720**	**49304**	**76998**
研究和试验发展	73	218527	10205	2812	5188
专业技术服务业	74	930820	44891	13998	29099
科技推广和应用服务业	75	864941	120624	32494	42711
水利、环境和公共设施管理业	N	**193720**	**7752**	**2064**	**10173**
水利管理业	76	7419	122	62	230
生态保护和环境治理业	77	35353	1587	366	1173
公共设施管理业	78	142446	5951	1564	7998
土地管理业	79	8502	92	72	772
居民服务、修理和其他服务业	O	**870379**	**50389**	**12080**	**33955**
居民服务业	80	434465	29647	5275	16053
机动车、电子产品和日用产品修理业	81	309673	12745	4421	12806
其他服务业	82	126241	7997	2384	5096
教育	P	**356766**	**15704**	**4899**	**11605**
教育	83	356766	15704	4899	11605
卫生和社会工作	Q	**167292**	**6097**	**2756**	**6562**
卫生	84	135250	4542	2328	4839
社会工作	85	32042	1555	428	1723
文化、体育和娱乐业	R	**755288**	**72507**	**10263**	**29374**
新闻和出版业	86	6237	1515	95	185
广播、电视、电影和录音制作业	87	99229	13175	1592	3691
文化艺术业	88	170828	17578	2274	9173
体育	89	94629	7023	1737	3655
娱乐业	90	384365	33216	4565	12670

山 西	内蒙古	辽 宁	吉 林	黑龙江	上 海	江 苏	代码
1657	**1210**	**2371**	**1044**	**1217**	**7425**	**9277**	J
907	553	1098	490	599	1520	1673	66
155	90	248	117	84	5270	3212	67
519	458	823	317	457	412	1133	68
76	109	202	120	77	223	3259	69
23747	**15843**	**33245**	**12047**	**13420**	**34433**	**77904**	K
23747	15843	33245	12047	13420	34433	77904	70
76297	**48293**	**101310**	**42056**	**38117**	**128190**	**288335**	L
15654	9993	10957	7209	7804	7386	28263	71
60643	38300	90353	34847	30313	120804	260072	72
38169	**20229**	**55062**	**19958**	**23703**	**61403**	**227949**	M
1348	1109	6330	2388	2213	5682	42079	73
19104	13786	23848	9358	9442	30490	109243	74
17717	5334	24884	8212	12048	25231	76627	75
6010	**4155**	**4409**	**2084**	**2055**	**3292**	**15777**	N
273	232	224	134	77	89	453	76
1029	752	745	302	349	533	3066	77
4340	2990	3217	1520	1504	2636	11899	78
368	181	223	128	125	34	359	79
21229	**10310**	**22918**	**9676**	**7219**	**30313**	**56036**	O
9371	4510	12184	4756	3305	16833	24155	80
8813	4269	8087	3434	2362	9451	21948	81
3045	1531	2647	1486	1552	4029	9933	82
6675	**4924**	**10000**	**4994**	**4391**	**8036**	**24510**	P
6675	4924	10000	4994	4391	8036	24510	83
4462	**1468**	**7708**	**2776**	**2542**	**3186**	**10626**	Q
3723	1141	6478	1835	2131	2695	7878	84
739	327	1230	941	411	491	2748	85
15775	**6139**	**19131**	**7011**	**7595**	**23345**	**50617**	R
162	57	235	82	80	205	396	86
1765	1316	2735	849	748	2550	6404	87
4609	904	4181	1547	1713	3102	10717	88
1882	862	2409	925	865	5188	5241	89
7357	3000	9571	3608	4189	12300	27859	90

2-4 续表 3

行业大类	代码	浙 江	安 徽	福 建	江 西
总 计		**2115776**	**1198894**	**1162060**	**658114**
农、林、牧、渔业	A	**1837**	**9383**	**2729**	**4058**
农业	01	26	8	NA	NA
林业	02	NA	NA	NA	NA
畜牧业	03	6	6	NA	NA
渔业	04	15	NA	NA	
农、林、牧、渔专业及辅助性活动	05	1789	9366	2722	4052
采矿业	B	**686**	**861**	**1136**	**2092**
煤炭开采和洗选业	06	NA	23	46	54
石油和天然气开采业	07		NA		
黑色金属矿采选业	08	31	138	164	185
有色金属矿采选业	09	42	90	123	287
非金属矿采选业	10	593	572	763	1398
开采专业及辅助性活动	11	NA	18	11	23
其他采矿业	12	17	19	29	145
制造业	C	**504152**	**149743**	**161143**	**88982**
农副食品加工业	13	4467	8545	5758	3802
食品制造业	14	3226	3811	4776	1785
酒、饮料和精制茶制造业	15	2402	4310	7245	1484
烟草制品业	16	4	7	9	NA
纺织业	17	35493	4971	5922	2445
纺织服装、服饰业	18	32559	11565	10544	7981
皮革、毛皮、羽毛及其制品和制鞋业	19	19852	2226	12203	3239
木材加工和木、竹、藤、棕、草制品业	20	7358	6918	5896	4869
家具制造业	21	8949	4806	6723	6189
造纸和纸制品业	22	17855	3082	4530	1514
印刷和记录媒介复制业	23	11469	2895	3232	1910
文教、工美、体育和娱乐用品制造业	24	28720	4311	9542	2884
石油、煤炭及其他燃料加工业	25	529	670	325	508
化学原料和化学制品制造业	26	8829	4666	3758	3807
医药制造业	27	1827	2740	810	1180
化学纤维制造业	28	2156	239	265	106
橡胶和塑料制品业	29	43107	9359	8891	3139
非金属矿物制品业	30	14616	12731	18236	12800
黑色金属冶炼和压延加工业	31	2489	634	615	357
有色金属冶炼和压延加工业	32	3309	1000	851	1546

山 东	河 南	湖 北	湖 南	广 东	广 西	海 南	代码
2505844	**1831474**	**1269253**	**858860**	**4326781**	**531886**	**154148**	
11309	**16256**	**9516**	**9945**	**4306**	**2937**	**1045**	A
7	NA	NA	12	8	23	NA	01
	NA	NA	NA	NA	11		02
NA	NA	4	9	8	21	NA	03
14		NA	NA		NA	NA	04
11285	16249	9507	9921	4288	2879	1040	05
1444	**2534**	**2032**	**2188**	**1439**	**1778**	**126**	B
213	470	21	134	NA	23		06
34	8	5		8	NA	4	07
182	214	213	168	125	153	18	08
133	448	70	283	95	208	23	09
681	1212	1576	1508	1142	1298	68	10
171	86	54	13	47	22	7	11
30	96	93	82	21	72	6	12
379337	**192881**	**124950**	**89805**	**750782**	**48033**	**4751**	C
18665	11496	9002	10107	8067	3178	545	13
10044	7080	3186	2783	9287	2449	280	14
3802	3377	4710	2790	3184	1647	218	15
10	11	17	20	104	NA	NA	16
13681	5319	5234	1235	16071	759	46	17
15992	8970	11187	2947	42601	1558	70	18
3462	5225	1141	2110	21363	512	7	19
27754	11293	4884	4537	8096	9535	334	20
7997	5316	2626	2219	25681	1476	175	21
7228	3351	1860	1533	22661	852	54	22
7810	3380	3315	2026	18266	1149	273	23
14128	7619	2694	2445	29645	1320	80	24
1717	845	551	422	900	228	22	25
12863	7494	4777	4006	20939	1923	204	26
2721	3112	1967	1251	2699	508	159	27
642	240	172	76	633	23	5	28
19622	7523	4711	2581	60958	1691	141	29
31928	26508	14547	11095	29404	6237	684	30
2730	1101	686	428	3161	287	24	31
2314	2411	822	1440	5081	421	30	32

2-4 续表 4

行业大类	代码	浙江	安徽	福建	江西
金属制品业	33	49390	14905	14789	6216
通用设备制造业	34	64484	11466	9302	3312
专用设备制造业	35	33901	8720	8534	4360
汽车制造业	36	19587	4403	1963	1182
铁路、船舶、航空航天和其他运输设备制造业	37	4682	840	1054	582
电气机械和器材制造业	38	50201	6628	5781	4022
计算机、通信和其他电子设备制造业	39	13797	4726	3960	4112
仪器仪表制造业	40	7767	2251	1332	778
其他制造业	41	6366	2327	1668	723
废弃资源综合利用业	42	903	1486	812	1202
金属制品、机械和设备修理业	43	3858	2505	1817	946
电力、热力、燃气及水生产和供应业	D	**7522**	**5937**	**6669**	**5814**
电力、热力生产和供应业	44	5882	3937	5208	4322
燃气生产和供应业	45	304	342	195	325
水的生产和供应业	46	1336	1658	1266	1167
建筑业	E	**102080**	**158136**	**74424**	**71650**
房屋建筑业	47	18446	47531	25530	27346
土木工程建筑业	48	21941	29938	14292	12471
建筑安装业	49	11365	14686	5103	5334
建筑装饰、装修和其他建筑业	50	50328	65981	29499	26499
批发和零售业	F	**788256**	**388784**	**484443**	**219831**
批发业	51	446098	207424	231961	105521
零售业	52	342158	181360	252482	114310
交通运输、仓储和邮政业	G	**52662**	**39002**	**26766**	**24699**
铁路运输业	53	16	10	17	6
道路运输业	54	32883	29948	16188	20532
水上运输业	55	2330	1291	1467	371
航空运输业	56	192	81	127	81
管道运输业	57	12	9	6	8
多式联运和运输代理业	58	10703	2024	5507	1032
装卸搬运和仓储业	59	4706	4374	2493	1931
邮政业	60	1820	1265	961	738
住宿和餐饮业	H	**39585**	**26570**	**21390**	**13699**
住宿业	61	12921	6499	6353	4851
餐饮业	62	26664	20071	15037	8848
信息传输、软件和信息技术服务业	I	**103270**	**53137**	**75438**	**33772**
电信、广播电视和卫星传输服务	63	1268	1154	881	873
互联网和相关服务	64	12393	12088	12653	7665
软件和信息技术服务业	65	89609	39895	61904	25234

山东	河南	湖北	湖南	广东	广西	海南	代码
38953	14169	10102	8904	116098	3036	464	33
54778	18304	8204	6463	48881	1533	85	34
34164	14358	7509	5138	57352	1673	164	35
8334	3479	6957	1219	6090	1188	38	36
2911	1131	659	665	2904	232	40	37
13388	7340	4473	3858	77458	1360	107	38
7752	2965	3496	3480	82927	1358	43	39
4871	2432	1566	848	11951	265	19	40
1619	1707	627	609	7363	153	19	41
1248	2549	1077	1276	2412	378	32	42
6209	2776	2191	1294	8545	1101	387	43
8417	**6993**	**6362**	**8903**	**10894**	**3885**	**642**	D
5353	4691	4067	6562	7868	2815	430	44
839	500	522	438	610	217	56	45
2225	1802	1773	1903	2416	853	156	46
297358	**227583**	**139095**	**66107**	**212715**	**40438**	**18306**	E
87904	77511	50050	20858	40016	8912	3627	47
63061	41179	28252	13605	36009	6456	2704	48
39242	17013	10061	7574	29943	3525	1922	49
107151	91880	50732	24070	106747	21545	10053	50
870172	**672247**	**401840**	**257893**	**1507765**	**173024**	**38880**	F
534755	303956	175493	123137	846615	91502	22608	51
335417	368291	226347	134756	661150	81522	16272	52
86642	**44649**	**43089**	**24585**	**118481**	**19959**	**4981**	G
33	15	16	6	25	7	NA	53
57955	33891	32917	17359	53373	14336	3177	54
1576	423	798	461	2345	834	414	55
280	170	140	138	438	59	110	56
80	28	20	8	12	NA	NA	57
15256	2616	2481	3066	44953	1682	560	58
10198	6141	5501	2597	12790	2189	390	59
1264	1365	1216	950	4545	849	328	60
48460	**37898**	**35871**	**24762**	**93331**	**12919**	**4338**	H
10782	10335	9605	7107	20725	4740	2260	61
37678	27563	26266	17655	72606	8179	2078	62
115942	**95912**	**87998**	**48416**	**278612**	**23273**	**12048**	I
1393	1809	1989	1513	5077	665	509	63
22079	21008	15656	9784	41741	5221	3187	64
92470	73095	70353	37119	231794	17387	8352	65

2-4 续表 5

行业大类	代码	浙 江	安 徽	福 建	江 西
金融业	J	**7644**	**2888**	**4142**	**6498**
货币金融服务	66	1367	756	1131	599
资本市场服务	67	4999	1106	2157	5378
保险业	68	733	771	483	416
其他金融业	69	545	255	371	105
房地产业	K	**61033**	**37304**	**32147**	**19986**
房地产业	70	61033	37304	32147	19986
租赁和商务服务业	L	**202435**	**168881**	**129272**	**87257**
租赁业	71	21790	27071	12731	13518
商务服务业	72	180645	141810	116541	73739
科学研究和技术服务业	M	**100745**	**64911**	**60019**	**33897**
研究和试验发展	73	14112	5954	8207	1608
专业技术服务业	74	47927	33395	27038	21098
科技推广和应用服务业	75	38706	25562	24774	11191
水利、环境和公共设施管理业	N	**12081**	**8748**	**6231**	**4777**
水利管理业	76	430	408	241	203
生态保护和环境治理业	77	2716	1157	1238	824
公共设施管理业	78	8397	6888	4659	3606
土地管理业	79	538	295	93	144
居民服务、修理和其他服务业	O	**44356**	**38622**	**28371**	**16104**
居民服务业	80	22319	19107	13455	7077
机动车、电子产品和日用产品修理业	81	15657	14422	10003	6090
其他服务业	82	6380	5093	4913	2937
教育	P	**29634**	**16088**	**9692**	**8135**
教育	83	29634	16088	9692	8135
卫生和社会工作	Q	**9577**	**5295**	**5289**	**3061**
卫生	84	8060	3740	4239	2441
社会工作	85	1517	1555	1050	620
文化、体育和娱乐业	R	**48221**	**24604**	**32759**	**13802**
新闻和出版业	86	262	142	144	140
广播、电视、电影和录音制作业	87	9602	2308	3734	1543
文化艺术业	88	8480	6581	9579	3573
体育	89	6055	3084	3691	1623
娱乐业	90	23822	12489	15611	6923

山东	河南	湖北	湖南	广东	广西	海南	代码
5356	**2564**	**2363**	**2084**	**18621**	**1408**	**1874**	J
1465	870	821	678	2740	700	298	66
2243	439	654	763	12855	174	1381	67
1302	1042	688	560	1580	441	131	68
346	213	200	83	1446	93	64	69
72425	**64319**	**41857**	**29239**	**170454**	**23289**	**11909**	K
72425	64319	41857	29239	170454	23289	11909	70
295042	**208092**	**186582**	**142191**	**580174**	**82761**	**31676**	L
42815	34791	23226	20658	44321	10562	3975	71
252227	173301	163356	121533	535853	72199	27701	72
151432	**115354**	**88967**	**64715**	**287198**	**35633**	**9195**	M
18933	8613	9106	10059	43609	1980	548	73
64194	42870	46840	26991	140958	16532	5767	74
68305	63871	33021	27665	102631	17121	2880	75
15392	**11965**	**9280**	**7781**	**15790**	**3418**	**1207**	N
544	422	337	295	500	116	51	76
2728	2098	1504	1637	3925	590	220	77
11191	8967	7066	5430	11053	2327	841	78
929	478	373	419	312	385	95	79
59318	**47329**	**35180**	**27862**	**118186**	**34470**	**5299**	O
30230	24035	17659	15835	57822	25348	2372	80
21901	16602	12166	7678	40568	6562	1924	81
7187	6692	5355	4349	19796	2560	1003	82
29932	**23838**	**13658**	**13104**	**42632**	**9200**	**2033**	P
29932	23838	13658	13104	42632	9200	2033	83
11831	**10848**	**7085**	**5936**	**20159**	**3459**	**945**	Q
9363	7404	5725	4738	18265	3003	773	84
2468	3444	1360	1198	1894	456	172	85
46035	**50212**	**33528**	**33344**	**95242**	**12002**	**4893**	R
326	224	341	175	486	70	68	86
8163	4174	3019	2518	11308	1802	1148	87
9142	13812	7737	6662	20177	2373	963	88
5471	4888	3493	3317	14829	1950	938	89
22933	27114	18938	20672	48442	5807	1776	90

2-4 续表 6

行业大类	代码	重 庆	四 川	贵 州	云 南
总　计		**662408**	**1179063**	**442453**	**604320**
农、林、牧、渔业	A	**5438**	**3587**	**979**	**5859**
农业	01	10	6	NA	10
林业	02	NA	5		6
畜牧业	03	8	7	NA	6
渔业	04	NA	NA		
农、林、牧、渔专业及辅助性活动	05	5415	3567	975	5837
采矿业	B	**847**	**3139**	**3258**	**3307**
煤炭开采和洗选业	06	53	383	899	525
石油和天然气开采业	07	15	39	11	NA
黑色金属矿采选业	08	26	340	204	380
有色金属矿采选业	09	14	315	213	615
非金属矿采选业	10	699	1917	1815	1655
开采专业及辅助性活动	11	15	87	15	40
其他采矿业	12	25	58	101	89
制造业	C	**63242**	**89924**	**47015**	**42295**
农副食品加工业	13	5099	7595	4378	5508
食品制造业	14	2174	3500	2617	2178
酒、饮料和精制茶制造业	15	1925	4606	7021	8088
烟草制品业	16	11	5	5	13
纺织业	17	1049	1423	717	372
纺织服装、服饰业	18	1681	2119	1573	467
皮革、毛皮、羽毛及其制品和制鞋业	19	667	1047	500	94
木材加工和木、竹、藤、棕、草制品业	20	2405	3695	3293	2125
家具制造业	21	2119	4334	2275	1439
造纸和纸制品业	22	781	1643	865	632
印刷和记录媒介复制业	23	1650	2557	724	1055
文教、工美、体育和娱乐用品制造业	24	1346	1652	2038	1147
石油、煤炭及其他燃料加工业	25	198	343	400	331
化学原料和化学制品制造业	26	1429	3322	1506	1709
医药制造业	27	626	1349	519	619
化学纤维制造业	28	37	106	14	16
橡胶和塑料制品业	29	2260	3519	1244	1389
非金属矿物制品业	30	6395	11932	7735	5539
黑色金属冶炼和压延加工业	31	498	532	264	311
有色金属冶炼和压延加工业	32	618	869	387	558

西藏	陕西	甘肃	青海	宁夏	新疆	代码
63474	**775626**	**299978**	**73907**	**95308**	**285809**	
178	**3769**	**2022**	**215**	**665**	**2794**	A
NA	NA	11	6	NA	11	01
NA	4	5	4		NA	02
	4	9	NA	5	8	03
					NA	04
175	3758	1997	203	657	2773	05
223	**4059**	**1521**	**291**	**411**	**2639**	B
	1051	139	20	280	289	06
NA	28	15	4	8	50	07
12	147	122	46	7	306	08
37	176	128	44	NA	227	09
150	633	854	149	94	1108	10
4	1982	215	6	18	536	11
19	42	48	22	NA	123	12
3024	**53694**	**19200**	**4320**	**8166**	**23686**	C
341	2875	2046	409	852	2260	13
110	1573	811	181	336	1150	14
118	1795	766	198	315	731	15
	7	NA		NA	NA	16
110	536	223	49	166	899	17
200	733	396	136	121	753	18
20	126	89	15	44	82	19
43	1173	394	77	188	877	20
242	1338	389	61	163	439	21
12	822	249	30	118	364	22
59	1118	984	129	203	440	23
373	946	440	604	87	310	24
19	532	180	18	114	354	25
200	2024	1154	302	675	1516	26
56	796	586	86	75	163	27
NA	63	12	NA	12	40	28
19	1735	804	83	437	1793	29
590	6550	3969	695	1378	4758	30
31	383	192	59	145	234	31
15	1942	207	84	75	182	32

2-4 续表 7

行业大类	代码	重 庆	四 川	贵 州	云 南
金属制品业	33	6772	7620	3422	3682
通用设备制造业	34	5635	8461	1196	1071
专用设备制造业	35	4077	4825	847	954
汽车制造业	36	4574	1953	227	137
铁路、船舶、航空航天和其他运输设备制造业	37	2433	728	122	38
电气机械和器材制造业	38	1986	3393	894	805
计算机、通信和其他电子设备制造业	39	2100	2917	582	347
仪器仪表制造业	40	830	874	88	228
其他制造业	41	240	282	251	103
废弃资源综合利用业	42	368	644	552	485
金属制品、机械和设备修理业	43	1259	2079	759	855
电力、热力、燃气及水生产和供应业	**D**	**2549**	**6668**	**2502**	**3661**
电力、热力生产和供应业	44	1382	3538	1473	2395
燃气生产和供应业	45	310	929	277	278
水的生产和供应业	46	857	2201	752	988
建筑业	**E**	**38957**	**109786**	**43116**	**66614**
房屋建筑业	47	9456	43610	12341	19314
土木工程建筑业	48	6211	15767	8418	14547
建筑安装业	49	4878	7680	3618	4066
建筑装饰、装修和其他建筑业	50	18412	42729	18739	28687
批发和零售业	**F**	**230309**	**407619**	**150761**	**235225**
批发业	51	88869	215316	66417	120427
零售业	52	141440	192303	84344	114798
交通运输、仓储和邮政业	**G**	**19250**	**34410**	**12957**	**19587**
铁路运输业	53	5	20	9	7
道路运输业	54	13549	26690	9867	14831
水上运输业	55	411	267	82	105
航空运输业	56	82	207	60	130
管道运输业	57	7	16	5	6
多式联运和运输代理业	58	2368	2270	417	1469
装卸搬运和仓储业	59	2111	3497	1274	1740
邮政业	60	717	1443	1243	1299
住宿和餐饮业	**H**	**26358**	**40176**	**19815**	**27212**
住宿业	61	7047	11641	6845	10028
餐饮业	62	19311	28535	12970	17184
信息传输、软件和信息技术服务业	**I**	**43650**	**69028**	**16084**	**21114**
电信、广播电视和卫星传输服务	63	895	1327	512	676
互联网和相关服务	64	7260	9407	3621	4315
软件和信息技术服务业	65	35495	58294	11951	16123

西藏	陕西	甘肃	青海	宁夏	新疆	代码
247	5760	2500	501	1139	2617	33
30	6462	583	113	438	584	34
50	3187	541	104	250	838	35
NA	837	38	7	13	68	36
4	634	28	6	NA	24	37
39	2882	524	102	232	876	38
15	1874	135	45	66	185	39
6	1078	69	11	53	62	40
16	246	51	11	10	53	41
13	545	228	28	92	178	42
44	3122	609	173	365	854	43
257	**3656**	**2393**	**782**	**676**	**2500**	**D**
186	2215	1851	647	535	1864	44
17	504	223	46	44	244	45
54	937	319	89	97	392	46
12121	**154233**	**40378**	**9497**	**12522**	**26076**	**E**
5880	41180	12746	2845	2695	6342	47
2709	54197	9897	2772	3255	5930	48
447	12027	4995	749	1764	3403	49
3085	46829	12740	3131	4808	10401	50
17708	**222530**	**104173**	**22009**	**31164**	**97521**	**F**
6716	107679	55306	10371	18280	59071	51
10992	114851	48867	11638	12884	38450	52
1578	**18485**	**10326**	**2304**	**4579**	**15573**	**G**
	11	9	NA	4	14	53
1255	13266	8160	1833	3800	11400	54
	19	15	5	4	NA	55
21	129	46	12	15	114	56
NA	28	NA	NA	NA	22	57
117	1388	323	100	148	2156	58
115	2884	1191	237	321	1395	59
69	760	580	114	285	470	60
2097	**17530**	**9760**	**2419**	**2077**	**5493**	**H**
1060	5919	3501	1142	692	2275	61
1037	11611	6259	1277	1385	3218	62
2848	**48050**	**9466**	**2723**	**3550**	**12787**	**I**
192	1537	505	158	124	446	63
411	6700	2729	478	839	1891	64
2245	39813	6232	2087	2587	10450	65

2-4 续表 8

行业大类	代码	重庆	四川	贵州	云南
金融业	J	**1563**	**2618**	**1164**	**1399**
货币金融服务	66	1069	857	589	679
资本市场服务	67	259	629	158	156
保险业	68	139	909	278	475
其他金融业	69	96	223	139	89
房地产业	K	**22741**	**41061**	**17159**	**21773**
房地产业	70	22741	41061	17159	21773
租赁和商务服务业	L	**101591**	**183460**	**61249**	**73421**
租赁业	71	17703	28237	8697	12044
商务服务业	72	83888	155223	52552	61377
科学研究和技术服务业	M	**39174**	**73686**	**16017**	**27748**
研究和试验发展	73	2331	6210	655	1715
专业技术服务业	74	23106	40353	10754	16973
科技推广和应用服务业	75	13737	27123	4608	9060
水利、环境和公共设施管理业	N	**5114**	**9222**	**3421**	**4459**
水利管理业	76	167	288	243	349
生态保护和环境治理业	77	1108	1398	555	595
公共设施管理业	78	3659	6792	2381	3306
土地管理业	79	180	744	242	209
居民服务、修理和其他服务业	O	**24198**	**38064**	**23431**	**23893**
居民服务业	80	12202	17803	11228	11103
机动车、电子产品和日用产品修理业	81	8367	15082	10043	10480
其他服务业	82	3629	5179	2160	2310
教育	P	**9079**	**15580**	**9083**	**7929**
教育	83	9079	15580	9083	7929
卫生和社会工作	Q	**5322**	**12980**	**5136**	**4401**
卫生	84	3826	11155	4657	3861
社会工作	85	1496	1825	479	540
文化、体育和娱乐业	R	**23026**	**38055**	**9306**	**14423**
新闻和出版业	86	142	214	73	75
广播、电视、电影和录音制作业	87	2058	4101	996	1696
文化艺术业	88	5973	7624	1493	2243
体育	89	2330	4652	1717	2266
娱乐业	90	12523	21464	5027	8143

西藏	陕西	甘肃	青海	宁夏	新疆	代码
342	**1810**	**940**	**316**	**414**	**1534**	J
79	762	496	174	195	629	66
190	405	54	11	71	514	67
60	500	332	69	96	303	68
13	143	58	62	52	88	69
1522	**28854**	**12134**	**3020**	**3542**	**14170**	K
1522	28854	12134	3020	3542	14170	70
13766	**105224**	**45250**	**14677**	**14453**	**40405**	L
2847	18413	9916	2270	3047	7846	71
10919	86811	35334	12407	11406	32559	72
3798	**49096**	**15848**	**4766**	**4575**	**19019**	M
218	3845	571	164	171	564	73
2497	30585	11326	3236	3197	11924	74
1083	14666	3951	1366	1207	6531	75
497	**9177**	**2719**	**1033**	**881**	**2756**	N
48	423	136	25	59	238	76
89	1708	416	302	172	471	77
347	6692	2053	685	632	1855	78
13	354	114	21	18	192	79
1432	**24697**	**10625**	**2492**	**3151**	**9174**	O
520	10229	4464	1011	1267	3290	80
739	10664	5068	1107	1477	4737	81
173	3804	1093	374	407	1147	82
352	**9367**	**5318**	**921**	**2034**	**3419**	P
352	9367	5318	921	2034	3419	83
229	**4188**	**1414**	**368**	**428**	**1158**	Q
196	3440	1160	294	341	979	84
33	748	254	74	87	179	85
1502	**17207**	**6491**	**1754**	**2020**	**5105**	R
13	191	68	14	26	31	86
361	2877	952	361	405	1278	87
432	4391	2010	462	383	940	88
93	2348	871	190	317	719	89
603	7400	2590	727	889	2137	90

2-5 按行业(大类)、地区分组的

行业大类	代码	从业人员数(人)	北 京	天 津	河 北
总 计		**342081484**	**10502097**	**4276542**	**12622955**
农、林、牧、渔业	A	**793533**	**1270**	**1118**	**14707**
农业	01				
林业	02				
畜牧业	03				
渔业	04				
农、林、牧、渔专业及辅助性活动	05	793533	1270	1118	14707
采矿业	B	**4696956**	**23169**	**49619**	**232805**
煤炭开采和洗选业	06	2772385		394	118956
石油和天然气开采业	07	511880	553	19023	19273
黑色金属矿采选业	08	313245	9083	489	70915
有色金属矿采选业	09	293673			4883
非金属矿采选业	10	492878	5	4200	16389
开采专业及辅助性活动	11	299281	13528	25510	2332
其他采矿业	12	13614		NA	57
制造业	C	**103682268**	**766257**	**1091609**	**4418114**
农副食品加工业	13	3998295	21369	20277	159627
食品制造业	14	2531734	36744	32703	115986
酒、饮料和精制茶制造业	15	1555025	17897	8171	38877
烟草制品业	16	180322	807	742	4441
纺织业	17	3840499	2254	8422	163780
纺织服装、服饰业	18	4487342	19651	13860	94996
皮革、毛皮、羽毛及其制品和制鞋业	19	2505057	591	4675	98096
木材加工和木、竹、藤、棕、草制品业	20	2196874	1275	5005	82646
家具制造业	21	1983473	7064	19420	95729
造纸和纸制品业	22	1681615	4801	20635	66059
印刷和记录媒介复制业	23	1543943	21020	14511	51604
文教、工美、体育和娱乐用品制造业	24	2863018	4757	18314	122596
石油、煤炭及其他燃料加工业	25	855066	9730	11746	47731
化学原料和化学制品制造业	26	4365131	17683	47443	196565
医药制造业	27	2358757	98932	46721	114446
化学纤维制造业	28	495063	933	416	12889
橡胶和塑料制品业	29	4925717	7540	49671	240067
非金属矿物制品业	30	7117842	29563	40747	372284
黑色金属冶炼和压延加工业	31	2011352	1189	58546	358256
有色金属冶炼和压延加工业	32	1784457	3160	12411	32263

企业法人单位从业人员数

山 西	内蒙古	辽 宁	吉 林	黑龙江	上 海	江 苏	代码
6172440	**3497469**	**7032202**	**3123579**	**2915599**	**11210137**	**34031557**	
11740	**10858**	**13846**	**7012**	**8074**	**1494**	**33912**	A
							01
							02
							03
							04
11740	10858	13846	7012	8074	1494	33912	05
977391	**257811**	**218262**	**74425**	**270369**	**1802**	**38315**	B
932696	199084	60263	18771	147045		22391	06
5878	5526	32929	25341	92157	1802	5321	07
16212	17368	51603	5081	1712		4525	08
6313	19031	20410	8518	4047		990	09
8652	13407	19615	4313	9128		4843	10
7460	3208	33248	12083	16246		42	11
180	187	194	318	34		203	12
1152550	**801431**	**2219573**	**817749**	**597003**	**2058680**	**13582304**	C
43626	59753	179897	65180	100038	25604	186962	13
28773	76963	52376	30548	42796	64493	136681	14
31574	16526	19527	19314	19579	10041	57887	15
945	2136	1628	3669	4262	3497	5460	16
6216	6393	24713	4679	8477	22444	819276	17
13674	11602	161832	40846	4007	50363	512039	18
2286	2097	10740	2316	2286	11683	86111	19
6459	6435	34248	16762	23578	8645	184561	20
4544	1974	21732	5628	9962	29859	135204	21
8475	6163	20036	6982	7780	31310	144447	22
12166	4896	20660	7784	6358	32883	215256	23
6786	1553	15433	4600	4058	22056	338328	24
80854	48136	78128	26384	41184	12322	36902	25
87952	121293	120469	32197	34894	115455	352686	26
38156	26150	45671	67051	34111	72429	246305	27
1316	1554	2177	13403	264	1676	164505	28
23478	9746	80967	20175	13745	103791	609010	29
174626	120252	174173	57048	41848	49263	525389	30
109574	87315	120270	23212	16186	25811	227436	31
41477	57252	42983	8052	5838	13172	156704	32

2-5 续表 1

行业大类	代码	从业人员数(人)	北京	天津	河北
金属制品业	33	7589148	20951	95979	545938
通用设备制造业	34	7907587	50499	105965	407579
专用设备制造业	35	6130078	85349	81739	303598
汽车制造业	36	5549941	72930	118970	230900
铁路、船舶、航空航天和其他运输设备制造业	37	1490542	17249	48789	68318
电气机械和器材制造业	38	8103198	45090	70544	193719
计算机、通信和其他电子设备制造业	39	10308607	106825	87832	76857
仪器仪表制造业	40	1504729	32603	20048	42936
其他制造业	41	547200	756	3484	13878
废弃资源综合利用业	42	421459	1131	2832	26056
金属制品、机械和设备修理业	43	849197	25914	20991	39397
电力、热力、燃气及水生产和供应业	D	**4757904**	**103827**	**47502**	**238214**
电力、热力生产和供应业	44	3358833	76525	29782	161035
燃气生产和供应业	45	454705	10194	8223	34898
水的生产和供应业	46	944366	17108	9497	42281
建筑业	E	**51169025**	**920476**	**633175**	**1589381**
房屋建筑业	47	25868869	359386	262970	636570
土木工程建筑业	48	11263094	235257	150220	435947
建筑安装业	49	3849694	104686	82232	151758
建筑装饰、装修和其他建筑业	50	10187368	221147	137753	365106
批发和零售业	F	**52741753**	**1357380**	**525014**	**2219921**
批发业	51	29528810	775081	342840	1200382
零售业	52	23212943	582299	182174	1019539
交通运输、仓储和邮政业	G	**13701179**	**489657**	**228795**	**512325**
铁路运输业	53				
道路运输业	54	8220053	259724	112926	352073
水上运输业	55	458125	199	12078	20269
航空运输业	56	637163	79723	9365	6403
管道运输业	57	42119	11043	886	6237
多式联运和运输代理业	58	1348580	46598	43203	18414
装卸搬运和仓储业	59	1416487	19977	29351	56923
邮政业	60	1578652	72393	20986	52006
住宿和餐饮业	H	**8921328**	**581831**	**113128**	**227580**
住宿业	61	2783241	119457	23510	86162
餐饮业	62	6138087	462374	89618	141418
信息传输、软件和信息技术服务业	I	**15026299**	**1576368**	**172871**	**395679**
电信、广播电视和卫星传输服务	63	1568866	81333	16138	56811
互联网和相关服务	64	2419168	220114	23030	42611
软件和信息技术服务业	65	11038265	1274921	133703	296257

山 西	内蒙古	辽 宁	吉 林	黑龙江	上 海	江 苏	代码
100820	24622	148253	26091	22440	142180	1051488	33
58931	13921	272960	31502	43098	264724	1591464	34
70677	11359	123848	34910	40279	174164	1194969	35
21391	6047	141457	192939	9936	239080	754076	36
15067	1356	64361	23223	16137	30200	333217	37
32420	18711	100837	13722	20228	158923	1341355	38
83901	31236	52336	18641	3480	223747	1675128	39
5766	629	30873	6965	9654	57712	317174	40
800	372	5537	1255	1150	7984	42703	41
11989	4638	7387	3304	2353	3067	35019	42
27831	20351	44064	9367	6997	50102	104562	43
191063	**192533**	**178397**	**108272**	**162471**	**35895**	**208389**	D
133774	153886	124274	83183	130856	19022	127306	44
27414	13807	18313	7852	8226	5689	24490	45
29875	24840	35810	17237	23389	11184	56593	46
824452	**425576**	**714958**	**349765**	**262488**	**775200**	**5744117**	E
326690	156710	224096	133830	85244	275695	3323951	47
246037	118091	204420	100830	99739	173870	980275	48
79171	38882	104543	42875	25189	123601	554793	49
172554	111893	181899	72230	52316	202034	885098	50
917320	**504584**	**1024061**	**555902**	**525083**	**1964520**	**4354845**	F
486666	279112	550741	269318	301198	1372978	2773197	51
430654	225472	473320	286584	223885	591542	1581648	52
306666	**204877**	**395613**	**149906**	**171662**	**687275**	**1112590**	G
							53
231079	138273	248665	92733	91706	227950	699685	54
120	106	22224	181	957	31179	58756	55
5508	7639	10866	4088	8180	87699	17293	56
2444	205	118	76	34	1022	5366	57
6822	7688	33883	4451	6099	193728	78551	58
30654	23305	46805	27779	28996	76732	154274	59
30039	27661	33052	20598	35690	68965	98665	60
182446	**83283**	**158793**	**60834**	**46662**	**558554**	**661465**	H
61432	36507	49406	25802	23355	99648	163009	61
121014	46776	109387	35032	23307	458906	498456	62
175762	**94074**	**337561**	**125940**	**121893**	**1056223**	**1284008**	I
36009	34243	48748	30092	44839	53191	170405	63
22224	12024	44131	17502	12293	189440	215579	64
117529	47807	244682	78346	64761	813592	898024	65

2-5 续表 2

行业大类	代码	从业人员数(人)	北 京	天 津	河 北
金融业	**J**	**284355**	**31308**	**14619**	**4619**
货币金融服务	66	132946	8298	11833	3120
资本市场服务	67	57006	7659	1493	329
保险业	68	4564	537	11	193
其他金融业	69	89839	14814	1282	977
房地产业	**K**	**14378667**	**685110**	**257203**	**534452**
房地产业	70	14378667	685110	257203	534452
租赁和商务服务业	**L**	**36496231**	**1754609**	**558938**	**959932**
租赁业	71	2924231	71449	34454	135190
商务服务业	72	33572000	1683160	524484	824742
科学研究和技术服务业	**M**	**15426117**	**1168011**	**315299**	**565360**
研究和试验发展	73	1723216	140203	26148	29859
专业技术服务业	74	9193747	521137	172954	318491
科技推广和应用服务业	75	4509154	506671	116197	217010
水利、环境和公共设施管理业	**N**	**3626878**	**134237**	**34660**	**177719**
水利管理业	76	92184	4450	387	2801
生态保护和环境治理业	77	392738	17750	3655	12203
公共设施管理业	78	3053021	110517	29218	157764
土地管理业	79	88935	1520	1400	4951
居民服务、修理和其他服务业	**O**	**6492559**	**332048**	**110975**	**206306**
居民服务业	80	2758607	119408	26439	93214
机动车、电子产品和日用产品修理业	81	1638014	56196	18612	60493
其他服务业	82	2095938	156444	65924	52599
教育	**P**	**2741707**	**142447**	**37053**	**93959**
教育	83	2741707	142447	37053	93959
卫生和社会工作	**Q**	**2891173**	**116816**	**47467**	**81264**
卫生	84	2487370	104039	42136	65356
社会工作	85	403803	12777	5331	15908
文化、体育和娱乐业	**R**	**4253552**	**317276**	**37497**	**150618**
新闻和出版业	86	172479	50368	1467	7645
广播、电视、电影和录音制作业	87	589303	75699	6655	18175
文化艺术业	88	905101	50881	7108	43844
体育	89	563086	38168	7845	23408
娱乐业	90	2023583	102160	14422	57546

山西	内蒙古	辽宁	吉林	黑龙江	上海	江苏	代码
4955	**3392**	**4671**	**4082**	**3247**	**38628**	**21920**	J
3063	1868	3094	2125	1139	24492	8419	66
561	303	183	447	443	1817	4230	67
88	21	156	16	302	55	318	68
1243	1200	1238	1494	1363	12264	8953	69
315517	**237508**	**350709**	**161557**	**150524**	**599789**	**1105795**	K
315517	237508	350709	161557	150524	599789	1105795	70
482695	**317393**	**694203**	**318217**	**259033**	**1859488**	**2923537**	L
62119	46590	37812	36375	27424	50976	170386	71
420576	270803	656391	281842	231609	1808512	2753151	72
252629	**151310**	**299975**	**151256**	**144751**	**812306**	**1624462**	M
7875	6047	31202	15229	10080	185542	292046	73
172783	123762	177160	93520	78242	446261	940933	74
71971	21501	91613	42507	56429	180503	391483	75
78503	**75667**	**92430**	**43459**	**34101**	**145405**	**238557**	N
4002	2184	5300	1887	432	2581	4191	76
9331	6949	6937	3095	12838	16835	29702	77
62612	65226	78955	37305	20129	125070	200394	78
2558	1308	1238	1172	702	919	4270	79
107119	**59032**	**115704**	**72566**	**43746**	**294862**	**445707**	O
45215	26071	56399	35640	18761	94384	162495	80
33585	16334	29941	16947	9607	56310	116419	81
28319	16627	29364	19979	15378	144168	166793	82
43882	**25864**	**49094**	**33166**	**29188**	**76573**	**155097**	P
43882	25864	49094	33166	29188	76573	155097	83
67578	**25842**	**82885**	**42801**	**52906**	**116151**	**217868**	Q
62258	23939	76575	35745	50645	94971	165588	84
5320	1903	6310	7056	2261	21180	52280	85
80172	**26434**	**81467**	**46670**	**32398**	**127292**	**278669**	R
4412	849	4637	2638	1774	6310	8354	86
10314	6052	13738	5255	3464	19191	40498	87
27454	4087	14616	8793	7088	14089	56913	88
9084	4604	9964	11477	4170	28049	29825	89
28908	10842	38512	18507	15902	59653	143079	90

2-5 续表 3

行业大类	代码	浙 江	安 徽	福 建	江 西
总　计		**28367681**	**14822500**	**15325902**	**8751061**
农、林、牧、渔业	A	**8080**	**41479**	**21752**	**26491**
农业	01				
林业	02				
畜牧业	03				
渔业	04				
农、林、牧、渔专业及辅助性活动	05	8080	41479	21752	26491
采矿业	B	**15442**	**155030**	**38280**	**68917**
煤炭开采和洗选业	06	15	113222	10841	10411
石油和天然气开采业	07		301		
黑色金属矿采选业	08	945	17982	5887	4202
有色金属矿采选业	09	1559	6630	3358	19040
非金属矿采选业	10	12711	16594	17472	33543
开采专业及辅助性活动	11	19	172	157	158
其他采矿业	12	193	129	565	1563
制造业	C	**11806067**	**4063358**	**4687438**	**2984063**
农副食品加工业	13	105588	172959	205002	88728
食品制造业	14	104120	89594	165552	52225
酒、饮料和精制茶制造业	15	51264	79452	88626	32118
烟草制品业	16	3624	6454	4203	4448
纺织业	17	818721	131380	238508	75967
纺织服装、服饰业	18	688015	293160	337533	235202
皮革、毛皮、羽毛及其制品和制鞋业	19	515875	69326	514774	126108
木材加工和木、竹、藤、棕、草制品业	20	117092	92896	128904	78485
家具制造业	21	268368	65063	126691	121818
造纸和纸制品业	22	232644	49970	112104	36578
印刷和记录媒介复制业	23	180799	54534	64139	35237
文教、工美、体育和娱乐用品制造业	24	448449	99214	222908	77462
石油、煤炭及其他燃料加工业	25	13131	14259	10640	13431
化学原料和化学制品制造业	26	300357	155345	118418	172247
医药制造业	27	190390	97918	42103	72280
化学纤维制造业	28	133281	11244	37974	6582
橡胶和塑料制品业	29	743944	229006	252257	78620
非金属矿物制品业	30	325891	304375	388034	345570
黑色金属冶炼和压延加工业	31	77625	50522	52753	39815
有色金属冶炼和压延加工业	32	90724	57918	59579	113784

山东	河南	湖北	湖南	广东	广西	海南	代码
26394487	**20671688**	**14851085**	**12554093**	**45438913**	**5895335**	**1315736**	
102723	**111500**	**61820**	**73175**	**32397**	**23624**	**12323**	A
							01
							02
							03
							04
102723	111500	61820	73175	32397	23624	12323	05
309207	**348872**	**68597**	**99622**	**37245**	**45404**	**6663**	B
159123	229369	1438	26630	4	4212		06
60145	30996	8537		5574	178	1255	07
22239	7695	11400	5337	2059	2157	2558	08
33317	27232	4566	22154	6374	12508	711	09
16361	29927	36823	43964	21139	25637	2026	10
17690	21765	4439	182	1967	139	34	11
332	1888	1394	1355	128	573	79	12
8728642	**5701040**	**3733513**	**3559063**	**18611138**	**1619796**	**137894**	C
678063	362415	215732	317222	215112	119259	31440	13
273954	241696	97395	146742	281183	53684	8040	14
85326	94687	96072	82571	99110	37009	10104	15
8054	13405	7441	11998	42430	3312	533	16
428914	177332	212798	56663	358907	41818	646	17
349729	266297	273550	90677	792234	44334	504	18
78943	160293	44212	129689	523518	25694	41	19
393205	232855	89171	109426	111777	269767	4442	20
118038	138725	50550	47674	492599	15091	954	21
169034	97770	52365	52491	363622	43537	4738	22
108585	72212	71740	54277	332007	13374	2820	23
228192	182087	60598	80196	745366	48622	964	24
104602	36803	14314	21824	30446	6413	4030	25
529479	256536	216946	238585	503390	64002	5633	26
241537	137219	122698	82390	190427	31407	19757	27
21505	19241	7314	4304	17811	243	36	28
452938	181785	125344	78071	1276141	37433	4470	29
629024	700907	336347	408042	730885	177732	18730	30
143072	78163	53091	43784	99609	69340	156	31
153166	157935	42598	83410	182175	58215	426	32

2—5 续表 4

行业大类	代码	浙 江	安 徽	福 建	江 西
金属制品业	33	946065	258372	265615	123886
通用设备制造业	34	1368307	271736	193234	90505
专用设备制造业	35	658593	185424	177427	108725
汽车制造业	36	749820	348638	106025	95230
铁路、船舶、航空航天和其他运输设备制造业	37	158245	34956	34866	30992
电气机械和器材制造业	38	1318102	401753	280931	212264
计算机、通信和其他电子设备制造业	39	753040	318055	330315	437102
仪器仪表制造业	40	236623	48258	41939	23828
其他制造业	41	113422	22363	43802	15479
废弃资源综合利用业	42	21632	24943	14780	28755
金属制品、机械和设备修理业	43	72316	24271	27802	10592
电力、热力、燃气及水生产和供应业	D	**170868**	**130560**	**170019**	**139165**
电力、热力生产和供应业	44	112483	83393	132515	101229
燃气生产和供应业	45	14970	14950	8921	10087
水的生产和供应业	46	43415	32217	28583	27849
建筑业	E	**4238562**	**2965050**	**2989325**	**1524872**
房屋建筑业	47	2387442	1420722	1765148	895452
土木工程建筑业	48	870522	713941	647548	332572
建筑安装业	49	188981	218269	107316	60402
建筑装饰、装修和其他建筑业	50	791617	612118	469313	236446
批发和零售业	F	**3628381**	**1914522**	**2787681**	**1297560**
批发业	51	2175688	1045913	1504271	640980
零售业	52	1452693	868609	1283410	656580
交通运输、仓储和邮政业	G	**795786**	**576875**	**508372**	**367962**
铁路运输业	53				
道路运输业	54	429932	399151	271125	278132
水上运输业	55	54944	25456	36957	6640
航空运输业	56	15271	3173	28046	5209
管道运输业	57	266	56	173	369
多式联运和运输代理业	58	88589	18468	56677	8812
装卸搬运和仓储业	59	74984	63391	45971	27088
邮政业	60	131800	67180	69423	41712
住宿和餐饮业	H	**558215**	**322426**	**319420**	**192017**
住宿业	61	203154	86390	120654	78297
餐饮业	62	355061	236036	198766	113720
信息传输、软件和信息技术服务业	I	**982309**	**489270**	**645749**	**265440**
电信、广播电视和卫星传输服务	63	104171	51451	48178	38230
互联网和相关服务	64	162012	104366	93447	50312
软件和信息技术服务业	65	716126	333453	504124	176898

山 东	河 南	湖 北	湖 南	广 东	广 西	海 南	代码
597628	327164	203653	219198	1848246	49663	5025	33
827475	427230	174117	209016	958513	34439	557	34
643502	365322	169192	184909	1088122	40786	1780	35
421818	204200	388702	128612	545755	101682	2599	36
121584	38162	31355	58204	124932	9013	362	37
333961	250627	202170	181022	2295588	73938	2898	38
376992	276328	259577	329987	3797562	123266	863	39
95737	68791	40534	30224	296668	6284	87	40
22761	40285	11305	26277	148733	3307	238	41
19630	50855	27376	34375	34575	6203	397	42
72194	43713	35256	17203	83695	10929	4624	43
375548	**331503**	**165514**	**239735**	**330089**	**132276**	**23592**	D
280499	233293	104739	171464	214493	103713	14395	44
33672	28388	15314	14386	27267	7637	1757	45
61377	69822	45461	53885	88329	20926	7440	46
3845654	**3683348**	**2606196**	**2061031**	**4217400**	**735725**	**137799**	E
1790746	1653215	1490896	1220632	1829211	432482	44041	47
835608	795590	552299	452504	771245	138194	25806	48
454986	233299	130997	133929	388641	34281	15422	49
764314	1001244	432004	253966	1228303	130768	52530	50
4851869	**3668909**	**2544145**	**2014221**	**6512505**	**852360**	**208573**	F
2992313	1687010	1197710	1021313	3962840	443172	112477	51
1859556	1981899	1346435	992908	2549665	409188	96096	52
1067986	**760880**	**618937**	**446321**	**1615300**	**301338**	**89984**	G
							53
667054	532455	429624	297948	738223	177239	31668	54
48296	7358	19397	7988	51902	15937	7691	55
29019	10795	8989	8473	116944	8031	28378	56
2327	351	1203	508	1030	76	172	57
119566	41642	24618	33383	396804	13306	3964	58
118941	75157	59487	45382	175005	33797	6832	59
82783	93122	75619	52639	135392	52952	11279	60
526824	**369496**	**394119**	**308937**	**1232265**	**180076**	**86185**	H
152353	137240	104355	106265	315806	78493	56877	61
374471	232256	289764	202672	916459	101583	29308	62
922462	**847295**	**679332**	**481860**	**2171846**	**167418**	**56669**	I
73821	74071	60295	57906	134206	50306	8884	63
150219	195654	111222	95262	341661	22702	14633	64
698422	577570	507815	328692	1695979	94410	33152	65

2-5 续表 5

行业大类	代码	浙江	安徽	福建	江西
金融业	J	**18090**	**7736**	**12225**	**5317**
货币金融服务	66	6567	2842	4815	1587
资本市场服务	67	6427	1276	5401	1296
保险业	68	169	376	138	66
其他金融业	69	4927	3242	1871	2368
房地产业	K	**799932**	**468004**	**415808**	**301756**
房地产业	70	799932	468004	415808	301756
租赁和商务服务业	L	**3319944**	**2424499**	**1464512**	**792887**
租赁业	71	106395	148451	97933	86973
商务服务业	72	3213549	2276048	1366579	705914
科学研究和技术服务业	M	**839337**	**490811**	**482644**	**275333**
研究和试验发展	73	113494	50771	54981	12484
专业技术服务业	74	533679	300174	276951	192771
科技推广和应用服务业	75	192164	139866	150712	70078
水利、环境和公共设施管理业	N	**212266**	**189062**	**129472**	**141278**
水利管理业	76	4770	2655	2602	2353
生态保护和环境治理业	77	28965	10187	13607	8231
公共设施管理业	78	175149	173698	111236	129419
土地管理业	79	3382	2522	2027	1275
居民服务、修理和其他服务业	O	**376931**	**259507**	**277834**	**130959**
居民服务业	80	165342	117279	131667	57929
机动车、电子产品和日用产品修理业	81	86228	67843	66598	35161
其他服务业	82	125361	74385	79569	37869
教育	P	**172137**	**108248**	**80274**	**75620**
教育	83	172137	108248	80274	75620
卫生和社会工作	Q	**191444**	**83657**	**86048**	**61609**
卫生	84	167024	67353	72685	54098
社会工作	85	24420	16304	13363	7511
文化、体育和娱乐业	R	**233890**	**132406**	**209049**	**99815**
新闻和出版业	86	6064	3584	2311	2481
广播、电视、电影和录音制作业	87	45866	14254	22051	11802
文化艺术业	88	37905	37341	56987	23097
体育	89	32799	14605	25390	10854
娱乐业	90	111256	62622	102310	51581

山 东	河 南	湖 北	湖 南	广 东	广 西	海 南	代码
13413	**9901**	**6737**	**4284**	**32740**	**4475**	**3373**	J
4963	2863	3102	2096	14260	2316	1252	66
4588	2664	1377	857	10731	228	1627	67
161	417	140	76	479	37	19	68
3701	3957	2118	1255	7270	1894	475	69
931023	**795059**	**574952**	**447292**	**2139848**	**307132**	**160303**	K
931023	795059	574952	447292	2139848	307132	160303	70
2284148	**1761158**	**1844228**	**1330724**	**4360195**	**844522**	**176532**	L
243100	263873	160789	153888	250945	59478	16753	71
2041048	1497285	1683439	1176836	4109250	785044	159779	72
1141820	**1001393**	**700145**	**537655**	**1843077**	**249352**	**61529**	M
134245	69679	65442	75988	235473	9884	5284	73
614824	438049	432253	293464	1163782	167255	44954	74
392751	493665	202450	168203	443822	72213	11291	75
275940	**247501**	**121000**	**115319**	**335648**	**59112**	**55219**	N
6506	5405	3402	3553	5877	1475	825	76
27210	21751	15980	19342	36511	6417	1831	77
234228	215103	97008	83148	290105	47410	51379	78
7996	5242	4610	9276	3155	3810	1184	79
371126	**366884**	**282793**	**263072**	**946637**	**172325**	**35966**	O
177234	173942	125602	147939	336610	102678	11989	80
110615	103406	74765	58050	199206	34465	8915	81
83277	89536	82426	57083	410821	35182	15062	82
210672	**203064**	**114847**	**171616**	**263823**	**61209**	**14307**	P
210672	203064	114847	171616	263823	61209	14307	83
172936	**131589**	**109747**	**130453**	**305127**	**68833**	**19750**	Q
139313	101074	94678	114172	267548	60428	18381	84
33623	30515	15069	16281	37579	8405	1369	85
262494	**332296**	**224463**	**269713**	**451633**	**70358**	**29075**	R
11298	7306	9395	6851	9316	2628	2410	86
48542	29172	21970	30384	60232	9231	3961	87
49696	94953	47298	55621	81370	11892	4216	88
31735	32305	22477	25836	84106	10762	7152	89
121223	168560	123323	151021	216609	35845	11336	90

2-5 续表 6

行业大类	代码	重 庆	四 川	贵 州	云 南
总 计		**8626709**	**16354603**	**4337213**	**6369514**
农、林、牧、渔业	A	**31031**	**31327**	**7007**	**39463**
农业	01				
林业	02				
畜牧业	03				
渔业	04				
农、林、牧、渔专业及辅助性活动	05	31031	31327	7007	39463
采矿业	B	**23260**	**205466**	**244383**	**153981**
煤炭开采和洗选业	06	1010	65778	212727	76506
石油和天然气开采业	07	2888	31433	362	5
黑色金属矿采选业	08	533	17752	2477	11011
有色金属矿采选业	09	292	17181	4545	34703
非金属矿采选业	10	17872	47069	23344	30109
开采专业及辅助性活动	11	194	25583	388	518
其他采矿业	12	471	670	540	1129
制造业	C	**2096977**	**3547029**	**824423**	**981418**
农副食品加工业	13	116304	196775	43741	112449
食品制造业	14	59461	140252	27812	50240
酒、饮料和精制茶制造业	15	34565	213352	147043	80982
烟草制品业	16	3384	5219	7405	20691
纺织业	17	17463	59843	8788	7593
纺织服装、服饰业	18	38534	48059	31981	11186
皮革、毛皮、羽毛及其制品和制鞋业	19	18133	45819	17671	2726
木材加工和木、竹、藤、棕、草制品业	20	40155	68325	31913	32575
家具制造业	21	36440	119430	14778	12443
造纸和纸制品业	22	29284	58659	18528	16096
印刷和记录媒介复制业	23	32643	64181	15911	17998
文教、工美、体育和娱乐用品制造业	24	26616	27542	24651	17329
石油、煤炭及其他燃料加工业	25	3607	13919	6138	13011
化学原料和化学制品制造业	26	57979	182679	50386	68301
医药制造业	27	48685	131012	32037	35927
化学纤维制造业	28	4113	17253	198	720
橡胶和塑料制品业	29	64794	111857	27206	27382
非金属矿物制品业	30	170048	410625	97390	117964
黑色金属冶炼和压延加工业	31	26805	80314	17087	38930
有色金属冶炼和压延加工业	32	33791	62120	24389	83720

西藏	陕西	甘肃	青海	宁夏	新疆	代码
531483	**8084996**	**2839431**	**796006**	**1131552**	**3236919**	
1106	**20904**	**12932**	**923**	**3890**	**25555**	A
						01
						02
						03
						04
1106	20904	12932	923	3890	25555	05
8788	**362334**	**99564**	**26008**	**70292**	**165633**	B
	197757	56365	3824	55410	48143	06
	73300	12703	14913	12150	49337	07
659	8008	3767	1782	785	7022	08
6356	9083	7917	2233	21	9701	09
1480	11346	11157	3070	1318	9364	10
37	62551	7350	7	607	41667	11
256	289	305	179	NA	399	12
33238	**1433010**	**475183**	**150791**	**307975**	**694942**	C
2249	54093	35619	4991	13892	44329	13
1406	43036	15388	3815	18483	34593	14
2410	41007	15522	3478	5750	15184	15
	6620	2438		361	715	16
871	23296	3737	684	9723	100193	17
1526	18509	8042	1419	3826	30155	18
231	2971	2933	84	751	4384	19
344	12280	2537	436	1276	9399	20
1373	15325	2031	503	1116	3347	21
144	14795	2761	182	3272	6353	22
1260	18729	6606	1419	4003	4331	23
3108	19443	3191	4097	982	3520	24
137	64438	28992	594	19167	42053	25
2238	84099	44622	31032	66830	89390	26
2546	44354	20981	4132	8403	12582	27
4	1400	482	35	2845	9345	28
237	33434	10620	989	7297	23702	29
9448	130230	76111	18139	31210	105947	30
201	28866	25412	10248	26541	21223	31
220	69034	60938	21047	10892	45064	32

2-5 续表 7

行业大类	代码	重 庆	四 川	贵 州	云 南
金属制品业	33	127342	207487	36928	45199
通用设备制造业	34	128986	213416	21169	18380
专用设备制造业	35	91361	150635	14744	18275
汽车制造业	36	346483	143972	10209	8005
铁路、船舶、航空航天和其他运输设备制造业	37	124044	56054	6118	3422
电气机械和器材制造业	38	104303	211540	32349	28442
计算机、通信和其他电子设备制造业	39	256618	427604	37132	67988
仪器仪表制造业	40	29979	29704	2296	5165
其他制造业	41	4117	5614	6086	1469
废弃资源综合利用业	42	8376	19398	4842	10011
金属制品、机械和设备修理业	43	12564	24370	7497	6799
电力、热力、燃气及水生产和供应业	D	**96858**	**273275**	**100314**	**127022**
电力、热力生产和供应业	44	59821	173680	70232	98314
燃气生产和供应业	45	13950	38568	8045	7484
水的生产和供应业	46	23087	61027	22037	21224
建筑业	E	**1652928**	**3222866**	**688759**	**1256248**
房屋建筑业	47	998425	1949387	339095	575218
土木工程建筑业	48	288536	598777	163476	311672
建筑安装业	49	98024	158115	41977	57519
建筑装饰、装修和其他建筑业	50	267943	516587	144211	311839
批发和零售业	F	**1360428**	**2574253**	**698373**	**1366835**
批发业	51	573887	1416400	341887	753307
零售业	52	786541	1157853	356486	613528
交通运输、仓储和邮政业	G	**408319**	**635403**	**189476**	**290097**
铁路运输业	53				
道路运输业	54	263545	439627	121419	175630
水上运输业	55	23051	3334	1164	1249
航空运输业	56	15819	43867	12402	27091
管道运输业	57	156	1886	408	336
多式联运和运输代理业	58	24579	22477	3169	16405
装卸搬运和仓储业	59	30302	44719	17754	35103
邮政业	60	50867	79493	33160	34283
住宿和餐饮业	H	**226689**	**556761**	**160261**	**253610**
住宿业	61	68899	164446	68965	112454
餐饮业	62	157790	392315	91296	141156
信息传输、软件和信息技术服务业	I	**349396**	**723312**	**126834**	**153701**
电信、广播电视和卫星传输服务	63	27661	80064	32102	36243
互联网和相关服务	64	56720	95533	26989	25814
软件和信息技术服务业	65	265015	547715	67743	91644

西 藏	陕 西	甘 肃	青 海	宁 夏	新 疆	代码
1624	77738	24410	4988	13718	26437	33
320	99950	13484	1128	9412	5570	34
301	71759	18095	965	9003	10266	35
NA	157540	970	53	680	1221	36
27	39197	547	60	102	383	37
475	104361	22012	12062	12817	26034	38
126	96115	14985	19921	19165	5883	39
46	20216	1196	471	1921	402	40
75	2873	510	84	34	447	41
99	8642	3881	193	1953	2767	42
191	23660	6130	3542	2550	9723	43
14440	**162886**	**110350**	**27107**	**40569**	**129651**	D
12902	112418	89247	22382	32203	95775	44
299	21521	6744	1381	3144	17114	45
1239	28947	14359	3344	5222	16762	46
120769	**1743468**	**546515**	**116713**	**133211**	**442998**	E
67990	637503	277983	38328	50895	218916	47
28442	619999	154173	46851	44860	125793	48
3431	119639	44509	8460	13144	30623	49
20906	366327	69850	23074	24312	67666	50
90480	**1217305**	**480650**	**103191**	**153239**	**467643**	F
43253	595871	252712	50194	87975	278124	51
47227	621434	227938	52997	65264	189519	52
27645	**315408**	**126814**	**38378**	**58432**	**202100**	G
						53
14569	203455	87690	25793	43099	137861	54
	265	190	94	96	47	55
7711	11928	4652	2610	2155	9836	56
46	1938	16	29	22	3320	57
827	17557	2406	1306	1393	13195	58
907	31078	11397	3846	3237	17313	59
3585	49187	20463	4700	8430	20528	60
21426	**285026**	**119058**	**27482**	**25746**	**80713**	H
13302	111480	48254	14153	10129	42987	61
8124	173546	70804	13329	15617	37726	62
26626	**388403**	**68742**	**19144**	**28058**	**92054**	I
7176	43684	26692	7860	7724	26332	63
1965	46209	10213	2093	4679	8515	64
17485	298510	31837	9191	15655	57207	65

2-5 续表 8

行业大类	代码	重 庆	四 川	贵 州	云 南
金融业	J	**6573**	**7371**	**3776**	**2937**
货币金融服务	66	3689	3944	1776	1271
资本市场服务	67	342	540	332	405
保险业	68	64	345	85	255
其他金融业	69	2478	2542	1583	1006
房地产业	K	**424505**	**737005**	**228318**	**303160**
房地产业	70	424505	737005	228318	303160
租赁和商务服务业	L	**946190**	**1889639**	**474259**	**668247**
租赁业	71	119277	206785	41654	72273
商务服务业	72	826913	1682854	432605	595974
科学研究和技术服务业	M	**343572**	**784409**	**136572**	**235361**
研究和试验发展	73	23511	68614	4623	10485
专业技术服务业	74	230221	537231	108683	175816
科技推广和应用服务业	75	89840	178564	23266	49060
水利、环境和公共设施管理业	N	**112236**	**168667**	**70589**	**86510**
水利管理业	76	2814	3603	2892	3939
生态保护和环境治理业	77	21953	19374	6010	8075
公共设施管理业	78	80915	138026	60002	72406
土地管理业	79	6554	7664	1685	2090
居民服务、修理和其他服务业	O	**208268**	**344754**	**149937**	**189626**
居民服务业	80	85936	149382	71205	96420
机动车、电子产品和日用产品修理业	81	54507	106553	46698	59439
其他服务业	82	67825	88819	32034	33767
教育	P	**83101**	**168923**	**83864**	**80351**
教育	83	83101	168923	83864	80351
卫生和社会工作	Q	**103997**	**222545**	**92756**	**89344**
卫生	84	84880	199951	85818	82871
社会工作	85	19117	22594	6938	6473
文化、体育和娱乐业	R	**152381**	**261598**	**57312**	**91603**
新闻和出版业	86	2741	4964	2291	1675
广播、电视、电影和录音制作业	87	15758	30273	4901	9641
文化艺术业	88	38782	50058	8471	15761
体育	89	16141	32711	9462	14889
娱乐业	90	78959	143592	32187	49637

西藏	陕西	甘肃	青海	宁夏	新疆	代码
248	**5229**	**2565**	**1160**	**1657**	**3107**	J
88	3232	1908	394	781	1749	66
64	522	53		128	683	67
NA	19	12		NA	NA	68
93	1456	592	766	745	672	69
20110	**419022**	**183155**	**52853**	**63512**	**207754**	K
20110	419022	183155	52853	63512	207754	70
100298	**765785**	**291834**	**137360**	**118430**	**372795**	L
15670	102440	43908	13901	13368	33602	71
84628	663345	247926	123459	105062	339193	72
30106	**418822**	**129085**	**40805**	**46353**	**152577**	M
1052	32829	5051	1233	1222	2640	73
22347	312834	106636	33727	39254	123599	74
6707	73159	17398	5845	5877	26338	75
9914	**115135**	**39841**	**11193**	**21161**	**55077**	N
412	4646	1879	217	493	3651	76
566	15794	3597	1879	2132	4031	77
8865	91107	33466	8897	18393	45871	78
71	3588	899	200	143	1524	79
8294	**174753**	**51751**	**15865**	**18292**	**58920**	O
3302	69499	22878	6601	7747	19400	80
3993	53663	19788	5626	6594	21457	81
999	51591	9085	3638	3951	18063	82
3253	**71512**	**34897**	**7906**	**15464**	**30296**	P
3253	71512	34897	7906	15464	30296	83
6921	**81520**	**29832**	**9259**	**12304**	**29924**	Q
6738	74025	27148	8499	11160	28274	84
183	7495	2684	760	1144	1650	85
7821	**104474**	**36663**	**9868**	**12967**	**25180**	R
89	4754	2366	250	559	692	86
1658	16280	4762	1633	2801	5090	87
2599	32112	12441	2485	2466	4677	88
509	12540	4372	902	1570	5375	89
2966	38788	12722	4598	5571	9346	90

2-6 按地区、登记注册统计类别

地 区	企业法人单位数(个)	内资企业	有限责任公司	股份有限公司
全 国	**29803508**	**29530988**	**27239316**	**119387**
北 京	1136505	1122479	1063818	5164
天 津	401077	394851	372287	4266
河 北	1346359	1344292	1248117	4068
山 西	601331	600778	560182	3026
内蒙古	342518	342012	329978	1372
辽 宁	814664	807963	710321	2819
吉 林	289089	288350	263983	1698
黑龙江	301012	300169	279607	1589
上 海	737641	703893	637311	3597
江 苏	2737876	2704129	2572630	9300
浙 江	2115776	2094311	1918895	13915
安 徽	1198894	1196175	1112825	4005
福 建	1162060	1146929	1082537	2929
江 西	658114	656011	596326	1939
山 东	2505844	2491365	2358102	8957
河 南	1831474	1829302	1713141	3637
湖 北	1269253	1265574	1098745	5765
湖 南	858860	856792	745775	3494
广 东	4326781	4230535	3963489	19883
广 西	531886	530072	487569	1577
海 南	154148	152676	144008	589
重 庆	662408	660320	552469	1992
四 川	1179063	1175733	1048090	4256
贵 州	442453	441905	369184	1233
云 南	604320	602860	488549	1568
西 藏	63474	63374	57691	279
陕 西	775626	774019	746586	3025
甘 肃	299978	299739	279657	1277
青 海	73907	73814	70303	365
宁 夏	95308	95176	91987	361
新 疆	285809	285390	275154	1442

分组的企业法人单位数

非公司企业法人	个人独资企业	合伙企业	其他内资企业	港澳台投资企业	外商投资企业
137692	**1751941**	**281960**	**692**	**151994**	**120526**
15229	20457	17799	12	6426	7600
2000	6693	9604	NA	2486	3740
5101	81453	5542	11	925	1142
3152	32781	1635	NA	270	283
839	8352	1470	NA	206	300
8368	82079	4360	16	1965	4736
1566	20127	965	11	236	503
3115	14691	1162	5	343	500
3817	42382	16772	14	14135	19613
7199	89278	25717	5	14654	19093
10920	111634	38942	5	9371	12094
3453	69334	6551	7	1385	1334
5094	46002	10360	7	11294	3837
4158	40673	12906	9	1414	689
7866	103778	12644	18	4783	9696
7238	99390	5896		1211	961
6448	145087	9517	12	1975	1704
3467	94042	10004	10	1286	782
14843	173133	58757	430	70661	25585
3871	33326	3718	11	1190	624
871	4116	3076	16	886	586
1550	99764	4537	8	1066	1022
4355	111928	7079	25	1612	1718
2312	66516	2650	10	351	197
3521	107235	1979	8	702	758
468	4115	821		42	58
3411	16519	4460	18	677	930
1883	16045	862	15	112	127
423	2457	265	NA	58	35
214	2251	362	NA	74	58
940	6303	1548	NA	198	221

2-7 按地区、登记注册统计类别

地 区	从业人员数(人)	内资企业	有限责任公司	股份有限公司
全 国	**342081484**	**320392286**	**293049523**	**13426668**
北 京	10502097	9138934	8256628	610762
天 津	4276542	3763288	3548759	143644
河 北	12622955	12295746	11363912	342750
山 西	6172440	6074399	5577493	275754
内蒙古	3497469	3425591	3232143	138059
辽 宁	7032202	6495661	5757465	296907
吉 林	3123579	2994888	2672889	198243
黑龙江	2915599	2844233	2600706	117819
上 海	11210137	8575177	7885007	502232
江 苏	34031557	30862345	28714487	1333154
浙 江	28367681	26855114	24160582	1724208
安 徽	14822500	14451930	13441356	602596
福 建	15325902	14286314	13473482	406321
江 西	8751061	8456966	7814058	213762
山 东	26394487	25269285	23155824	1075171
河 南	20671688	20364803	18878468	485295
湖 北	14851085	14393589	12803371	557536
湖 南	12554093	12203746	10790393	413812
广 东	45438913	39497717	36007099	2017045
广 西	5895335	5704693	5301510	139445
海 南	1315736	1253260	1184218	35584
重 庆	8626709	8353780	7413882	285433
四 川	16354603	15874284	14526690	475396
贵 州	4337213	4281598	3801956	167152
云 南	6369514	6287283	5513838	154287
西 藏	531483	528154	463987	25783
陕 西	8084996	7947607	7451020	272319
甘 肃	2839431	2812270	2546319	123188
青 海	796006	791580	728366	36775
宁 夏	1131552	1105250	1028588	61153
新 疆	3236919	3202801	2955027	195083

分组的企业法人单位从业人员数

非公司企业法人	个人独资企业	合伙企业	其他内资企业	港澳台投资企业	外商投资企业
2806113	**9887795**	**1214295**	**7892**	**11270028**	**10419170**
164407	44165	62794	178	698430	664733
24180	31556	15149		211589	301665
107916	436570	44416	182	164081	163128
80324	131559	9269		60148	37893
14528	31804	9038	19	29028	42850
97705	327122	16340	122	126911	409630
27087	91400	5051	218	32440	96251
49707	66481	9099	421	40886	30480
50292	114341	23123	182	1136822	1498138
140046	601005	73604	49	1249290	1919922
168785	650108	151420	11	774399	738168
72349	308130	27366	133	210031	160539
84591	266003	55411	506	650284	389304
126678	247825	54420	223	175954	118141
204936	758389	74848	117	470044	655158
162136	797710	41194		191148	115737
116870	855384	60307	121	198650	258846
147737	728087	123433	284	255195	95152
385010	932704	152858	3001	3915015	2026181
71065	166819	25719	135	105141	85501
16043	11534	5644	237	29657	32819
44142	578547	31657	119	129170	143759
130128	683740	57922	408	239600	240719
46267	238253	27846	124	27866	27749
76483	527065	15305	305	48907	33324
8632	28515	1237		1865	1464
92676	107170	23712	710	48530	88859
64503	70107	8090	63	11531	15630
7526	15939	2952	22	2799	1627
4469	9425	1614	NA	19236	7066
18895	30338	3457	NA	15381	18737

2-8 按行业(大类)、登记注册

行业大类	代码	企业法人单位数(个)	内资企业	有限责任公司
总 计		**29803508**	**29530988**	**27239316**
农、林、牧、渔业	**A**	**115699**	**115420**	**81314**
农业	01	301	297	262
林业	02	139	139	113
畜牧业	03	176	171	152
渔业	04	56	56	42
农、林、牧、渔专业及辅助性活动	05	115027	114757	80745
采矿业	**B**	**51567**	**51277**	**44004**
煤炭开采和洗选业	06	9557	9513	8602
石油和天然气开采业	07	418	399	352
黑色金属矿采选业	08	6890	6853	5630
有色金属矿采选业	09	4681	4622	4139
非金属矿采选业	10	24719	24606	20137
开采专业及辅助性活动	11	4022	4007	3927
其他采矿业	12	1280	1277	1217
制造业	**C**	**4016224**	**3936330**	**3478236**
农副食品加工业	13	154039	151864	121842
食品制造业	14	82181	80168	67801
酒、饮料和精制茶制造业	15	70003	68912	51089
烟草制品业	16	272	267	232
纺织业	17	148977	145877	127605
纺织服装、服饰业	18	194662	190172	161171
皮革、毛皮、羽毛及其制品和制鞋业	19	88204	86051	75143
木材加工和木、竹、藤、棕、草制品业	20	132134	131455	100081
家具制造业	21	108620	107325	96528
造纸和纸制品业	22	90496	89124	76879
印刷和记录媒介复制业	23	91452	90473	74440
文教、工美、体育和娱乐用品制造业	24	149352	145324	126088
石油、煤炭及其他燃料加工业	25	14675	14479	13179
化学原料和化学制品制造业	26	118383	114208	103139
医药制造业	27	32996	31684	28672
化学纤维制造业	28	8141	7846	7095
橡胶和塑料制品业	29	239821	234374	205220
非金属矿物制品业	30	306359	303481	264795
黑色金属冶炼和压延加工业	31	24403	23967	21730
有色金属冶炼和压延加工业	32	33059	32366	29274
金属制品业	33	454993	449529	403731

统计类别分组的企业法人单位数

股份有限公司	非公司企业法人	个人独资企业	合伙企业	其他内资企业	港澳台投资企业	外商投资企业	代码
119387	**137692**	**1751941**	**281960**	**692**	**151994**	**120526**	
347	**1660**	**31706**	**393**		**171**	**108**	A
6	16	13			NA	NA	01
NA	23	NA					02
7	NA	11			NA	NA	03
6	5	NA	NA				04
327	1615	31678	392		167	103	05
407	**780**	**5100**	**984**	**NA**	**185**	**105**	B
139	138	481	152	NA	23	21	06
40	NA	NA	NA		5	14	07
37	160	893	133		26	11	08
58	122	247	56		41	18	09
92	339	3407	631		82	31	10
34	9	34	NA		6	9	11
7	9	36	7	NA	NA	NA	12
36588	**25001**	**373103**	**23291**	**111**	**41234**	**38660**	C
1659	1393	26116	851	NA	958	1217	13
902	402	10694	368	NA	987	1026	14
783	611	15916	513		528	563	15
5	11	18	NA		4	NA	16
1617	734	15178	740	NA	1997	1103	17
849	751	26772	626	NA	2836	1654	18
418	379	9715	395	NA	1447	706	19
572	503	29637	660	NA	387	292	20
714	190	9606	287		798	497	21
566	788	10033	855	NA	969	403	22
574	2262	12213	966	18	692	287	23
674	685	17137	739	NA	2497	1531	24
215	90	941	50	4	84	112	25
2408	1195	6652	809	5	1943	2232	26
1427	165	1325	95		636	676	27
207	32	458	54		169	126	28
1972	1725	23321	2125	11	3277	2170	29
2071	2057	32405	2143	10	1632	1246	30
235	182	1666	154		207	229	31
539	245	2113	195		340	353	32
2332	2339	38542	2567	18	3095	2369	33

2-8 续表 1

行业大类	代码	企业法人单位数（个）	内资企业	有限责任公司
通用设备制造业	34	428751	421900	378769
专用设备制造业	35	304134	297896	275574
汽车制造业	36	94150	89771	81454
铁路、船舶、航空航天和其他运输设备制造业	37	35738	34734	31181
电气机械和器材制造业	38	256300	250272	233505
计算机、通信和其他电子设备制造业	39	173480	165466	156967
仪器仪表制造业	40	60841	59079	55428
其他制造业	41	29934	29189	25875
废弃资源综合利用业	42	22385	22210	20661
金属制品、机械和设备修理业	43	67289	66867	63088
电力、热力、燃气及水生产和供应业	**D**	**131826**	**128749**	**104240**
电力、热力生产和供应业	44	91450	89730	71620
燃气生产和供应业	45	10423	9692	8882
水的生产和供应业	46	29953	29327	23738
建筑业	**E**	**2721969**	**2719264**	**2670250**
房屋建筑业	47	796635	796135	780016
土木工程建筑业	48	553850	553323	542850
建筑安装业	49	284399	283894	279034
建筑装饰、装修和其他建筑业	50	1087085	1085912	1068350
批发和零售业	**F**	**10048930**	**9979322**	**9114414**
批发业	51	5400198	5346767	5049638
零售业	52	4648732	4632555	4064776
交通运输、仓储和邮政业	**G**	**930938**	**923992**	**888369**
铁路运输业	53	402	394	378
道路运输业	54	629929	628194	606614
水上运输业	55	18548	18207	17527
航空运输业	56	3993	3914	3805
管道运输业	57	426	404	394
多式联运和运输代理业	58	143708	140669	137659
装卸搬运和仓储业	59	103749	102069	93706
邮政业	60	30183	30141	28286
住宿和餐饮业	**H**	**710235**	**704481**	**590429**
住宿业	61	190697	189413	157403
餐饮业	62	519538	515068	433026
信息传输、软件和信息技术服务业	**I**	**1689565**	**1670945**	**1613809**
电信、广播电视和卫星传输服务	63	35867	35260	32626
互联网和相关服务	64	278136	276570	267076
软件和信息技术服务业	65	1375562	1359115	1314107

股份有限公司	非公司企业法人	个人独资企业	合伙企业	其他内资企业	港澳台投资企业	外商投资企业	代码
3583	3039	33586	2915	8	2577	4274	34
3119	1420	16406	1371	6	2781	3457	35
1338	557	5699	721	NA	1127	3252	36
464	281	2606	200	NA	413	591	37
3126	1351	11051	1234	5	3145	2883	38
2716	390	4779	613	NA	4140	3874	39
1014	445	1909	281	NA	798	964	40
191	145	2410	567	NA	478	267	41
154	68	1279	48		105	70	42
144	566	2920	148	NA	187	235	43
772	**7003**	**9441**	**7280**	**13**	**2084**	**993**	**D**
524	4522	6147	6907	10	1275	445	44
104	81	565	59	NA	433	298	45
144	2400	2729	314	NA	376	250	46
4180	**5204**	**38509**	**1100**	**21**	**2012**	**693**	**E**
1100	2490	12209	313	7	392	108	47
1207	1324	7746	194	NA	371	156	48
624	624	3451	154	7	284	221	49
1249	766	15103	439	5	965	208	50
18796	**39090**	**785472**	**21276**	**274**	**34144**	**35464**	**F**
11667	19317	257624	8392	129	24122	29309	51
7129	19773	527848	12884	145	10022	6155	52
2490	**5691**	**26124**	**1306**	**12**	**4247**	**2699**	**G**
15	NA				4	4	53
1251	2687	16848	787	7	1217	518	54
108	326	214	32		178	163	55
58	17	17	17		40	39	56
NA	NA	4			8	14	57
535	237	2000	236	NA	1726	1313	58
278	2363	5510	210	NA	1041	639	59
242	57	1531	24	NA	33	9	60
1261	**4133**	**102606**	**6024**	**28**	**3457**	**2297**	**H**
412	2324	27692	1578	4	914	370	61
849	1809	74914	4446	24	2543	1927	62
9166	**1261**	**26532**	**20169**	**8**	**11395**	**7225**	**I**
839	244	1454	94	NA	434	173	63
1189	90	6462	1750	NA	1100	466	64
7138	927	18616	18325	NA	9861	6586	65

2-8 续表 2

行业大类	代码	企业法人单位数(个)	内资企业	有限责任公司
金融业	J	**106665**	**100111**	**54553**
货币金融服务	66	29332	26394	14846
资本市场服务	67	50860	49768	28839
保险业	68	17157	14864	5331
其他金融业	69	9316	9085	5537
房地产业	K	**1038453**	**1022828**	**984400**
房地产业	70	1038453	1022828	984400
租赁和商务服务业	L	**3883704**	**3849312**	**3599449**
租赁业	71	503280	502246	485828
商务服务业	72	3380424	3347066	3113621
科学研究和技术服务业	M	**2014288**	**1994360**	**1923579**
研究和试验发展	73	218527	213961	206019
专业技术服务业	74	930820	923815	897574
科技推广和应用服务业	75	864941	856584	819986
水利、环境和公共设施管理业	N	**193720**	**192971**	**187091**
水利管理业	76	7419	7389	6844
生态保护和环境治理业	77	35353	35043	34093
公共设施管理业	78	142446	142050	138075
土地管理业	79	8502	8489	8079
居民服务、修理和其他服务业	O	**870379**	**867981**	**774971**
居民服务业	80	434465	433095	381227
机动车、电子产品和日用产品修理业	81	309673	309015	273574
其他服务业	82	126241	125871	120170
教育	P	**356766**	**355740**	**338752**
教育	83	356766	355740	338752
卫生和社会工作	Q	**167292**	**166787**	**132957**
卫生	84	135250	134951	104441
社会工作	85	32042	31836	28516
文化、体育和娱乐业	R	**755288**	**751118**	**658499**
新闻和出版业	86	6237	6207	5493
广播、电视、电影和录音制作业	87	99229	98833	94985
文化艺术业	88	170828	169961	158124
体育	89	94629	93782	87985
娱乐业	90	384365	382335	311912

股份有限公司	非公司企业法人	个人独资企业	合伙企业	其他内资企业	港澳台投资企业	外商投资企业	代码
20169	**1056**	**432**	**23876**	**25**	**2849**	**3705**	J
10440	910	120	63	15	1875	1063	66
363	63	23	20477	NA	620	472	67
9190	52	273	11	7	212	2081	68
176	31	16	3325		142	89	69
2995	**14688**	**17659**	**3041**	**45**	**11808**	**3817**	K
2995	14688	17659	3041	45	11808	3817	70
9734	**14131**	**84598**	**141344**	**56**	**21695**	**12697**	L
581	539	14731	567		707	327	71
9153	13592	69867	140777	56	20988	12370	72
7385	**7282**	**37643**	**18444**	**27**	**10940**	**8988**	M
1370	867	3257	2443	5	2231	2335	73
2786	3946	15774	3716	19	3885	3120	74
3229	2469	18612	12285	NA	4824	3533	75
727	**1633**	**3068**	**449**	**NA**	**507**	**242**	N
27	308	172	37	NA	12	18	76
226	208	407	108	NA	185	125	77
454	990	2365	165	NA	301	95	78
20	127	124	139		9	4	79
1303	**4209**	**83710**	**3746**	**42**	**1528**	**870**	O
622	2061	46964	2201	20	906	464	80
463	1706	32087	1166	19	392	266	81
218	442	4659	379	NA	230	140	82
691	**1183**	**13389**	**1720**	**5**	**600**	**426**	P
691	1183	13389	1720	5	600	426	83
470	**670**	**29544**	**3139**	**7**	**315**	**190**	Q
333	525	26777	2868	7	190	109	84
137	145	2767	271		125	81	85
1906	**3017**	**83305**	**4378**	**13**	**2823**	**1347**	R
71	528	100	15		13	17	86
450	777	2308	312	NA	293	103	87
346	742	9912	835	NA	600	267	88
227	186	4965	418	NA	455	392	89
812	784	66020	2798	9	1462	568	90

2-9 按行业(大类)、登记注册统计类别

行业大类	代码	从业人员数(人)	内资企业	有限责任公司
总 计		**342081484**	**320392286**	**293049523**
农、林、牧、渔业	A	**793533**	**787953**	**593999**
农业	01			
林业	02			
畜牧业	03			
渔业	04			
农、林、牧、渔专业及辅助性活动	05	793533	787953	593999
采矿业	B	**4696956**	**4574099**	**3662430**
煤炭开采和洗选业	06	2772385	2687092	2268261
石油和天然气开采业	07	511880	495329	154247
黑色金属矿采选业	08	313245	306512	276994
有色金属矿采选业	09	293673	286966	244525
非金属矿采选业	10	492878	486969	417371
开采专业及辅助性活动	11	299281	297626	288185
其他采矿业	12	13614	13605	12847
制造业	C	**103682268**	**89554201**	**77280144**
农副食品加工业	13	3998295	3690100	3208606
食品制造业	14	2531734	2150881	1859531
酒、饮料和精制茶制造业	15	1555025	1335965	1015190
烟草制品业	16	180322	177740	170508
纺织业	17	3840499	3459109	3091855
纺织服装、服饰业	18	4487342	3946741	3477734
皮革、毛皮、羽毛及其制品和制鞋业	19	2505057	2102873	1888264
木材加工和木、竹、藤、棕、草制品业	20	2196874	2163036	1758981
家具制造业	21	1983473	1825994	1650138
造纸和纸制品业	22	1681615	1485364	1293206
印刷和记录媒介复制业	23	1543943	1409913	1209022
文教、工美、体育和娱乐用品制造业	24	2863018	2379604	2105637
石油、煤炭及其他燃料加工业	25	855066	819715	582960
化学原料和化学制品制造业	26	4365131	3890594	3203939
医药制造业	27	2358757	1979763	1455805
化学纤维制造业	28	495063	418533	350324
橡胶和塑料制品业	29	4925717	4255168	3738670
非金属矿物制品业	30	7117842	6778245	6071622
黑色金属冶炼和压延加工业	31	2011352	1829097	1587981
有色金属冶炼和压延加工业	32	1784457	1644538	1383955

分组的企业法人单位从业人员数

股份有限公司	非公司企业法人	个人独资企业	合伙企业	其他内资企业	港澳台投资企业	外商投资企业	代码
13426668	**2806113**	**9887795**	**1214295**	**7892**	**11270028**	**10419170**	
15666	**16025**	**159690**	**2573**		**2316**	**3264**	A
							01
							02
							03
							04
15666	16025	159690	2573		2316	3264	05
730344	**64227**	**88055**	**28739**	**304**	**73383**	**49474**	B
328953	44853	30105	14635	285	55392	29901	06
339869	1213				4445	12106	07
10966	4946	11252	2354		5106	1627	08
32897	4262	4278	1004		3978	2729	09
8739	8629	41628	10602		3323	2586	10
8866	158	391	26		1133	522	11
54	166	401	118	19	6	NA	12
7764421	**451721**	**3762493**	**293270**	**2152**	**7013754**	**7114313**	C
188710	23136	258292	10963	393	132492	175703	13
176189	7297	103822	4039	NA	167979	212874	14
194586	8066	112767	5356		97553	121507	15
4110	2049	1071	NA		2340	242	16
186302	14931	157494	8503	24	262477	118913	17
103760	11559	345309	8278	101	380417	160184	18
54636	6057	146377	7536	NA	265571	136613	19
37923	6289	349243	10577	23	15726	18112	20
84156	2566	85918	3216		97640	59839	21
81764	10473	89311	10518	92	134510	61741	22
59696	28021	103345	9670	159	97156	36874	23
72398	11627	181475	8465	NA	343837	139577	24
225402	3639	7295	376	43	25844	9507	25
528010	31445	95945	31014	241	216321	258216	26
499610	10265	12937	1146		194120	184874	27
62936	737	4056	480		51457	25073	28
264505	23024	208544	20329	96	402936	267613	29
272028	35581	362099	36645	270	203885	135712	30
215861	3140	18986	3129		93129	89126	31
223847	10153	23933	2650		80730	59189	32

2-9 续表 1

行业大类	代码	从业人员数(人)	内资企业	有限责任公司
金属制品业	33	7589148	7011670	6298582
通用设备制造业	34	7907587	7038772	6092106
专用设备制造业	35	6130078	5464182	4697561
汽车制造业	36	5549941	4034256	3461079
铁路、船舶、航空航天和其他运输设备制造业	37	1490542	1315595	1144859
电气机械和器材制造业	38	8103198	6925636	5922133
计算机、通信和其他电子设备制造业	39	10308607	7051784	5969822
仪器仪表制造业	40	1504729	1280875	1034894
其他制造业	41	547200	476650	419448
废弃资源综合利用业	42	421459	410225	380367
金属制品、机械和设备修理业	43	849197	801583	755365
电力、热力、燃气及水生产和供应业	**D**	**4757904**	**4481511**	**4122790**
电力、热力生产和供应业	44	3358833	3248497	3029737
燃气生产和供应业	45	454705	333079	310004
水的生产和供应业	46	944366	899935	783049
建筑业	**E**	**51169025**	**51038600**	**49183973**
房屋建筑业	47	25868869	25809856	24701755
土木工程建筑业	48	11263094	11245512	10815770
建筑安装业	49	3849694	3826292	3721751
建筑装饰、装修和其他建筑业	50	10187368	10156940	9944697
批发和零售业	**F**	**52741753**	**50730596**	**46384648**
批发业	51	29528810	28361917	26528790
零售业	52	23212943	22368679	19855858
交通运输、仓储和邮政业	**G**	**13701179**	**13157428**	**12472849**
铁路运输业	53			
道路运输业	54	8220053	8083746	7808342
水上运输业	55	458125	417656	361203
航空运输业	56	637163	491134	338850
管道运输业	57	42119	40331	40169
多式联运和运输代理业	58	1348580	1217142	1176872
装卸搬运和仓储业	59	1416487	1348838	1262967
邮政业	60	1578652	1558581	1484446
住宿和餐饮业	**H**	**8921328**	**7935240**	**7172239**
住宿业	61	2783241	2654989	2405974
餐饮业	62	6138087	5280251	4766265
信息传输、软件和信息技术服务业	**I**	**15026299**	**13576627**	**12173441**
电信、广播电视和卫星传输服务	63	1568866	1285413	886543

股份有限公司	非公司企业法人	个人独资企业	合伙企业	其他内资企业	港澳台投资企业	外商投资企业	代码
285124	37469	359130	31062	303	328622	248856	33
586920	42291	288644	28763	48	260592	608223	34
597035	22341	133156	13980	109	287990	377906	35
481808	21002	61458	8886	23	304647	1211038	36
132678	9461	26083	2488	26	69987	104960	37
872847	21050	97886	11695	25	620738	556824	38
1000638	22379	53135	5808	NA	1703588	1553235	39
217711	7866	17444	2798	162	101355	122499	40
25973	1609	26125	3494	NA	40493	30057	41
16978	786	11636	458		8246	2988	42
10280	15412	19577	946	NA	21376	26238	43
112549	**138234**	**61863**	**45865**	**210**	**177843**	**98550**	**D**
78190	64657	33575	42183	155	74589	35747	44
13765	3816	4930	518	46	74157	47469	45
20594	69761	23358	3164	9	29097	15334	46
876825	**672533**	**296919**	**7335**	**1015**	**79350**	**51075**	**E**
481334	498532	125662	1926	647	34726	24287	47
251212	123336	53589	1588	17	7085	10497	48
48298	32827	22637	636	143	12245	11157	49
95981	17838	95031	3185	208	25294	5134	50
828216	**484376**	**2935820**	**96362**	**1174**	**969275**	**1041882**	**F**
405764	347052	1045176	34540	595	498653	668240	51
422452	137324	1890644	61822	579	470622	373642	52
382707	**145435**	**146723**	**9634**	**80**	**358143**	**185608**	**G**
							53
101456	70682	97068	6161	37	75926	60381	54
43171	11380	1576	326		20997	19472	55
147934	4278	49	23		119081	26948	56
125	23	14			630	1158	57
27131	2550	9293	1291	5	88164	43274	58
17014	35549	31753	1536	19	40287	27362	59
45876	20973	6970	297	19	13058	7013	60
81387	**95506**	**528503**	**57316**	**289**	**525243**	**460845**	**H**
19570	69861	144944	14578	62	86096	42156	61
61817	25645	383559	42738	227	439147	418689	62
1234434	**27659**	**104661**	**36356**	**76**	**864444**	**585228**	**I**
372767	18881	6860	361	NA	203152	80301	63

2-9 续表 2

行业大类	代码	从业人员数（人）	内资企业	有限责任公司
互联网和相关服务	64	2419168	2175734	2050144
软件和信息技术服务业	65	11038265	10115480	9236754
金融业	**J**	**284355**	**230273**	**191755**
货币金融服务	66	132946	92081	83494
资本市场服务	67	57006	53253	37619
保险业	68	4564	4501	3541
其他金融业	69	89839	80438	67101
房地产业	**K**	**14378667**	**13911976**	**13274446**
房地产业	70	14378667	13911976	13274446
租赁和商务服务业	**L**	**36496231**	**35738691**	**34341547**
租赁业	71	2924231	2905270	2818487
商务服务业	72	33572000	32833421	31523060
科学研究和技术服务业	**M**	**15426117**	**14960841**	**14213478**
研究和试验发展	73	1723216	1560340	1488321
专业技术服务业	74	9193747	9001292	8522867
科技推广和应用服务业	75	4509154	4399209	4202290
水利、环境和公共设施管理业	**N**	**3626878**	**3580874**	**3424971**
水利管理业	76	92184	91386	85940
生态保护和环境治理业	77	392738	382642	351882
公共设施管理业	78	3053021	3018258	2901792
土地管理业	79	88935	88588	85357
居民服务、修理和其他服务业	**O**	**6492559**	**6388958**	**5894256**
居民服务业	80	2758607	2740845	2476233
机动车、电子产品和日用产品修理业	81	1638014	1623546	1449643
其他服务业	82	2095938	2024567	1968380
教育	**P**	**2741707**	**2725345**	**2582482**
教育	83	2741707	2725345	2582482
卫生和社会工作	**Q**	**2891173**	**2849008**	**2409296**
卫生	84	2487370	2449809	2039664
社会工作	85	403803	399199	369632
文化、体育和娱乐业	**R**	**4253552**	**4170065**	**3670779**
新闻和出版业	86	172479	171877	143863
广播、电视、电影和录音制作业	87	589303	583057	552171
文化艺术业	88	905101	900904	820758
体育	89	563086	532559	507385
娱乐业	90	2023583	1981668	1646602

股份有限公司	非公司企业法人	个人独资企业	合伙企业	其他内资企业	港澳台投资企业	外商投资企业	代码
92967	701	27776	4074	72	183157	60277	64
768700	8077	70025	31921	NA	478135	444650	65
19914	**1490**	**1419**	**15695**		**33673**	**20409**	J
7739	212	417	219		26695	14170	66
1563	327	42	13702		1410	2343	67
26	NA	924	7		13	50	68
10586	948	36	1767		5555	3846	69
370669	**182500**	**72446**	**11563**	**352**	**352988**	**113703**	K
370669	182500	72446	11563	352	352988	113703	70
388006	**238537**	**364988**	**404938**	**675**	**412151**	**345389**	L
10271	4267	70015	2230		12288	6673	71
377735	234270	294973	402708	675	399863	338716	72
398629	**122329**	**165747**	**59654**	**1004**	**216098**	**249178**	M
48636	7496	10348	5527	12	76716	86160	73
296707	100921	66769	13037	991	84648	107807	74
53286	13912	88630	41090	NA	54734	55211	75
87078	**47635**	**19137**	**2022**	**31**	**36072**	**9932**	N
791	3327	1131	191	6	329	469	76
18649	9157	2599	355		6185	3911	77
67086	33704	14843	808	25	29442	5321	78
552	1447	564	668		116	231	79
35718	**40623**	**394048**	**24165**	**148**	**82544**	**21057**	O
10877	21306	219693	12686	50	13292	4470	80
6644	11729	148394	7045	91	6011	8457	81
18197	7588	25961	4434	7	63241	8130	82
19395	**13801**	**92518**	**17034**	**115**	**7982**	**8380**	P
19395	13801	92518	17034	115	7982	8380	83
29159	**25176**	**301288**	**83900**	**189**	**24072**	**18093**	Q
26845	24342	278166	80603	189	20720	16841	84
2314	834	23122	3297		3352	1252	85
51551	**38306**	**391477**	**17874**	**78**	**40697**	**42790**	R
10468	16943	545	58		317	285	86
16027	8138	6053	662	6	5353	893	87
7866	7262	61966	3050	NA	2849	1348	88
4006	1747	18065	1353	NA	18939	11588	89
13184	4216	304848	12751	67	13239	28676	90

2-10 按地区、控股情况分组的企业法人单位数

地　区	企业法人单位数（个）	国有控股	集体控股	私人控股	港澳台商控股	外商控股
全　国	**29803508**	**305763**	**150023**	**29078984**	**148287**	**116502**
北　京	1136505	15034	8979	1097860	6835	7631
天　津	401077	7520	1737	385419	2578	3766
河　北	1346359	9737	4957	1329707	845	940
山　西	601331	9976	5708	585097	256	200
内蒙古	342518	6103	1598	334249	215	246
辽　宁	814664	9770	6695	791945	1877	4220
吉　林	289089	4785	1468	282121	220	416
黑龙江	301012	5856	2600	291707	330	432
上　海	737641	11774	5746	685017	14354	20646
江　苏	2737876	20257	9101	2676697	13913	17681
浙　江	2115776	18171	8504	2068575	8405	11952
安　徽	1198894	10984	7681	1177559	1352	1157
福　建	1162060	10095	4790	1132137	11005	3924
江　西	658114	10204	3770	642183	1290	575
山　东	2505844	18961	8799	2464739	4302	8720
河　南	1831474	12795	7081	1809506	1154	729
湖　北	1269253	11495	7187	1246911	1872	1641
湖　南	858860	8591	6498	841743	1201	690
广　东	4326781	22045	14613	4195365	69416	24899
广　西	531886	8584	4280	517044	1196	654
海　南	154148	2612	895	149198	881	525
重　庆	662408	5040	2225	653002	1046	946
四　川	1179063	14844	7683	1153191	1565	1597
贵　州	442453	11981	3610	426298	338	180
云　南	604320	8355	5507	589045	658	668
西　藏	63474	1370	471	61532	47	40
陕　西	775626	10749	3822	759181	712	1067
甘　肃	299978	6287	2010	291426	103	76
青　海	73907	1851	403	71557	52	33
宁　夏	95308	1514	354	93293	64	52
新　疆	285809	8423	1251	275680	205	199

2-11 按地区、控股情况分组的企业法人单位从业人员数

地区	从业人员数(人)	国有控股	集体控股	私人控股	港澳台商控股	外商控股
全国	**342081484**	**35722492**	**3967889**	**282549852**	**10339681**	**9436838**
北京	10502097	2129491	202982	6927805	606737	632337
天津	4276542	620613	34706	3135669	194615	286758
河北	12622955	1286156	128200	10978667	105727	124205
山西	6172440	1630619	133439	4327231	59358	21793
内蒙古	3497469	695236	31944	2719699	27979	22611
辽宁	7032202	1139162	104787	5313671	110245	364304
吉林	3123579	553303	31112	2453923	26319	58922
黑龙江	2915599	720794	44923	2065058	59148	25676
上海	11210137	1629729	122796	6979181	1082135	1394426
江苏	34031557	2094302	361356	28690132	1124651	1758491
浙江	28367681	1382479	263077	25358554	695123	668308
安徽	14822500	1254510	140588	13090115	163598	155222
福建	15325902	1120038	76796	13093499	625406	410163
江西	8751061	714369	88225	7690567	155772	102077
山东	26394487	2406393	441392	22750565	277464	516062
河南	20671688	1688458	189870	18522423	177173	91534
湖北	14851085	1435208	183174	12815631	186202	230870
湖南	12554093	1144630	183426	10908210	228115	89712
广东	45438913	3151771	523638	36021700	3818586	1897971
广西	5895335	779960	64431	4872610	103376	74958
海南	1315736	185385	16588	1072726	29042	11992
重庆	8626709	1008811	43309	7346329	110150	118110
四川	16354603	2012569	168358	13739039	228562	206075
贵州	4337213	791379	82189	3413230	24847	25568
云南	6369514	784987	87243	5427748	36665	28342
西藏	531483	76042	5224	445252	1697	3268
陕西	8084996	1424051	100087	6422963	48965	88930
甘肃	2839431	653172	65122	2103624	9109	8404
青海	796006	166088	8856	616799	2923	1340
宁夏	1131552	195241	7446	918768	4738	5359
新疆	3236919	847546	32605	2328464	15254	13050

2-12 按行业(大类)、控股情况分组的企业法人单位数

行业大类	代码	企业法人单位数(个)	国有控股	集体控股	私人控股	港澳台商控股	外商控股
总　计		**29803508**	**305763**	**150023**	**29078984**	**148287**	**116502**
农、林、牧、渔业	A	**115699**	**1826**	**2903**	**110692**	**174**	**104**
农业	01	301	106	13	178	NA	NA
林业	02	139	96	4	39		
畜牧业	03	176	7	4	161	NA	NA
渔业	04	56	6	5	45		
农、林、牧、渔专业及辅助性活动	05	115027	1611	2877	110269	170	100
采矿业	B	**51567**	**3261**	**946**	**47102**	**170**	**88**
煤炭开采和洗选业	06	9557	1272	196	8053	21	15
石油和天然气开采业	07	418	148	NA	251	6	10
黑色金属矿采选业	08	6890	231	173	6458	22	6
有色金属矿采选业	09	4681	381	134	4107	39	20
非金属矿采选业	10	24719	1067	400	23148	76	28
开采专业及辅助性活动	11	4022	95	25	3889	5	8
其他采矿业	12	1280	67	15	1196	NA	NA
制造业	C	**4016224**	**22354**	**18789**	**3899786**	**39077**	**36184**
农副食品加工业	13	154039	1981	1498	148614	871	1075
食品制造业	14	82181	646	430	79213	933	959
酒、饮料和精制茶制造业	15	70003	797	763	67410	507	525
烟草制品业	16	272	92	6	171	NA	
纺织业	17	148977	305	544	145249	1880	999
纺织服装、服饰业	18	194662	479	620	189338	2712	1513
皮革、毛皮、羽毛及其制品和制鞋业	19	88204	73	208	85855	1402	665
木材加工和木、竹、藤、棕、草制品业	20	132134	290	402	130800	369	273
家具制造业	21	108620	54	147	107205	761	453
造纸和纸制品业	22	90496	179	524	88455	948	389
印刷和记录媒介复制业	23	91452	807	1384	88326	650	284
文教、工美、体育和娱乐用品制造业	24	149352	177	473	144833	2429	1440
石油、煤炭及其他燃料加工业	25	14675	339	122	14034	77	103
化学原料和化学制品制造业	26	118383	1791	1074	111633	1817	2067
医药制造业	27	32996	691	231	30847	577	644
化学纤维制造业	28	8141	95	36	7766	144	100
橡胶和塑料制品业	29	239821	466	1010	233138	3135	2072
非金属矿物制品业	30	306359	3409	1851	298454	1503	1141
黑色金属冶炼和压延加工业	31	24403	341	131	23577	169	185
有色金属冶炼和压延加工业	32	33059	690	221	31535	299	313

2–12　续表 1

行业大类	代码	企业法人单位数（个）	国有控股	集体控股	私人控股	港澳台商控股	外商控股
金属制品业	33	454993	992	1589	447237	2928	2246
通用设备制造业	34	428751	1306	1787	419276	2429	3951
专用设备制造业	35	304134	1343	914	295975	2644	3254
汽车制造业	36	94150	1053	388	88545	1045	3117
铁路、船舶、航空航天和其他运输设备制造业	37	35738	552	196	34095	389	505
电气机械和器材制造业	38	256300	1126	931	248563	2962	2715
计算机、通信和其他电子设备制造业	39	173480	1131	394	164236	3977	3734
仪器仪表制造业	40	60841	332	264	58548	776	921
其他制造业	41	29934	71	89	29056	466	252
废弃资源综合利用业	42	22385	347	117	21768	90	63
金属制品、机械和设备修理业	43	67289	399	445	66034	185	226
电力、热力、燃气及水生产和供应业	**D**	**131826**	**20773**	**10386**	**97950**	**1832**	**884**
电力、热力生产和供应业	44	91450	12379	8041	69614	1054	362
燃气生产和供应业	45	10423	1464	149	8115	413	282
水的生产和供应业	46	29953	6930	2196	20221	365	240
建筑业	**E**	**2721969**	**19042**	**7607**	**2692656**	**1956**	**703**
房屋建筑业	47	796635	6438	3526	786177	374	118
土木工程建筑业	48	553850	9660	2183	541499	360	145
建筑安装业	49	284399	1352	826	281711	281	229
建筑装饰、装修和其他建筑业	50	1087085	1592	1072	1083269	941	211
批发和零售业	**F**	**10048930**	**41597**	**34827**	**9903205**	**33504**	**35767**
批发业	51	5400198	27919	17538	5301800	23451	29467
零售业	52	4648732	13678	17289	4601405	10053	6300
交通运输、仓储和邮政业	**G**	**930938**	**17950**	**5003**	**901207**	**4153**	**2620**
铁路运输业	53	402	375	9	14	NA	NA
道路运输业	54	629929	7958	2987	617247	1222	514
水上运输业	55	18548	1091	358	16837	148	114
航空运输业	56	3993	525	26	3382	27	33
管道运输业	57	426	114	7	288	5	12
多式联运和运输代理业	58	143708	1514	211	139009	1683	1289
装卸搬运和仓储业	59	103749	5644	1357	95074	1028	644
邮政业	60	30183	729	48	29356	37	13
住宿和餐饮业	**H**	**710235**	**7331**	**3221**	**693711**	**3476**	**2490**
住宿业	61	190697	4813	1743	182847	888	406
餐饮业	62	519538	2518	1478	510864	2588	2084
信息传输、软件和信息技术服务业	**I**	**1689565**	**9014**	**1901**	**1660178**	**11203**	**7263**
电信、广播电视和卫星传输服务	63	35867	2627	294	32417	322	206
互联网和相关服务	64	278136	1420	251	274890	1106	468
软件和信息技术服务业	65	1375562	4967	1356	1352871	9775	6589

2-12 续表 2

行业大类	代码	企业法人单位数(个)	国有控股	集体控股	私人控股	港澳台商控股	外商控股
金融业	J	**106665**	**25081**	**1281**	**72041**	**2702**	**1734**
货币金融服务	66	29332	10744	794	14540	1999	796
资本市场服务	67	50860	4384	138	45268	490	392
保险业	68	17157	8458	269	4702	82	495
其他金融业	69	9316	1495	80	7531	131	51
房地产业	K	**1038453**	**38213**	**19239**	**965025**	**11766**	**4190**
房地产业	70	1038453	38213	19239	965025	11766	4190
租赁和商务服务业	L	**3883704**	**51137**	**26539**	**3772253**	**21523**	**12243**
租赁业	71	503280	1964	807	499440	710	359
商务服务业	72	3380424	49173	25732	3272813	20813	11884
科学研究和技术服务业	M	**2014288**	**22256**	**7188**	**1964838**	**10938**	**9064**
研究和试验发展	73	218527	1540	590	211788	2229	2377
专业技术服务业	74	930820	15827	3125	904850	3872	3145
科技推广和应用服务业	75	864941	4889	3473	848200	4837	3542
水利、环境和公共设施管理业	N	**193720**	**11907**	**2967**	**178101**	**506**	**239**
水利管理业	76	7419	1343	255	5795	11	15
生态保护和环境治理业	77	35353	1548	224	33271	188	122
公共设施管理业	78	142446	7489	2172	132384	301	100
土地管理业	79	8502	1527	316	6651	6	NA
居民服务、修理和其他服务业	O	**870379**	**2675**	**3458**	**861781**	**1563**	**902**
居民服务业	80	434465	1423	1794	429869	907	472
机动车、电子产品和日用产品修理业	81	309673	710	1059	307255	377	272
其他服务业	82	126241	542	605	124657	279	158
教育	P	**356766**	**1694**	**804**	**353223**	**610**	**434**
教育	83	356766	1694	804	353223	610	434
卫生和社会工作	Q	**167292**	**1101**	**693**	**164934**	**341**	**223**
卫生	84	135250	603	406	133905	207	129
社会工作	85	32042	498	287	31029	134	94
文化、体育和娱乐业	R	**755288**	**8551**	**2271**	**740301**	**2793**	**1370**
新闻和出版业	86	6237	2022	149	4045	12	9
广播、电视、电影和录音制作业	87	99229	2428	263	96145	287	106
文化艺术业	88	170828	2067	477	167447	580	257
体育	89	94629	612	182	92980	454	400
娱乐业	90	384365	1422	1200	379684	1460	598

2-13 按行业(大类)、控股情况分组的企业法人单位从业人员数

行业大类	代码	从业人员数(人)	国有控股	集体控股	私人控股	港澳台商控股	外商控股
总 计		**342081484**	**35722492**	**3967889**	**282549852**	**10339681**	**9436838**
农、林、牧、渔业	A	**793533**	**37665**	**16296**	**734105**	**2210**	**3257**
农业	01						
林业	02						
畜牧业	03						
渔业	04						
农、林、牧、渔专业及辅助性活动	05	793533	37665	16296	734105	2210	3257
采矿业	B	**4696956**	**2921853**	**98441**	**1613682**	**28074**	**34906**
煤炭开采和洗选业	06	2772385	1955049	65432	721616	13173	17115
石油和天然气开采业	07	511880	488980		7188	4627	11085
黑色金属矿采选业	08	313245	98672	9484	202649	2278	162
有色金属矿采选业	09	293673	116046	6799	162580	4413	3835
非金属矿采选业	10	492878	63310	10162	414680	2545	2181
开采专业及辅助性活动	11	299281	198734	6352	92638	1032	525
其他采矿业	12	13614	1062	212	12331	6	NA
制造业	C	**103682268**	**6853996**	**865002**	**83276164**	**6381793**	**6246197**
农副食品加工业	13	3998295	145233	41757	3553338	114100	143867
食品制造业	14	2531734	126701	21362	2043053	151196	189422
酒、饮料和精制茶制造业	15	1555025	254510	28257	1079154	80437	112095
烟草制品业	16	180322	139337	1688	37203	2094	
纺织业	17	3840499	70356	47186	3390194	233061	99702
纺织服装、服饰业	18	4487342	62431	25277	3916997	345921	136716
皮革、毛皮、羽毛及其制品和制鞋业	19	2505057	12685	9748	2087163	265484	129977
木材加工和木、竹、藤、棕、草制品业	20	2196874	19500	6057	2141057	14082	16178
家具制造业	21	1983473	7339	2858	1822535	91005	59736
造纸和纸制品业	22	1681615	47231	16407	1431744	128101	57842
印刷和记录媒介复制业	23	1543943	76695	20849	1319989	85911	40227
文教、工美、体育和娱乐用品制造业	24	2863018	14925	11908	2367576	337893	130716
石油、煤炭及其他燃料加工业	25	855066	375496	7090	450503	13078	8899
化学原料和化学制品制造业	26	4365131	610023	56563	3298298	182543	217541
医药制造业	27	2358757	236493	41660	1748250	163805	160685
化学纤维制造业	28	495063	67044	2340	379691	30182	15806
橡胶和塑料制品业	29	4925717	111952	29305	4152694	366608	265158
非金属矿物制品业	30	7117842	417452	50686	6350906	178585	120018
黑色金属冶炼和压延加工业	31	2011352	533729	18504	1385511	33156	40452
有色金属冶炼和压延加工业	32	1784457	422738	31350	1235082	56546	36553

2-13 续表 1

行业大类	代码	从业人员数(人)	国有控股	集体控股	私人控股	港澳台商控股	外商控股
金属制品业	33	7589148	192077	41777	6820704	305326	227427
通用设备制造业	34	7907587	345530	48287	6714868	237936	560488
专用设备制造业	35	6130078	339195	41246	5148863	258565	339751
汽车制造业	36	5549941	774857	43743	3542598	313861	856922
铁路、船舶、航空航天和其他运输设备制造业	37	1490542	270691	10884	1072353	57807	78280
电气机械和器材制造业	38	8103198	277529	92148	6655718	544482	513040
计算机、通信和其他电子设备制造业	39	10308607	675116	79289	6382614	1628084	1539473
仪器仪表制造业	40	1504729	60776	9392	1230380	97533	106648
其他制造业	41	547200	4195	1297	474492	38634	28582
废弃资源综合利用业	42	421459	27058	6651	378875	6260	2615
金属制品、机械和设备修理业	43	849197	135102	19436	663761	19517	11381
电力、热力、燃气及水生产和供应业	**D**	**4757904**	**3136891**	**114018**	**1327155**	**124752**	**55049**
电力、热力生产和供应业	44	3358833	2378621	70764	845903	46225	17320
燃气生产和供应业	45	454705	168494	6306	195372	57049	27484
水的生产和供应业	46	944366	589776	36948	285880	21478	10245
建筑业	**E**	**51169025**	**5869537**	**947286**	**44236505**	**67916**	**47536**
房屋建筑业	47	25868869	2632096	620255	22563037	31125	22111
土木工程建筑业	48	11263094	2737969	208891	8301003	6968	8263
建筑安装业	49	3849694	316976	94044	3416035	10821	11818
建筑装饰、装修和其他建筑业	50	10187368	182496	24096	9956430	19002	5344
批发和零售业	**F**	**52741753**	**2182819**	**379817**	**48202302**	**977092**	**999447**
批发业	51	29528810	1364097	173799	26841345	505818	643490
零售业	52	23212943	818722	206018	21360957	471274	355957
交通运输、仓储和邮政业	**G**	**13701179**	**3927909**	**179023**	**9291094**	**191102**	**111276**
铁路运输业	53						
道路运输业	54	8220053	2283483	106601	5750278	48952	29971
水上运输业	55	458125	192344	7756	242386	10071	5568
航空运输业	56	637163	517056	2208	115572	2207	120
管道运输业	57	42119	35158	142	5300	453	1066
多式联运和运输代理业	58	1348580	117419	3809	1101351	84729	41272
装卸搬运和仓储业	59	1416487	243613	31125	1084010	31519	26213
邮政业	60	1578652	538836	27382	992197	13171	7066
住宿和餐饮业	**H**	**8921328**	**617851**	**64909**	**7235858**	**525460**	**477250**
住宿业	61	2783241	443649	38910	2181682	78331	40669
餐饮业	62	6138087	174202	25999	5054176	447129	436581
信息传输、软件和信息技术服务业	**I**	**15026299**	**1666786**	**122435**	**11858022**	**781389**	**596356**
电信、广播电视和卫星传输服务	63	1568866	994357	4906	360135	134797	74540
互联网和相关服务	64	2419168	138803	25940	2006871	180466	66950
软件和信息技术服务业	65	11038265	533626	91589	9491016	466126	454866

2-13　续表 2

行业大类	代码	从业人员数（人）	国有控股	集体控股	私人控股	港澳台商控股	外商控股
金融业	J	**284355**	**73372**	**2254**	**159909**	**29169**	**19651**
货币金融服务	66	132946	19761	903	76183	22546	13553
资本市场服务	67	57006	13884	451	40024	1275	1372
保险业	68	4564	90	14	4397	13	50
其他金融业	69	89839	39637	886	39305	5335	4676
房地产业	K	**14378667**	**1672270**	**396898**	**11766405**	**390593**	**150596**
房地产业	70	14378667	1672270	396898	11766405	390593	150596
租赁和商务服务业	L	**36496231**	**3433957**	**427588**	**31882613**	**415418**	**336177**
租赁业	71	2924231	48226	8444	2848056	11562	7943
商务服务业	72	33572000	3385731	419144	29034557	403856	328234
科学研究和技术服务业	M	**15426117**	**1721307**	**120419**	**13100703**	**237463**	**245673**
研究和试验发展	73	1723216	124452	8850	1425151	78663	85651
专业技术服务业	74	9193747	1474006	86299	7435630	93030	104679
科技推广和应用服务业	75	4509154	122849	25270	4239922	65770	55343
水利、环境和公共设施管理业	N	**3626878**	**906728**	**92177**	**2581373**	**33544**	**13056**
水利管理业	76	92184	43995	2180	45402	375	232
生态保护和环境治理业	77	392738	76258	5934	300942	5957	3647
公共设施管理业	78	3053021	746523	82237	2187906	27186	9169
土地管理业	79	88935	39952	1826	47123	26	8
居民服务、修理和其他服务业	O	**6492559**	**142764**	**66284**	**6157539**	**82092**	**43880**
居民服务业	80	2758607	49742	34291	2643891	13274	17409
机动车、电子产品和日用产品修理业	81	1638014	20480	8429	1594267	5727	9111
其他服务业	82	2095938	72542	23564	1919381	63091	17360
教育	P	**2741707**	**53992**	**15064**	**2647672**	**8613**	**16334**
教育	83	2741707	53992	15064	2647672	8613	16334
卫生和社会工作	Q	**2891173**	**94932**	**30596**	**2720657**	**26418**	**18570**
卫生	84	2487370	76334	27299	2344511	23000	16226
社会工作	85	403803	18598	3297	376146	3418	2344
文化、体育和娱乐业	R	**4253552**	**407863**	**29382**	**3758094**	**36583**	**21627**
新闻和出版业	86	172479	130134	1552	40591	152	50
广播、电视、电影和录音制作业	87	589303	86474	7345	490273	4246	965
文化艺术业	88	905101	82991	5796	812283	2791	1240
体育	89	563086	27298	3148	503947	16488	12202
娱乐业	90	2023583	80966	11541	1911000	12906	7170

2-14　按地区、开业时间

地　区	企业法人单位数（个）			
		1949年以前	1950-1977年	1978-1991年
全　国	**29803508**	**115**	**3423**	**85456**
北　京	1136505	11	474	4041
天　津	401077		32	1603
河　北	1346359	4	59	2321
山　西	601331	6	249	2389
内蒙古	342518		26	397
辽　宁	814664	26	333	4852
吉　林	289089	NA	32	990
黑龙江	301012	21	192	1664
上　海	737641	5	33	3765
江　苏	2737876	7	111	11423
浙　江	2115776	NA	186	6199
安　徽	1198894	NA	56	1613
福　建	1162060		17	4053
江　西	658114		133	1927
山　东	2505844	7	95	4756
河　南	1831474	4	77	2623
湖　北	1269253	NA	53	2323
湖　南	858860	NA	121	1698
广　东	4326781	4	567	12684
广　西	531886	NA	82	2412
海　南	154148		4	753
重　庆	662408	NA	83	1505
四　川	1179063	NA	121	2476
贵　州	442453		94	815
云　南	604320	4	62	1452
西　藏	63474		4	70
陕　西	775626	NA	53	2498
甘　肃	299978	NA	29	1136
青　海	73907	NA	8	141
宁　夏	95308		11	145
新　疆	285809		26	732

分组的企业法人单位数

1992-2000年	2001年	2002年	2003年	2004年	2005年
433148	**123173**	**148429**	**189052**	**207345**	**214857**
30784	10003	11134	13704	16245	17307
8303	2048	2488	3388	3634	3808
11862	4193	5515	6110	7479	7868
7091	1738	2159	2888	3338	3846
3395	1146	1312	1613	1911	2170
19912	5106	5747	7454	8209	8197
3835	1281	1310	1728	1900	2336
5725	1441	1693	2169	2398	2614
31184	7611	10043	12869	13938	14714
54109	17691	22268	26694	26008	25817
50111	13857	17278	20191	18208	17961
8493	2714	3472	4573	5293	5690
18492	4440	5315	7195	7969	8312
4323	1548	2159	2688	2802	3106
29158	8569	10560	14143	15016	15492
12168	3270	4337	5747	7211	8270
11189	3769	4747	5975	7160	7017
6416	2173	2415	3372	4028	4040
55099	14022	15924	21924	26631	27429
5786	1301	1699	2188	2551	2719
2013	443	484	679	765	826
8746	1944	2266	3209	3399	3414
15859	4675	4988	6997	7799	7949
3483	829	889	1156	1365	1401
7018	1640	1866	2708	3337	3240
342	103	126	136	182	204
8858	2438	2760	3332	3975	4333
3699	1158	1232	1451	1594	1746
941	390	375	418	369	398
1280	390	393	590	591	499
3474	1242	1475	1763	2040	2134

2-14 续表 1

地 区	2006年	2007年	2008年	2009年
全 国	**242642**	**250111**	**262766**	**341055**
北 京	17420	19357	22319	27083
天 津	4201	4450	5084	5867
河 北	9310	9120	9778	12713
山 西	4191	4438	4859	5659
内蒙古	2593	2913	3295	3921
辽 宁	8796	9038	9660	12803
吉 林	2747	2800	2944	3857
黑龙江	2906	3010	3543	4322
上 海	12875	11481	12486	16825
江 苏	31241	31087	31155	39928
浙 江	21981	22245	20812	27909
安 徽	7445	7647	8215	10466
福 建	9190	8885	9064	11505
江 西	3411	3399	3569	5179
山 东	17922	17503	18158	24046
河 南	8815	9464	10496	13169
湖 北	7383	8210	9263	12319
湖 南	4577	4907	4950	6688
广 东	31964	33532	32916	44651
广 西	3061	3843	3794	6069
海 南	987	1113	1285	1546
重 庆	3905	4510	5321	6525
四 川	9167	9268	10120	12730
贵 州	1630	1935	2016	2723
云 南	3983	3869	4722	6003
西 藏	283	312	256	362
陕 西	4815	5693	6259	8253
甘 肃	1995	2114	2260	2891
青 海	478	532	525	632
宁 夏	618	709	746	1066
新 疆	2752	2727	2896	3345

2010年	2011年	2012年	2013年	2014年	2015年
430250	**502065**	**515504**	**673973**	**1017061**	**1201369**
30685	32323	31764	36166	57760	66292
7115	8341	7963	9763	15412	18606
14942	17677	18516	25965	43172	53938
6742	8306	9072	10257	16564	20967
5408	5808	5466	6437	11292	14349
16780	17326	15845	18106	29536	32646
4518	5019	5111	6392	9368	10892
4686	5362	5385	6156	9690	11353
20548	21897	22413	24731	35040	37835
53091	57108	54314	66538	99562	115846
36098	38787	36939	62989	74187	74993
13475	16047	16874	22035	35106	41193
16454	19595	19826	24600	41996	51269
6498	7408	8530	11196	17260	21018
30430	34167	35582	48009	80592	100514
16132	19717	20633	27847	52426	66126
15545	18636	19971	28223	40465	45988
8550	10177	11024	14989	23694	29176
59028	76524	79660	115610	158854	186643
7247	8720	10161	10906	16562	20649
2031	2121	2052	2778	3882	4386
9854	17702	17250	20120	26500	29590
15390	17664	19504	23920	35679	42128
3247	4457	8453	9854	14188	16990
6407	8040	8381	10366	18165	26165
469	647	842	1268	1904	3119
9558	11319	10836	12999	23325	27698
3479	4195	4943	6194	10830	14399
767	955	1216	1458	2531	3143
1337	1418	1646	1926	3215	4012
3739	4602	5332	6175	8304	9446

2-14 续表 2

地　区	2016年	2017年	2018年	2019年
全　国	**1570838**	**1948501**	**2242561**	**2677949**
北　京	71174	68212	71809	77668
天　津	24317	28413	31073	36030
河　北	80912	102377	116074	133233
山　西	28074	36316	45772	58472
内蒙古	18509	22745	24839	29993
辽　宁	41157	52849	58814	70366
吉　林	14632	17335	19744	23990
黑龙江	15433	18620	21855	26326
上　海	42091	44797	49619	51860
江　苏	150570	197630	215775	236194
浙　江	103195	134919	160171	185669
安　徽	59238	77053	97736	120242
福　建	62651	74092	87374	102202
江　西	28309	39072	49636	62553
山　东	133294	167391	203468	270126
河　南	90262	116423	141377	181951
湖　北	59617	74681	89262	115207
湖　南	39315	50147	60593	75902
广　东	245991	296036	322161	365088
广　西	24367	28957	36507	46536
海　南	5990	7549	8924	10923
重　庆	35744	40218	47465	55733
四　川	59775	77687	87497	104490
贵　州	22821	31640	31414	37275
云　南	30921	34935	38855	44741
西　藏	4421	4654	5603	5951
陕　西	35206	52449	65231	81999
甘　肃	19368	21633	23814	27224
青　海	4607	5467	5764	6933
宁　夏	5475	6910	7103	8843
新　疆	13402	17294	17232	24229

2020年	2021年	2022年	2023年	无开业年份
3070228	**3640560**	**3787243**	**3770222**	**253612**
81084	110348	113913	88413	9012
37626	44111	43146	39159	5096
150459	169756	174376	152313	6317
70573	77284	86152	77064	6865
34240	40843	44028	48744	5125
76954	92334	90312	86966	14540
29559	38841	36228	40089	1609
30578	35472	39575	37034	1789
57459	69527	56723	50778	4494
266349	315576	306434	260208	25142
208114	243652	238599	244126	36399
136077	159442	176894	153659	8145
120585	139595	149898	147772	9714
75848	94560	105832	93164	2986
304476	330074	314087	271070	7139
210311	246615	257500	289221	9282
117779	151060	181235	225360	6814
90729	106265	149825	139776	3312
422611	523195	530153	587652	40228
61714	73148	75570	68527	6808
18859	26589	23489	20716	2961
65989	82143	84101	82977	2194
120716	141210	155631	181794	3828
44156	53141	68637	72342	5502
57528	69084	94087	108064	8677
7866	8566	6510	8416	858
91554	103435	95821	94574	6353
32397	35438	34320	37287	3150
8284	9426	8312	8878	958
10200	11259	11874	12473	579
29554	38571	33981	41606	7736

2-15 按地区、开业时间分组的

地 区	从业人员数(人)	1949年以前	1950-1977年	1978-1991年
全 国	**342081484**	**108881**	**1040300**	**9477018**
北 京	10502097	2219	73041	532413
天 津	4276542		9629	156645
河 北	12622955	20532	38072	285987
山 西	6172440	2087	94516	344624
内蒙古	3497469		3336	76979
辽 宁	7032202	12870	21576	255638
吉 林	3123579	420	6348	116207
黑龙江	2915599	569	22701	95910
上 海	11210137	2175	11702	312876
江 苏	34031557	3323	134012	1245480
浙 江	28367681	69	27340	488971
安 徽	14822500	702	25156	272193
福 建	15325902		6092	393936
江 西	8751061		24036	140503
山 东	26394487	3430	30778	687377
河 南	20671688	142	48513	363831
湖 北	14851085	733	33694	208211
湖 南	12554093	270	106237	354588
广 东	45438913	5990	111064	1443372
广 西	5895335	153	59817	263615
海 南	1315736		562	28145
重 庆	8626709	106	12267	272071
四 川	16354603	1648	39467	370611
贵 州	4337213		4570	130092
云 南	6369514	849	20330	158243
西 藏	531483		108	2727
陕 西	8084996	46842	32260	208504
甘 肃	2839431	3643	8409	135965
青 海	796006	109	482	27513
宁 夏	1131552		1324	21676
新 疆	3236919		32861	82115

企业法人单位从业人员数

1992—2000年	2001年	2002年	2003年	2004年	2005年
31124888	**7041634**	**6942555**	**7835015**	**7851897**	**7372366**
1513035	280317	296789	308032	402462	379251
523597	74144	59723	90077	101678	100093
841280	293616	268412	251298	264445	233055
583687	163746	131921	148022	151381	124008
290505	62962	68435	67407	100925	87837
919632	150873	170337	209328	182492	186139
316261	75829	71884	69347	60449	69177
393306	74237	48809	70898	66985	56252
1836491	314741	400233	392400	456879	503900
3323057	819717	983439	1007783	897158	781252
3466478	814104	755621	871427	803650	658738
743916	206853	165675	262637	202658	246239
1325663	295101	312821	424973	353704	393786
423386	120981	141237	143894	133323	146131
2361802	526881	421278	562611	576445	516837
1053897	238201	232407	253783	307926	326481
1024166	266169	374149	347177	300378	328951
778558	316008	160614	235598	239730	246985
4601886	892173	838951	1042722	1129939	995951
369993	76790	90611	130280	113601	109478
112892	20133	14861	19383	19648	23998
913769	171826	171556	168410	164203	125974
1411079	353419	283225	288554	280803	277813
319822	36722	36121	55499	74272	44364
401611	84078	80125	116247	144001	105031
27634	4292	4567	11577	5383	7707
663844	119767	142625	105088	136197	153202
202846	78759	73606	59957	54882	50456
50808	16430	15642	16524	15589	9851
77200	22505	57483	38443	30275	29114
252787	70260	69398	65639	80436	54315

2-15 续表 1

地 区	2006年	2007年	2008年	2009年
全 国	**7569808**	**7190175**	**6795391**	**7463959**
北 京	384947	292903	314566	325059
天 津	104840	92405	100378	114543
河 北	219960	247783	221186	298506
山 西	149771	116822	144298	148656
内蒙古	90246	98159	88436	98005
辽 宁	194056	166534	145868	170056
吉 林	72255	68857	51506	72659
黑龙江	58841	64636	68300	63483
上 海	355327	284834	316683	337513
江 苏	898191	820157	801070	861439
浙 江	787292	642865	562629	633589
安 徽	245527	283059	229501	301694
福 建	334611	325726	292527	277404
江 西	133289	167548	173489	179619
山 东	600847	496199	423055	470788
河 南	275329	296674	285965	311702
湖 北	250912	262202	256430	294289
湖 南	244624	200736	206830	256293
广 东	1129089	1183300	914773	1025355
广 西	101456	109608	107169	114636
海 南	23952	28432	30779	35462
重 庆	147633	174815	150283	164057
四 川	301541	305028	335284	353277
贵 州	47646	56604	65449	71397
云 南	120425	91385	114608	131786
西 藏	7803	9506	5142	5032
陕 西	136670	155367	230579	188165
甘 肃	44882	52698	40643	48339
青 海	11999	15561	29095	14091
宁 夏	15064	15042	20458	23550
新 疆	80783	64730	68412	73515

2010年	2011年	2012年	2013年	2014年	2015年
9096620	**9425771**	**8571488**	**9570774**	**12113782**	**12504135**
330114	381345	361155	308171	408947	452149
129252	154702	116506	108399	152988	179585
262996	274279	257955	327349	458672	485100
157476	203348	203705	163005	190621	203382
102724	103809	76805	99533	121863	122116
223817	191968	183793	191452	243717	216168
91092	91128	71181	85377	114586	103308
67783	67837	54388	69847	160605	89859
411392	415841	343461	365373	502234	450946
1062400	1031605	917517	1000517	1243540	1160103
848616	815727	677801	887725	891886	967753
391250	376669	333885	375869	439218	531120
383347	527225	399728	412945	561900	593815
202022	206429	234613	219753	294993	295204
540103	580366	570118	665485	932681	962462
421105	385279	401884	437933	688298	704597
348668	347728	373594	503088	508008	504736
260785	319420	298490	310290	395042	428349
1316962	1360807	1188354	1412067	1726680	1898309
137800	139739	145070	143369	194517	208958
47992	36552	33490	36399	33982	48097
238613	308192	238790	284265	324616	317770
492402	417677	390361	434571	568536	525792
77133	128558	109190	115249	160776	169989
149909	144455	152276	182670	219997	250144
11578	7788	10100	16861	19292	23084
190830	199504	207577	188874	265953	286303
56772	70606	69839	79863	104594	118702
17609	17632	18467	19870	26742	30575
33730	22291	31383	32667	43157	49430
90348	97265	100012	91938	115141	126230

2-15 续表 2

地区	2016年	2017年	2018年	2019年
全国	**15607415**	**18845893**	**20028947**	**22255732**
北京	449963	419207	421162	425059
天津	195461	235769	264481	366338
河北	650784	794749	848142	913123
山西	214861	323977	328012	358253
内蒙古	156575	180608	193290	218345
辽宁	274641	343425	391139	396272
吉林	123072	155597	155513	186098
黑龙江	139615	141335	142050	174060
上海	399221	418594	481336	432496
江苏	1513152	1879833	1901958	1982702
浙江	1200845	1641241	1592995	1904936
安徽	743481	868480	988347	1168290
福建	753171	810446	894766	959593
江西	396835	545181	588758	658586
山东	1213692	1468585	1638033	1988935
河南	970934	1220667	1379812	1623959
湖北	624426	806597	861361	1005312
湖南	540296	657206	733026	874507
广东	2210132	2531320	2692334	2619466
广西	227297	300746	349013	405187
海南	64105	66466	68274	83803
重庆	431434	443150	472101	534680
四川	811818	1034371	999583	1116952
贵州	230567	272338	258963	309271
云南	303992	364196	355491	393013
西藏	38784	38393	38487	43851
陕西	318098	473788	541418	625662
甘肃	145634	150433	172705	175895
青海	46180	47584	46271	51500
宁夏	56405	55984	64303	72762
新疆	161944	155627	165823	186826

2020年	2021年	2022年	2023年	无开业年份
24149862	**26144235**	**25212593**	**20439103**	**301247**
416608	444178	352266	225150	1589
241067	238709	207584	154448	3501
994388	1031076	1037888	788198	14124
396031	410049	396368	303826	15987
211037	251578	258258	252798	14898
397324	457532	401172	326175	8208
205799	244443	220679	219127	5380
175725	195951	190381	157602	3634
441035	476098	329531	214667	2158
2072729	2319053	1977607	1363518	29245
1733155	1831101	1651515	1183111	26501
1298788	1525839	1525012	1054710	15732
1262784	1099742	1066630	855149	8317
792413	874206	880879	627982	5771
2152823	2294801	2096006	1595015	17054
1873915	2098619	2305143	2144173	20519
978565	1220564	1402979	1414896	3102
980778	1032069	1283149	1090440	3175
2971187	3179429	2781182	2224469	11650
519296	561529	516412	387754	11441
113471	138188	107672	76217	2781
570776	671306	615524	536695	1827
1152661	1255207	1324700	1218923	9300
341452	401022	449541	360846	9760
518150	510815	639086	601840	14761
57200	50317	41773	41562	935
667892	724819	593327	478567	3274
229105	208419	198909	194262	8608
66725	62858	62895	54675	2729
91409	81255	74081	62641	7920
225574	253463	224444	229667	17366

2–16 按行业(大类)、开业时间

行业大类	代码	企业法人单位数(个)			
			1949年以前	1950–1977年	1978–1991年
总　计		**29803508**	**115**	**3423**	**85456**
农、林、牧、渔业	**A**	**115699**	**NA**	**37**	**385**
农业	01	301		NA	13
林业	02	139	NA	10	39
畜牧业	03	176			4
渔业	04	56			NA
农、林、牧、渔专业及辅助性活动	05	115027		26	327
采矿业	**B**	**51567**	**NA**	**37**	**531**
煤炭开采和洗选业	06	9557	NA	23	188
石油和天然气开采业	07	418	NA		5
黑色金属矿采选业	08	6890		NA	67
有色金属矿采选业	09	4681	NA	4	92
非金属矿采选业	10	24719		7	165
开采专业及辅助性活动	11	4022			12
其他采矿业	12	1280			NA
制造业	**C**	**4016224**	**36**	**822**	**23489**
农副食品加工业	13	154039		36	930
食品制造业	14	82181		18	488
酒、饮料和精制茶制造业	15	70003	NA	19	469
烟草制品业	16	272	NA		21
纺织业	17	148977		15	837
纺织服装、服饰业	18	194662	NA	26	791
皮革、毛皮、羽毛及其制品和制鞋业	19	88204		8	415
木材加工和木、竹、藤、棕、草制品业	20	132134		11	309
家具制造业	21	108620		10	155
造纸和纸制品业	22	90496		12	600
印刷和记录媒介复制业	23	91452	7	64	2099
文教、工美、体育和娱乐用品制造业	24	149352		22	687
石油、煤炭及其他燃料加工业	25	14675	NA	4	69
化学原料和化学制品制造业	26	118383	NA	44	1162
医药制造业	27	32996	5	31	431
化学纤维制造业	28	8141		NA	43
橡胶和塑料制品业	29	239821		29	1514
非金属矿物制品业	30	306359	NA	51	1625
黑色金属冶炼和压延加工业	31	24403		7	189
有色金属冶炼和压延加工业	32	33059		14	219

分组的企业法人单位数

1992–2000年	2001年	2002年	2003年	2004年	2005年	代码
433148	**123173**	**148429**	**189052**	**207345**	**214857**	
832	**176**	**216**	**305**	**343**	**372**	A
78	5	5	4	12	7	01
31	NA	NA	4		4	02
9	NA	NA	4	NA	4	03
12	6	4		NA	NA	04
702	160	204	293	326	356	05
1875	**612**	**682**	**1102**	**1596**	**1704**	B
544	188	182	333	438	438	06
47	4	11	4	5	6	07
310	113	121	257	465	448	08
330	108	116	164	225	285	09
565	178	215	294	406	453	10
68	17	28	38	45	50	11
11	4	9	12	12	24	12
140190	**41331**	**49037**	**59016**	**60979**	**59697**	C
4958	1475	1565	2066	2253	2435	13
3177	798	859	995	1114	1067	14
3106	739	837	965	912	907	15
31	NA	5	15	9	5	16
6360	2147	2989	3460	2891	2833	17
5541	1727	1943	2263	2252	2217	18
2685	663	793	886	910	911	19
1708	580	695	869	996	1020	20
1761	470	489	745	765	773	21
3547	1065	1412	1603	1636	1538	22
7207	1914	2364	2746	2597	2255	23
4375	1211	1602	1929	1938	1837	24
493	135	155	201	202	172	25
7659	2054	2318	2815	2839	2878	26
2521	629	627	790	759	644	27
378	133	178	257	202	152	28
10003	3230	3764	4258	4294	4335	29
8464	2377	3129	3966	4044	3841	30
1122	364	430	756	699	651	31
1460	548	552	656	685	694	32

2-16 续表 1

行业大类	代码	企业法人单位数(个)	1949年以前	1950—1977年	1978—1991年
金属制品业	33	454993	NA	64	2105
通用设备制造业	34	428751	4	117	2853
专用设备制造业	35	304134	NA	61	1481
汽车制造业	36	94150	NA	35	708
铁路、船舶、航空航天和其他运输设备制造业	37	35738	NA	20	338
电气机械和器材制造业	38	256300	NA	43	1491
计算机、通信和其他电子设备制造业	39	173480		19	541
仪器仪表制造业	40	60841	NA	32	422
其他制造业	41	29934		NA	113
废弃资源综合利用业	42	22385		NA	54
金属制品、机械和设备修理业	43	67289	NA	5	330
电力、热力、燃气及水生产和供应业	**D**	**131826**	**7**	**82**	**2403**
电力、热力生产和供应业	44	91450	NA	38	1212
燃气生产和供应业	45	10423	NA	NA	64
水的生产和供应业	46	29953	4	42	1127
建筑业	**E**	**2721969**	**5**	**410**	**7139**
房屋建筑业	47	796635	NA	304	3981
土木工程建筑业	48	553850	NA	73	1687
建筑安装业	49	284399	NA	24	827
建筑装饰、装修和其他建筑业	50	1087085		9	644
批发和零售业	**F**	**10048930**	**25**	**757**	**21077**
批发业	51	5400198	8	339	11439
零售业	52	4648732	17	418	9638
交通运输、仓储和邮政业	**G**	**930938**	**7**	**173**	**4215**
铁路运输业	53	402	NA	9	10
道路运输业	54	629929	NA	77	1898
水上运输业	55	18548		15	393
航空运输业	56	3993			16
管道运输业	57	426			NA
多式联运和运输代理业	58	143708		4	231
装卸搬运和仓储业	59	103749	4	66	1645
邮政业	60	30183		NA	20
住宿和餐饮业	**H**	**710235**	**9**	**71**	**2147**
住宿业	61	190697	5	43	1489
餐饮业	62	519538	4	28	658
信息传输、软件和信息技术服务业	**I**	**1689565**		**NA**	**336**
电信、广播电视和卫星传输服务	63	35867			37
互联网和相关服务	64	278136			23
软件和信息技术服务业	65	1375562		NA	276

1992—2000年	2001年	2002年	2003年	2004年	2005年	代码
12890	3994	4656	5579	5977	5839	33
16266	4725	5713	6944	7613	7516	34
8971	2822	3347	4070	4507	4414	35
4167	1201	1563	1918	2090	1888	36
1855	480	484	576	642	748	37
9640	2859	3186	3789	3824	3734	38
4596	1554	1752	1922	2238	2270	39
2833	782	815	1023	1025	1009	40
896	275	313	365	353	381	41
223	80	94	129	169	164	42
1297	297	408	460	544	569	43
5758	**1454**	**2049**	**3342**	**3548**	**2965**	D
3840	1059	1492	2603	2792	2282	44
404	129	173	251	206	219	45
1514	266	384	488	550	464	46
30442	**8049**	**8690**	**9709**	**11144**	**11782**	E
9822	2817	2598	2162	2481	2675	47
6745	1859	1962	2541	2746	2791	48
5628	1387	1669	1859	2107	2309	49
8247	1986	2461	3147	3810	4007	50
108007	**32206**	**41303**	**52100**	**56139**	**59759**	F
68176	20909	26231	33959	36284	38852	51
39831	11297	15072	18141	19855	20907	52
14300	**3688**	**4347**	**5573**	**7735**	**8736**	G
47	9	7	14	14	11	53
7642	2256	2656	3260	4406	4532	54
819	196	227	290	403	424	55
126	17	26	58	51	41	56
15	4	4	5	4	5	57
2008	528	714	994	1755	2450	58
3151	621	659	860	983	1143	59
492	57	54	92	119	130	60
7063	**1695**	**1903**	**2545**	**2940**	**3406**	H
3649	756	869	1173	1417	1577	61
3414	939	1034	1372	1523	1829	62
8560	**3729**	**3960**	**5489**	**6824**	**7032**	I
861	589	388	443	555	355	63
688	316	403	576	797	765	64
7011	2824	3169	4470	5472	5912	65

2-16 续表 2

行业大类	代码	企业法人单位数(个)	1949年以前	1950—1977年	1978—1991年
金融业	**J**	**106665**	**NA**	**102**	**1613**
货币金融服务	66	29332	NA	101	1492
资本市场服务	67	50860			32
保险业	68	17157	NA	NA	39
其他金融业	69	9316			50
房地产业	**K**	**1038453**	**6**	**579**	**11488**
房地产业	70	1038453	6	579	11488
租赁和商务服务业	**L**	**3883704**	**NA**	**169**	**4995**
租赁业	71	503280		9	324
商务服务业	72	3380424	NA	160	4671
科学研究和技术服务业	**M**	**2014288**	**NA**	**70**	**2644**
研究和试验发展	73	218527	NA	7	169
专业技术服务业	74	930820		48	1966
科技推广和应用服务业	75	864941		15	509
水利、环境和公共设施管理业	**N**	**193720**	**NA**	**6**	**348**
水利管理业	76	7419		NA	59
生态保护和环境治理业	77	35353		NA	73
公共设施管理业	78	142446		NA	200
土地管理业	79	8502	NA		16
居民服务、修理和其他服务业	**O**	**870379**	**NA**	**41**	**1380**
居民服务业	80	434465	NA	17	396
机动车、电子产品和日用产品修理业	81	309673	NA	20	859
其他服务业	82	126241		4	125
教育	**P**	**356766**		**9**	**109**
教育	83	356766		9	109
卫生和社会工作	**Q**	**167292**		**23**	**61**
卫生	84	135250		20	35
社会工作	85	32042		NA	26
文化、体育和娱乐业	**R**	**755288**	**6**	**34**	**1096**
新闻和出版业	86	6237	NA	11	269
广播、电视、电影和录音制作业	87	99229	NA	15	596
文化艺术业	88	170828	NA	7	132
体育	89	94629		NA	42
娱乐业	90	384365			57

1992–2000年	2001年	2002年	2003年	2004年	2005年	代码
3668	**435**	**1047**	**1351**	**1133**	**1645**	J
2374	161	264	241	168	536	66
418	65	69	74	96	72	67
722	167	644	934	780	929	68
154	42	70	102	89	108	69
44501	**10360**	**11179**	**14335**	**13859**	**13941**	K
44501	10360	11179	14335	13859	13941	70
33069	**8615**	**10081**	**14503**	**18435**	**19965**	L
2103	593	702	939	1167	1362	71
30966	8022	9379	13564	17268	18603	72
18989	**5844**	**6893**	**8952**	**10759**	**11464**	M
1641	519	618	772	927	946	73
12984	3841	4590	5812	7039	7444	74
4364	1484	1685	2368	2793	3074	75
2586	**783**	**1032**	**1320**	**1325**	**1385**	N
271	54	53	63	78	79	76
295	87	124	174	207	212	77
1786	552	758	966	934	976	78
234	90	97	117	106	118	79
8539	**2374**	**2856**	**3860**	**4270**	**4686**	O
2711	786	999	1309	1424	1561	80
4808	1234	1412	1941	2136	2265	81
1020	354	445	610	710	860	82
1042	**315**	**462**	**649**	**1006**	**1433**	P
1042	315	462	649	1006	1433	83
248	**99**	**271**	**574**	**601**	**714**	Q
153	81	247	541	572	675	84
95	18	24	33	29	39	85
3479	**1408**	**2421**	**4327**	**4709**	**4171**	R
573	93	75	94	129	136	86
685	140	171	239	324	373	87
549	164	205	256	417	461	88
329	92	135	185	178	253	89
1343	919	1835	3553	3661	2948	90

2-16 续表 3

行业大类	代码	2006年	2007年	2008年	2009年
总　计		**242642**	**250111**	**262766**	**341055**
农、林、牧、渔业	A	**352**	**378**	**504**	**697**
农业	01	6	NA	7	7
林业	02	NA	NA		5
畜牧业	03	7	4	7	7
渔业	04	NA		NA	NA
农、林、牧、渔专业及辅助性活动	05	336	370	489	677
采矿业	B	**1649**	**1490**	**1814**	**1765**
煤炭开采和洗选业	06	300	274	376	357
石油和天然气开采业	07	12	7	15	19
黑色金属矿采选业	08	338	321	415	261
有色金属矿采选业	09	320	309	267	159
非金属矿采选业	10	572	475	602	819
开采专业及辅助性活动	11	75	76	108	117
其他采矿业	12	32	28	31	33
制造业	C	**68303**	**66688**	**62914**	**77134**
农副食品加工业	13	2567	2505	2627	2891
食品制造业	14	1177	1151	1079	1149
酒、饮料和精制茶制造业	15	976	1006	968	1026
烟草制品业	16	9	7	NA	8
纺织业	17	3311	2802	2217	2948
纺织服装、服饰业	18	2557	2457	1999	2584
皮革、毛皮、羽毛及其制品和制鞋业	19	1099	1026	922	1266
木材加工和木、竹、藤、棕、草制品业	20	1302	1354	1274	1678
家具制造业	21	1016	972	939	1331
造纸和纸制品业	22	1781	1750	1497	2142
印刷和记录媒介复制业	23	2306	2085	1776	2138
文教、工美、体育和娱乐用品制造业	24	2030	2020	1791	2164
石油、煤炭及其他燃料加工业	25	222	205	226	283
化学原料和化学制品制造业	26	3145	2771	2617	3126
医药制造业	27	595	507	473	645
化学纤维制造业	28	273	220	139	191
橡胶和塑料制品业	29	4954	4835	4425	5574
非金属矿物制品业	30	4800	4778	5096	6503
黑色金属冶炼和压延加工业	31	617	601	566	670
有色金属冶炼和压延加工业	32	771	805	754	752

2010年	2011年	2012年	2013年	2014年	2015年	代码
430250	**502065**	**515504**	**673973**	**1017061**	**1201369**	
830	**1035**	**1438**	**2261**	**3708**	**4534**	A
7	4	9	6	17	14	01
NA	NA	NA	NA	4	5	02
5	10	7	4	13	12	03
NA	NA	NA	NA	NA	NA	04
815	1017	1420	2248	3673	4501	05
1810	**1892**	**2035**	**1942**	**2185**	**2096**	B
420	441	432	295	341	300	06
12	14	18	12	19	15	07
267	296	256	239	222	126	08
152	163	141	136	124	117	09
840	847	1039	1077	1250	1292	10
94	88	119	150	188	211	11
25	43	30	33	41	35	12
98413	**108316**	**105154**	**132584**	**165880**	**174753**	C
3091	4296	5284	6272	6815	8213	13
1380	2249	2924	3400	3626	4642	14
1103	1565	2240	2646	3198	4119	15
7	16	9	10	11	9	16
4084	4123	3679	4878	5603	6163	17
3717	4419	4108	5879	7527	8212	18
1843	2172	1977	3014	4102	3560	19
2108	2372	2793	3594	4119	4784	20
1897	1954	2423	3261	4695	4940	21
2553	2510	2526	3200	3919	3846	22
2598	2569	2362	2979	3389	3870	23
3010	3352	3484	5003	6700	7543	24
298	317	317	350	525	578	25
3247	3297	3364	3821	4716	5280	26
741	709	758	918	1097	1366	27
335	329	184	259	254	297	28
6784	6764	6525	8336	9917	10318	29
8201	9916	9666	11084	12961	12438	30
727	785	685	779	958	954	31
930	973	895	1076	1271	1211	32

2-16 续表 4

行业大类	代码	2006年	2007年	2008年	2009年
金属制品业	33	6793	6832	6418	7683
通用设备制造业	34	8402	8629	8226	8924
专用设备制造业	35	5082	4922	4736	6200
汽车制造业	36	2078	2063	1914	2174
铁路、船舶、航空航天和其他运输设备制造业	37	840	795	822	916
电气机械和器材制造业	38	4409	4381	4295	5568
计算机、通信和其他电子设备制造业	39	2715	2660	2611	3410
仪器仪表制造业	40	1090	1091	1049	1347
其他制造业	41	463	459	398	505
废弃资源综合利用业	42	200	233	227	265
金属制品、机械和设备修理业	43	723	766	832	1073
电力、热力、燃气及水生产和供应业	D	**2882**	**2482**	**2452**	**2759**
电力、热力生产和供应业	44	2099	1727	1464	1617
燃气生产和供应业	45	236	223	279	313
水的生产和供应业	46	547	532	709	829
建筑业	E	**12771**	**12967**	**14292**	**19759**
房屋建筑业	47	2834	2825	2934	4390
土木工程建筑业	48	2936	2968	3245	4808
建筑安装业	49	2502	2471	2873	3509
建筑装饰、装修和其他建筑业	50	4499	4703	5240	7052
批发和零售业	F	**70114**	**73911**	**83682**	**114242**
批发业	51	46020	48551	54421	72791
零售业	52	24094	25360	29261	41451
交通运输、仓储和邮政业	G	**8920**	**8999**	**10226**	**13025**
铁路运输业	53	15	12	23	34
道路运输业	54	4941	5080	6068	7819
水上运输业	55	364	360	402	448
航空运输业	56	37	42	31	42
管道运输业	57	5	6	7	16
多式联运和运输代理业	58	2209	1988	1998	2328
装卸搬运和仓储业	59	1188	1291	1372	1587
邮政业	60	161	220	325	751
住宿和餐饮业	H	**3705**	**4162**	**4637**	**5551**
住宿业	61	1812	2033	2194	2402
餐饮业	62	1893	2129	2443	3149
信息传输、软件和信息技术服务业	I	**8080**	**8287**	**9586**	**11998**
电信、广播电视和卫星传输服务	63	355	312	589	497
互联网和相关服务	64	860	918	889	1275
软件和信息技术服务业	65	6865	7057	8108	10226

2010年	2011年	2012年	2013年	2014年	2015年	代码
9803	10896	10429	13884	18456	18751	33
12277	13096	11044	13128	17519	17655	34
8016	8356	7898	9886	12570	13306	35
3097	3140	2684	3575	4251	4108	36
1060	1049	949	1249	1563	1575	37
6975	7492	6700	8223	10629	10639	38
4505	5084	4843	6382	7872	8332	39
1589	1849	1753	2118	2724	2818	40
658	701	691	1006	1316	1446	41
336	378	411	410	519	617	42
1443	1588	1549	1964	3058	3163	43
2882	**2756**	**2855**	**3300**	**4175**	**5075**	D
1743	1674	1579	1882	2596	3226	44
399	400	436	495	467	473	45
740	682	840	923	1112	1376	46
24652	**29193**	**30351**	**40306**	**68390**	**74556**	E
5386	6105	6722	8834	14204	14569	47
5799	6840	7365	9429	14980	15504	48
4288	5129	4993	6094	9816	10464	49
9179	11119	11271	15949	29390	34019	50
144784	**178909**	**185546**	**242579**	**372123**	**436978**	F
91977	110280	113917	145531	216372	239606	51
52807	68629	71629	97048	155751	197372	52
16352	**16476**	**16479**	**23352**	**34408**	**39127**	G
38	9	15	17	13	17	53
9128	9593	9965	14603	21802	25229	54
496	456	295	391	615	680	55
66	61	58	81	144	173	56
13	10	14	15	20	14	57
2940	3319	3374	4415	6549	6850	58
1872	2106	2104	2812	4065	4392	59
1799	822	654	1018	1200	1772	60
7217	**8562**	**10297**	**14344**	**19631**	**27168**	H
3235	3676	4225	5787	7050	9163	61
3982	4886	6072	8557	12581	18005	62
14337	**17701**	**19111**	**26783**	**49628**	**66166**	I
467	576	592	821	1637	2035	63
1450	1794	1947	2896	5856	8984	64
12420	15331	16572	23066	42135	55147	65

2-16 续表 5

行业大类	代码	2006年	2007年	2008年	2009年
金融业	J	**1511**	**2418**	**3042**	**2501**
货币金融服务	66	458	1001	1093	1254
资本市场服务	67	87	126	183	198
保险业	68	834	1172	1600	756
其他金融业	69	132	119	166	293
房地产业	K	**15797**	**17573**	**14507**	**19536**
房地产业	70	15797	17573	14507	19536
租赁和商务服务业	L	**22729**	**24811**	**27686**	**35289**
租赁业	71	1531	1698	2081	3251
商务服务业	72	21198	23113	25605	32038
科学研究和技术服务业	M	**12717**	**12463**	**13675**	**18058**
研究和试验发展	73	1193	1302	1429	1989
专业技术服务业	74	8158	7460	8079	10404
科技推广和应用服务业	75	3366	3701	4167	5665
水利、环境和公共设施管理业	N	**1463**	**1633**	**1726**	**2369**
水利管理业	76	76	79	74	110
生态保护和环境治理业	77	213	245	255	351
公共设施管理业	78	1037	1170	1284	1762
土地管理业	79	137	139	113	146
居民服务、修理和其他服务业	O	**4883**	**5095**	**5699**	**7486**
居民服务业	80	1559	1619	1804	2380
机动车、电子产品和日用产品修理业	81	2403	2444	2696	3585
其他服务业	82	921	1032	1199	1521
教育	P	**1339**	**1144**	**1151**	**1645**
教育	83	1339	1144	1151	1645
卫生和社会工作	Q	**677**	**635**	**675**	**653**
卫生	84	645	595	609	594
社会工作	85	32	40	66	59
文化、体育和娱乐业	R	**4750**	**4975**	**4498**	**6588**
新闻和出版业	86	117	113	149	194
广播、电视、电影和录音制作业	87	470	449	586	735
文化艺术业	88	483	531	612	940
体育	89	260	272	277	376
娱乐业	90	3420	3610	2874	4343

2010年	2011年	2012年	2013年	2014年	2015年	代码
2933	**3628**	**3502**	**3750**	**6338**	**11350**	J
1699	1839	1877	1952	1996	1744	66
376	572	447	724	3343	8234	67
623	872	925	782	568	611	68
235	345	253	292	431	761	69
26829	**26456**	**23358**	**31442**	**35428**	**33767**	K
26829	26456	23358	31442	35428	33767	70
45273	**54894**	**57820**	**76532**	**128410**	**161403**	L
4256	5344	5582	7411	13404	16228	71
41017	49550	52238	69121	115006	145175	72
22173	**26545**	**27717**	**36807**	**61833**	**72920**	M
2587	3196	3347	4550	7935	9931	73
12574	14775	15035	19862	31980	34982	74
7012	8574	9335	12395	21918	28007	75
2603	**2898**	**3323**	**4135**	**6377**	**7583**	N
103	114	142	181	231	304	76
374	404	484	512	935	1197	77
1976	2201	2532	3227	4981	5824	78
150	179	165	215	230	258	79
9187	**11369**	**12614**	**16220**	**27358**	**34847**	O
3066	3976	4416	5588	9804	12772	80
4415	5235	5804	7573	12313	15822	81
1706	2158	2394	3059	5241	6253	82
1966	**2488**	**3035**	**4059**	**6998**	**11009**	P
1966	2488	3035	4059	6998	11009	83
858	**1085**	**1436**	**1660**	**2558**	**4499**	Q
769	973	1275	1469	2098	3632	84
89	112	161	191	460	867	85
7151	**7862**	**9433**	**11917**	**21633**	**33538**	R
221	200	311	193	205	233	86
969	1172	1255	1549	2945	4375	87
1145	1550	2112	2408	4423	6439	88
394	478	531	756	1475	2534	89
4422	4462	5224	7011	12585	19957	90

2-16 续表 6

行业大类	代码	2016年	2017年	2018年
总 计		**1570838**	**1948501**	**2242561**
农、林、牧、渔业	A	**5669**	**6368**	**7223**
农业	01	11	18	13
林业	02	NA	NA	6
畜牧业	03	10	13	7
渔业	04	4	NA	NA
农、林、牧、渔专业及辅助性活动	05	5641	6332	7195
采矿业	B	**2132**	**2507**	**2933**
煤炭开采和洗选业	06	313	400	359
石油和天然气开采业	07	12	11	23
黑色金属矿采选业	08	141	146	188
有色金属矿采选业	09	132	137	130
非金属矿采选业	10	1327	1520	1833
开采专业及辅助性活动	11	153	235	343
其他采矿业	12	54	58	57
制造业	C	**216604**	**281051**	**295567**
农副食品加工业	13	8855	8859	9052
食品制造业	14	4659	4753	4873
酒、饮料和精制茶制造业	15	4191	4116	4117
烟草制品业	16	7	10	9
纺织业	17	8226	10078	10748
纺织服装、服饰业	18	10483	13107	15912
皮革、毛皮、羽毛及其制品和制鞋业	19	4614	5855	6614
木材加工和木、竹、藤、棕、草制品业	20	6408	10059	11790
家具制造业	21	6802	10311	9191
造纸和纸制品业	22	4594	6264	6626
印刷和记录媒介复制业	23	4514	5636	5628
文教、工美、体育和娱乐用品制造业	24	9409	11147	11438
石油、煤炭及其他燃料加工业	25	737	948	1231
化学原料和化学制品制造业	26	5885	6668	6955
医药制造业	27	1539	1774	1773
化学纤维制造业	28	305	416	458
橡胶和塑料制品业	29	12904	16606	16697
非金属矿物制品业	30	15797	21986	24172
黑色金属冶炼和压延加工业	31	1300	1824	1762
有色金属冶炼和压延加工业	32	1600	2236	2239

2019年	2020年	2021年	2022年	2023年	无开业年份	代码
2677949	**3070228**	**3640560**	**3787243**	**3770222**	**253612**	
8040	**10770**	**13539**	**20445**	**23743**	**1498**	A
10	8	14	18	4	NA	01
NA	4	NA		NA		02
10	11	10	10	NA	NA	03
NA		NA	NA			04
8014	10747	13510	20415	23737	1496	05
3560	**3307**	**3148**	**3276**	**2764**	**1120**	B
409	361	510	606	466	262	06
28	23	22	35	27	11	07
268	304	414	427	339	138	08
152	148	175	252	202	140	09
2134	2033	1596	1460	1279	441	10
489	331	286	330	311	60	11
80	107	145	166	140	68	12
298144	**337647**	**381330**	**359128**	**322078**	**29939**	C
9433	11392	12202	14849	17224	1894	13
5387	6889	7813	8093	7279	1142	14
4413	5207	5680	7682	6976	817	15
12	11	22	12	12		16
10272	13088	12831	11428	10152	814	17
15166	16301	20665	20538	21364	906	18
6492	7068	9691	9888	9224	506	19
11458	11923	15407	16787	15987	749	20
9189	10886	11911	10870	10256	608	21
6866	7207	7766	6981	6624	431	22
5364	5633	6263	5733	5032	324	23
11958	12424	14521	13285	13726	746	24
1008	1052	1329	1902	1435	280	25
7096	7973	8604	8329	7644	2074	26
1840	3721	2438	2718	2263	684	27
429	570	717	686	583	152	28
17208	19458	21180	18303	16014	1592	29
25719	27706	27785	26167	21642	2443	30
1634	1701	1730	1481	1282	129	31
2140	2251	2886	2718	2334	389	32

2-16 续表 7

行业大类	代码	2016年	2017年	2018年
金属制品业	33	24307	32830	34778
通用设备制造业	34	21775	31338	32317
专用设备制造业	35	16703	22944	23518
汽车制造业	36	5165	7002	6744
铁路、船舶、航空航天和其他运输设备制造业	37	1935	2191	2112
电气机械和器材制造业	38	13142	16789	17230
计算机、通信和其他电子设备制造业	39	10525	12641	13613
仪器仪表制造业	40	3346	4206	4614
其他制造业	41	2070	2367	2351
废弃资源综合利用业	42	827	1373	1795
金属制品、机械和设备修理业	43	3980	4717	5210
电力、热力、燃气及水生产和供应业	D	**8096**	**9982**	**7811**
电力、热力生产和供应业	44	6119	7789	5347
燃气生产和供应业	45	433	521	601
水的生产和供应业	46	1544	1672	1863
建筑业	E	**121499**	**182137**	**219788**
房屋建筑业	47	27298	47117	61405
土木工程建筑业	48	26188	39028	45369
建筑安装业	49	15724	21386	24428
建筑装饰、装修和其他建筑业	50	52289	74606	88586
批发和零售业	F	**574325**	**668373**	**748165**
批发业	51	308915	370602	418129
零售业	52	265410	297771	330036
交通运输、仓储和邮政业	G	**48808**	**60691**	**68142**
铁路运输业	53	20	14	10
道路运输业	54	33615	43646	49114
水上运输业	55	758	849	1019
航空运输业	56	193	233	289
管道运输业	57	18	25	22
多式联运和运输代理业	58	7376	8236	8986
装卸搬运和仓储业	59	4688	5699	6643
邮政业	60	2140	1989	2059
住宿和餐饮业	H	**33857**	**39613**	**47387**
住宿业	61	10504	11802	14705
餐饮业	62	23353	27811	32682
信息传输、软件和信息技术服务业	I	**85025**	**103438**	**124776**
电信、广播电视和卫星传输服务	63	2242	2268	2382
互联网和相关服务	64	11863	14019	16843
软件和信息技术服务业	65	70920	87151	105551

2019年	2020年	2021年	2022年	2023年	无开业年份	代码
36671	41949	49441	43966	37639	2362	33
30907	34445	40761	35279	28844	2434	34
23464	27720	29496	26377	21306	1959	35
5916	6281	7181	6610	5624	972	36
2132	2610	3128	2872	2459	335	37
18378	21602	25056	23568	20328	2329	38
13542	15109	16385	13927	12914	1518	39
4375	4545	5458	4809	3778	340	40
2354	2571	2624	2464	2575	218	41
2023	2173	2945	3633	2643	461	42
5298	6181	7414	7173	6915	331	43
7120	**7253**	**10250**	**12777**	**12454**	**2857**	D
4438	4322	6843	9446	9863	2356	44
544	638	681	866	743	226	45
2138	2293	2726	2465	1848	275	46
301259	**357845**	**391628**	**380974**	**336437**	**15795**	E
89228	109968	116627	129380	114648	5318	47
62083	77642	77314	68802	60114	3031	48
31621	31957	34609	29138	26479	1107	49
118327	138278	163078	153654	135196	6339	50
869878	**1013182**	**1188075**	**1299416**	**1331323**	**81952**	F
474347	538831	625958	648826	598935	39992	51
395531	474351	562117	650590	732388	41960	52
83097	**100712**	**112818**	**111036**	**102805**	**6691**	G
7	13	10	6	7		53
60205	72584	78105	76275	70964	4364	54
1235	1473	2050	2032	1635	223	55
338	402	454	439	489	86	56
25	45	49	40	30	13	57
10933	13203	17389	17035	15032	864	58
8183	10352	11863	11985	11394	1021	59
2171	2640	2898	3224	3254	120	60
56702	**60984**	**87082**	**104019**	**143124**	**10414**	H
16449	14693	18858	19229	28340	3562	61
40253	46291	68224	84790	114784	6852	62
155843	**180155**	**228434**	**256936**	**268049**	**19301**	I
2554	2729	3651	4547	4110	275	63
20437	28612	40303	51918	59870	3834	64
132852	148814	184480	200471	204069	15192	65

2-16 续表 8

行业大类	代码	2016年	2017年	2018年
金融业	J	**7826**	**9840**	**6769**
货币金融服务	66	1772	1648	1475
资本市场服务	67	4620	6842	4059
保险业	68	755	666	544
其他金融业	69	679	684	691
房地产业	K	**45898**	**61567**	**79242**
房地产业	70	45898	61567	79242
租赁和商务服务业	L	**200049**	**249996**	**296948**
租赁业	71	23796	34175	41699
商务服务业	72	176253	215821	255249
科学研究和技术服务业	M	**98213**	**125804**	**153266**
研究和试验发展	73	13852	17585	20611
专业技术服务业	74	45928	60045	71519
科技推广和应用服务业	75	38433	48174	61136
水利、环境和公共设施管理业	N	**10692**	**13630**	**15916**
水利管理业	76	432	505	480
生态保护和环境治理业	77	1730	2392	3041
公共设施管理业	78	8178	10235	11803
土地管理业	79	352	498	592
居民服务、修理和其他服务业	O	**46024**	**53982**	**62158**
居民服务业	80	17426	22020	27352
机动车、电子产品和日用产品修理业	81	20581	23054	24514
其他服务业	82	8017	8908	10292
教育	P	**16005**	**20947**	**34015**
教育	83	16005	20947	34015
卫生和社会工作	Q	**6634**	**9220**	**12825**
卫生	84	5299	7332	10336
社会工作	85	1335	1888	2489
文化、体育和娱乐业	R	**43482**	**49355**	**59630**
新闻和出版业	86	266	269	282
广播、电视、电影和录音制作业	87	6307	7201	8136
文化艺术业	88	8795	11245	14021
体育	89	3795	5007	6391
娱乐业	90	24319	25633	30800

2019年	2020年	2021年	2022年	2023年	无开业年份	代码
4649	**6174**	**7514**	**6550**	**4763**	**611**	J
808	809	858	880	727	104	66
2960	4069	5452	4574	2881	287	67
417	663	377	246	514	15	68
464	633	827	850	641	205	69
94657	**101694**	**107395**	**92444**	**84159**	**6456**	K
94657	101694	107395	92444	84159	6456	70
375026	**420615**	**510031**	**527593**	**523150**	**35614**	L
59526	69846	73651	66029	63836	2737	71
315500	350769	436380	461564	459314	32877	72
186822	**218120**	**274276**	**296663**	**269683**	**20917**	M
23128	21680	25951	27334	22937	2390	73
84765	102466	121132	121883	109351	6698	74
78929	93974	127193	147446	137395	11829	75
18645	**22227**	**24058**	**23803**	**19831**	**2021**	N
598	777	868	880	695	111	76
3572	4343	4848	4907	3809	568	77
13852	16231	17376	16961	14391	1250	78
623	876	966	1055	936	92	79
76264	**88138**	**116410**	**121893**	**136093**	**6651**	O
37018	46358	66611	72078	84929	4485	80
27042	29492	34863	35095	36707	1359	81
12204	12288	14936	14720	14457	807	82
50292	**51170**	**61817**	**38853**	**41553**	**2255**	P
50292	51170	61817	38853	41553	2255	83
16954	**18457**	**23949**	**25620**	**33852**	**2454**	Q
12872	14354	19264	20577	28530	1703	84
4082	4103	4685	5043	5322	751	85
70997	**71778**	**98806**	**105817**	**114361**	**7066**	R
286	390	448	502	449	27	86
9034	10072	12576	14232	13721	900	87
16585	17634	24407	25597	28087	1621	88
8425	8710	15471	18055	19154	1053	89
36667	34972	45904	47431	52950	3465	90

2-17 按行业(大类)、开业时间

行业大类	代码	从业人员数(人)	1949年以前	1950—1977年	1978—1991年
总 计		**342081484**	**108881**	**1040300**	**9477018**
农、林、牧、渔业	A	**793533**		**432**	**8397**
农业	01				
林业	02				
畜牧业	03				
渔业	04				
农、林、牧、渔专业及辅助性活动	05	793533		432	8397
采矿业	B	**4696956**	**61870**	**80504**	**355954**
煤炭开采和洗选业	06	2772385	14711	76629	252898
石油和天然气开采业	07	511880	46815		7573
黑色金属矿采选业	08	313245		842	21093
有色金属矿采选业	09	293673	344	2469	20913
非金属矿采选业	10	492878		564	11633
开采专业及辅助性活动	11	299281			41583
其他采矿业	12	13614			261
制造业	C	**103682268**	**28607**	**135980**	**1961803**
农副食品加工业	13	3998295		3681	43456
食品制造业	14	2531734		1820	47912
酒、饮料和精制茶制造业	15	1555025	721	2825	49695
烟草制品业	16	180322	2301		13417
纺织业	17	3840499		216	57947
纺织服装、服饰业	18	4487342	690	1995	66479
皮革、毛皮、羽毛及其制品和制鞋业	19	2505057		846	32039
木材加工和木、竹、藤、棕、草制品业	20	2196874		4211	6058
家具制造业	21	1983473		179	5371
造纸和纸制品业	22	1681615		138	28491
印刷和记录媒介复制业	23	1543943	223	4537	63574
文教、工美、体育和娱乐用品制造业	24	2863018		228	38204
石油、煤炭及其他燃料加工业	25	855066	4387	2999	6273
化学原料和化学制品制造业	26	4365131	1168	8932	98690
医药制造业	27	2358757	3981	13088	115341
化学纤维制造业	28	495063		507	15667
橡胶和塑料制品业	29	4925717		916	63451
非金属矿物制品业	30	7117842	456	5509	61198
黑色金属冶炼和压延加工业	31	2011352		17986	67556
有色金属冶炼和压延加工业	32	1784457		7400	36520

分组的企业法人单位从业人员数

1992—2000年	2001年	2002年	2003年	2004年	2005年	代码
31124888	**7041634**	**6942555**	**7835015**	**7851897**	**7372366**	
27286	**3496**	**3152**	**3739**	**4496**	**6117**	A
						01
						02
						03
						04
27286	3496	3152	3739	4496	6117	05
1077300	**212622**	**180476**	**144979**	**191216**	**192953**	B
575931	177445	130048	93935	120734	133081	06
334082	828	10910	1422	719	4771	07
57187	9542	7104	22459	22821	15571	08
45029	11276	9560	15151	28149	23040	09
30148	9355	8622	8658	15432	14010	10
34317	4111	14014	3142	3200	2200	11
606	65	218	212	161	280	12
12033369	**2757811**	**3052934**	**3556063**	**3371072**	**3036150**	C
367713	104245	86846	120778	117101	115976	13
378606	64311	70962	94695	77379	81336	14
395603	30239	56309	47716	41407	47802	15
33585	798	1067	51394	12801	1779	16
420186	116885	169351	186667	144391	136753	17
340788	109844	120335	108126	111758	97724	18
229665	47791	48542	51259	50188	64462	19
44222	20766	22494	29207	28329	28071	20
117359	30250	32163	39783	36276	44010	21
178074	34374	59837	57612	54751	47239	22
218055	48798	55806	63443	61895	46248	23
234710	60379	67951	76614	88652	84750	24
263493	15731	20785	33418	31579	20955	25
591621	127978	142535	191017	170376	175728	26
692382	155469	97170	115259	79905	83390	27
67375	11675	21673	31587	11491	12153	28
510441	119435	143507	159090	166306	158486	29
482940	134470	154506	195609	202779	151934	30
398776	67187	138038	217914	76075	94932	31
252312	74244	51767	71120	56945	64635	32

2-17 续表 1

行业大类	代码	从业人员数(人)			
			1949年以前	1950—1977年	1978—1991年
金属制品业	33	7589148	NA	4961	93470
通用设备制造业	34	7907587	2384	14926	157268
专用设备制造业	35	6130078	1442	10466	81280
汽车制造业	36	5549941	493	8359	152870
铁路、船舶、航空航天和其他运输设备制造业	37	1490542	6890	3559	52627
电气机械和器材制造业	38	8103198	135	7048	126786
计算机、通信和其他电子设备制造业	39	10308607		4393	295104
仪器仪表制造业	40	1504729		2597	25079
其他制造业	41	547200			13010
废弃资源综合利用业	42	421459		336	2181
金属制品、机械和设备修理业	43	849197	3333	1322	44789
电力、热力、燃气及水生产和供应业	**D**	**4757904**	**9716**	**21328**	**873135**
电力、热力生产和供应业	44	3358833	1250	10519	706206
燃气生产和供应业	45	454705	9	439	14485
水的生产和供应业	46	944366	8457	10370	152444
建筑业	**E**	**51169025**	**3345**	**653872**	**3694391**
房屋建筑业	47	25868869	2926	479556	2426861
土木工程建筑业	48	11263094	418	152399	886383
建筑安装业	49	3849694	NA	16161	265652
建筑装饰、装修和其他建筑业	50	10187368		5756	115495
批发和零售业	**F**	**52741753**	**1482**	**21459**	**532970**
批发业	51	29528810	244	11951	361642
零售业	52	23212943	1238	9508	171328
交通运输、仓储和邮政业	**G**	**13701179**	**135**	**58893**	**612359**
铁路运输业	53				
道路运输业	54	8220053	65	49637	455351
水上运输业	55	458125		3978	33222
航空运输业	56	637163			47320
管道运输业	57	42119			1244
多式联运和运输代理业	58	1348580		276	15500
装卸搬运和仓储业	59	1416487	70	1846	44927
邮政业	60	1578652		3156	14795
住宿和餐饮业	**H**	**8921328**	**1543**	**7075**	**248131**
住宿业	61	2783241	804	5985	113151
餐饮业	62	6138087	739	1090	134980
信息传输、软件和信息技术服务业	**I**	**15026299**		**81**	**45795**
电信、广播电视和卫星传输服务	63	1568866			10981
互联网和相关服务	64	2419168			7705
软件和信息技术服务业	65	11038265		81	27109

1992–2000年	2001年	2002年	2003年	2004年	2005年	代码
606371	160486	177653	230219	238313	207834	33
954170	216200	238045	269725	276179	260307	34
606301	151730	221674	185741	209094	188547	35
821291	184507	186991	231997	260246	218785	36
200298	31235	53370	54958	52240	52219	37
1080308	199054	211009	250140	263009	207938	38
1235280	364380	317114	300147	364199	260580	39
203408	49314	57384	62424	53566	51842	40
49751	13296	10458	11601	13944	14045	41
12005	2442	3714	7420	7070	4875	42
46280	9798	13878	9383	12828	10815	43
961643	**177678**	**104795**	**183549**	**143551**	**137135**	D
803159	147975	59795	118056	94914	86717	44
46241	13729	18798	36043	22142	20594	45
112243	15974	26202	29450	26495	29824	46
6193727	**1720004**	**1382611**	**1167124**	**1118794**	**1105577**	E
4019128	1119358	962007	708975	584038	624060	47
1266316	421029	233204	277831	236224	261111	48
418208	101213	83206	86949	116082	99803	49
490075	78404	104194	93369	182450	120603	50
2275942	**543951**	**557967**	**727000**	**674074**	**682514**	F
1301914	301985	311416	402656	372386	406306	51
974028	241966	246551	324344	301688	276208	52
1598816	**199390**	**238715**	**271428**	**393737**	**287897**	G
						53
697283	105960	140300	157392	234638	146205	54
57173	14988	14100	14552	21224	26719	55
228628	4925	27000	37754	43650	19770	56
1223	839	317	2226	461	234	57
90671	16316	32176	19836	44220	53422	58
105362	22936	17170	25795	36290	27680	59
418476	33426	7652	13873	13254	13867	60
801295	**74023**	**80755**	**123843**	**112550**	**157215**	H
189518	29225	35267	43957	50182	58770	61
611777	44798	45488	79886	62368	98445	62
983182	**397068**	**261626**	**329872**	**326009**	**227666**	I
324585	215446	102372	118640	153207	36966	63
121368	27964	12469	18347	27938	27604	64
537229	153658	146785	192885	144864	163096	65

2-17 续表 2

行业大类	代码	从业人员数(人)	1949年以前	1950—1977年	1978—1991年
金融业	J	**284355**			**5083**
货币金融服务	66	132946			2966
资本市场服务	67	57006			434
保险业	68	4564			21
其他金融业	69	89839			1662
房地产业	K	**14378667**	**203**	**10179**	**196376**
房地产业	70	14378667	203	10179	196376
租赁和商务服务业	L	**36496231**	**494**	**3558**	**552303**
租赁业	71	2924231		46	4514
商务服务业	72	33572000	494	3512	547789
科学研究和技术服务业	M	**15426117**	**316**	**30849**	**302068**
研究和试验发展	73	1723216	316	3216	7183
专业技术服务业	74	9193747		27523	286988
科技推广和应用服务业	75	4509154		110	7897
水利、环境和公共设施管理业	N	**3626878**	**141**	**3094**	**28754**
水利管理业	76	92184		41	776
生态保护和环境治理业	77	392738		3012	11699
公共设施管理业	78	3053021		41	15640
土地管理业	79	88935	141		639
居民服务、修理和其他服务业	O	**6492559**	**176**	**696**	**21809**
居民服务业	80	2758607	170	288	7379
机动车、电子产品和日用产品修理业	81	1638014	6	388	7714
其他服务业	82	2095938		20	6716
教育	P	**2741707**		**280**	**2595**
教育	83	2741707		280	2595
卫生和社会工作	Q	**2891173**		**8251**	**2552**
卫生	84	2487370		8213	1834
社会工作	85	403803		38	718
文化、体育和娱乐业	R	**4253552**	**853**	**3769**	**32543**
新闻和出版业	86	172479	710	3125	17752
广播、电视、电影和录音制作业	87	589303	34	481	8697
文化艺术业	88	905101	109	154	2366
体育	89	563086		9	2380
娱乐业	90	2023583			1348

1992–2000年	2001年	2002年	2003年	2004年	2005年	代码
13376	**1497**	**9240**	**2968**	**4006**	**7115**	J
4640	274	1209	991	1753	5027	66
2967	508	639	579	924	279	67
274	10	NA	8	30	17	68
5495	705	7390	1390	1299	1792	69
2006430	**329683**	**385637**	**425531**	**408765**	**397042**	K
2006430	329683	385637	425531	408765	397042	70
1354259	**243094**	**292230**	**417914**	**601145**	**613051**	L
30383	6352	8496	10369	12379	14692	71
1323876	236742	283734	407545	588766	598359	72
1209532	**232781**	**222806**	**247717**	**259425**	**235428**	M
60478	16693	19619	17501	27143	15286	73
1091608	194142	178549	207794	207378	195459	74
57446	21946	24638	22422	24904	24683	75
177424	**51492**	**59958**	**59670**	**64910**	**63297**	N
8761	1426	1145	1272	4457	2357	76
13431	9221	5144	7665	7198	6183	77
145726	38686	51362	46653	51198	52329	78
9506	2159	2307	4080	2057	2428	79
261091	**68574**	**61081**	**79940**	**81470**	**103989**	O
44495	8958	11405	16291	16550	24236	80
46938	10802	14206	19249	16399	16653	81
169658	48814	35470	44400	48521	63100	82
23858	**6079**	**8022**	**12155**	**19331**	**29539**	P
23858	6079	8022	12155	19331	29539	83
17889	**5006**	**16497**	**45932**	**38390**	**47065**	Q
16203	4796	15863	45315	37966	46636	84
1686	210	634	617	424	429	85
108469	**17385**	**24053**	**35591**	**38956**	**42616**	R
38525	4220	2599	3566	5416	6476	86
11531	3303	3026	4138	5734	8995	87
10639	1777	3180	3373	3695	4909	88
23478	3706	4128	6263	3613	5517	89
24296	4379	11120	18251	20498	16719	90

2-17 续表 3

行业大类	代码	2006年	2007年	2008年	2009年
总　计		**7569808**	**7190175**	**6795391**	**7463959**
农、林、牧、渔业	A	**5337**	**4879**	**6036**	**7738**
农业	01				
林业	02				
畜牧业	03				
渔业	04				
农、林、牧、渔专业及辅助性活动	05	5337	4879	6036	7738
采矿业	B	**192655**	**151831**	**251609**	**131421**
煤炭开采和洗选业	06	79904	92161	151336	89007
石油和天然气开采业	07	60000	2125	1046	479
黑色金属矿采选业	08	14007	11501	12296	9719
有色金属矿采选业	09	20261	16887	17044	9784
非金属矿采选业	10	13846	10356	14538	16601
开采专业及辅助性活动	11	4346	18336	54818	5466
其他采矿业	12	291	465	531	365
制造业	C	**3364504**	**3245076**	**2632183**	**2922031**
农副食品加工业	13	123885	118105	109365	107506
食品制造业	14	85792	73900	51907	56230
酒、饮料和精制茶制造业	15	41425	39811	31557	39705
烟草制品业	16	10198	8156	63	4607
纺织业	17	138069	112399	72760	98972
纺织服装、服饰业	18	122329	103665	76007	89665
皮革、毛皮、羽毛及其制品和制鞋业	19	51860	64228	48073	66812
木材加工和木、竹、藤、棕、草制品业	20	38007	43319	30091	37875
家具制造业	21	49530	44521	36410	44170
造纸和纸制品业	22	52111	46743	44153	54844
印刷和记录媒介复制业	23	50623	42129	40198	43634
文教、工美、体育和娱乐用品制造业	24	68342	85182	56743	73328
石油、煤炭及其他燃料加工业	25	36839	25044	32506	25747
化学原料和化学制品制造业	26	175209	163042	151537	151156
医药制造业	27	55698	52190	44316	67704
化学纤维制造业	28	15229	11900	16897	12737
橡胶和塑料制品业	29	172570	149617	125921	155104
非金属矿物制品业	30	195028	221679	206497	240040
黑色金属冶炼和压延加工业	31	61554	71091	44350	89843
有色金属冶炼和压延加工业	32	64721	77652	61197	50456

2010年	2011年	2012年	2013年	2014年	2015年	代码
9096620	**9425771**	**8571488**	**9570774**	**12113782**	**12504135**	
7467	**10163**	**15135**	**17593**	**27873**	**30056**	A
						01
						02
						03
						04
7467	10163	15135	17593	27873	30056	05
135242	**178265**	**202362**	**87464**	**150222**	**56376**	B
93970	133446	125920	51546	112085	20163	06
773	626	3590	899	1785	880	07
10721	9554	6823	5001	6606	3980	08
9267	8867	4090	5948	3015	3059	09
16592	20541	20081	18414	22349	21933	10
3862	4834	41637	5367	3898	6029	11
57	397	221	289	484	332	12
3834415	**3781531**	**3166718**	**3357231**	**3843358**	**3794197**	C
136735	155519	154499	159581	164420	172475	13
83768	87443	93490	82360	92133	101460	14
29243	50614	53988	50026	49846	55133	15
1218	6376	2211	6400	4936	1713	16
136763	117723	108830	106570	126207	127359	17
135669	140928	122587	133858	152628	171213	18
88089	92747	74806	84285	110703	84543	19
49468	52348	52057	70033	77772	81946	20
82069	52146	67466	72341	108394	85933	21
67587	55779	55295	57589	62323	62362	22
54647	60992	45947	48798	50463	52674	23
84778	90750	90523	108192	113630	118550	24
23993	18135	24909	17065	25568	14901	25
153570	159082	141463	160153	148016	181434	26
73200	47160	49100	68294	56501	53879	27
21002	22788	15237	9072	19313	14975	28
205793	190345	157887	179727	207718	178482	29
299214	326806	265488	264457	291856	256245	30
60168	55092	56453	49292	39674	31657	31
67996	79791	39410	51198	57776	57845	32

2-17 续表 4

行业大类	代码	2006年	2007年	2008年	2009年
金属制品业	33	215950	199693	197200	199773
通用设备制造业	34	272048	262990	227179	212908
专用设备制造业	35	198362	195441	167140	195937
汽车制造业	36	261886	170163	131637	183772
铁路、船舶、航空航天和其他运输设备制造业	37	64391	93626	38376	49511
电气机械和器材制造业	38	252710	252909	246067	238402
计算机、通信和其他电子设备制造业	39	402666	421268	254735	239942
仪器仪表制造业	40	54299	52778	50696	46754
其他制造业	41	12101	11441	11669	20708
废弃资源综合利用业	42	9933	8021	14464	9222
金属制品、机械和设备修理业	43	11139	22373	12472	14967
电力、热力、燃气及水生产和供应业	**D**	**115042**	**102621**	**105924**	**119121**
电力、热力生产和供应业	44	63244	62484	62393	69533
燃气生产和供应业	45	28523	17578	16157	22815
水的生产和供应业	46	23275	22559	27374	26773
建筑业	**E**	**945452**	**844985**	**761127**	**947335**
房屋建筑业	47	548193	455498	411666	500663
土木工程建筑业	48	182199	206915	164089	230570
建筑安装业	49	73537	61176	71094	85728
建筑装饰、装修和其他建筑业	50	141523	121396	114278	130374
批发和零售业	**F**	**774598**	**731972**	**765554**	**966124**
批发业	51	477005	443921	453278	572367
零售业	52	297593	288051	312276	393757
交通运输、仓储和邮政业	**G**	**324744**	**291153**	**308135**	**328397**
铁路运输业	53				
道路运输业	54	160133	159299	163582	186510
水上运输业	55	12512	10836	22222	14555
航空运输业	56	62509	16264	14609	15601
管道运输业	57	296	222	1108	1545
多式联运和运输代理业	58	35203	28984	27399	32593
装卸搬运和仓储业	59	32115	43520	34415	33030
邮政业	60	21976	32028	44800	44563
住宿和餐饮业	**H**	**130178**	**146472**	**161990**	**172800**
住宿业	61	51923	58083	60847	59381
餐饮业	62	78255	88389	101143	113419
信息传输、软件和信息技术服务业	**I**	**314897**	**195710**	**384448**	**271578**
电信、广播电视和卫星传输服务	63	25468	15552	137301	14547
互联网和相关服务	64	37440	24808	27610	38625
软件和信息技术服务业	65	251989	155350	219537	218406

2010年	2011年	2012年	2013年	2014年	2015年	代码
254052	254147	219675	263596	302448	296217	33
279309	289387	220541	246569	282720	281471	34
235380	234477	197134	215398	241188	232355	35
191052	223569	169847	171914	175525	163569	36
45818	42419	37927	62927	50275	44952	37
320651	337765	242164	231200	271530	296994	38
551636	416224	308973	284745	416510	443223	39
54232	67004	49932	48337	56681	55912	40
15563	13965	13744	21888	22846	26501	41
12486	12593	13994	9372	12811	14423	42
19266	27417	21141	21994	50947	33801	43
102731	**86423**	**128008**	**92935**	**98179**	**136722**	D
57241	52106	84761	52081	51096	89429	44
22325	14814	20667	18095	15073	13113	45
23165	19503	22580	22759	32010	34180	46
1031483	**1079138**	**962513**	**1119176**	**1304780**	**1147415**	E
504475	526568	454619	556625	584574	447620	47
256968	295854	270148	269352	320183	287209	48
87449	80581	81617	93567	112272	118511	49
182591	176135	156129	199632	287751	294075	50
1133729	**1273826**	**1242424**	**1514547**	**2081188**	**2319563**	F
659533	751878	733196	881278	1227939	1321455	51
474196	521948	509228	633269	853249	998108	52
429254	**284627**	**301587**	**394861**	**462416**	**559459**	G
						53
228914	167298	202434	227450	288334	300086	54
21599	11425	7399	14828	13416	14118	55
17798	7432	6861	13133	11658	8564	56
670	1637	461	793	4831	3156	57
40861	35606	34054	41185	54817	57185	58
35039	36248	30809	54435	59078	62586	59
84373	24981	19569	43037	30282	113764	60
186351	**220995**	**210283**	**256310**	**283402**	**339963**	H
77153	79526	78341	95339	101833	125216	61
109198	141469	131942	160971	181569	214747	62
318532	**337221**	**359870**	**344466**	**696738**	**695416**	I
79391	27737	17803	12666	68488	44407	63
39571	52973	48443	40955	130416	112103	64
199570	256511	293624	290845	497834	538906	65

2-17 续表 5

行业大类	代码	2006年	2007年	2008年	2009年
金融业	J	**5189**	**9831**	**6651**	**11892**
货币金融服务	66	2412	3457	3126	6323
资本市场服务	67	784	966	987	1030
保险业	68	66	73	26	79
其他金融业	69	1927	5335	2512	4460
房地产业	K	**388670**	**397585**	**354095**	**420625**
房地产业	70	388670	397585	354095	420625
租赁和商务服务业	L	**488448**	**610307**	**588849**	**615462**
租赁业	71	13604	21150	20499	25226
商务服务业	72	474844	589157	568350	590236
科学研究和技术服务业	M	**249155**	**209594**	**206350**	**235681**
研究和试验发展	73	26192	17878	19229	30702
专业技术服务业	74	197064	161035	158490	167767
科技推广和应用服务业	75	25899	30681	28631	37212
水利、环境和公共设施管理业	N	**63765**	**61099**	**50773**	**74035**
水利管理业	76	2631	2501	1479	1829
生态保护和环境治理业	77	6104	6437	6655	6734
公共设施管理业	78	52890	48539	40628	61949
土地管理业	79	2140	3622	2011	3523
居民服务、修理和其他服务业	O	**97802**	**91789**	**106001**	**115898**
居民服务业	80	25508	29417	31766	27512
机动车、电子产品和日用产品修理业	81	17939	19138	22706	25224
其他服务业	82	54355	43234	51529	63162
教育	P	**23342**	**18309**	**14965**	**20294**
教育	83	23342	18309	14965	20294
卫生和社会工作	Q	**42514**	**34994**	**34828**	**37687**
卫生	84	42148	34397	32852	36590
社会工作	85	366	597	1976	1097
文化、体育和娱乐业	R	**43516**	**41968**	**55873**	**65840**
新闻和出版业	86	5245	3037	8405	8051
广播、电视、电影和录音制作业	87	10634	6048	11860	12723
文化艺术业	88	4544	4397	6708	10480
体育	89	3447	4019	4866	7665
娱乐业	90	19646	24467	24034	26921

2010年	2011年	2012年	2013年	2014年	2015年	代码
10620	**13038**	**14835**	**17568**	**19125**	**24176**	J
6965	7683	10695	13168	11030	9863	66
1296	2036	1413	1862	2776	4964	67
12	100	164	177	137	159	68
2347	3219	2563	2361	5182	9190	69
470148	**462266**	**388611**	**475123**	**489230**	**432913**	K
470148	462266	388611	475123	489230	432913	70
793186	**1037475**	**856759**	**1054093**	**1456765**	**1460330**	L
33074	42612	42441	51198	84420	97135	71
760112	994863	814318	1002895	1372345	1363195	72
268292	**285375**	**305110**	**339539**	**515075**	**571622**	M
30166	45344	37809	53599	71024	86385	73
182466	177561	208598	209342	308923	314040	74
55660	62470	58703	76598	135128	171197	75
90746	**71267**	**80455**	**105895**	**120892**	**152696**	N
1901	2479	1727	2121	2364	6148	76
6404	7660	8058	7683	11984	16117	77
79565	58514	68907	93298	104725	128269	78
2876	2614	1763	2793	1819	2162	79
134914	**144612**	**142474**	**185588**	**248233**	**294275**	O
47479	36411	44529	47885	91226	111982	80
29339	34758	35914	45339	70024	87461	81
58096	73443	62031	92364	86983	94832	82
32244	**31044**	**38676**	**41609**	**65502**	**96234**	P
32244	31044	38676	41609	65502	96234	83
48691	**55626**	**69697**	**74194**	**111534**	**187945**	Q
47255	52640	64334	69457	102013	172722	84
1436	2986	5363	4737	9521	15223	85
68575	**72879**	**85971**	**92582**	**139270**	**204777**	R
9238	8432	7355	4976	4199	4421	86
13263	13442	11468	13446	21467	33785	87
12966	15850	27065	19859	28873	41031	88
6002	6443	4988	6713	13682	18451	89
27106	28712	35095	47588	71049	107089	90

2-17 续表 6

行业大类	代码	2016年	2017年	2018年
总　计		**15607415**	**18845893**	**20028947**
农、林、牧、渔业	A	**41531**	**44133**	**50381**
农业	01			
林业	02			
畜牧业	03			
渔业	04			
农、林、牧、渔专业及辅助性活动	05	41531	44133	50381
采矿业	B	**60472**	**70027**	**76227**
煤炭开采和洗选业	06	17362	29880	25207
石油和天然气开采业	07	290	522	2652
黑色金属矿采选业	08	8332	5211	4817
有色金属矿采选业	09	5302	3583	3462
非金属矿采选业	10	25308	26051	32658
开采专业及辅助性活动	11	3105	4146	6950
其他采矿业	12	773	634	481
制造业	C	**4427274**	**5337496**	**5276791**
农副食品加工业	13	187741	189933	189986
食品制造业	14	101860	117060	105879
酒、饮料和精制茶制造业	15	48351	50527	47084
烟草制品业	16	1682	1017	5267
纺织业	17	194019	182344	193662
纺织服装、服饰业	18	205279	266261	306931
皮革、毛皮、羽毛及其制品和制鞋业	19	108452	134640	170623
木材加工和木、竹、藤、棕、草制品业	20	114330	170537	173756
家具制造业	21	109545	161692	132724
造纸和纸制品业	22	68303	95209	86706
印刷和记录媒介复制业	23	58144	71956	76188
文教、工美、体育和娱乐用品制造业	24	144932	158898	163965
石油、煤炭及其他燃料加工业	25	19132	23656	31113
化学原料和化学制品制造业	26	155459	166876	171784
医药制造业	27	62695	61041	52799
化学纤维制造业	28	8632	32908	21048
橡胶和塑料制品业	29	226323	270749	254586
非金属矿物制品业	30	315858	433223	431687
黑色金属冶炼和压延加工业	31	41200	48073	47972
有色金属冶炼和压延加工业	32	82546	75558	80052

2019年	2020年	2021年	2022年	2023年	无开业年份	代码
22255732	**24149862**	**26144235**	**25212593**	**20439103**	**301247**	
54235	**73090**	**85240**	**122024**	**131825**	**1682**	A
						01
						02
						03
						04
54235	73090	85240	122024	131825	1682	05
102521	**109456**	**85511**	**79684**	**60768**	**16969**	B
40469	24328	36037	34529	27518	12105	06
2552	24743	589	802	370	37	07
8810	13888	8282	10198	6165	715	08
3871	4239	6106	7734	4232	991	09
33764	33410	25508	22331	17756	2419	10
12050	7835	7586	2766	3316	367	11
1005	1013	1403	1324	1411	335	12
5037690	**5259977**	**5768923**	**4990087**	**3590563**	**118434**	C
186426	216996	215859	232230	213151	4087	13
112536	126922	126092	120123	92795	2963	14
51189	55229	61962	69773	54851	2394	15
1226	1988	4089	1979	54		16
192673	200221	199162	170714	127266	2390	17
275907	263295	351696	326928	278851	906	18
147690	132820	210425	179064	130043	362	19
171773	180637	229807	238292	199553	1915	20
125340	136680	145727	125474	97002	918	21
87708	94968	90141	78073	58496	2209	22
59412	63607	65660	55047	40701	544	23
171522	178070	198885	164627	139680	933	24
18735	25454	22856	34660	31964	3169	25
156713	171075	172381	136674	113557	27905	26
51929	67089	55042	49238	30119	4778	27
27221	28351	15040	18422	10666	1497	28
257726	250275	265628	202098	150531	3005	29
435427	451193	431503	389790	260904	11546	30
54850	59820	50968	37657	31533	1641	31
64967	62573	74032	69500	49761	2483	32

2-17 续表 7

行业大类	代码	2016年	2017年	2018年
金属制品业	33	359635	445354	453778
通用设备制造业	34	334346	427801	420040
专用设备制造业	35	265267	338298	329745
汽车制造业	36	208452	257832	267543
铁路、船舶、航空航天和其他运输设备制造业	37	55939	60175	56214
电气机械和器材制造业	38	331244	357352	379960
计算机、通信和其他电子设备制造业	39	460970	552520	438534
仪器仪表制造业	40	69662	70645	63943
其他制造业	41	28792	36208	33711
废弃资源综合利用业	42	17229	30975	30935
金属制品、机械和设备修理业	43	41255	48178	58576
电力、热力、燃气及水生产和供应业	**D**	**137496**	**147662**	**118833**
电力、热力生产和供应业	44	91211	99971	65658
燃气生产和供应业	45	11134	12035	14597
水的生产和供应业	46	35151	35656	38578
建筑业	**E**	**2003125**	**2621094**	**2772031**
房屋建筑业	47	840766	1187076	1199687
土木工程建筑业	48	524345	583783	609133
建筑安装业	49	160650	205076	223886
建筑装饰、装修和其他建筑业	50	477364	645159	739325
批发和零售业	**F**	**2896071**	**3318702**	**3591432**
批发业	51	1613631	1914936	2074764
零售业	52	1282440	1403766	1516668
交通运输、仓储和邮政业	**G**	**556710**	**957583**	**687214**
铁路运输业	53			
道路运输业	54	388897	496700	466565
水上运输业	55	14184	10430	14344
航空运输业	56	6897	7548	2765
管道运输业	57	799	3589	451
多式联运和运输代理业	58	58526	107969	67459
装卸搬运和仓储业	59	50745	97976	70091
邮政业	60	36662	233371	65539
住宿和餐饮业	**H**	**471761**	**451421**	**525885**
住宿业	61	140001	158964	182951
餐饮业	62	331760	292457	342934
信息传输、软件和信息技术服务业	**I**	**723200**	**838966**	**998152**
电信、广播电视和卫星传输服务	63	20877	14730	17769
互联网和相关服务	64	123522	130721	144167
软件和信息技术服务业	65	578801	693515	836216

2019年	2020年	2021年	2022年	2023年	无开业年份	代码
444928	480890	517354	443742	317149	4257	33
373782	401609	407879	339880	233268	4656	34
303669	327191	335569	276422	180648	4182	35
164533	169169	264537	202786	102079	4537	36
60887	57433	63376	57271	41096	533	37
392985	386047	492391	459030	255882	12488	38
460023	473204	498255	318881	216158	8943	39
62209	58668	60170	46785	29845	563	40
36314	32453	33400	26975	22512	304	41
33255	33399	40245	47347	29110	1602	42
54135	67651	68792	70605	51338	724	43
118886	**115580**	**133430**	**142652**	**123991**	**19138**	**D**
69204	64281	84557	98998	95981	16013	44
12427	10545	10688	11777	8318	1544	45
37255	40754	38185	31877	19692	1581	46
3336673	**3860466**	**3678438**	**3268106**	**2431858**	**14385**	**E**
1377232	1620391	1427785	1328342	964285	5895	47
695263	842014	748048	604531	434632	2943	48
264866	270487	272890	222356	175662	1014	49
999312	1127574	1229715	1112877	857279	4533	50
4010479	**4511610**	**5129667**	**5462599**	**4960908**	**39401**	**F**
2303532	2534999	2844804	2890160	2339195	20439	51
1706947	1976611	2284863	2572439	2621713	18962	52
818164	**849168**	**912975**	**937291**	**627809**	**8262**	**G**
						53
572744	593177	620865	558549	446936	4749	54
18051	20294	20843	18743	11775	595	55
8245	9250	9311	5609	3808	254	56
7322	7847	353	196	242	57	57
75835	94235	105369	111107	67153	623	58
88117	88525	117910	123652	74295	1825	59
47850	35840	38324	119435	23600	159	60
595375	**583405**	**769158**	**838671**	**961038**	**9440**	**H**
210739	172741	200392	187310	211271	4371	61
384636	410664	568766	651361	749767	5069	62
994264	**1123290**	**1290625**	**1408355**	**1149673**	**9599**	**I**
17515	19543	24237	27680	20851	107	63
160159	197788	259386	324839	280147	2100	64
816590	905959	1007002	1055836	848675	7392	65

2-17 续表 8

行业大类	代码	2016年	2017年	2018年
金融业	J	**18180**	**16548**	**14783**
货币金融服务	66	9140	6982	6012
资本市场服务	67	3586	4523	3381
保险业	68	262	331	278
其他金融业	69	5192	4712	5112
房地产业	K	**556403**	**632987**	**800197**
房地产业	70	556403	632987	800197
租赁和商务服务业	L	**1809419**	**2247349**	**2516169**
租赁业	71	149094	198427	244719
商务服务业	72	1660325	2048922	2271450
科学研究和技术服务业	M	**709885**	**855550**	**1001030**
研究和试验发展	73	110289	133280	143008
专业技术服务业	74	389185	462283	528731
科技推广和应用服务业	75	210411	259987	329291
水利、环境和公共设施管理业	N	**206111**	**268134**	**325880**
水利管理业	76	3996	5119	5332
生态保护和环境治理业	77	22373	28546	33144
公共设施管理业	78	176491	230305	282677
土地管理业	79	3251	4164	4727
居民服务、修理和其他服务业	O	**376880**	**373075**	**434759**
居民服务业	80	145656	148434	195122
机动车、电子产品和日用产品修理业	81	107325	118981	122320
其他服务业	82	123899	105660	117317
教育	P	**125620**	**145392**	**255565**
教育	83	125620	145392	255565
卫生和社会工作	Q	**234118**	**245612**	**269401**
卫生	84	206721	212189	227865
社会工作	85	27397	33423	41536
文化、体育和娱乐业	R	**253159**	**274162**	**314217**
新闻和出版业	86	4042	4008	2994
广播、电视、电影和录音制作业	87	35119	40141	44752
文化艺术业	88	48345	62131	70676
体育	89	25326	32181	37496
娱乐业	90	140327	135701	158299

2019年	2020年	2021年	2022年	2023年	无开业年份	代码
14803	**11238**	**11731**	**11028**	**9522**	**312**	J
7003	3428	3538	2982	2225	54	66
3309	3576	5201	4994	3814	178	67
320	397	660	395	552	14	68
4171	3837	2332	2657	2931	66	69
880037	**910228**	**896101**	**728185**	**529928**	**5489**	K
880037	910228	896101	728185	529928	5489	70
3276252	**3586361**	**3633799**	**3556792**	**2807191**	**23177**	L
351786	407118	408937	347477	296443	1640	71
2924466	3179243	3224862	3209315	2510748	21537	72
1187110	**1329874**	**1576501**	**1585703**	**1238233**	**15516**	M
154135	148378	175058	163198	107835	2272	73
613760	704664	774483	702681	538357	4876	74
419215	476832	626960	719824	592041	8368	75
304799	**300837**	**305828**	**335016**	**194378**	**5532**	N
5780	8229	7011	6271	4514	517	76
33767	37161	34125	31593	22419	2221	77
260111	249276	258728	291106	162703	2705	78
5141	6171	5964	6046	4742	89	79
489925	**529954**	**682238**	**701150**	**659504**	**4662**	O
221062	257879	367312	403958	392382	3315	80
136211	145807	166167	164049	156197	760	81
132652	126268	148759	133143	110925	587	82
387205	**387458**	**418456**	**293579**	**242895**	**1459**	P
387205	387458	418456	293579	242895	1459	83
285389	**242633**	**275479**	**236805**	**218969**	**3475**	Q
225468	186988	222550	190241	181696	2418	84
59921	55645	52929	46564	37273	1057	85
361925	**365237**	**490135**	**514866**	**500050**	**4315**	R
3157	3638	3397	3237	2227	31	86
47868	48791	57403	64203	56527	424	87
81743	84548	114748	118078	121902	955	88
45254	46991	77495	89369	83071	533	89
183903	181269	237092	239979	236323	2372	90

2-18 按地区、运营状态分组的企业法人单位数

地 区	企业法人单位数(个)	正常运营	停业(歇业)	筹建
全 国	**29803508**	**28005334**	**1167370**	**253637**
北 京	1136505	1074343	48090	9015
天 津	401077	365818	27210	5096
河 北	1346359	1269911	52190	6317
山 西	601331	557080	30136	6867
内蒙古	342518	314780	19703	5125
辽 宁	814664	672545	91565	14540
吉 林	289089	274406	9605	1609
黑龙江	301012	277424	16955	1789
上 海	737641	708210	20445	4497
江 苏	2737876	2534773	150998	25143
浙 江	2115776	1971182	82764	36402
安 徽	1198894	1149730	25984	8146
福 建	1162060	1090255	38753	9714
江 西	658114	628945	17257	2987
山 东	2505844	2383512	81650	7139
河 南	1831474	1737286	63581	9283
湖 北	1269253	1191846	45504	6814
湖 南	858860	822849	22839	3312
广 东	4326781	4130881	108960	40229
广 西	531886	495285	25191	6809
海 南	154148	146950	3747	2961
重 庆	662408	636227	14558	2194
四 川	1179063	1136917	23420	3828
贵 州	442453	406395	23381	5502
云 南	604320	563256	27191	8683
西 藏	63474	52820	9332	858
陕 西	775626	725376	37034	6354
甘 肃	299978	281930	12387	3150
青 海	73907	68418	4006	958
宁 夏	95308	90872	3406	579
新 疆	285809	245112	29528	7737

2-19　按行业(大类)、运营状态分组的企业法人单位数

行业大类	代码	企业法人单位数(个)	正常运营	停业(歇业)	筹建
总　计		**29803508**	**28005334**	**1167370**	**253637**
农、林、牧、渔业	**A**	**115699**	**107878**	**4905**	**1498**
农业	01	301	285	14	NA
林业	02	139	134	4	
畜牧业	03	176	165	10	NA
渔业	04	56	56		
农、林、牧、渔专业及辅助性活动	05	115027	107238	4877	1496
采矿业	**B**	**51567**	**42600**	**7014**	**1120**
煤炭开采和洗选业	06	9557	8085	1094	262
石油和天然气开采业	07	418	374	31	11
黑色金属矿采选业	08	6890	5000	1638	138
有色金属矿采选业	09	4681	3567	896	140
非金属矿采选业	10	24719	20843	2968	441
开采专业及辅助性活动	11	4022	3735	194	60
其他采矿业	12	1280	996	193	68
制造业	**C**	**4016224**	**3808952**	**137088**	**29942**
农副食品加工业	13	154039	143240	7107	1895
食品制造业	14	82181	76948	3203	1142
酒、饮料和精制茶制造业	15	70003	65768	2777	817
烟草制品业	16	272	266	6	
纺织业	17	148977	140263	5819	815
纺织服装、服饰业	18	194662	183225	7517	906
皮革、毛皮、羽毛及其制品和制鞋业	19	88204	83644	2738	506
木材加工和木、竹、藤、棕、草制品业	20	132134	122885	6134	749
家具制造业	21	108620	103341	3303	608
造纸和纸制品业	22	90496	86720	2551	431
印刷和记录媒介复制业	23	91452	87961	2350	324
文教、工美、体育和娱乐用品制造业	24	149352	142372	4697	746
石油、煤炭及其他燃料加工业	25	14675	13012	1140	280
化学原料和化学制品制造业	26	118383	109611	5420	2074
医药制造业	27	32996	30665	1321	684
化学纤维制造业	28	8141	7525	377	152
橡胶和塑料制品业	29	239821	229065	7032	1592
非金属矿物制品业	30	306359	285830	14680	2443
黑色金属冶炼和压延加工业	31	24403	23012	1030	129
有色金属冶炼和压延加工业	32	33059	30962	1384	389

2-19 续表 1

行业大类	代码	企业法人单位数(个)	正常运营	停业(歇业)	筹建
金属制品业	33	454993	435408	13233	2363
通用设备制造业	34	428751	410618	12546	2434
专用设备制造业	35	304134	291263	8673	1959
汽车制造业	36	94150	89386	2997	972
铁路、船舶、航空航天和其他运输设备制造业	37	35738	33897	1191	335
电气机械和器材制造业	38	256300	244263	7484	2329
计算机、通信和其他电子设备制造业	39	173480	165951	4615	1518
仪器仪表制造业	40	60841	58621	1559	340
其他制造业	41	29934	28529	893	218
废弃资源综合利用业	42	22385	20462	1168	461
金属制品、机械和设备修理业	43	67289	64239	2143	331
电力、热力、燃气及水生产和供应业	**D**	**131826**	**124089**	**3760**	**2857**
电力、热力生产和供应业	44	91450	85536	2749	2356
燃气生产和供应业	45	10423	9805	320	226
水的生产和供应业	46	29953	28748	691	275
建筑业	**E**	**2721969**	**2598311**	**82718**	**15802**
房屋建筑业	47	796635	759535	24257	5324
土木工程建筑业	48	553850	529244	17028	3032
建筑安装业	49	284399	273132	7870	1107
建筑装饰、装修和其他建筑业	50	1087085	1036400	33563	6339
批发和零售业	**F**	**10048930**	**9405519**	**421326**	**81953**
批发业	51	5400198	5071647	223668	39992
零售业	52	4648732	4333872	197658	41961
交通运输、仓储和邮政业	**G**	**930938**	**878514**	**35375**	**6693**
铁路运输业	53	402	398	NA	NA
道路运输业	54	629929	593896	24484	4364
水上运输业	55	18548	17309	812	223
航空运输业	56	3993	3645	214	86
管道运输业	57	426	389	21	13
多式联运和运输代理业	58	143708	136629	4829	864
装卸搬运和仓储业	59	103749	97424	4146	1021
邮政业	60	30183	28824	868	120
住宿和餐饮业	**H**	**710235**	**651787**	**33666**	**10416**
住宿业	61	190697	178220	6734	3563
餐饮业	62	519538	473567	26932	6853
信息传输、软件和信息技术服务业	**I**	**1689565**	**1570524**	**74247**	**19301**
电信、广播电视和卫星传输服务	63	35867	33914	1254	275
互联网和相关服务	64	278136	255313	13549	3834
软件和信息技术服务业	65	1375562	1281297	59444	15192

2-19　续表 2

行业大类	代码	企业法人单位数（个）	正常运营	停业(歇业)	筹建
金融业	**J**	**106665**	**102343**	**2533**	**616**
货币金融服务	66	29332	28420	680	103
资本市场服务	67	50860	48579	1015	293
保险业	68	17157	17067	56	15
其他金融业	69	9316	8277	782	205
房地产业	**K**	**1038453**	**976950**	**42140**	**6460**
房地产业	70	1038453	976950	42140	6460
租赁和商务服务业	**L**	**3883704**	**3636074**	**162979**	**35614**
租赁业	71	503280	479949	15682	2737
商务服务业	72	3380424	3156125	147297	32877
科学研究和技术服务业	**M**	**2014288**	**1895042**	**75981**	**20917**
研究和试验发展	73	218527	204102	9449	2390
专业技术服务业	74	930820	886688	28766	6698
科技推广和应用服务业	75	864941	804252	37766	11829
水利、环境和公共设施管理业	**N**	**193720**	**181829**	**7969**	**2021**
水利管理业	76	7419	6973	266	111
生态保护和环境治理业	77	35353	32896	1536	568
公共设施管理业	78	142446	134042	5764	1250
土地管理业	79	8502	7918	403	92
居民服务、修理和其他服务业	**O**	**870379**	**821994**	**29569**	**6652**
居民服务业	80	434465	405624	16801	4486
机动车、电子产品和日用产品修理业	81	309673	296542	8553	1359
其他服务业	82	126241	119828	4215	807
教育	**P**	**356766**	**338623**	**11068**	**2255**
教育	83	356766	338623	11068	2255
卫生和社会工作	**Q**	**167292**	**158766**	**4303**	**2454**
卫生	84	135250	129585	2637	1703
社会工作	85	32042	29181	1666	751
文化、体育和娱乐业	**R**	**755288**	**705539**	**30729**	**7066**
新闻和出版业	86	6237	5987	168	27
广播、电视、电影和录音制作业	87	99229	93288	3657	900
文化艺术业	88	170828	159234	7056	1621
体育	89	94629	88505	3609	1053
娱乐业	90	384365	358525	16239	3465

2-20 按地区、单位规模分组的企业法人单位数

地区	企业法人单位数(个)	大型企业	中型企业	小型企业	微型企业
全国	**29695750**	**31138**	**265597**	**3758697**	**25640318**
北京	1128688	2315	11063	98471	1016839
天津	396016	480	3585	41433	350518
河北	1344222	874	8021	130797	1204530
山西	599627	719	5278	54081	539549
内蒙古	341222	380	3650	33634	303558
辽宁	812250	653	5857	62816	742924
吉林	288016	287	2716	33423	251590
黑龙江	299657	278	2699	28986	267694
上海	730203	2541	14724	107771	605167
江苏	2728571	2976	25156	358320	2342119
浙江	2108066	2458	21746	265569	1818293
安徽	1195979	1026	9456	144626	1040871
福建	1157892	1059	9925	188846	958062
江西	651604	651	6336	104435	540182
山东	2500430	1990	19558	321003	2157879
河南	1828888	1024	10867	316387	1500610
湖北	1266865	1076	10625	208726	1046438
湖南	856746	749	9221	189666	657110
广东	4308113	4403	32577	414844	3856289
广西	530413	458	5230	54342	470383
海南	152268	222	1837	14130	136079
重庆	660817	687	6277	99754	554099
四川	1176405	1321	12579	191503	971002
贵州	441276	360	4283	44794	391839
云南	602891	470	5559	72816	524046
西藏	63129	35	504	6425	56165
陕西	773794	784	6647	92035	674328
甘肃	299003	263	2976	28090	267674
青海	73577	69	715	8558	64235
宁夏	94882	123	1117	11014	82628
新疆	284240	407	4813	31402	247618

注：本表不含无法划分单位规模的单位数据。

2-21　按地区、单位规模分组的企业法人从业人员数

地　区	从业人员数（人）				
		大型企业	中型企业	小型企业	微型企业
全　国	**341797086**	**53360261**	**55024421**	**120114386**	**113298018**
北　京	10470789	3153338	2008793	2932084	2376574
天　津	4261923	792282	808277	1396554	1264810
河　北	12618336	1624999	1404397	3956991	5631949
山　西	6167475	1298444	1142818	1694248	2031965
内蒙古	3494077	701007	592382	1025660	1175028
辽　宁	7027531	1121529	1169505	2227882	2508615
吉　林	3119497	506513	458676	984956	1169352
黑龙江	2912349	596216	454085	824291	1037757
上　海	11171509	3188699	2562559	3508114	1912137
江　苏	34009624	5599994	5698526	12450030	10261074
浙　江	28349589	3996629	6137978	11159792	7055190
安　徽	14814764	1803949	2198083	5674811	5137921
福　建	15313676	2046718	2757861	5645333	4863764
江　西	8745744	1066124	1223831	3517336	2938453
山　东	26381072	3582196	3406527	8577803	10814546
河　南	20661787	2243815	2039217	8141556	8237199
湖　北	14844348	1881377	2056484	5575473	5331014
湖　南	12549809	1364846	1790276	5209009	4185678
广　东	45406165	8224060	7841769	15186540	14153796
广　西	5890860	766876	982822	2118905	2022257
海　南	1312363	227089	210963	409442	464869
重　庆	8620136	1282011	1558982	2964656	2814487
四　川	16347232	2279307	2538966	5977323	5551636
贵　州	4333437	651349	615237	1425253	1641598
云　南	6366577	628188	897282	2229097	2612010
西　藏	531235	50503	64942	171107	244683
陕　西	8079767	1347348	1049661	2564390	3118368
甘　肃	2836862	410474	424395	854440	1147553
青　海	794846	126317	112867	264723	290939
宁　夏	1129895	212855	192062	366347	358631
新　疆	3233812	585209	624198	1080240	944165

注：本表不含无法划分单位规模的单位数据。

2-22 按行业(大类)、单位规模分组的企业法人单位数

行业大类	代码	企业法人单位数(个)	大型企业	中型企业	小型企业	微型企业
总 计		**29695750**	**31138**	**265597**	**3758697**	**25640318**
农、林、牧、渔业	A	**115027**	**150**	**11160**	**66598**	**37119**
农、林、牧、渔专业及辅助性活动	05	115027	150	11160	66598	37119
采矿业	B	**51566**	**591**	**1603**	**14068**	**35304**
煤炭开采和洗选业	06	9557	456	1120	3158	4823
石油和天然气开采业	07	418	33	22	139	224
黑色金属矿采选业	08	6890	39	143	1860	4848
有色金属矿采选业	09	4681	27	183	1471	3000
非金属矿采选业	10	24719	9	86	6425	18199
开采专业及辅助性活动	11	4022	27	49	840	3106
其他采矿业	12	1279			175	1104
制造业	C	**4016224**	**7141**	**32934**	**838344**	**3137805**
农副食品加工业	13	154039	231	1371	38237	114200
食品制造业	14	82181	187	1013	19775	61206
酒、饮料和精制茶制造业	15	70003	127	398	10571	58907
烟草制品业	16	272	33	58	111	70
纺织业	17	148977	212	1466	34016	113283
纺织服装、服饰业	18	194662	112	1269	43425	149856
皮革、毛皮、羽毛及其制品和制鞋业	19	88204	116	743	23671	63674
木材加工和木、竹、藤、棕、草制品业	20	132134	6	192	29035	102901
家具制造业	21	108620	84	452	18966	89118
造纸和纸制品业	22	90496	82	457	15313	74644
印刷和记录媒介复制业	23	91452	32	408	15387	75625
文教、工美、体育和娱乐用品制造业	24	149352	83	765	28004	120500
石油、煤炭及其他燃料加工业	25	14675	176	280	2636	11583
化学原料和化学制品制造业	26	118383	389	1850	32800	83344
医药制造业	27	32996	287	1255	11401	20053
化学纤维制造业	28	8141	81	176	2361	5523
橡胶和塑料制品业	29	239821	209	1296	48572	189744
非金属矿物制品业	30	306359	229	2027	79821	224282
黑色金属冶炼和压延加工业	31	24403	316	477	6087	17523
有色金属冶炼和压延加工业	32	33059	258	702	10258	21841
金属制品业	33	454993	225	1745	77306	375717

注：本表不含无法划分单位规模的单位数据。

2-22 续表 1

行业大类	代码	企业法人单位数(个)	大型企业	中型企业	小型企业	微型企业
通用设备制造业	34	428751	336	2054	75560	350801
专用设备制造业	35	304134	286	1780	57020	245048
汽车制造业	36	94150	644	2382	27863	63261
铁路、船舶、航空航天和其他运输设备制造业	37	35738	142	590	10064	24942
电气机械和器材制造业	38	256300	790	3015	52218	200277
计算机、通信和其他电子设备制造业	39	173480	1326	3699	39238	129217
仪器仪表制造业	40	60841	79	594	12342	47826
其他制造业	41	29934	16	136	5581	24201
废弃资源综合利用业	42	22385	10	92	4943	17340
金属制品、机械和设备修理业	43	67289	37	192	5762	61298
电力、热力、燃气及水生产和供应业	**D**	**131826**	**261**	**1485**	**26222**	**103858**
电力、热力生产和供应业	44	91450	175	973	13959	76343
燃气生产和供应业	45	10423	35	173	4012	6203
水的生产和供应业	46	29953	51	339	8251	21312
建筑业	**E**	**2721967**	**3325**	**32342**	**387305**	**2298995**
房屋建筑业	47	796635	1635	15549	136098	643353
土木工程建筑业	48	553849	1292	9402	93723	449432
建筑安装业	49	284399	210	2971	44131	237087
建筑装饰、装修和其他建筑业	50	1087084	188	4420	113353	969123
批发和零售业	**F**	**10048930**	**5430**	**81318**	**774897**	**9187285**
批发业	51	5400198	3279	54750	462946	4879223
零售业	52	4648732	2151	26568	311951	4308062
交通运输、仓储和邮政业	**G**	**930536**	**845**	**3165**	**86084**	**840442**
道路运输业	54	629929	240	1441	55388	572860
水上运输业	55	18548	35	182	3389	14942
航空运输业	56	3993	108	88	375	3422
管道运输业	57	426	9	7	116	294
多式联运和运输代理业	58	143708	50	227	10186	133245
装卸搬运和仓储业	59	103749	105	887	10927	91830
邮政业	60	30183	298	333	5703	23849
住宿和餐饮业	**H**	**710235**	**1143**	**7083**	**146782**	**555227**
住宿业	61	190697	418	3279	51536	135464
餐饮业	62	519538	725	3804	95246	419763

2-22 续表 2

行业大类	代码	企业法人单位数(个)	大型企业	中型企业	小型企业	微型企业
信息传输、软件和信息技术服务业	I	**1689565**	**2306**	**10158**	**205572**	**1471529**
电信、广播电视和卫星传输服务	63	35867	86	1506	5245	29030
互联网和相关服务	64	278136	49	1747	32681	243659
软件和信息技术服务业	65	1375562	2171	6905	167646	1198840
房地产业	K	**1038453**	**2042**	**55955**	**109889**	**870567**
房地产业	70	1038453	2042	55955	109889	870567
租赁和商务服务业	L	**3883701**	**589**	**5229**	**388420**	**3489463**
租赁业	71	503279	20	239	56799	446221
商务服务业	72	3380422	569	4990	331621	3043242
科学研究和技术服务业	M	**2014279**	**2803**	**9647**	**331273**	**1670556**
研究和试验发展	73	218527	358	1029	36478	180662
专业技术服务业	74	930818	2141	7368	185338	735971
科技推广和应用服务业	75	864934	304	1250	109457	753923
水利、环境和公共设施管理业	N	**193720**	**1712**	**2772**	**46831**	**142405**
水利管理业	76	7419	23	84	1898	5414
生态保护和环境治理业	77	35353	55	375	8730	26193
公共设施管理业	78	142446	1627	2214	34160	104445
土地管理业	79	8502	7	99	2043	6353
居民服务、修理和其他服务业	O	**870379**	**1201**	**3239**	**129251**	**736688**
居民服务业	80	434465	247	1082	63985	369151
机动车、电子产品和日用产品修理业	81	309673	48	273	39123	270229
其他服务业	82	126241	906	1884	26143	97308
教育	P	**356763**	**275**	**1311**	**66744**	**288433**
教育	83	356763	275	1311	66744	288433
卫生和社会工作	Q	**167292**	**912**	**4455**	**43969**	**117956**
卫生	84	135250	835	3978	35328	95109
社会工作	85	32042	77	477	8641	22847
文化、体育和娱乐业	R	**755287**	**412**	**1741**	**96448**	**656686**
新闻和出版业	86	6237	89	327	1847	3974
广播、电视、电影和录音制作业	87	99229	69	238	13979	84943
文化艺术业	88	170827	47	336	21216	149228
体育	89	94629	76	286	12343	81924
娱乐业	90	384365	131	554	47063	336617

2-23　按行业(大类)、单位规模分组的企业法人单位从业人员数

行业大类	代码	从业人员数(人)				
			大型企业	中型企业	小型企业	微型企业
总　计		**341797086**	**53360261**	**55024421**	**120114386**	**113298018**
农、林、牧、渔业	**A**	**793533**	**33049**	**231800**	**434385**	**94299**
农、林、牧、渔专业及辅助性活动	05	793533	33049	231800	434385	94299
采矿业	**B**	**4696956**	**2575521**	**955686**	**880819**	**284930**
煤炭开采和洗选业	06	2772385	1738977	706979	251318	75111
石油和天然气开采业	07	511880	486844	11401	12532	1103
黑色金属矿采选业	08	313245	86763	69327	125066	32089
有色金属矿采选业	09	293673	49269	100902	119004	24498
非金属矿采选业	10	492878	15574	40114	311807	125383
开采专业及辅助性活动	11	299281	198094	26963	54040	20184
其他采矿业	12	13614			7052	6562
制造业	**C**	**103682268**	**18786811**	**17235761**	**46843672**	**20816024**
农副食品加工业	13	3998295	417622	690312	2089832	800529
食品制造业	14	2531734	407299	517130	1170935	436370
酒、饮料和精制茶制造业	15	1555025	400251	208396	580291	366087
烟草制品业	16	180322	127281	36742	15855	444
纺织业	17	3840499	395231	748626	1940619	756023
纺织服装、服饰业	18	4487342	258858	695073	2380052	1153359
皮革、毛皮、羽毛及其制品和制鞋业	19	2505057	285855	423137	1315996	480069
木材加工和木、竹、藤、棕、草制品业	20	2196874	10872	92007	1344851	749144
家具制造业	21	1983473	189158	230593	974874	588848
造纸和纸制品业	22	1681615	152492	232804	813892	482427
印刷和记录媒介复制业	23	1543943	65005	197676	806065	475197
文教、工美、体育和娱乐用品制造业	24	2863018	177443	424388	1467128	794059
石油、煤炭及其他燃料加工业	25	855066	465915	168672	140683	79796
化学原料和化学制品制造业	26	4365131	722351	947259	2116099	579422
医药制造业	27	2358757	633105	650817	919422	155413
化学纤维制造业	28	495063	202758	92826	158660	40819
橡胶和塑料制品业	29	4925717	427412	663446	2597379	1237480
非金属矿物制品业	30	7117842	433066	1003926	4109205	1571645
黑色金属冶炼和压延加工业	31	2011352	1257213	258512	380394	115233
有色金属冶炼和压延加工业	32	1784457	589404	373457	668504	153092
金属制品业	33	7589148	447024	872534	3909538	2360052

注：本表不含无法划分单位规模的单位数据。

2-23 续表 1

行业大类	代码	从业人员数(人)	大型企业	中型企业	小型企业	微型企业
通用设备制造业	34	7907587	743064	1043203	3860646	2260674
专用设备制造业	35	6130078	610120	897390	3044915	1577653
汽车制造业	36	5549941	1914730	1250984	1938814	445413
铁路、船舶、航空航天和其他运输设备制造业	37	1490542	350782	305376	655051	179333
电气机械和器材制造业	38	8103198	2071800	1600879	3162578	1267941
计算机、通信和其他电子设备制造业	39	10308607	4709054	2065355	2714872	819326
仪器仪表制造业	40	1504729	157388	305062	737603	304676
其他制造业	41	547200	37713	73447	283384	152656
废弃资源综合利用业	42	421459	20243	40313	251692	109211
金属制品、机械和设备修理业	43	849197	106302	125419	293843	323633
电力、热力、燃气及水生产和供应业	**D**	**4757904**	**1729744**	**751713**	**1641271**	**635176**
电力、热力生产和供应业	44	3358833	1556285	496356	875918	430274
燃气生产和供应业	45	454705	63240	85573	257076	48816
水的生产和供应业	46	944366	110219	169784	508277	156086
建筑业	**E**	**51169023**	**8512346**	**11849744**	**12011590**	**18795343**
房屋建筑业	47	25868869	5648214	7296723	5279095	7644837
土木工程建筑业	48	11263093	2221821	2447009	2796718	3797545
建筑安装业	49	3849694	384792	711529	1112168	1641205
建筑装饰、装修和其他建筑业	50	10187367	257519	1394483	2823609	5711756
批发和零售业	**F**	**52741753**	**4343725**	**5898958**	**11370531**	**31128539**
批发业	51	29528810	2099961	3145266	6152488	18131095
零售业	52	23212943	2243764	2753692	5218043	12997444
交通运输、仓储和邮政业	**G**	**13701179**	**3131009**	**1951306**	**4265649**	**4353215**
道路运输业	54	8220053	1278063	1207147	2721549	3013294
水上运输业	55	458125	72802	95218	206270	83835
航空运输业	56	637163	533467	54135	33188	16373
管道运输业	57	42119	28112	3213	8915	1879
多式联运和运输代理业	58	1348580	143059	118459	481825	605237
装卸搬运和仓储业	59	1416487	149155	263749	508657	494926
邮政业	60	1578652	926351	209385	305245	137671
住宿和餐饮业	**H**	**8921328**	**1632768**	**1358171**	**3718929**	**2211460**
住宿业	61	2783241	218156	637529	1358914	568642
餐饮业	62	6138087	1414612	720642	2360015	1642818

2-23 续表 2

行业大类	代码	从业人员数（人）	大型企业	中型企业	小型企业	微型企业
信息传输、软件和信息技术服务业	I	**15026299**	**3497998**	**2805499**	**4406131**	**4316671**
电信、广播电视和卫星传输服务	63	1568866	442570	862518	152524	111254
互联网和相关服务	64	2419168	330376	623085	698386	767321
软件和信息技术服务业	65	11038265	2725052	1319896	3555221	3438096
房地产业	K	**14378667**	**2134229**	**2882608**	**3131603**	**6230227**
房地产业	70	14378667	2134229	2882608	3131603	6230227
租赁和商务服务业	L	**36496221**	**1078718**	**5308040**	**16819827**	**13289636**
租赁业	71	2924228	16342	59895	1094264	1753727
商务服务业	72	33571993	1062376	5248145	15725563	11535909
科学研究和技术服务业	M	**15426097**	**2162565**	**1570246**	**6719744**	**4973542**
研究和试验发展	73	1723216	285077	164085	745714	528340
专业技术服务业	74	9193745	1621828	1209378	3982177	2380362
科技推广和应用服务业	75	4509136	255660	196783	1991853	2064840
水利、环境和公共设施管理业	N	**3626878**	**1601619**	**476778**	**1072767**	**475714**
水利管理业	76	92184	14961	13382	45910	17931
生态保护和环境治理业	77	392738	42833	57512	207568	84825
公共设施管理业	78	3053021	1539605	391148	769519	352749
土地管理业	79	88935	4220	14736	49770	20209
居民服务、修理和其他服务业	O	**6492559**	**1128348**	**545535**	**2445937**	**2372739**
居民服务业	80	2758607	241187	172860	1210090	1134470
机动车、电子产品和日用产品修理业	81	1638014	31841	42752	647509	915912
其他服务业	82	2095938	855320	329923	588338	322357
教育	P	**2741698**	**196769**	**210964**	**1349893**	**984072**
教育	83	2741698	196769	210964	1349893	984072
卫生和社会工作	Q	**2891173**	**544946**	**715200**	**1226360**	**404667**
卫生	84	2487370	502454	639264	1016685	328967
社会工作	85	403803	42492	75936	209675	75700
文化、体育和娱乐业	R	**4253550**	**270096**	**276412**	**1775278**	**1931764**
新闻和出版业	86	172479	46477	52697	60647	12658
广播、电视、电影和录音制作业	87	589303	51168	38255	256316	243564
文化艺术业	88	905099	26080	53169	388972	436878
体育	89	563086	40200	45853	231845	245188
娱乐业	90	2023583	106171	86438	837498	993476

2−24　按地区、营业收入组距

地　区	企业法人单位数（个）			
		100万元及以下	100−200万元	200−500万元
全　国	**29803508**	**15111516**	**4189922**	**5531902**
北　京	1136505	829866	89249	93085
天　津	401077	260025	36385	40544
河　北	1346359	788380	197177	196965
山　西	601331	411628	62950	60398
内蒙古	342518	224148	38432	37374
辽　宁	814664	557894	83540	81172
吉　林	289089	160143	34585	54639
黑龙江	301012	190807	28892	43468
上　海	737641	388453	71127	89754
江　苏	2737876	1250278	396686	523948
浙　江	2115776	1031606	280906	369791
安　徽	1198894	574169	212181	226280
福　建	1162060	376973	184488	328476
江　西	658114	286278	106855	137737
山　东	2505844	782852	466338	734031
河　南	1831474	671657	327824	508419
湖　北	1269253	393156	223628	383504
湖　南	858860	242606	143493	279329
广　东	4326781	2758172	511070	535667
广　西	531886	392794	43519	40013
海　南	154148	115639	11718	11134
重　庆	662408	261570	112005	163272
四　川	1179063	523359	186789	255187
贵　州	442453	293602	53133	48400
云　南	604320	326742	97862	100212
西　藏	63474	43341	6732	7221
陕　西	775626	478163	103107	101819
甘　肃	299978	210627	32390	28671
青　海	73907	49479	7958	8282
宁　夏	95308	61255	10040	10334
新　疆	285809	175854	28863	32776

分组的企业法人单位数

500–1000万元	1000–2000万元	2000–5000万元	5000万元–1亿元	1亿元以上
2272335	**1206904**	**756133**	**315907**	**418889**
41151	30650	25496	11267	15741
20054	15564	13710	6094	8701
71923	45581	23773	9957	12603
23751	15388	13225	5551	8440
13793	10378	8465	4122	5806
35032	23978	16772	7170	9106
19874	8693	5283	2497	3375
13968	8822	7662	3358	4035
53718	46333	42008	19101	27147
243846	143415	94920	37635	47148
173120	103221	82008	32734	42390
85070	44333	30720	11799	14342
142958	69911	28205	12111	18938
54553	31076	22239	8480	10896
289419	124395	54057	23577	31175
193988	79589	25802	10787	13408
158320	61863	24780	10067	13935
108983	42407	19694	9160	13188
213375	122198	97411	39144	49744
17641	12692	12317	5472	7438
4562	3465	3222	1601	2807
67219	30676	13320	5731	8615
100093	52719	30667	12924	17325
18731	11589	8852	3611	4535
36095	19567	12323	5096	6423
2244	1545	1230	494	667
36105	23949	17007	6853	8623
9996	6646	5926	2559	3163
2841	1989	1708	731	919
4550	3231	2902	1296	1700
15362	11041	10429	4928	6556

2–25 按地区、营业收入组距

地区	从业人员数(人)	100万元及以下	100–200万元	200–500万元
全国	**342081484**	**42381858**	**24332213**	**46676331**
北京	10502097	1560029	481091	722706
天津	4276542	676001	235381	350732
河北	12622955	2664536	1290252	1883241
山西	6172440	1281592	400267	568141
内蒙古	3497469	674414	265823	369580
辽宁	7032202	1358481	520203	709918
吉林	3123579	548015	236804	483287
黑龙江	2915599	569278	175061	399331
上海	11210137	880004	359195	644336
江苏	34031557	3192813	2104501	4018380
浙江	28367681	2560719	1395525	2668652
安徽	14822500	1760485	1208236	1976840
福建	15325902	1053911	891471	2400458
江西	8751061	907484	676480	1308906
山东	26394487	2157094	2308572	5270037
河南	20671688	2249141	2012387	4685882
湖北	14851085	1100244	1122361	2905522
湖南	12554093	778686	857418	2536396
广东	45438913	6606599	3095952	4842383
广西	5895335	1385597	387998	529030
海南	1315736	335052	92542	130258
重庆	8626709	808121	613745	1310163
四川	16354603	1764582	1186106	2463278
贵州	4337213	942897	397025	547157
云南	6369514	1084521	624951	979980
西藏	531483	150835	57891	83586
陕西	8084996	1704560	759283	1062535
甘肃	2839431	718530	243192	317685
青海	796006	185352	71882	103985
宁夏	1131552	214018	73352	109267
新疆	3236919	508267	187266	294679

分组的企业法人单位从业人员数

500–1000万元	1000–2000万元	2000–5000万元	5000万元–1亿元	1亿元以上
31524595	**27390593**	**31220505**	**22874035**	**115681354**
501511	590001	906501	721348	5018910
245330	278269	397032	325278	1768519
1094566	1039436	905960	624990	3119974
350696	356505	480832	326734	2407673
191414	215210	271966	204774	1304288
461071	522534	684695	495827	2279473
282160	220215	242576	172738	937784
168201	172821	226982	184664	1019261
564918	730360	1122221	921484	5987619
2980418	2874896	3605542	2616213	12638794
2107664	2230536	3257940	2396900	11749745
1261255	1168483	1544937	1161941	4740323
1835324	1446690	1316032	962580	5419436
898509	808933	1011663	630561	2508525
3295549	2333829	2017001	1497196	7515209
3319132	2105270	1206274	854136	4239466
2033290	1429148	1160009	830321	4270190
1723979	1120906	984319	764582	3787807
3198627	3100995	4445375	3289876	16859106
350251	394635	599180	442769	1805875
77604	85067	118531	101793	374889
932817	743836	675607	517034	3025386
1621584	1436200	1555282	1156938	5170633
338102	315100	392452	256534	1147946
586871	562522	611143	419170	1500356
35468	34454	41108	27044	101097
573274	552276	678750	444650	2309668
174760	175012	248540	168238	793474
48147	48701	64145	40653	233141
67006	71449	97054	72347	427059
205097	226304	350856	244722	1219728

2−26 按行业(大类)、营业收入

行业大类	代码	企业法人单位数(个)		
			100万元及以下	100−200万元
总　计		**29803508**	**15111516**	**4189922**
农、林、牧、渔业	**A**	**115699**	**58727**	**21895**
农业	01	301	301	
林业	02	139	139	
畜牧业	03	176	176	
渔业	04	56	56	
农、林、牧、渔专业及辅助性活动	05	115027	58055	21895
采矿业	**B**	**51567**	**17075**	**4021**
煤炭开采和洗选业	06	9557	2248	311
石油和天然气开采业	07	418	133	17
黑色金属矿采选业	08	6890	2597	510
有色金属矿采选业	09	4681	1778	298
非金属矿采选业	10	24719	8213	2329
开采专业及辅助性活动	11	4022	1456	416
其他采矿业	12	1280	650	140
制造业	**C**	**4016224**	**1323109**	**510806**
农副食品加工业	13	154039	49884	16311
食品制造业	14	82181	29465	9263
酒、饮料和精制茶制造业	15	70003	31969	9046
烟草制品业	16	272	39	10
纺织业	17	148977	41386	17863
纺织服装、服饰业	18	194662	65769	27515
皮革、毛皮、羽毛及其制品和制鞋业	19	88204	26081	10827
木材加工和木、竹、藤、棕、草制品业	20	132134	34086	15729
家具制造业	21	108620	38914	15642
造纸和纸制品业	22	90496	29120	13592
印刷和记录媒介复制业	23	91452	33789	13469
文教、工美、体育和娱乐用品制造业	24	149352	54500	20609
石油、煤炭及其他燃料加工业	25	14675	5045	1493
化学原料和化学制品制造业	26	118383	34846	11770
医药制造业	27	32996	9337	2839
化学纤维制造业	28	8141	1812	651
橡胶和塑料制品业	29	239821	76729	31752
非金属矿物制品业	30	306359	84854	34797
黑色金属冶炼和压延加工业	31	24403	5876	2445
有色金属冶炼和压延加工业	32	33059	7669	2731

组距分组的企业法人单位数

200–500万元	500–1000万元	1000–2000万元	2000–5000万元	5000万元–1亿元	1亿元以上	代码
5531902	**2272335**	**1206904**	**756133**	**315907**	**418889**	
23837	**6876**	**2445**	**1010**	**496**	**413**	A
						01
						02
						03
						04
23837	6876	2445	1010	496	413	05
6819	**5712**	**5543**	**4189**	**2431**	**5777**	B
561	610	662	1005	839	3321	06
28	26	21	30	23	140	07
822	735	766	509	316	635	08
483	424	465	411	247	575	09
4170	3365	2996	1866	848	932	10
570	399	522	344	147	168	11
185	153	111	24	11	6	12
772016	**567901**	**379646**	**236074**	**96755**	**129917**	C
25961	21758	15351	10299	5209	9266	13
14083	11890	7714	4519	2096	3151	14
12056	7565	4496	2323	884	1664	15
17	8	11	19	26	142	16
28505	22627	16942	12149	4796	4709	17
40672	29432	18261	8234	2564	2215	18
18616	14847	9646	4860	1726	1601	19
28522	25251	15513	7692	3056	2285	20
23532	15008	8576	4248	1429	1271	21
19909	12596	7386	3949	1656	2288	22
18217	12131	7344	3775	1323	1404	23
29374	22310	12722	5943	2036	1858	24
2444	1905	1361	877	377	1173	25
18876	15356	12119	10350	5304	9762	26
4707	3953	3098	3269	1935	3858	27
1104	1021	987	1153	550	863	28
47511	33818	22994	15896	5674	5447	29
57507	46988	36001	23378	10577	12257	30
3818	3325	2473	2253	1240	2973	31
4616	4191	3546	3472	1995	4839	32

2-26 续表 1

行业大类	代码	企业法人单位数(个)	100万元及以下	100–200万元
金属制品业	33	454993	162861	63726
通用设备制造业	34	428751	139378	58830
专用设备制造业	35	304134	105182	40902
汽车制造业	36	94150	23843	9986
铁路、船舶、航空航天和其他运输设备制造业	37	35738	9683	4117
电气机械和器材制造业	38	256300	84076	31627
计算机、通信和其他电子设备制造业	39	173480	63034	19548
仪器仪表制造业	40	60841	20279	7876
其他制造业	41	29934	10338	4083
废弃资源综合利用业	42	22385	7514	2132
金属制品、机械和设备修理业	43	67289	35751	9625
电力、热力、燃气及水生产和供应业	**D**	**131826**	**53111**	**13405**
电力、热力生产和供应业	44	91450	40955	9512
燃气生产和供应业	45	10423	2148	710
水的生产和供应业	46	29953	10008	3183
建筑业	**E**	**2721969**	**1264484**	**417844**
房屋建筑业	47	796635	317050	120530
土木工程建筑业	48	553850	240400	84295
建筑安装业	49	284399	130745	45029
建筑装饰、装修和其他建筑业	50	1087085	576289	167990
批发和零售业	**F**	**10048930**	**4904648**	**1419074**
批发业	51	5400198	2368709	697998
零售业	52	4648732	2535939	721076
交通运输、仓储和邮政业	**G**	**930938**	**395453**	**135009**
铁路运输业	53	402	17	NA
道路运输业	54	629929	263873	94783
水上运输业	55	18548	6436	2055
航空运输业	56	3993	2095	415
管道运输业	57	426	124	41
多式联运和运输代理业	58	143708	64254	18663
装卸搬运和仓储业	59	103749	46273	15228
邮政业	60	30183	12381	3822
住宿和餐饮业	**H**	**710235**	**392753**	**158797**
住宿业	61	190697	95061	41791
餐饮业	62	519538	297692	117006
信息传输、软件和信息技术服务业	**I**	**1689565**	**1056929**	**211918**
电信、广播电视和卫星传输服务	63	35867	19881	4248
互联网和相关服务	64	278136	168740	36940
软件和信息技术服务业	65	1375562	868308	170730

200-500万元	500-1000万元	1000-2000万元	2000-5000万元	5000万元-1亿元	1亿元以上	代码
90652	61266	38700	21893	7894	8001	33
89776	64729	39493	21181	7412	7952	34
59596	42890	27514	15648	5834	6568	35
17248	13356	10695	8018	3797	7207	36
6590	5104	4105	2997	1317	1825	37
47046	33472	23949	17806	7346	10978	38
28028	19763	14945	12231	5691	10240	39
11693	8022	5520	3878	1611	1962	40
6114	4235	2993	1381	383	407	41
3910	3092	2120	1448	737	1432	42
11316	5992	3071	935	280	319	43
18722	**13256**	**9885**	**8970**	**5723**	**8754**	**D**
12572	8327	5736	5414	3617	5317	44
1152	975	1025	1083	947	2383	45
4998	3954	3124	2473	1159	1054	46
554226	**238404**	**108301**	**70912**	**31322**	**36476**	**E**
174963	81458	39815	29380	14456	18983	47
113412	51074	26660	19418	8589	10002	48
57472	25045	12246	7790	3130	2942	49
208379	80827	29580	14324	5147	4549	50
2073864	**741486**	**417734**	**248730**	**105654**	**137740**	**F**
1023616	574854	339083	198463	85546	111929	51
1050248	166632	78651	50267	20108	25811	52
192536	**97975**	**53868**	**32614**	**11129**	**12354**	**G**
10	5	19	33	32	284	53
136140	69580	36512	18991	5289	4761	54
3415	1921	1507	1616	728	870	55
521	247	178	193	99	245	56
68	20	21	37	31	84	57
25537	13189	8640	6940	2971	3514	58
20831	9772	5165	3486	1469	1525	59
6014	3241	1826	1318	510	1071	60
96091	**29962**	**17379**	**10456**	**2958**	**1839**	**H**
30184	10888	6694	4058	1329	692	61
65907	19074	10685	6398	1629	1147	62
247179	**89268**	**40650**	**22098**	**9095**	**12428**	**I**
5060	1984	1052	994	604	2044	63
44642	14509	5682	3351	1668	2604	64
197477	72775	33916	17753	6823	7780	65

2-26 续表 2

行业大类	代码	企业法人单位数（个）	100万元及以下	100−200万元
金融业	J	**106665**	**54322**	**5543**
货币金融服务	66	29332	8972	1860
资本市场服务	67	50860	37435	2744
保险业	68	17157	1783	458
其他金融业	69	9316	6132	481
房地产业	K	**1038453**	**553524**	**136299**
房地产业	70	1038453	553524	136299
租赁和商务服务业	L	**3883704**	**2368535**	**542321**
租赁业	71	503280	265401	88867
商务服务业	72	3380424	2103134	453454
科学研究和技术服务业	M	**2014288**	**1168404**	**286201**
研究和试验发展	73	218527	121751	29426
专业技术服务业	74	930820	513799	142350
科技推广和应用服务业	75	864941	532854	114425
水利、环境和公共设施管理业	N	**193720**	**97777**	**29095**
水利管理业	76	7419	3717	1124
生态保护和环境治理业	77	35353	17591	4774
公共设施管理业	78	142446	72107	22092
土地管理业	79	8502	4362	1105
居民服务、修理和其他服务业	O	**870379**	**575735**	**124752**
居民服务业	80	434465	303851	56465
机动车、电子产品和日用产品修理业	81	309673	195540	48915
其他服务业	82	126241	76344	19372
教育	P	**356766**	**236740**	**48170**
教育	83	356766	236740	48170
卫生和社会工作	Q	**167292**	**92981**	**21687**
卫生	84	135250	74733	17023
社会工作	85	32042	18248	4664
文化、体育和娱乐业	R	**755288**	**497209**	**103085**
新闻和出版业	86	6237	2684	767
广播、电视、电影和录音制作业	87	99229	61875	13218
文化艺术业	88	170828	112762	23860
体育	89	94629	66910	11903
娱乐业	90	384365	252978	53337

200—500万元	500—1000万元	1000—2000万元	2000—5000万元	5000万元—1亿元	1亿元以上	代码
8076	**5175**	**5329**	**7026**	**4802**	**16392**	J
2602	1679	1793	2727	1934	7765	66
3849	2056	1604	1343	648	1181	67
910	972	1565	2572	1983	6914	68
715	468	367	384	237	532	69
169831	**71580**	**34479**	**29105**	**14949**	**28686**	K
169831	71580	34479	29105	14949	28686	70
640299	**202941**	**57077**	**40942**	**15947**	**15642**	L
105890	31947	6555	3396	730	494	71
534409	170994	50522	37546	15217	15148	72
349140	**127315**	**43206**	**25011**	**8071**	**6940**	M
38843	16753	6396	3363	968	1027	73
169339	60176	21624	14021	5003	4508	74
140958	50386	15186	7627	2100	1405	75
37152	**14291**	**7063**	**4500**	**1911**	**1931**	N
1362	562	285	189	96	84	76
6383	2836	1741	1147	479	402	77
27968	10294	4739	2947	1205	1094	78
1439	599	298	217	131	351	79
140435	**16650**	**7268**	**3960**	**991**	**588**	O
63691	5933	2514	1376	369	266	80
53654	7128	2741	1265	286	144	81
23090	3589	2013	1319	336	178	82
51096	**15309**	**3076**	**1586**	**475**	**314**	P
51096	15309	3076	1586	475	314	83
27353	**10856**	**6563**	**4771**	**1775**	**1306**	Q
20648	9443	5942	4460	1714	1287	84
6705	1413	621	311	61	19	85
123230	**17378**	**7392**	**4179**	**1423**	**1392**	R
1012	428	354	384	216	392	86
16705	3780	1824	1015	398	414	87
28750	3081	1301	723	215	136	88
12778	1662	671	440	165	100	89
63985	8427	3242	1617	429	350	90

2-27 按行业(大类)、营业收入组距

行业大类	代码	从业人员数(人)		
			100万元及以下	100-200万元
总 计		**342081484**	**42381858**	**24332213**
农、林、牧、渔业	A	**793533**	**185635**	**131299**
农业	01			
林业	02			
畜牧业	03			
渔业	04			
农、林、牧、渔专业及辅助性活动	05	793533	185635	131299
采矿业	B	**4696956**	**105413**	**37338**
煤炭开采和洗选业	06	2772385	43650	6182
石油和天然气开采业	07	511880	391	126
黑色金属矿采选业	08	313245	11248	4285
有色金属矿采选业	09	293673	10823	3541
非金属矿采选业	10	492878	30520	18660
开采专业及辅助性活动	11	299281	6192	3479
其他采矿业	12	13614	2589	1065
制造业	C	**103682268**	**4602950**	**3538717**
农副食品加工业	13	3998295	182322	128642
食品制造业	14	2531734	119183	78273
酒、饮料和精制茶制造业	15	1555025	120406	71847
烟草制品业	16	180322	121	67
纺织业	17	3840499	135685	117155
纺织服装、服饰业	18	4487342	286801	254680
皮革、毛皮、羽毛及其制品和制鞋业	19	2505057	101872	93366
木材加工和木、竹、藤、棕、草制品业	20	2196874	127155	111073
家具制造业	21	1983473	141536	111455
造纸和纸制品业	22	1681615	97448	85554
印刷和记录媒介复制业	23	1543943	111408	87018
文教、工美、体育和娱乐用品制造业	24	2863018	196472	147648
石油、煤炭及其他燃料加工业	25	855066	23162	10117
化学原料和化学制品制造业	26	4365131	131249	85128
医药制造业	27	2358757	46677	24543
化学纤维制造业	28	495063	8979	3810
橡胶和塑料制品业	29	4925717	249963	204224
非金属矿物制品业	30	7117842	298789	245796
黑色金属冶炼和压延加工业	31	2011352	18999	14800
有色金属冶炼和压延加工业	32	1784457	26597	17801

分组的企业法人单位从业人员数

200–500万元	500–1000万元	1000–2000万元	2000–5000万元	5000万元–1亿元	1亿元以上	代码
46676331	**31524595**	**27390593**	**31220505**	**22874035**	**115681354**	
212893	**100199**	**55434**	**34703**	**21764**	**51606**	A
						01
						02
						03
						04
212893	100199	55434	34703	21764	51606	05
94598	**123044**	**167148**	**213820**	**212129**	**3743466**	B
14104	19370	28036	74542	98295	2488206	06
278	528	616	2307	1335	506299	07
11643	16036	23096	23237	23468	200232	08
8541	11260	18282	27182	27700	186344	09
51213	65191	82153	70218	47578	127345	10
6679	7223	12142	15567	13469	234530	11
2140	3436	2823	767	284	510	12
8278765	**9903679**	**10397252**	**11861740**	**8665668**	**46433497**	C
311019	424054	420896	394418	311960	1824984	13
181043	240405	240447	268643	221187	1182553	14
142526	146169	129757	118996	82184	743140	15
288	296	384	1808	4413	172945	16
282484	358868	415418	563333	432683	1534873	17
565128	653753	673636	693369	407116	952859	18
252822	331432	347198	367504	259123	751740	19
299063	410199	391511	309522	224616	323735	20
252950	269880	260214	261560	170766	515112	21
190440	199396	187188	176188	132280	613121	22
185043	206335	202794	210594	139211	401540	23
345922	417190	391348	411661	271017	681760	24
25747	29515	31307	24693	16693	693832	25
206228	262115	326527	433313	372952	2547619	26
65258	85343	102202	208667	202792	1623275	27
10626	14286	19661	37361	32899	367441	28
478128	553885	587964	746327	511036	1594190	29
631522	857507	949864	961770	709600	2462994	30
35053	45210	48394	65586	57699	1725611	31
47239	64365	79437	117704	107770	1323544	32

2-27 续表 1

行业大类	代码	从业人员数(人)		
			100万元及以下	100–200万元
金属制品业	33	7589148	534422	412934
通用设备制造业	34	7907587	443028	364650
专用设备制造业	35	6130078	345599	265255
汽车制造业	36	5549941	84573	68153
铁路、船舶、航空航天和其他运输设备制造业	37	1490542	35961	31341
电气机械和器材制造业	38	8103198	284082	196988
计算机、通信和其他电子设备制造业	39	10308607	218813	146472
仪器仪表制造业	40	1504729	64115	51685
其他制造业	41	547200	32735	26606
废弃资源综合利用业	42	421459	23171	15086
金属制品、机械和设备修理业	43	849197	111627	66550
电力、热力、燃气及水生产和供应业	D	**4757904**	**194878**	**101991**
电力、热力生产和供应业	44	3358833	142451	68201
燃气生产和供应业	45	454705	8917	6792
水的生产和供应业	46	944366	43510	26998
建筑业	E	**51169025**	**4538588**	**2877206**
房屋建筑业	47	25868869	1236054	883144
土木工程建筑业	48	11263094	901895	597647
建筑安装业	49	3849694	459533	303420
建筑装饰、装修和其他建筑业	50	10187368	1941106	1092995
批发和零售业	F	**52741753**	**10651668**	**5738234**
批发业	51	29528810	5143576	2795965
零售业	52	23212943	5508092	2942269
交通运输、仓储和邮政业	G	**13701179**	**1195415**	**805773**
铁路运输业	53			
道路运输业	54	8220053	807107	562507
水上运输业	55	458125	20489	12475
航空运输业	56	637163	6759	3147
管道运输业	57	42119	444	285
多式联运和运输代理业	58	1348580	155668	93327
装卸搬运和仓储业	59	1416487	159327	103610
邮政业	60	1578652	45621	30422
住宿和餐饮业	H	**8921328**	**1360959**	**1195436**
住宿业	61	2783241	350451	333795
餐饮业	62	6138087	1010508	861641
信息传输、软件和信息技术服务业	I	**15026299**	**2583485**	**1196759**
电信、广播电视和卫星传输服务	63	1568866	71570	27549
互联网和相关服务	64	2419168	428306	210387
软件和信息技术服务业	65	11038265	2083609	958823

200–500万元	500–1000万元	1000–2000万元	2000–5000万元	5000万元–1亿元	1亿元以上	代码
909533	1000543	1006880	1033112	674320	2017404	33
870178	1012349	979682	1004229	660800	2572671	34
612348	723193	730282	790979	541824	2120598	35
185845	239773	310138	473836	407444	3780179	36
76205	100520	131335	180173	138600	796407	37
450986	526389	606561	856244	646592	4535356	38
318379	361996	452023	749922	651411	7409591	39
118908	129740	140875	202118	153919	643369	40
63217	73503	83552	81408	44579	141600	41
40030	53246	51007	46287	34499	158133	42
124607	112224	98770	70415	43683	221321	43
217932	**252781**	**271546**	**331616**	**309778**	**3077382**	D
138260	149606	136281	148359	158127	2417548	44
13711	15711	24109	31067	36676	317722	45
65961	87464	111156	152190	114975	342112	46
5619595	**3957696**	**3241515**	**4159556**	**3723474**	**23051395**	E
1904832	1468326	1346738	2007196	1998979	15023600	47
1182252	870451	791580	1056743	883132	4979394	48
556625	385481	315360	353174	299455	1176646	49
1975886	1233438	787837	742443	541908	1871755	50
11624863	**5694700**	**4429319**	**3442914**	**2187444**	**8972611**	F
5438204	4218374	3360056	2322806	1367281	4882548	51
6186659	1476326	1069263	1120108	820163	4090063	52
1699203	**1380377**	**1213611**	**1396694**	**865249**	**5144857**	G
						53
1190589	989917	862290	936294	553396	2317953	54
32355	30173	35412	63353	45300	218568	55
5215	4243	7019	13639	12237	584904	56
613	292	506	1370	1614	36995	57
178235	131366	115735	132121	89964	452164	58
210759	154980	131345	177935	112088	366443	59
81437	69406	61304	71982	50650	1167830	60
1381611	**800405**	**823148**	**1012700**	**586812**	**1760257**	H
468501	309106	330684	430145	283543	277016	61
913110	491299	492464	582555	303269	1483241	62
2035009	**1163473**	**887983**	**983117**	**763971**	**5412502**	I
54535	34770	28013	42808	42536	1267085	63
372069	192675	130065	132092	110508	843066	64
1608405	936028	729905	808217	610927	3302351	65

2-27 续表 2

行业大类	代码	从业人员数（人）		
			100万元及以下	100-200万元
金融业	J	**284355**	**63152**	**17757**
货币金融服务	66	132946	24623	10960
资本市场服务	67	57006	26342	3186
保险业	68	4564	1974	611
其他金融业	69	89839	10213	3000
房地产业	K	**14378667**	**2408513**	**1199317**
房地产业	70	14378667	2408513	1199317
租赁和商务服务业	L	**36496231**	**6462533**	**3408372**
租赁业	71	2924231	806568	503635
商务服务业	72	33572000	5655965	2904737
科学研究和技术服务业	M	**15426117**	**3176601**	**1755907**
研究和试验发展	73	1723216	335720	170771
专业技术服务业	74	9193747	1594344	955192
科技推广和应用服务业	75	4509154	1246537	629944
水利、环境和公共设施管理业	N	**3626878**	**382030**	**224089**
水利管理业	76	92184	15363	8330
生态保护和环境治理业	77	392738	56941	31207
公共设施管理业	78	3053021	294441	177263
土地管理业	79	88935	15285	7289
居民服务、修理和其他服务业	O	**6492559**	**1881655**	**894755**
居民服务业	80	2758607	990419	423730
机动车、电子产品和日用产品修理业	81	1638014	597838	293050
其他服务业	82	2095938	293398	177975
教育	P	**2741707**	**869138**	**395900**
教育	83	2741707	869138	395900
卫生和社会工作	Q	**2891173**	**352529**	**182220**
卫生	84	2487370	279758	137679
社会工作	85	403803	72771	44541
文化、体育和娱乐业	R	**4253552**	**1366716**	**631143**
新闻和出版业	86	172479	8043	5057
广播、电视、电影和录音制作业	87	589303	157625	76863
文化艺术业	88	905101	315060	148337
体育	89	563086	206831	80625
娱乐业	90	2023583	679157	320261

200-500万元	500-1000万元	1000-2000万元	2000-5000万元	5000万元-1亿元	1亿元以上	代码
29256	**18845**	**18784**	**22664**	**14568**	**99329**	J
16854	10012	9373	9376	6517	45231	66
5480	3176	2919	4064	1854	9985	67
883	227	166	342	61	300	68
6039	5430	6326	8882	6136	43813	69
2248419	**1437505**	**1225386**	**1554014**	**1085051**	**3220462**	K
2248419	1437505	1225386	1554014	1085051	3220462	70
5997358	**3208188**	**2114429**	**3051111**	**2372832**	**9881408**	L
865607	411301	124979	105207	39897	67037	71
5131751	2796887	1989450	2945904	2332935	9814371	72
3138498	**1837372**	**1106528**	**1229333**	**776659**	**2405219**	M
323553	218145	136280	126908	71451	340388	73
1677981	992828	707580	884768	602470	1778584	74
1136964	626399	262668	217657	102738	286247	75
440031	**311327**	**328163**	**596584**	**522554**	**822100**	N
15635	10722	8487	9428	7401	16818	76
62804	45125	44227	47526	33747	71161	77
347314	245215	268592	532991	475523	711682	78
14278	10265	6857	6639	5883	22439	79
1530903	**425440**	**417007**	**512881**	**264490**	**565428**	O
709591	152660	122121	132771	62564	164751	80
473774	104417	61466	50740	22414	34315	81
347538	168363	233420	329370	179512	366362	82
619836	**319309**	**144668**	**149105**	**83037**	**160714**	P
619836	319309	144668	149105	83037	160714	83
378302	**303805**	**345382**	**464604**	**296730**	**567601**	Q
275907	244413	294864	417434	279065	558250	84
102395	59392	50518	47170	17665	9351	85
1129259	**286450**	**203290**	**203349**	**121825**	**311520**	R
10290	8443	12494	23236	24519	80397	86
147598	50555	36636	31133	22346	66547	87
268046	54065	39647	37885	15834	26227	88
126059	32608	26238	35518	24354	30853	89
577266	140779	88275	75577	34772	107496	90

2-28 按地区、资产总计组距分组的企业法人单位数

地 区	企业法人单位数（个）	50万元及以下	50—100万元	100—500万元	500—1000万元	1000—5000万元	5000万元—1亿元	1亿元以上
全 国	**29803508**	**13607555**	**3906256**	**7545086**	**1884256**	**1953073**	**311686**	**595596**
北 京	1136505	610333	104688	222667	67077	86404	15570	29766
天 津	401077	195417	38290	84916	26744	34701	6193	14816
河 北	1346359	691298	202807	291120	66180	65753	9679	19522
山 西	601331	315059	65074	123985	34947	41953	6742	13571
内蒙古	342518	173343	38608	74306	18965	23078	4220	9998
辽 宁	814664	478008	85253	144629	38358	45436	7508	15472
吉 林	289089	155033	34443	59929	15206	15375	2906	6197
黑龙江	301012	162076	32151	62855	16025	18408	3278	6219
上 海	737641	288153	67911	166478	64891	96998	17518	35692
江 苏	2737876	1016183	364123	819716	216626	228324	33113	59791
浙 江	2115776	956264	245132	488570	148701	190864	30400	55845
安 徽	1198894	577561	183798	276388	60781	68305	11405	20656
福 建	1162060	452946	168157	355973	83228	72561	10667	18528
江 西	658114	277369	94090	176087	42563	45896	8113	13996
山 东	2505844	858148	408599	862765	184856	135459	18640	37377
河 南	1831474	731320	283950	565439	129380	91764	9990	19631
湖 北	1269253	467050	196019	420205	88706	70250	9484	17539
湖 南	858860	271198	128448	309706	75430	52630	7753	13695
广 东	4326781	2429112	465532	849477	215467	251864	42249	73080
广 西	531886	332691	51588	79180	21386	29248	5840	11953
海 南	154148	87267	14262	26521	7674	10672	2385	5367
重 庆	662408	310374	107844	164420	34471	30006	4673	10620
四 川	1179063	491809	183080	319262	74346	73557	12445	24564
贵 州	442453	243793	56806	82453	19613	24284	4613	10891
云 南	604320	294672	92106	139603	28938	32010	5791	11200
西 藏	63474	30108	7120	14861	3758	4512	980	2135
陕 西	775626	343800	101409	200251	52772	54485	8144	14765
甘 肃	299978	156884	37876	62023	15879	17544	3324	6448
青 海	73907	35540	8417	17193	4637	5039	932	2149
宁 夏	95308	45651	10889	20884	6220	7481	1349	2834
新 疆	285809	129095	27786	63224	20431	28212	5782	11279

2-29　按地区、资产总计组距分组的企业法人单位从业人员数

地　区	从业人员数（人）	50万元及以下	50-100万元	100-500万元	500-1000万元	1000-5000万元	5000万元-1亿元	1亿元以上
全　国	**342081484**	**44266017**	**21817528**	**62742370**	**26567916**	**55239797**	**19890466**	**111557390**
北　京	10502097	1042305	388824	1204120	594812	1613018	657111	5001907
天　津	4276542	512035	185957	589892	282527	732787	243410	1729934
河　北	12622955	2555702	1183052	2520999	918565	1704957	513483	3226197
山　西	6172440	912370	315186	812258	378825	860217	313213	2580371
内蒙古	3497469	512370	203740	535308	211636	472291	176155	1385969
辽　宁	7032202	1220833	399038	1063831	471347	1114711	379948	2382494
吉　林	3123579	607069	216529	510873	218963	419044	150688	1000413
黑龙江	2915599	494348	152552	463595	188745	382172	137395	1096792
上　海	11210137	654711	282228	1055954	703940	1973393	778940	5760971
江　苏	34031557	2927955	1786933	6082610	2709471	5988663	2193333	12342592
浙　江	28367681	2755446	1199648	3757790	2073580	5641667	2210940	10728610
安　徽	14822500	2217313	1075435	2751898	1201250	2648084	870438	4058082
福　建	15325902	1769381	1016584	3090748	1260561	2471133	955627	4761868
江　西	8751061	1136818	616216	1742165	772882	1547875	540834	2394271
山　东	26394487	3231712	2184720	6506351	2287690	3535286	1190383	7458345
河　南	20671688	3229737	1906281	5655926	2203099	2736661	734610	4205374
湖　北	14851085	1786515	1125559	3667350	1293167	2177741	758395	4042358
湖　南	12554093	1195921	870778	3111112	1307113	2062046	806122	3201001
广　东	45438913	6370857	2467242	6908232	3150130	7805245	2860286	15876921
广　西	5895335	1185404	351305	830579	393105	1012794	380833	1741315
海　南	1315736	240000	75852	199108	88272	214959	77865	419680
重　庆	8626709	1307985	680657	1594703	580300	1178882	503233	2780949
四　川	16354603	2026500	1166645	3152533	1291881	2696517	996104	5024423
贵　州	4337213	811318	322540	730159	297092	644722	215874	1315508
云　南	6369514	1140777	563595	1285422	456838	1020441	358233	1544208
西　藏	531483	92247	46330	122312	42726	75399	26250	126219
陕　西	8084996	1182588	586284	1589432	642958	1230199	396750	2456785
甘　肃	2839431	505956	198321	468097	187272	431367	152783	895635
青　海	796006	123255	53587	153810	63402	108060	31972	261920
宁　夏	1131552	154988	57852	153989	74004	176008	61240	453471
新　疆	3236919	361601	138058	431214	221763	563458	218018	1302807

2-30 按行业(大类)、资产总计

行业大类	代码	企业法人单位数(个)	50万元及以下	50-100万元
总 计		**29803508**	**13607555**	**3906256**
农、林、牧、渔业	A	**115699**	**50939**	**20022**
农业	01	301	301	
林业	02	139	139	
畜牧业	03	176	176	
渔业	04	56	56	
农、林、牧、渔专业及辅助性活动	05	115027	50267	20022
采矿业	B	**51567**	**9303**	**3195**
煤炭开采和洗选业	06	9557	1043	241
石油和天然气开采业	07	418	73	16
黑色金属矿采选业	08	6890	1232	406
有色金属矿采选业	09	4681	752	226
非金属矿采选业	10	24719	4836	1812
开采专业及辅助性活动	11	4022	917	389
其他采矿业	12	1280	450	105
制造业	C	**4016224**	**1021947**	**470634**
农副食品加工业	13	154039	38569	16520
食品制造业	14	82181	23018	9209
酒、饮料和精制茶制造业	15	70003	22307	9103
烟草制品业	16	272	34	9
纺织业	17	148977	32712	16582
纺织服装、服饰业	18	194662	65702	25119
皮革、毛皮、羽毛及其制品和制鞋业	19	88204	28435	10732
木材加工和木、竹、藤、棕、草制品业	20	132134	28437	17353
家具制造业	21	108620	34620	16030
造纸和纸制品业	22	90496	22785	11771
印刷和记录媒介复制业	23	91452	24648	12218
文教、工美、体育和娱乐用品制造业	24	149352	48446	20976
石油、煤炭及其他燃料加工业	25	14675	3336	1448
化学原料和化学制品制造业	26	118383	24105	10401
医药制造业	27	32996	6082	2518
化学纤维制造业	28	8141	1146	541
橡胶和塑料制品业	29	239821	56229	28003
非金属矿物制品业	30	306359	63605	30522
黑色金属冶炼和压延加工业	31	24403	4081	2153
有色金属冶炼和压延加工业	32	33059	5296	2630

组距分组的企业法人单位数

100–500万元	500–1000万元	1000–5000万元	5000万元–1亿元	1亿元以上	代码
7545086	**1884256**	**1953073**	**311686**	**595596**	
33046	**5812**	**4219**	**762**	**899**	A
					01
					02
					03
					04
33046	5812	4219	762	899	05
10472	**5811**	**11934**	**3058**	**7794**	B
728	649	2423	976	3497	06
51	25	56	26	171	07
1389	766	1622	411	1064	08
764	507	1120	361	951	09
6326	3263	5548	1115	1819	10
885	463	970	144	254	11
329	138	195	25	38	12
1252182	**458680**	**575785**	**95896**	**141100**	C
44730	17653	24208	5343	7016	13
24020	9037	11094	2361	3442	14
20423	6464	7617	1538	2551	15
16	10	45	20	138	16
46580	18053	25914	4345	4791	17
60614	20165	19060	2056	1946	18
26305	9815	10610	1175	1132	19
49894	16751	16542	1925	1232	20
33631	10756	10962	1319	1302	21
31858	10122	10427	1571	1962	22
31060	9809	10821	1362	1534	23
44827	15585	15957	1871	1690	24
4285	1644	2318	391	1253	25
30842	13513	23292	5366	10864	26
7288	3193	6182	2115	5618	27
1963	1053	2122	439	877	28
79306	29037	36573	5176	5497	29
89895	38375	56775	11452	15735	30
6750	3072	4969	984	2394	31
8127	3834	7757	1757	3658	32

2-30 续表 1

行业大类	代码	企业法人单位数(个)		
			50万元及以下	50-100万元
金属制品业	33	454993	125203	58914
通用设备制造业	34	428751	95233	52328
专用设备制造业	35	304134	72554	35897
汽车制造业	36	94150	16775	8522
铁路、船舶、航空航天和其他运输设备制造业	37	35738	7106	3705
电气机械和器材制造业	38	256300	68047	27660
计算机、通信和其他电子设备制造业	39	173480	47036	16955
仪器仪表制造业	40	60841	14220	6859
其他制造业	41	29934	8627	3896
废弃资源综合利用业	42	22385	6168	2164
金属制品、机械和设备修理业	43	67289	27385	9896
电力、热力、燃气及水生产和供应业	**D**	**131826**	**29750**	**12446**
电力、热力生产和供应业	44	91450	21839	9200
燃气生产和供应业	45	10423	1463	586
水的生产和供应业	46	29953	6448	2660
建筑业	**E**	**2721969**	**1127405**	**393843**
房屋建筑业	47	796635	294902	111501
土木工程建筑业	48	553850	203898	76274
建筑安装业	49	284399	109952	40939
建筑装饰、装修和其他建筑业	50	1087085	518653	165129
批发和零售业	**F**	**10048930**	**4733393**	**1411367**
批发业	51	5400198	2192067	718051
零售业	52	4648732	2541326	693316
交通运输、仓储和邮政业	**G**	**930938**	**352732**	**121225**
铁路运输业	53	402	NA	NA
道路运输业	54	629929	232493	85375
水上运输业	55	18548	5328	1754
航空运输业	56	3993	1551	421
管道运输业	57	426	80	31
多式联运和运输代理业	58	143708	61066	16672
装卸搬运和仓储业	59	103749	38613	13153
邮政业	60	30183	13600	3818
住宿和餐饮业	**H**	**710235**	**391750**	**97993**
住宿业	61	190697	80062	25240
餐饮业	62	519538	311688	72753
信息传输、软件和信息技术服务业	**I**	**1689565**	**954320**	**205134**
电信、广播电视和卫星传输服务	63	35867	17724	4092
互联网和相关服务	64	278136	164090	34641
软件和信息技术服务业	65	1375562	772506	166401

100-500万元	500-1000万元	1000-5000万元	5000万元-1亿元	1亿元以上	代码
149370	50629	56038	7010	7829	33
148974	54992	59604	7713	9907	34
99446	36482	43790	6715	9250	35
26925	11430	18154	4023	8321	36
10655	4106	6600	1262	2304	37
72828	27499	40920	7313	12033	38
46296	17976	27139	5973	12105	39
19194	6916	9333	1765	2554	40
9775	3266	3584	419	367	41
6155	2257	3393	849	1399	42
20150	5186	3985	288	399	43
32803	**11787**	**16350**	**4955**	**23735**	D
23653	8038	10268	2529	15923	44
1821	869	2052	990	2642	45
7329	2880	4030	1436	5170	46
757071	**177066**	**190213**	**32159**	**44212**	E
226776	56872	69973	14793	21818	47
158382	41292	50652	9158	14194	48
83415	20910	22826	3026	3331	49
288498	57992	46762	5182	4869	50
2616808	**600058**	**553429**	**60125**	**73750**	F
1532751	424930	427577	45431	59391	51
1084057	175128	125852	14694	14359	52
270647	**81797**	**78263**	**9580**	**16694**	G
NA		14	13	370	53
192215	56328	51841	4867	6810	54
4647	1784	2672	765	1598	55
836	247	342	126	470	56
64	25	58	21	147	57
36671	13583	12308	1472	1936	58
28493	7757	9078	2059	4596	59
7718	2073	1950	257	767	60
153368	**29687**	**28304**	**4035**	**5098**	H
49862	13661	15637	2600	3635	61
103506	16026	12667	1435	1463	62
353462	**76944**	**70393**	**10976**	**18336**	I
7466	1757	2210	458	2160	63
55383	10505	9093	1584	2840	64
290613	64682	59090	8934	13336	65

2-30 续表 2

行业大类	代码	企业法人单位数(个)		
			50万元及以下	50-100万元
金融业	J	**106665**	**17110**	**2871**
货币金融服务	66	29332	2520	471
资本市场服务	67	50860	10232	1577
保险业	68	17157	1709	561
其他金融业	69	9316	2649	262
房地产业	K	**1038453**	**452407**	**105162**
房地产业	70	1038453	452407	105162
租赁和商务服务业	L	**3883704**	**2060319**	**494312**
租赁业	71	503280	202256	81728
商务服务业	72	3380424	1858063	412584
科学研究和技术服务业	M	**2014288**	**1001926**	**265016**
研究和试验发展	73	218527	96598	27385
专业技术服务业	74	930820	444708	128638
科技推广和应用服务业	75	864941	460620	108993
水利、环境和公共设施管理业	N	**193720**	**79967**	**25472**
水利管理业	76	7419	2785	915
生态保护和环境治理业	77	35353	14196	4278
公共设施管理业	78	142446	59811	19304
土地管理业	79	8502	3175	975
居民服务、修理和其他服务业	O	**870379**	**546237**	**115877**
居民服务业	80	434465	301927	50100
机动车、电子产品和日用产品修理业	81	309673	173306	47949
其他服务业	82	126241	71004	17828
教育	P	**356766**	**233209**	**41759**
教育	83	356766	233209	41759
卫生和社会工作	Q	**167292**	**87580**	**20483**
卫生	84	135250	71833	16213
社会工作	85	32042	15747	4270
文化、体育和娱乐业	R	**755288**	**457261**	**99445**
新闻和出版业	86	6237	2101	699
广播、电视、电影和录音制作业	87	99229	52931	12368
文化艺术业	88	170828	107662	22199
体育	89	94629	62943	11387
娱乐业	90	384365	231624	52792

100–500万元	500–1000万元	1000–5000万元	5000万元–1亿元	1亿元以上	代码
12655	**8733**	**22322**	**7719**	**35255**	J
1423	1056	4229	1974	17659	66
8170	6007	13334	3402	8138	67
2256	1244	3430	1610	6347	68
806	426	1329	733	3111	69
193530	**53962**	**82090**	**29184**	**122118**	K
193530	53962	82090	29184	122118	70
893990	**179525**	**157243**	**29558**	**68757**	L
163215	31679	20054	1952	2396	71
730775	147846	137189	27606	66361	72
501730	**114364**	**98986**	**13408**	**18858**	M
58526	15531	15069	2206	3212	73
240421	53472	47486	6387	9708	74
202783	45361	36431	4815	5938	75
50718	**12002**	**13144**	**2981**	**9436**	N
1849	459	470	122	819	76
9044	2408	3045	726	1656	77
37922	8646	9092	1971	5700	78
1903	489	537	162	1261	79
166410	**24446**	**14403**	**1529**	**1477**	O
66726	8907	5157	732	916	80
71052	10718	5880	490	278	81
28632	4821	3366	307	283	82
61508	**10655**	**7492**	**978**	**1165**	P
61508	10655	7492	978	1165	83
35491	**9085**	**10670**	**1833**	**2150**	Q
27723	7289	8992	1527	1673	84
7768	1796	1678	306	477	85
149195	**23842**	**17833**	**2950**	**4762**	R
1387	437	731	250	632	86
22343	4881	4650	854	1202	87
32100	4655	3058	450	704	88
15568	2186	1660	302	583	89
77797	11683	7734	1094	1641	90

2-31 按行业(大类)、资产总计组距

行业大类	代码	从业人员数(人)	50万元及以下	50-100万元
总 计		**342081484**	**44266017**	**21817528**
农、林、牧、渔业	A	**793533**	**178027**	**109622**
农业	01			
林业	02			
畜牧业	03			
渔业	04			
农、林、牧、渔专业及辅助性活动	05	793533	178027	109622
采矿业	B	**4696956**	**37649**	**22908**
煤炭开采和洗选业	06	2772385	5836	1961
石油和天然气开采业	07	511880	107	100
黑色金属矿采选业	08	313245	4254	2728
有色金属矿采选业	09	293673	2671	1829
非金属矿采选业	10	492878	18873	12726
开采专业及辅助性活动	11	299281	4527	2795
其他采矿业	12	13614	1381	769
制造业	C	**103682268**	**4315607**	**3248304**
农副食品加工业	13	3998295	172260	128733
食品制造业	14	2531734	105699	74467
酒、饮料和精制茶制造业	15	1555025	83318	58144
烟草制品业	16	180322	117	62
纺织业	17	3840499	137656	112132
纺织服装、服饰业	18	4487342	426387	269892
皮革、毛皮、羽毛及其制品和制鞋业	19	2505057	192865	121615
木材加工和木、竹、藤、棕、草制品业	20	2196874	135207	134296
家具制造业	21	1983473	152635	116846
造纸和纸制品业	22	1681615	90653	73072
印刷和记录媒介复制业	23	1543943	97255	74803
文教、工美、体育和娱乐用品制造业	24	2863018	216358	174440
石油、煤炭及其他燃料加工业	25	855066	12996	9127
化学原料和化学制品制造业	26	4365131	90890	65755
医药制造业	27	2358757	24137	18755
化学纤维制造业	28	495063	5781	3227
橡胶和塑料制品业	29	4925717	214500	169226
非金属矿物制品业	30	7117842	271577	219301
黑色金属冶炼和压延加工业	31	2011352	15614	12644
有色金属冶炼和压延加工业	32	1784457	19567	15965

分组的企业法人单位从业人员数

100-500万元	500-1000万元	1000-5000万元	5000万元-1亿元	1亿元以上	代码
62742370	**26567916**	**55239797**	**19890466**	**111557390**	
266643	**70282**	**73691**	**23551**	**71717**	A
					01
					02
					03
					04
266643	70282	73691	23551	71717	05
117136	**93056**	**304522**	**164968**	**3956717**	B
9186	9860	67562	66016	2611964	06
391	436	1544	1099	508203	07
14461	11760	39914	17354	222774	08
8867	9795	30962	22252	217297	09
71767	52206	133253	45514	158539	10
9138	6785	27645	12218	236173	11
3326	2214	3642	515	1767	12
13749344	**8240803**	**20284017**	**7688098**	**46156095**	C
576044	348638	816891	379924	1575805	13
316881	191875	461798	224615	1156399	14
212668	102965	200751	84477	812702	15
183	295	4781	4935	169949	16
495393	315494	914092	383813	1481919	17
995840	552639	1100352	314260	827972	18
457769	287231	647587	194715	603275	19
615383	332606	622029	150733	206620	20
397312	225933	462079	137012	491656	21
308735	168803	344916	134393	561043	22
298146	158301	384462	125720	405256	23
565560	330698	736525	228657	610780	24
42781	23679	47854	13035	705594	25
323652	220519	729127	334266	2600922	26
88043	59418	223759	146600	1798045	27
17762	13916	59390	27269	367718	28
788867	489107	1288246	450981	1524790	29
1021725	673897	1694174	652855	2584313	30
62155	42672	134678	61228	1682361	31
83342	61384	237283	121057	1245859	32

2-31 续表 1

行业大类	代码	从业人员数（人）		
			50万元及以下	50-100万元
金属制品业	33	7589148	489690	367741
通用设备制造业	34	7907587	348600	301303
专用设备制造业	35	6130078	265595	216685
汽车制造业	36	5549941	69402	55181
铁路、船舶、航空航天和其他运输设备制造业	37	1490542	37042	31827
电气机械和器材制造业	38	8103198	255014	168720
计算机、通信和其他电子设备制造业	39	10308607	170663	110402
仪器仪表制造业	40	1504729	48902	39225
其他制造业	41	547200	35302	26544
废弃资源综合利用业	42	421459	22644	15140
金属制品、机械和设备修理业	43	849197	107281	63034
电力、热力、燃气及水生产和供应业	D	**4757904**	**109890**	**75437**
电力、热力生产和供应业	44	3358833	73776	51274
燃气生产和供应业	45	454705	6289	4087
水的生产和供应业	46	944366	29825	20076
建筑业	E	**51169025**	**4911985**	**2683792**
房屋建筑业	47	25868869	1440369	844316
土木工程建筑业	48	11263094	917624	529277
建筑安装业	49	3849694	462148	258542
建筑装饰、装修和其他建筑业	50	10187368	2091844	1051657
批发和零售业	F	**52741753**	**11828430**	**5796031**
批发业	51	29528810	5486952	2914042
零售业	52	23212943	6341478	2881989
交通运输、仓储和邮政业	G	**13701179**	**1300261**	**723334**
铁路运输业	53			
道路运输业	54	8220053	836207	493921
水上运输业	55	458125	20121	10172
航空运输业	56	637163	4097	2375
管道运输业	57	42119	327	148
多式联运和运输代理业	58	1348580	183000	84747
装卸搬运和仓储业	59	1416487	162465	90149
邮政业	60	1578652	94044	41822
住宿和餐饮业	H	**8921328**	**1674851**	**749429**
住宿业	61	2783241	341522	181385
餐饮业	62	6138087	1333329	568044
信息传输、软件和信息技术服务业	I	**15026299**	**2665291**	**1073786**
电信、广播电视和卫星传输服务	63	1568866	65169	23364
互联网和相关服务	64	2419168	503814	196718
软件和信息技术服务业	65	11038265	2096308	853704

100—500万元	500—1000万元	1000—5000万元	5000万元—1亿元	1亿元以上	代码
1510669	844480	1872601	572755	1931212	33
1385109	822492	1784436	573523	2692124	34
966229	577674	1321101	483007	2299787	35
294586	208848	718217	358516	3845191	36
140277	86908	273187	107642	813659	37
713567	461444	1396455	579534	4528464	38
493236	334422	1132411	585288	7482185	39
183254	106865	308883	134386	683214	40
108988	64689	142239	49295	120143	41
67653	38086	82636	38872	156428	42
217535	94825	141077	34735	190710	43
308887	**165741**	**320651**	**173746**	**3603552**	D
202141	102120	176064	82244	2671214	44
19629	12858	40842	33369	337631	45
87117	50763	103745	58133	594707	46
7491176	**3006633**	**8013985**	**3883558**	**21177896**	E
2573261	1161070	3832941	2240131	13776781	47
1567292	676537	1875935	839460	4856969	48
743424	295362	727786	266155	1096277	49
2607199	873664	1577323	537812	1447869	50
14403850	**4755232**	**7116409**	**1686737**	**7155064**	F
8310518	3206630	4735047	906330	3969291	51
6093332	1548602	2381362	780407	3185773	52
2382863	**1154813**	**2169688**	**599061**	**5371159**	G
					53
1633544	781212	1426004	332542	2716623	54
42359	23693	71066	34308	256406	55
6395	3875	11416	10471	598534	56
382	312	682	385	39883	57
267435	138596	250895	87493	336414	58
288361	140741	275969	80729	378073	59
144387	66384	133656	53133	1045226	60
1850218	**742669**	**1459539**	**439313**	**2005309**	H
547014	275428	603616	204649	629627	61
1303204	467241	855923	234664	1375682	62
2608735	**925767**	**1766441**	**699253**	**5287026**	I
64648	23911	65454	42980	1283340	63
452884	137639	261392	98559	768162	64
2091203	764217	1439595	557714	3235524	65

2-31 续表 2

行业大类	代码	从业人员数（人）	50万元及以下	50-100万元
金融业	J	**284355**	**21041**	**5281**
货币金融服务	66	132946	6087	1978
资本市场服务	67	57006	8730	1853
保险业	68	4564	1851	483
其他金融业	69	89839	4373	967
房地产业	K	**14378667**	**2211173**	**937958**
房地产业	70	14378667	2211173	937958
租赁和商务服务业	L	**36496231**	**6867229**	**2971284**
租赁业	71	2924231	664175	414919
商务服务业	72	33572000	6203054	2556365
科学研究和技术服务业	M	**15426117**	**2998190**	**1439647**
研究和试验发展	73	1723216	254246	133160
专业技术服务业	74	9193747	1539797	766643
科技推广和应用服务业	75	4509154	1204147	539844
水利、环境和公共设施管理业	N	**3626878**	**339720**	**184568**
水利管理业	76	92184	10545	5747
生态保护和环境治理业	77	392738	47059	25707
公共设施管理业	78	3053021	271712	147161
土地管理业	79	88935	10404	5953
居民服务、修理和其他服务业	O	**6492559**	**2055062**	**769489**
居民服务业	80	2758607	1135175	357779
机动车、电子产品和日用产品修理业	81	1638014	579402	252755
其他服务业	82	2095938	340485	158955
教育	P	**2741707**	**971029**	**308763**
教育	83	2741707	971029	308763
卫生和社会工作	Q	**2891173**	**359433**	**169140**
卫生	84	2487370	286621	128826
社会工作	85	403803	72812	40314
文化、体育和娱乐业	R	**4253552**	**1421149**	**548755**
新闻和出版业	86	172479	6786	3939
广播、电视、电影和录音制作业	87	589303	152488	63900
文化艺术业	88	905101	348201	126205
体育	89	563086	208665	67641
娱乐业	90	2023583	705009	287070

100–500万元	500–1000万元	1000–5000万元	5000万元–1亿元	1亿元以上	代码
17440	**10863**	**38820**	**17842**	**173068**	J
7018	5057	23254	11346	78206	66
6212	3684	8183	3020	25324	67
1070	203	492	78	387	68
3140	1919	6891	3398	69151	69
2482441	**1102958**	**2301688**	**849782**	**4492667**	K
2482441	1102958	2301688	849782	4492667	70
8629247	**3364452**	**6019342**	**1968522**	**6676155**	L
1118111	292385	283703	45568	105370	71
7511136	3072067	5735639	1922954	6570785	72
3857136	**1367841**	**2412644**	**739932**	**2610727**	M
398994	159850	260017	76144	440805	73
2082598	777822	1620608	552588	1853691	74
1375544	430169	532019	111200	316231	75
554778	**259159**	**776406**	**368254**	**1143993**	N
16885	6815	11914	3915	36363	76
76866	30454	68115	23345	121192	77
444432	215863	689308	337663	946882	78
16595	6027	7069	3331	39556	79
1684325	**537237**	**847933**	**177612**	**420901**	O
685953	172432	224906	45850	136512	80
520055	119020	109987	19847	36948	81
478317	245785	513040	111915	247441	82
685807	**202629**	**285116**	**84214**	**204149**	P
685807	202629	285116	84214	204149	83
529427	**296137**	**722314**	**227404**	**587318**	Q
421045	245299	639428	209958	556193	84
108382	50838	82886	17446	31125	85
1122917	**271644**	**326591**	**98619**	**463877**	R
11937	7540	25268	16889	100120	86
157900	48799	62102	17220	86894	87
245332	57054	61901	16492	49916	88
129018	29806	45803	18152	64001	89
578730	128445	131517	29866	162946	90

2-32 按行业(大类)、地区

行业大类	代码	企业法人单位数(个)	北 京	天 津	河 北
总 计		**305763**	**15034**	**7520**	**9737**
农、林、牧、渔业	A	**1826**	**NA**	**8**	**28**
农业	01	106			
林业	02	96	NA		
畜牧业	03	7		NA	NA
渔业	04	6			
农、林、牧、渔专业及辅助性活动	05	1611	NA	7	27
采矿业	B	**3261**	**5**	**6**	**74**
煤炭开采和洗选业	06	1272			20
石油和天然气开采业	07	148	NA	NA	NA
黑色金属矿采选业	08	231	NA		28
有色金属矿采选业	09	381			4
非金属矿采选业	10	1067		NA	16
开采专业及辅助性活动	11	95	NA	NA	4
其他采矿业	12	67			
制造业	C	**22354**	**664**	**431**	**789**
农副食品加工业	13	1981	25	21	33
食品制造业	14	646	17	16	20
酒、饮料和精制茶制造业	15	797	14	8	24
烟草制品业	16	92	NA	NA	NA
纺织业	17	305	NA	11	11
纺织服装、服饰业	18	479	9	8	22
皮革、毛皮、羽毛及其制品和制鞋业	19	73		NA	NA
木材加工和木、竹、藤、棕、草制品业	20	290	NA		4
家具制造业	21	54	NA	NA	NA
造纸和纸制品业	22	179	6	NA	5
印刷和记录媒介复制业	23	807	47	12	27
文教、工美、体育和娱乐用品制造业	24	177	9	5	5
石油、煤炭及其他燃料加工业	25	339	10	9	23
化学原料和化学制品制造业	26	1791	28	39	68
医药制造业	27	691	42	22	28
化学纤维制造业	28	95	NA	NA	5
橡胶和塑料制品业	29	466	6	17	14
非金属矿物制品业	30	3409	53	31	120
黑色金属冶炼和压延加工业	31	341	7	6	24
有色金属冶炼和压延加工业	32	690	8	6	16

分组的国有控股企业法人单位数

山 西	内蒙古	辽 宁	吉 林	黑龙江	上 海	江 苏	代码
9976	**6103**	**9770**	**4785**	**5856**	**11774**	**20257**	
25	**63**	**63**	**54**	**174**	**6**	**88**	A
	NA	5		73	NA		01
	19		17	38			02
				NA	NA		03
		NA				NA	04
25	41	55	37	62	4	87	05
652	**178**	**67**	**37**	**72**	**NA**	**35**	B
576	102	7	10	23		NA	06
29	8	NA	4	5	NA	NA	07
13	11	22	NA	NA		5	08
10	29	12	7	6		NA	09
10	21	17	6	29		22	10
14	5	6	5	5			11
	NA		NA	NA		NA	12
809	**369**	**964**	**322**	**513**	**733**	**1506**	C
46	31	64	22	97	20	66	13
16	15	23	7	16	29	28	14
19	19	15	14	18	5	32	15
NA	NA	NA	NA	NA	NA	4	16
11	NA	15	NA	4	5	36	17
17	11	38	10	7	6	48	18
NA	NA	5	NA	NA	NA	NA	19
NA		6	15	16	4	4	20
NA		NA		NA	4	4	21
NA	4	9		5	6	8	22
32	15	56	5	20	27	44	23
NA		6	NA	NA	15	15	24
27	20	29	4	13	4	13	25
78	51	83	18	42	45	88	26
16	9	12	19	19	46	36	27
NA		NA	NA		NA	17	28
21	NA	22	10	10	12	26	29
93	49	70	51	53	63	163	30
11	10	29	9	NA	9	21	31
19	35	14	NA	NA	5	31	32

2-32 续表 1

行业大类	代码	企业法人单位数(个)	北 京	天 津	河 北
金属制品业	33	992	25	25	48
通用设备制造业	34	1306	51	25	52
专用设备制造业	35	1343	63	40	66
汽车制造业	36	1053	42	20	48
铁路、船舶、航空航天和其他运输设备制造业	37	552	28	21	9
电气机械和器材制造业	38	1126	31	36	45
计算机、通信和其他电子设备制造业	39	1131	79	25	17
仪器仪表制造业	40	332	33	12	9
其他制造业	41	71	NA	NA	NA
废弃资源综合利用业	42	347	7	NA	17
金属制品、机械和设备修理业	43	399	15	4	18
电力、热力、燃气及水生产和供应业	**D**	**20773**	**208**	**264**	**1108**
电力、热力生产和供应业	44	12379	134	164	666
燃气生产和供应业	45	1464	16	30	99
水的生产和供应业	46	6930	58	70	343
建筑业	**E**	**19042**	**511**	**322**	**702**
房屋建筑业	47	6438	172	88	214
土木工程建筑业	48	9660	199	156	408
建筑安装业	49	1352	60	51	32
建筑装饰、装修和其他建筑业	50	1592	80	27	48
批发和零售业	**F**	**41597**	**1937**	**814**	**1093**
批发业	51	27919	1281	591	735
零售业	52	13678	656	223	358
交通运输、仓储和邮政业	**G**	**17950**	**390**	**401**	**595**
铁路运输业	53	375	26	8	14
道路运输业	54	7958	149	130	247
水上运输业	55	1091	NA	41	39
航空运输业	56	525	22	19	13
管道运输业	57	114	5	11	NA
多式联运和运输代理业	58	1514	72	63	29
装卸搬运和仓储业	59	5644	82	99	232
邮政业	60	729	32	30	19
住宿和餐饮业	**H**	**7331**	**581**	**91**	**225**
住宿业	61	4813	422	63	159
餐饮业	62	2518	159	28	66
信息传输、软件和信息技术服务业	**I**	**9014**	**927**	**177**	**256**
电信、广播电视和卫星传输服务	63	2627	65	44	89
互联网和相关服务	64	1420	150	22	32
软件和信息技术服务业	65	4967	712	111	135

山 西	内蒙古	辽 宁	吉 林	黑龙江	上 海	江 苏	代码
44	8	71	9	25	42	68	33
68	11	119	14	41	86	132	34
117	10	63	16	34	39	134	35
9	10	43	41	11	67	100	36
20	NA	34	8	18	28	70	37
46	21	42	16	23	44	114	38
19	7	16	8	6	47	116	39
11		18	6	8	20	41	40
NA		5		NA	NA	4	41
15	7	17	NA	4	8	23	42
41	16	34	6	6	37	18	43
1052	**990**	**682**	**463**	**519**	**140**	**892**	D
664	718	425	313	358	84	456	44
127	33	36	23	13	16	71	45
261	239	221	127	148	40	365	46
556	**311**	**784**	**350**	**382**	**351**	**1276**	E
149	77	200	101	120	97	401	47
306	197	419	202	190	160	677	48
52	21	86	27	43	39	77	49
49	16	79	20	29	55	121	50
1257	**608**	**1298**	**629**	**1075**	**1804**	**2544**	F
886	448	803	394	692	1178	1828	51
371	160	495	235	383	626	716	52
672	**429**	**714**	**342**	**650**	**561**	**1065**	G
31	35	9	NA	10	6	11	53
357	166	290	133	181	185	403	54
NA	NA	40	NA	9	78	131	55
19	35	11	7	15	15	23	56
4	NA	NA	NA		NA	7	57
19	27	87	8	14	136	144	58
217	139	246	173	404	128	323	59
24	25	29	14	17	10	23	60
190	**144**	**192**	**106**	**121**	**303**	**570**	H
99	89	147	74	97	209	315	61
91	55	45	32	24	94	255	62
252	**164**	**276**	**107**	**156**	**394**	**546**	I
110	75	121	53	97	49	111	63
44	27	29	11	6	77	98	64
98	62	126	43	53	268	337	65

2-32 续表 2

行业大类	代码	企业法人单位数(个)	北京	天津	河北
金融业	J	**25081**	**1423**	**1870**	**785**
货币金融服务	66	10744	476	1667	309
资本市场服务	67	4384	669	130	34
保险业	68	8458	164	50	431
其他金融业	69	1495	114	23	11
房地产业	K	**38213**	**2488**	**1153**	**910**
房地产业	70	38213	2488	1153	910
租赁和商务服务业	L	**51137**	**2393**	**1116**	**1566**
租赁业	71	1964	80	203	91
商务服务业	72	49173	2313	913	1475
科学研究和技术服务业	M	**22256**	**1845**	**544**	**744**
研究和试验发展	73	1540	178	35	27
专业技术服务业	74	15827	899	349	512
科技推广和应用服务业	75	4889	768	160	205
水利、环境和公共设施管理业	N	**11907**	**260**	**142**	**478**
水利管理业	76	1343	14	17	37
生态保护和环境治理业	77	1548	72	4	47
公共设施管理业	78	7489	153	94	328
土地管理业	79	1527	21	27	66
居民服务、修理和其他服务业	O	**2675**	**107**	**37**	**79**
居民服务业	80	1423	47	16	38
机动车、电子产品和日用产品修理业	81	710	44	14	28
其他服务业	82	542	16	7	13
教育	P	**1694**	**86**	**23**	**37**
教育	83	1694	86	23	37
卫生和社会工作	Q	**1101**	**54**	**14**	**33**
卫生	84	603	32	7	16
社会工作	85	498	22	7	17
文化、体育和娱乐业	R	**8551**	**1152**	**107**	**235**
新闻和出版业	86	2022	669	39	44
广播、电视、电影和录音制作业	87	2428	190	25	76
文化艺术业	88	2067	107	23	62
体育	89	612	66	9	26
娱乐业	90	1422	120	11	27

山西	内蒙古	辽宁	吉林	黑龙江	上海	江苏	代码
577	**523**	**752**	**384**	**516**	**1221**	**1559**	J
213	198	306	141	232	593	522	66
60	26	44	40	17	493	313	67
281	256	377	155	240	103	565	68
23	43	25	48	27	32	159	69
1109	**334**	**929**	**413**	**403**	**2769**	**2968**	K
1109	334	929	413	403	2769	2968	70
1326	**1042**	**1414**	**724**	**610**	**1957**	**3917**	L
71	51	35	27	24	103	98	71
1255	991	1379	697	586	1854	3819	72
650	**442**	**752**	**371**	**357**	**766**	**1500**	M
27	12	58	23	19	111	164	73
493	352	563	268	248	426	993	74
130	78	131	80	90	229	343	75
357	**311**	**394**	**228**	**138**	**278**	**789**	N
52	35	67	33	11	14	44	76
70	52	35	13	30	38	113	77
203	191	263	162	81	207	559	78
32	33	29	20	16	19	73	79
83	**39**	**142**	**45**	**44**	**102**	**204**	O
38	24	89	31	24	42	105	80
19	9	37	6	14	43	41	81
26	6	16	8	6	17	58	82
49	**41**	**52**	**9**	**24**	**42**	**109**	P
49	41	52	9	24	42	109	83
31	**8**	**44**	**12**	**14**	**57**	**69**	Q
17	NA	32	8	9	31	28	84
14	6	12	4	5	26	41	85
329	**107**	**251**	**189**	**88**	**288**	**620**	R
59	11	85	54	31	104	79	86
104	39	61	60	18	68	125	87
130	22	55	49	17	58	177	88
10	7	13	16	7	28	53	89
26	28	37	10	15	30	186	90

2-32 续表 3

行业大类	代码	浙 江	安 徽	福 建	江 西
总 计		**18171**	**10984**	**10095**	**10204**
农、林、牧、渔业	A	**42**	**52**	**32**	**190**
农业	01		NA		
林业	02		NA	NA	NA
畜牧业	03				
渔业	04				
农、林、牧、渔专业及辅助性活动	05	42	50	31	189
采矿业	B	**69**	**113**	**66**	**137**
煤炭开采和洗选业	06		15	8	14
石油和天然气开采业	07		NA		
黑色金属矿采选业	08	4	18	8	6
有色金属矿采选业	09	NA	10	14	28
非金属矿采选业	10	60	66	32	83
开采专业及辅助性活动	11		NA	NA	NA
其他采矿业	12	4	NA	NA	4
制造业	C	**805**	**950**	**583**	**783**
农副食品加工业	13	43	94	57	70
食品制造业	14	21	16	15	10
酒、饮料和精制茶制造业	15	19	17	29	31
烟草制品业	16	NA	5	8	NA
纺织业	17	6	10	NA	7
纺织服装、服饰业	18	26	20	10	16
皮革、毛皮、羽毛及其制品和制鞋业	19	NA	NA	NA	4
木材加工和木、竹、藤、棕、草制品业	20	6	4	16	33
家具制造业	21	NA	NA	NA	NA
造纸和纸制品业	22	5	7	6	7
印刷和记录媒介复制业	23	27	18	28	32
文教、工美、体育和娱乐用品制造业	24	7	NA	7	7
石油、煤炭及其他燃料加工业	25	7	8	7	8
化学原料和化学制品制造业	26	66	76	43	39
医药制造业	27	28	26	16	13
化学纤维制造业	28	6	NA	NA	
橡胶和塑料制品业	29	21	32	6	8
非金属矿物制品业	30	177	205	92	213
黑色金属冶炼和压延加工业	31	12	9	14	8
有色金属冶炼和压延加工业	32	4	19	21	42

山东	河南	湖北	湖南	广东	广西	海南	代码
18961	**12795**	**11495**	**8591**	**22045**	**8584**	**2612**	
75	**61**	**170**	**45**	**62**	**41**	**27**	A
NA			NA	NA	NA		01
	NA		NA		7		02
							03
NA					NA		04
73	60	170	43	61	30	27	05
193	**189**	**94**	**81**	**77**	**74**	**11**	B
64	95		14		NA		06
15	4	NA			NA	NA	07
16	NA	9	5	6	5		08
31	28	NA	17	20	20	NA	09
61	57	74	40	46	45	7	10
6	NA	NA		4			11
	NA	5	5	NA	NA		12
1629	**945**	**981**	**736**	**1556**	**735**	**109**	C
71	127	102	80	293	133	32	13
53	25	33	26	51	22	5	14
52	19	38	31	40	32	5	15
6	4	6	7	NA	NA	NA	16
15	18	24	8	22	7	NA	17
26	23	21	11	21	14	NA	18
4	5	NA	9	10			19
22	NA	8	15	9	51	NA	20
5	NA	NA		NA	7		21
14	11	8	9	23	12	NA	22
53	36	38	15	51	35	8	23
14	6	10	4	23	NA	NA	24
25	12	11	7	11	9	NA	25
136	82	76	45	89	56	6	26
46	22	24	21	53	11	6	27
8	11	NA	NA	4			28
49	14	17	9	47	7	5	29
291	168	139	112	122	131	19	30
29	10	13	13	18	16		31
35	52	10	43	35	33	NA	32

2-32 续表 4

行业大类	代码	浙 江	安 徽	福 建	江 西
金属制品业	33	31	45	19	25
通用设备制造业	34	60	52	20	18
专用设备制造业	35	34	53	18	28
汽车制造业	36	31	67	23	42
铁路、船舶、航空航天和其他运输设备制造业	37	18	14	9	11
电气机械和器材制造业	38	59	42	28	27
计算机、通信和其他电子设备制造业	39	51	57	45	33
仪器仪表制造业	40	10	5	7	6
其他制造业	41	NA	11		4
废弃资源综合利用业	42	13	24	14	30
金属制品、机械和设备修理业	43	9	9	14	6
电力、热力、燃气及水生产和供应业	**D**	**853**	**741**	**563**	**610**
电力、热力生产和供应业	44	452	418	314	322
燃气生产和供应业	45	80	47	21	51
水的生产和供应业	46	321	276	228	237
建筑业	**E**	**845**	**731**	**602**	**779**
房屋建筑业	47	213	272	226	317
土木工程建筑业	48	481	357	299	328
建筑安装业	49	73	45	23	48
建筑装饰、装修和其他建筑业	50	78	57	54	86
批发和零售业	**F**	**2380**	**1134**	**1753**	**1399**
批发业	51	1380	819	1275	1005
零售业	52	1000	315	478	394
交通运输、仓储和邮政业	**G**	**1055**	**748**	**673**	**682**
铁路运输业	53	15	10	17	6
道路运输业	54	550	302	311	255
水上运输业	55	136	41	85	22
航空运输业	56	28	11	24	16
管道运输业	57	NA		NA	NA
多式联运和运输代理业	58	115	39	65	12
装卸搬运和仓储业	59	181	321	152	352
邮政业	60	27	24	18	17
住宿和餐饮业	**H**	**375**	**147**	**224**	**308**
住宿业	61	265	84	170	191
餐饮业	62	110	63	54	117
信息传输、软件和信息技术服务业	**I**	**586**	**269**	**277**	**232**
电信、广播电视和卫星传输服务	63	148	102	47	68
互联网和相关服务	64	125	37	41	36
软件和信息技术服务业	65	313	130	189	128

山东	河南	湖北	湖南	广东	广西	海南	代码
86	34	33	26	81	22	NA	33
122	50	40	44	64	21	NA	34
121	60	49	49	63	22	NA	35
60	21	95	42	51	31	NA	36
47	13	37	21	36	7		37
97	50	51	32	89	9		38
75	34	44	29	166	22	NA	39
21	12	18	6	14	NA		40
8	NA	NA	NA	9		NA	41
16	11	11	15	24	8	NA	42
22	10	19	NA	33	10	NA	43
1320	**803**	**691**	**755**	**1240**	**730**	**157**	D
761	445	353	436	695	446	96	44
115	63	29	28	106	33	6	45
444	295	309	291	439	251	55	46
1482	**938**	**853**	**672**	**1212**	**398**	**131**	E
399	323	273	242	389	169	64	47
888	506	470	356	571	169	43	48
118	48	45	40	121	28	5	49
77	61	65	34	131	32	19	50
2624	**2048**	**1554**	**908**	**3072**	**1270**	**372**	F
2019	1212	929	548	1961	905	280	51
605	836	625	360	1111	365	92	52
987	**972**	**711**	**434**	**1287**	**564**	**131**	G
32	13	13	6	24	7	NA	53
395	386	358	222	512	215	38	54
104	12	58	17	154	28	27	55
26	20	18	16	34	8	8	56
24	5	7	NA	4	NA	NA	57
129	39	39	22	171	29	15	58
251	463	187	121	343	245	38	59
26	34	31	27	45	30	NA	60
502	**276**	**240**	**180**	**416**	**172**	**79**	H
272	190	130	107	297	112	72	61
230	86	110	73	119	60	7	62
548	**349**	**282**	**273**	**657**	**201**	**65**	I
98	138	96	178	131	77	17	63
76	66	41	18	86	36	10	64
374	145	145	77	440	88	38	65

2-32 续表 5

行业大类	代码	浙 江	安 徽	福 建	江 西
金融业	J	**1171**	**1055**	**654**	**644**
货币金融服务	66	419	365	277	290
资本市场服务	67	316	164	108	62
保险业	68	360	421	223	243
其他金融业	69	76	105	46	49
房地产业	K	**2387**	**1222**	**1409**	**1047**
房地产业	70	2387	1222	1409	1047
租赁和商务服务业	L	**4440**	**2157**	**1868**	**1697**
租赁业	71	83	58	37	57
商务服务业	72	4357	2099	1831	1640
科学研究和技术服务业	M	**1295**	**843**	**557**	**763**
研究和试验发展	73	100	58	24	29
专业技术服务业	74	948	632	460	633
科技推广和应用服务业	75	247	153	73	101
水利、环境和公共设施管理业	N	**1066**	**389**	**441**	**418**
水利管理业	76	127	32	64	43
生态保护和环境治理业	77	112	68	39	54
公共设施管理业	78	729	238	300	295
土地管理业	79	98	51	38	26
居民服务、修理和其他服务业	O	**167**	**91**	**99**	**97**
居民服务业	80	94	54	60	54
机动车、电子产品和日用产品修理业	81	38	20	20	20
其他服务业	82	35	17	19	23
教育	P	**102**	**58**	**54**	**54**
教育	83	102	58	54	54
卫生和社会工作	Q	**74**	**33**	**27**	**32**
卫生	84	27	13	5	18
社会工作	85	47	20	22	14
文化、体育和娱乐业	R	**459**	**251**	**213**	**332**
新闻和出版业	86	79	48	34	50
广播、电视、电影和录音制作业	87	124	95	71	117
文化艺术业	88	103	73	51	94
体育	89	40	9	22	23
娱乐业	90	113	26	35	48

山东	河南	湖北	湖南	广东	广西	海南	代码
1573	**1148**	**785**	**761**	**2052**	**533**	**198**	J
556	371	273	315	643	230	83	66
276	135	101	96	741	30	36	67
643	575	358	329	605	238	65	68
98	67	53	21	63	35	14	69
2346	**1451**	**1415**	**934**	**3803**	**1134**	**513**	K
2346	1451	1415	934	3803	1134	513	70
2867	**1625**	**1554**	**1331**	**3876**	**1617**	**393**	L
83	80	55	36	123	80	15	71
2784	1545	1499	1295	3753	1537	378	72
1348	**983**	**1044**	**627**	**1374**	**539**	**165**	M
117	56	41	49	98	22	9	73
971	689	775	456	1027	409	124	74
260	238	228	122	249	108	32	75
715	**501**	**484**	**391**	**548**	**264**	**88**	N
83	60	59	29	42	29	8	76
73	44	81	52	110	22	12	77
396	334	290	202	350	150	53	78
163	63	54	108	46	63	15	79
147	**91**	**114**	**74**	**178**	**79**	**17**	O
66	46	64	51	61	34	11	80
44	26	29	13	62	24	NA	81
37	19	21	10	55	21	NA	82
114	**73**	**65**	**45**	**113**	**30**	**14**	P
114	73	65	45	113	30	14	83
64	**46**	**65**	**28**	**49**	**24**	**55**	Q
29	19	48	15	32	16	53	84
35	27	17	13	17	8	NA	85
427	**296**	**393**	**316**	**473**	**179**	**87**	R
61	61	72	42	105	21	21	86
148	92	95	146	153	73	27	87
87	104	113	74	109	35	15	88
35	19	18	8	31	10	11	89
96	20	95	46	75	40	13	90

2-32 续表 6

行业大类	代码	重 庆	四 川	贵 州	云 南
总 计		**5040**	**14844**	**11981**	**8355**
农、林、牧、渔业	A	**14**	**92**	**64**	**50**
农业	01			NA	NA
林业	02		4		NA
畜牧业	03	NA			
渔业	04				
农、林、牧、渔专业及辅助性活动	05	13	88	63	47
采矿业	B	**24**	**219**	**121**	**120**
煤炭开采和洗选业	06	NA	21	63	29
石油和天然气开采业	07	5	23	4	
黑色金属矿采选业	08		20	6	8
有色金属矿采选业	09	NA	18	8	33
非金属矿采选业	10	16	126	33	44
开采专业及辅助性活动	11	NA	4		4
其他采矿业	12		7	7	NA
制造业	C	**454**	**1138**	**764**	**566**
农副食品加工业	13	20	70	94	53
食品制造业	14	12	23	28	13
酒、饮料和精制茶制造业	15	5	55	113	51
烟草制品业	16	NA	NA	NA	9
纺织业	17	NA	22	7	NA
纺织服装、服饰业	18	NA	17	25	9
皮革、毛皮、羽毛及其制品和制鞋业	19	NA		5	NA
木材加工和木、竹、藤、棕、草制品业	20	NA	11	34	12
家具制造业	21		NA	7	NA
造纸和纸制品业	22	NA	6	6	6
印刷和记录媒介复制业	23	10	32	27	24
文教、工美、体育和娱乐用品制造业	24	NA	NA	8	5
石油、煤炭及其他燃料加工业	25	NA	5	10	6
化学原料和化学制品制造业	26	45	87	56	74
医药制造业	27	19	43	11	24
化学纤维制造业	28	NA	8		NA
橡胶和塑料制品业	29	9	17	17	8
非金属矿物制品业	30	58	258	124	100
黑色金属冶炼和压延加工业	31	4	13	9	6
有色金属冶炼和压延加工业	32	23	27	36	47

西藏	陕西	甘肃	青海	宁夏	新疆	代码
1370	**10749**	**6287**	**1851**	**1514**	**8423**	
11	**57**	**61**	**9**	**6**	**153**	A
NA		NA	NA	NA	6	01
	NA	NA	NA			02
		NA				03
						04
9	56	55	5	5	147	05
29	**177**	**110**	**27**	**14**	**188**	B
	90	29	4	8	74	06
	12	NA	NA	NA	17	07
NA	7	6	4		15	08
9	20	17	6		25	09
15	33	50	10	4	42	10
	13	NA			8	11
NA	NA	NA	NA		7	12
76	**962**	**542**	**115**	**116**	**709**	C
11	34	37	11	13	111	13
NA	23	12	NA	4	63	14
6	29	23	NA	5	27	15
	NA	NA		NA	NA	16
	16	6			29	17
NA	17	12	6	NA	20	18
NA	NA	NA				19
	4	5			NA	20
					NA	21
NA	NA	NA		NA	NA	22
5	22	23	NA	10	25	23
NA	11	NA		NA		24
	17	11	NA	4	22	25
4	80	51	27	17	96	26
6	28	30	5	NA	8	27
	NA	NA		NA	5	28
	19	12	NA		26	29
29	114	125	18	20	148	30
	13	10	NA		13	31
	49	30	19	8	18	32

2-32 续表 7

行业大类	代码	重 庆	四 川	贵 州	云 南
金属制品业	33	23	38	21	15
通用设备制造业	34	28	57	18	11
专用设备制造业	35	23	65	26	24
汽车制造业	36	70	47	11	11
铁路、船舶、航空航天和其他运输设备制造业	37	14	35	9	4
电气机械和器材制造业	38	18	57	10	16
计算机、通信和其他电子设备制造业	39	25	97	16	21
仪器仪表制造业	40	18	15	6	NA
其他制造业	41		4	NA	
废弃资源综合利用业	42	6	11	17	4
金属制品、机械和设备修理业	43	NA	12	8	4
电力、热力、燃气及水生产和供应业	D	**317**	**1100**	**674**	**719**
电力、热力生产和供应业	44	138	483	344	368
燃气生产和供应业	45	51	149	36	53
水的生产和供应业	46	128	468	294	298
建筑业	E	**322**	**1130**	**820**	**569**
房屋建筑业	47	116	535	354	228
土木工程建筑业	48	163	487	322	285
建筑安装业	49	24	58	42	27
建筑装饰、装修和其他建筑业	50	19	50	102	29
批发和零售业	F	**638**	**2214**	**2160**	**1086**
批发业	51	406	1583	1451	683
零售业	52	232	631	709	403
交通运输、仓储和邮政业	G	**329**	**798**	**624**	**446**
铁路运输业	53	5	20	9	7
道路运输业	54	144	431	401	273
水上运输业	55	33	14	9	NA
航空运输业	56	14	25	26	15
管道运输业	57	NA	4	NA	NA
多式联运和运输代理业	58	37	47	16	31
装卸搬运和仓储业	59	38	224	141	95
邮政业	60	57	33	20	23
住宿和餐饮业	H	**91**	**401**	**385**	**250**
住宿业	61	69	257	201	176
餐饮业	62	22	144	184	74
信息传输、软件和信息技术服务业	I	**216**	**437**	**259**	**226**
电信、广播电视和卫星传输服务	63	96	120	46	95
互联网和相关服务	64	24	66	65	47
软件和信息技术服务业	65	96	251	148	84

西藏	陕西	甘肃	青海	宁夏	新疆	代码
NA	55	33	5	NA	28	33
NA	65	23	4	5	NA	34
NA	78	27	NA	5	12	35
	52				7	36
	35				5	37
	67	31	NA	4	19	38
NA	60	6		NA	6	39
	26	5				40
	NA					41
	20	8	NA	5	5	42
NA	17	13	4		6	43
108	**777**	**695**	**337**	**276**	**989**	**D**
79	455	525	281	235	751	44
NA	54	21	7	8	41	45
28	268	149	49	33	197	46
127	**789**	**418**	**71**	**86**	**522**	**E**
53	268	141	15	24	198	47
65	395	196	48	55	262	48
NA	48	37	6	NA	24	49
7	78	44	NA	5	38	50
213	**1391**	**750**	**188**	**140**	**1244**	**F**
80	865	480	113	86	1003	51
133	526	270	75	54	241	52
113	**499**	**385**	**137**	**87**	**469**	**G**
	11	9	NA	NA	14	53
84	260	201	75	47	257	54
	NA	NA			NA	55
4	17	11	NA	NA	19	56
NA	6	NA		NA	8	57
	37	13	7	NA	49	58
15	145	129	40	22	98	59
9	21	19	10	9	23	60
60	**237**	**167**	**44**	**21**	**233**	**H**
51	170	103	38	14	170	61
9	67	64	6	7	63	62
59	**281**	**159**	**74**	**69**	**240**	**I**
40	63	67	41	34	111	63
5	56	34	6	10	39	64
14	162	58	27	25	90	65

2-32 续表 8

行业大类	代码	重 庆	四 川	贵 州	云 南
金融业	J	**738**	**1126**	**468**	**585**
货币金融服务	66	608	372	175	259
资本市场服务	67	48	159	45	48
保险业	68	52	533	165	256
其他金融业	69	30	62	83	22
房地产业	K	**537**	**1402**	**1256**	**763**
房地产业	70	537	1402	1256	763
租赁和商务服务业	L	**567**	**2506**	**2533**	**1589**
租赁业	71	22	123	93	30
商务服务业	72	545	2383	2440	1559
科学研究和技术服务业	M	**311**	**1006**	**586**	**545**
研究和试验发展	73	18	70	24	22
专业技术服务业	74	241	755	417	440
科技推广和应用服务业	75	52	181	145	83
水利、环境和公共设施管理业	N	**281**	**626**	**642**	**422**
水利管理业	76	24	53	114	74
生态保护和环境治理业	77	42	85	59	59
公共设施管理业	78	139	373	380	224
土地管理业	79	76	115	89	65
居民服务、修理和其他服务业	O	**29**	**109**	**198**	**97**
居民服务业	80	22	61	126	67
机动车、电子产品和日用产品修理业	81	NA	31	44	19
其他服务业	82	4	17	28	11
教育	P	**17**	**97**	**108**	**111**
教育	83	17	97	108	111
卫生和社会工作	Q	**29**	**61**	**66**	**32**
卫生	84	11	37	33	20
社会工作	85	18	24	33	12
文化、体育和娱乐业	R	**126**	**382**	**253**	**179**
新闻和出版业	86	19	65	33	25
广播、电视、电影和录音制作业	87	35	110	49	43
文化艺术业	88	38	92	66	56
体育	89	8	27	45	16
娱乐业	90	26	88	60	39

西藏	陕西	甘肃	青海	宁夏	新疆	代码
103	**648**	**458**	**148**	**158**	**465**	J
46	259	180	67	75	224	66
18	92	29	7	12	35	67
33	259	213	44	49	172	68
6	38	36	30	22	34	69
98	**1514**	**607**	**132**	**100**	**667**	K
98	1514	607	132	100	667	70
208	**1438**	**884**	**240**	**219**	**1463**	L
10	75	47	12	5	57	71
198	1363	837	228	214	1406	72
70	**916**	**514**	**188**	**97**	**514**	M
7	72	31	11	6	22	73
55	692	405	134	70	391	74
8	152	78	43	21	101	75
33	**524**	**244**	**75**	**62**	**318**	N
NA	60	35	4	13	64	76
NA	84	27	8	13	28	77
28	333	167	60	33	174	78
NA	47	15	NA	NA	52	79
11	**77**	**38**	**11**	**NA**	**66**	O
5	34	24	6	NA	27	80
5	23	8	4		19	81
NA	20	6	NA	NA	20	82
5	**45**	**47**	**11**	**7**	**52**	P
5	45	47	11	7	52	83
7	**26**	**28**	**4**	**NA**	**13**	Q
NA	12	21	NA	NA	4	84
4	14	7	NA		9	85
39	**391**	**180**	**40**	**51**	**118**	R
4	54	24	6	11	12	86
27	124	49	15	17	52	87
4	130	76	11	11	25	88
NA	18	14	5	6	9	89
NA	65	17	NA	6	20	90

2-33 按行业(大类)、地区分组的

行业大类	代码	从业人员数(人)	北 京	天 津	河 北
总 计		**35722492**	**2129491**	**620613**	**1286156**
农、林、牧、渔业	A	**37665**		**111**	**209**
农业	01				
林业	02				
畜牧业	03				
渔业	04				
农、林、牧、渔专业及辅助性活动	05	37665		111	209
采矿业	B	**2921853**	**22381**	**40306**	**154042**
煤炭开采和洗选业	06	1955049			114780
石油和天然气开采业	07	488980	553	11293	19238
黑色金属矿采选业	08	98672	9083		12912
有色金属矿采选业	09	116046			739
非金属矿采选业	10	63310		4144	5476
开采专业及辅助性活动	11	198734	12745	24869	897
其他采矿业	12	1062			
制造业	C	**6853996**	**202641**	**113366**	**293292**
农副食品加工业	13	145233	8032	2260	5398
食品制造业	14	126701	6416	2881	4019
酒、饮料和精制茶制造业	15	254510	10968	539	6765
烟草制品业	16	139337	802	742	4432
纺织业	17	70356	254	1390	3158
纺织服装、服饰业	18	62431	412	390	4849
皮革、毛皮、羽毛及其制品和制鞋业	19	12685		176	752
木材加工和木、竹、藤、棕、草制品业	20	19500	33		466
家具制造业	21	7339	266	NA	575
造纸和纸制品业	22	47231	181	306	2362
印刷和记录媒介复制业	23	76695	8867	954	3363
文教、工美、体育和娱乐用品制造业	24	14925	591	555	369
石油、煤炭及其他燃料加工业	25	375496	9237	8561	17760
化学原料和化学制品制造业	26	610023	2878	12956	25478
医药制造业	27	236493	16447	6531	13023
化学纤维制造业	28	67044	719	160	6177
橡胶和塑料制品业	29	111952	492	1315	4927
非金属矿物制品业	30	417452	10689	3073	20331
黑色金属冶炼和压延加工业	31	533729	846	7166	66694
有色金属冶炼和压延加工业	32	422738	1442	1835	7454

国有控股企业法人单位从业人员数

山 西	内蒙古	辽 宁	吉 林	黑龙江	上 海	江 苏	代码
1630619	**695236**	**1139162**	**553303**	**720794**	**1629729**	**2094302**	
322	**5542**	**750**	**1679**	**1127**	**86**	**1923**	A
							01
							02
							03
							04
322	5542	750	1679	1127	86	1923	05
690027	**138383**	**148618**	**49830**	**198382**	**717**	**33148**	B
674883	118708	55806	12351	93650		21996	06
4206	4917	32720	23348	92028	717	5305	07
1734	6108	23992	1629	17		3027	08
2655	7301	3272	2581	751		519	09
312	1286	1208	58	2041		2130	10
6237	34	31620	9814	9891			11
	29		49	4		171	12
219488	**137458**	**278912**	**193641**	**115379**	**263990**	**432680**	C
1147	2086	4195	1396	6932	1586	2547	13
1039	3564	3723	344	5596	9855	6807	14
13850	3048	1155	3579	829	1223	18129	15
942	2136	1624	3669	3916	3497	4696	16
1506	NA	94	36	72	362	7170	17
4391	1521	3499	608	192	1644	9727	18
11	458	257	9	122	NA	15	19
21		42	1440	704	82	147	20
		388		175	2989	26	21
19	1103	461		2407	404	1886	22
2107	803	1792	201	1002	4747	3271	23
109		323	57	71	2388	1106	24
13763	15473	53518	20691	23716	11066	11695	25
29352	25513	16224	4811	9730	7418	30728	26
6812	2160	3470	11629	7042	11790	9033	27
NA		711	12733		291	8092	28
3650	511	3902	2251	463	2332	4725	29
11492	7211	8332	5436	5857	5199	20543	30
26225	29175	64451	5760	230	13090	16781	31
19471	28168	7546	620	2686	854	3899	32

2-33 续表 1

行业大类	代码	从业人员数(人)	北京	天津	河北
金属制品业	33	192077	2842	2181	15465
通用设备制造业	34	345530	8561	3008	15843
专用设备制造业	35	339195	15736	9085	17682
汽车制造业	36	774857	38099	19043	12149
铁路、船舶、航空航天和其他运输设备制造业	37	270691	8389	5074	16739
电气机械和器材制造业	38	277529	2927	8231	8708
计算机、通信和其他电子设备制造业	39	675116	27404	6332	2355
仪器仪表制造业	40	60776	5348	939	1434
其他制造业	41	4195	36	108	93
废弃资源综合利用业	42	27058	541	115	806
金属制品、机械和设备修理业	43	135102	13186	7458	3666
电力、热力、燃气及水生产和供应业	D	**3136891**	**78465**	**36489**	**157737**
电力、热力生产和供应业	44	2378621	62819	23938	120502
燃气生产和供应业	45	168494	1893	5477	8582
水的生产和供应业	46	589776	13753	7074	28653
建筑业	E	**5869537**	**306231**	**107605**	**175015**
房屋建筑业	47	2632096	150999	30965	28191
土木工程建筑业	48	2737969	119897	63709	129957
建筑安装业	49	316976	24184	12193	15152
建筑装饰、装修和其他建筑业	50	182496	11151	738	1715
批发和零售业	F	**2182819**	**155704**	**32078**	**63931**
批发业	51	1364097	108103	19998	32495
零售业	52	818722	47601	12080	31436
交通运输、仓储和邮政业	G	**3927909**	**254446**	**70478**	**138837**
铁路运输业	53				
道路运输业	54	2283483	147938	40935	81759
水上运输业	55	192344	145	6666	16147
航空运输业	56	517056	64602	2929	5641
管道运输业	57	35158	11041	876	5594
多式联运和运输代理业	58	117419	7899	3901	795
装卸搬运和仓储业	59	243613	4443	6838	9555
邮政业	60	538836	18378	8333	19346
住宿和餐饮业	H	**617851**	**57975**	**7091**	**18279**
住宿业	61	443649	45715	4582	14270
餐饮业	62	174202	12260	2509	4009
信息传输、软件和信息技术服务业	I	**1666786**	**203365**	**22851**	**58655**
电信、广播电视和卫星传输服务	63	994357	28795	14669	36366
互联网和相关服务	64	138803	25708	2238	1103
软件和信息技术服务业	65	533626	148862	5944	21186

山西	内蒙古	辽宁	吉林	黑龙江	上海	江苏	代码
6852	489	13250	5687	1685	9458	21484	33
10377	637	31430	1822	9833	24748	32056	34
29250	1595	8604	3683	9756	9344	32931	35
2635	2381	10708	85684	4074	56481	63078	36
9380	346	18822	14398	8179	13106	44622	37
10550	1566	3199	2267	6362	10944	32095	38
3741	760	709	629	381	28704	34014	39
1001		3070	1402	1013	2534	8990	40
		219		277	174	151	41
3295	555	1895	103	409	618	1434	42
6498	6196	11299	2696	1668	27060	802	43
131051	**144418**	**120039**	**76169**	**108687**	**32081**	**118211**	D
91269	122848	85313	59194	88983	17984	77901	44
18017	3782	7208	2936	3184	5040	7092	45
21765	17788	27518	14039	16520	9057	33218	46
164440	**27637**	**124888**	**37610**	**60975**	**163798**	**377309**	E
52981	7700	29319	4944	9067	82894	207886	47
87883	17579	75895	28329	48622	58432	136374	48
19221	1641	15574	2726	2658	10107	27615	49
4355	717	4100	1611	628	12365	5434	50
85502	**37146**	**61409**	**33872**	**41747**	**117101**	**119486**	F
62701	19588	31643	18446	27982	65336	78494	51
22801	17558	29766	15426	13765	51765	40992	52
94096	**68140**	**141752**	**48792**	**74358**	**231734**	**270544**	G
							53
63844	43268	69970	27795	30645	102402	165051	54
17	36	17128	5	448	20303	17907	55
4449	6641	9583	3789	6824	66058	15728	56
2276	124	96	71		640	4443	57
557	1665	6152	242	382	14965	8180	58
7504	4601	22977	6529	15027	13148	21066	59
15449	11805	15846	10361	21032	14218	38169	60
19439	**8243**	**9770**	**7301**	**5870**	**36982**	**52805**	H
10607	4566	8201	5559	5283	29030	33869	61
8832	3677	1569	1742	587	7952	18936	62
27159	**25731**	**41773**	**24368**	**30050**	**107775**	**140342**	I
21513	23701	34334	20410	26556	28302	101956	63
2136	357	573	929	277	11425	12083	64
3510	1673	6866	3029	3217	68048	26303	65

2-33 续表 2

行业大类	代码	从业人员数(人)	北京	天津	河北
金融业	J	**73372**	**11345**	**2723**	**586**
货币金融服务	66	19761	2187	2049	164
资本市场服务	67	13884	3444	294	95
保险业	68	90			NA
其他金融业	69	39637	5714	380	325
房地产业	K	**1672270**	**158481**	**33910**	**24144**
房地产业	70	1672270	158481	33910	24144
租赁和商务服务业	L	**3433957**	**274649**	**72359**	**76258**
租赁业	71	48226	4438	977	3184
商务服务业	72	3385731	270211	71382	73074
科学研究和技术服务业	M	**1721307**	**256035**	**68279**	**79752**
研究和试验发展	73	124452	27761	2833	1294
专业技术服务业	74	1474006	183953	63316	74441
科技推广和应用服务业	75	122849	44321	2130	4017
水利、环境和公共设施管理业	N	**906728**	**48909**	**5838**	**24134**
水利管理业	76	43995	3269	138	1590
生态保护和环境治理业	77	76258	3636	363	1296
公共设施管理业	78	746523	40927	4361	20235
土地管理业	79	39952	1077	976	1013
居民服务、修理和其他服务业	O	**142764**	**7319**	**1218**	**1343**
居民服务业	80	49742	2691	729	508
机动车、电子产品和日用产品修理业	81	20480	1785	180	497
其他服务业	82	72542	2843	309	338
教育	P	**53992**	**3014**	**265**	**1280**
教育	83	53992	3014	265	1280
卫生和社会工作	Q	**94932**	**5924**	**1920**	**6184**
卫生	84	76334	4984	1573	5877
社会工作	85	18598	940	347	307
文化、体育和娱乐业	R	**407863**	**82607**	**3726**	**12478**
新闻和出版业	86	130134	42948	1170	5842
广播、电视、电影和录音制作业	87	86474	19304	1289	1996
文化艺术业	88	82991	4733	400	2496
体育	89	27298	2947	352	1543
娱乐业	90	80966	12675	515	601

山西	内蒙古	辽宁	吉林	黑龙江	上海	江苏	代码
1075	**1019**	**635**	**2241**	**1110**	**13060**	**3906**	J
107	46	195	999	100	4631	912	66
282	233	49	266	140	417	818	67
						22	68
686	740	391	976	870	8012	2154	69
42328	**18652**	**38238**	**16859**	**23605**	**110346**	**114132**	K
42328	18652	38238	16859	23605	110346	114132	70
77792	**33116**	**83243**	**22237**	**19259**	**327115**	**242228**	L
3307	515	274	386	222	4646	2755	71
74485	32601	82969	21851	19037	322469	239473	72
41525	**20593**	**38397**	**17309**	**17241**	**132453**	**77707**	M
904	727	2749	841	633	26681	10838	73
37563	19159	33254	15103	15053	98440	59644	74
3058	707	2394	1365	1555	7332	7225	75
13888	**24818**	**30251**	**12326**	**17015**	**50392**	**55558**	N
2697	901	3298	936	184	1294	1109	76
1866	1475	1769	480	10453	4398	3340	77
8705	21903	24892	10820	6167	44099	49134	78
620	539	292	90	211	601	1975	79
3525	**482**	**5992**	**2474**	**1008**	**9304**	**11422**	O
511	388	2311	1419	714	2692	4703	80
412	66	349	88	91	4119	514	81
2602	28	3332	967	203	2493	6205	82
901	**1297**	**1043**	**106**	**506**	**1786**	**3690**	P
901	1297	1043	106	506	1786	3690	83
5102	**126**	**3293**	**258**	**770**	**2604**	**7293**	Q
4913	91	2905	160	734	1671	4592	84
189	35	388	98	36	933	2701	85
12959	**2435**	**10159**	**6231**	**3705**	**28405**	**31918**	R
3072	532	3887	2248	1536	5578	5756	86
2562	631	3012	1038	194	5376	6525	87
6313	648	1084	1430	1056	2384	7068	88
255	19	697	1090	141	1466	2673	89
757	605	1479	425	778	13601	9896	90

2-33 续表 3

行业大类	代码	浙 江	安 徽	福 建	江 西
总 计		**1382479**	**1254510**	**1120038**	**714369**
农、林、牧、渔业	A	**407**	**784**	**232**	**2889**
农业	01				
林业	02				
畜牧业	03				
渔业	04				
农、林、牧、渔专业及辅助性活动	05	407	784	232	2889
采矿业	B	**2463**	**128241**	**11249**	**23061**
煤炭开采和洗选业	06		111059	5579	8765
石油和天然气开采业	07		301		
黑色金属矿采选业	08	14	10054	1999	501
有色金属矿采选业	09		3358	1462	8988
非金属矿采选业	10	2432	3377	2189	4735
开采专业及辅助性活动	11		61		50
其他采矿业	12	17	31	20	22
制造业	C	**170859**	**293927**	**158099**	**137699**
农副食品加工业	13	4732	3001	2865	1609
食品制造业	14	4280	722	2822	1022
酒、饮料和精制茶制造业	15	3395	12547	3020	2954
烟草制品业	16	3393	6436	4120	4448
纺织业	17	521	3524	1273	384
纺织服装、服饰业	18	3051	3092	3064	2369
皮革、毛皮、羽毛及其制品和制鞋业	19	24	8	4734	137
木材加工和木、竹、藤、棕、草制品业	20	37	10	1182	770
家具制造业	21	55	237	158	229
造纸和纸制品业	22	1500	1627	1827	105
印刷和记录媒介复制业	23	2034	1302	2639	2796
文教、工美、体育和娱乐用品制造业	24	215	NA	228	54
石油、煤炭及其他燃料加工业	25	7733	6105	2825	5000
化学原料和化学制品制造业	26	17643	15820	10794	8988
医药制造业	27	10440	6342	4422	4135
化学纤维制造业	28	805	1954	476	
橡胶和塑料制品业	29	6392	10209	93	1545
非金属矿物制品业	30	19417	32616	7737	15806
黑色金属冶炼和压延加工业	31	6024	21121	16403	11844
有色金属冶炼和压延加工业	32	802	10811	14812	20858

山东	河南	湖北	湖南	广东	广西	海南	代码
2406393	**1688458**	**1435208**	**1144630**	**3151771**	**779960**	**185385**	
941	**693**	**1774**	**578**	**3822**	**268**	**1192**	A
							01
							02
							03
							04
941	693	1774	578	3822	268	1192	05
257531	**259146**	**23439**	**27669**	**8578**	**6782**	**1955**	B
145949	193815		16056		478		06
59429	30585	8508			111	1244	07
8227	899	5701	661	138	129		08
27398	10304	1688	8403	4550	4609	246	09
2312	3007	4154	2498	2726	1408	465	10
14216	20508	3139		1161			11
	28	249	51	NA	47		12
557196	**322180**	**330129**	**252179**	**530181**	**189400**	**12948**	C
8459	5307	3909	8499	13173	23232	1657	13
8111	4747	9255	2944	15415	2344	491	14
20727	1842	3719	6535	6763	6044	598	15
7993	12868	6784	11479	5409	3312	530	16
6069	4830	4783	622	1719	1547	156	17
3218	4028	2054	1121	894	1288	37	18
27	1171	41	2103	97			19
978	24	1760	655	4690	3565	51	20
157	65	984		389	102		21
6832	4320	978	5974	4853	2935	113	22
6616	3269	3169	2452	6312	2122	424	23
848	580	253	691	3893	171	159	24
28617	7767	4092	11406	16794	3554	2785	25
73294	32811	32392	10512	11605	8794	1623	26
28986	8283	8818	6885	25676	2664	1663	27
3145	12244	256	23	379			28
16909	6433	3777	1768	15539	455	433	29
44857	30306	13254	13550	9830	12267	1130	30
31494	19307	22861	24691	19818	26376		31
14357	43334	4610	24999	7105	23866	96	32

2-33 续表 4

行业大类	代码	浙 江	安 徽	福 建	江 西
金属制品业	33	3321	7911	1998	4069
通用设备制造业	34	21850	20990	3536	4716
专用设备制造业	35	4502	11459	1727	1651
汽车制造业	36	7993	47515	10908	25695
铁路、船舶、航空航天和其他运输设备制造业	37	3115	7082	4291	1104
电气机械和器材制造业	38	15108	12114	4243	3416
计算机、通信和其他电子设备制造业	39	17956	43942	41967	8300
仪器仪表制造业	40	742	651	334	733
其他制造业	41	255	1087		334
废弃资源综合利用业	42	463	1712	663	2267
金属制品、机械和设备修理业	43	3061	1978	2938	361
电力、热力、燃气及水生产和供应业	D	**110839**	**85659**	**101019**	**85728**
电力、热力生产和供应业	44	72571	61750	83101	66227
燃气生产和供应业	45	7966	5620	2457	2915
水的生产和供应业	46	30302	18289	15461	16586
建筑业	E	**110242**	**244263**	**236125**	**135381**
房屋建筑业	47	27931	104452	114411	60732
土木工程建筑业	48	64290	123367	100488	65543
建筑安装业	49	12457	11241	5531	6150
建筑装饰、装修和其他建筑业	50	5564	5203	15695	2956
批发和零售业	F	**94422**	**72990**	**73744**	**58641**
批发业	51	62006	47685	45414	37434
零售业	52	32416	25305	28330	21207
交通运输、仓储和邮政业	G	**209608**	**115964**	**148522**	**79009**
铁路运输业	53				
道路运输业	54	141256	77243	61551	50614
水上运输业	55	19817	2945	9799	1446
航空运输业	56	9150	2684	27213	4872
管道运输业	57	88		76	311
多式联运和运输代理业	58	8275	5106	5830	459
装卸搬运和仓储业	59	8432	10347	6073	6670
邮政业	60	22590	17639	37980	14637
住宿和餐饮业	H	**36768**	**14669**	**26975**	**17666**
住宿业	61	25944	9859	22123	12145
餐饮业	62	10824	4810	4852	5521
信息传输、软件和信息技术服务业	I	**81853**	**47391**	**54521**	**33800**
电信、广播电视和卫星传输服务	63	54717	41547	38201	26401
互联网和相关服务	64	3809	605	1462	450
软件和信息技术服务业	65	23327	5239	14858	6949

山东	河南	湖北	湖南	广东	广西	海南	代码
13086	5341	13221	6405	19032	1815	66	33
40313	15879	8897	20260	12760	5275		34
43471	37261	9782	13486	8469	9453	54	35
45002	10613	78560	16672	71562	32350	70	36
31655	3712	11649	27762	6766	592		37
23958	20925	13856	11618	26271	1266		38
32653	15947	53158	17463	201053	9518	695	39
5463	5043	2670	447	2273	18		40
362	NA	143	305	504		21	41
867	745	888	847	2385	788	23	42
8672	3177	9556	5	8753	3687	73	43
225820	**190898**	**88771**	**122897**	**226209**	**97783**	**16696**	**D**
181246	150583	62464	93468	157410	82160	11538	44
11707	5294	3361	3185	13152	1405	262	45
32867	35021	22946	26244	55647	14218	4896	46
393514	**289823**	**385571**	**313490**	**550947**	**162844**	**8413**	**E**
147990	95470	175920	173819	302946	126385	4525	47
224678	169949	176951	129695	191249	31159	3236	48
13292	15203	24881	5418	21814	3347	324	49
7554	9201	7819	4558	34938	1953	328	50
126961	**85101**	**97569**	**75484**	**194210**	**45801**	**28330**	**F**
84213	55550	45140	45294	118966	31721	10664	51
42748	29551	52429	30190	75244	14080	17666	52
241109	**166346**	**144456**	**98994**	**442766**	**71326**	**27221**	**G**
							53
128901	108517	97378	62881	239189	36812	9069	54
30508	195	7422	1605	22820	6619	3610	55
27054	9789	7951	6097	105096	4826	8402	56
1425	175	975	294	794	73	172	57
8246	1623	1474	1164	19309	1614	1117	58
16514	14101	7025	4739	19183	7723	2195	59
28461	31946	22231	22214	36375	13659	2656	60
50667	**16155**	**10475**	**11202**	**51516**	**14849**	**9510**	**H**
32169	13253	8079	8747	34755	9316	9051	61
18498	2902	2396	2455	16761	5533	459	62
93226	**79801**	**57386**	**50580**	**162518**	**37851**	**7942**	**I**
49353	40466	37569	41096	89672	30715	6448	63
8956	33348	1203	2989	12247	1328	109	64
34917	5987	18614	6495	60599	5808	1385	65

2-33 续表 5

行业大类	代码	浙 江	安 徽	福 建	江 西
金融业	J	**3954**	**3668**	**1248**	**1485**
货币金融服务	66	1089	813	324	343
资本市场服务	67	1603	371	476	223
保险业	68			21	NA
其他金融业	69	1262	2484	427	916
房地产业	K	**88703**	**50863**	**68762**	**31721**
房地产业	70	88703	50863	68762	31721
租赁和商务服务业	L	**299942**	**109000**	**157023**	**41860**
租赁业	71	2678	1760	975	752
商务服务业	72	297264	107240	156048	41108
科学研究和技术服务业	M	**80613**	**42774**	**32531**	**29943**
研究和试验发展	73	3250	2434	445	971
专业技术服务业	74	73999	37712	31326	28117
科技推广和应用服务业	75	3364	2628	760	855
水利、环境和公共设施管理业	N	**59484**	**21683**	**34268**	**22274**
水利管理业	76	2276	302	852	1159
生态保护和环境治理业	77	2594	1823	912	986
公共设施管理业	78	53031	19045	31004	19676
土地管理业	79	1583	513	1500	453
居民服务、修理和其他服务业	O	**10763**	**4601**	**7129**	**2751**
居民服务业	80	2976	1338	5003	961
机动车、电子产品和日用产品修理业	81	1151	654	752	237
其他服务业	82	6636	2609	1374	1553
教育	P	**4067**	**4253**	**1427**	**1043**
教育	83	4067	4253	1427	1043
卫生和社会工作	Q	**3842**	**3402**	**1066**	**1440**
卫生	84	1519	2710	744	975
社会工作	85	2323	692	322	465
文化、体育和娱乐业	R	**13650**	**10378**	**6098**	**7978**
新闻和出版业	86	4551	2814	1464	1784
广播、电视、电影和录音制作业	87	2801	1618	1136	2012
文化艺术业	88	3167	4876	1873	2108
体育	89	1019	240	863	687
娱乐业	90	2112	830	762	1387

山东	河南	湖北	湖南	广东	广西	海南	代码
3746	**2860**	**1969**	**885**	**3020**	**1576**	**448**	J
662	220	430	228	813	354	111	66
877	1237	376	85	1066	73	113	67
	10		23				68
2207	1393	1163	549	1141	1149	224	69
91666	**36793**	**54992**	**41569**	**245950**	**29189**	**24741**	K
91666	36793	54992	41569	245950	29189	24741	70
155313	**109663**	**103307**	**52411**	**450681**	**60582**	**13824**	L
2513	1380	1228	778	3728	1803	133	71
152800	108283	102079	51633	446953	58779	13691	72
79958	**61813**	**79651**	**46912**	**162065**	**32346**	**6552**	M
3253	3174	2201	4748	6888	449	159	73
72625	54717	73874	40697	145432	29628	5967	74
4080	3922	3576	1467	9745	2269	426	75
88223	**47402**	**23957**	**17872**	**67283**	**14870**	**16124**	N
2915	2201	1046	739	2842	917	383	76
2254	1870	2401	1151	5197	1219	661	77
80476	41613	18701	9556	58289	11028	14486	78
2578	1718	1809	6426	955	1706	594	79
8133	**2941**	**9843**	**6484**	**17704**	**2562**	**1485**	O
993	1391	1972	5504	2315	1244	206	80
1425	359	573	821	1480	759	18	81
5715	1191	7298	159	13909	559	1261	82
4088	**2031**	**2513**	**828**	**4143**	**391**	**564**	P
4088	2031	2513	828	4143	391	564	83
10033	**3677**	**3513**	**2492**	**5546**	**2599**	**2989**	Q
7657	3219	2714	2209	4673	2347	2878	84
2376	458	799	283	873	252	111	85
18268	**11135**	**15893**	**22104**	**24632**	**8941**	**4451**	R
6586	5083	4853	5023	7241	2368	2126	86
3675	1856	2180	9787	5847	1189	396	87
2724	3098	3417	3523	4483	1658	744	88
1549	522	747	282	2844	197	471	89
3734	576	4696	3489	4217	3529	714	90

2-33 续表 6

行业大类	代码	重 庆	四 川	贵 州	云 南
总 计		**1008811**	**2012569**	**791379**	**784987**
农、林、牧、渔业	A	**233**	**3153**	**493**	**469**
农业	01				
林业	02				
畜牧业	03				
渔业	04				
农、林、牧、渔专业及辅助性活动	05	233	3153	493	469
采矿业	B	**3853**	**98786**	**83962**	**31055**
煤炭开采和洗选业	06		32293	80844	17816
石油和天然气开采业	07	2604	30634	318	
黑色金属矿采选业	08		4171	182	1284
有色金属矿采选业	09	9	3968	529	8474
非金属矿采选业	10	1232	5324	2082	3399
开采专业及辅助性活动	11	8	22332		64
其他采矿业	12		64	7	18
制造业	C	**193450**	**427392**	**148427**	**161253**
农副食品加工业	13	5494	3149	2216	6947
食品制造业	14	3391	4020	2603	3436
酒、饮料和精制茶制造业	15	286	58218	50565	2290
烟草制品业	16	3360	5195	7393	20198
纺织业	17	193	3560	294	210
纺织服装、服饰业	18	138	2330	983	648
皮革、毛皮、羽毛及其制品和制鞋业	19	653		535	111
木材加工和木、竹、藤、棕、草制品业	20		536	852	1065
家具制造业	21		88	274	179
造纸和纸制品业	22	410	2023	1007	1870
印刷和记录媒介复制业	23	1013	3756	1230	2514
文教、工美、体育和娱乐用品制造业	24	6	366	976	353
石油、煤炭及其他燃料加工业	25	527	4479	2484	4233
化学原料和化学制品制造业	26	15421	35621	14665	21144
医药制造业	27	10084	10160	637	6959
化学纤维制造业	28	43	10992		328
橡胶和塑料制品业	29	1989	4410	7463	1312
非金属矿物制品业	30	12931	29337	10736	13665
黑色金属冶炼和压延加工业	31	6281	35308	7907	8407
有色金属冶炼和压延加工业	32	9491	9082	11959	42098

西藏	陕西	甘肃	青海	宁夏	新疆	代码
76042	**1424051**	**653172**	**166088**	**195241**	**847546**	
297	**1222**	**2207**	**112**	**455**	**3695**	A
						01
						02
						03
						04
297	1222	2207	112	455	3695	05
2130	**225086**	**63789**	**20154**	**60781**	**106309**	B
	120583	45407	3126	48703	32402	06
	72740	12507	14875	12000	48799	07
445	1817	1454	135		2359	08
1190	4419	2694	1382		4557	09
297	1777	1656	625	78	882	10
	23735	54			17299	11
198	15	17	11		11	12
6291	**299029**	**167459**	**46353**	**33174**	**165524**	C
136	2061	3574	123	373	9138	13
121	2915	1175	688	4146	7809	14
396	8961	2389	23	237	2916	15
	6452	2438		361	712	16
	8501	1130			16995	17
119	2048	1324	458	69	2865	18
91	731	420				19
	276	76			38	20
					NA	21
12	79	6		946	685	22
784	3711	1344	267	654	1180	23
88	418	7		48		24
	33079	24906		3541	20089	25
508	40268	13323	18792	6543	54374	26
853	2984	5975	728	250	1612	27
	397	371		1375	5371	28
	4749	864	14		3030	29
3098	14430	12783	5216	2527	13796	30
	16619	16347	2453		10050	31
	29933	49779	16097	6512	8162	32

2-33 续表 7

行业大类	代码	重 庆	四 川	贵 州	云 南
金属制品业	33	3197	8519	5889	2318
通用设备制造业	34	9559	16581	2620	1577
专用设备制造业	35	3535	18260	3182	3131
汽车制造业	36	67037	30010	1830	4115
铁路、船舶、航空航天和其他运输设备制造业	37	3258	12335	2002	2465
电气机械和器材制造业	38	4461	28294	1112	1815
计算机、通信和其他电子设备制造业	39	21735	81503	4838	6140
仪器仪表制造业	40	8453	4332	808	583
其他制造业	41		96	9	
废弃资源综合利用业	42	415	1085	472	414
金属制品、机械和设备修理业	43	89	3747	886	728
电力、热力、燃气及水生产和供应业	**D**	**64500**	**179696**	**78423**	**87917**
电力、热力生产和供应业	44	44123	134149	59633	71822
燃气生产和供应业	45	6924	13236	2873	3457
水的生产和供应业	46	13453	32311	15917	12638
建筑业	**E**	**265907**	**438681**	**154135**	**132522**
房屋建筑业	47	117870	203288	90705	66934
土木工程建筑业	48	133136	192215	51736	56810
建筑安装业	49	13060	16648	5531	5570
建筑装饰、装修和其他建筑业	50	1841	26530	6163	3208
批发和零售业	**F**	**54429**	**108119**	**59297**	**62936**
批发业	51	23925	73626	41526	42201
零售业	52	30504	34493	17771	20735
交通运输、仓储和邮政业	**G**	**142882**	**195530**	**67261**	**81641**
铁路运输业	53				
道路运输业	54	92593	115332	44393	45718
水上运输业	55	5799	284	382	37
航空运输业	56	12173	41514	8065	21795
管道运输业	57	73	269	129	252
多式联运和运输代理业	58	2882	3146	367	881
装卸搬运和仓储业	59	3098	6513	3236	2135
邮政业	60	26264	28472	10689	10823
住宿和餐饮业	**H**	**8452**	**28813**	**17422**	**22241**
住宿业	61	7637	21937	10926	15283
餐饮业	62	815	6876	6496	6958
信息传输、软件和信息技术服务业	**I**	**32480**	**79360**	**28027**	**34644**
电信、广播电视和卫星传输服务	63	16765	54330	20452	28928
互联网和相关服务	64	2955	4093	2286	1976
软件和信息技术服务业	65	12760	20937	5289	3740

西藏	陕西	甘肃	青海	宁夏	新疆	代码
20	9014	4373	795	470	1824	33
46	16288	4861	265	887	55	34
11	19475	8865	30	3028	697	35
	29705				888	36
	13610				238	37
	12515	7638	7	350	1713	38
8	11983	822		205	201	39
	2311	184				40
	20					41
	1537	804	NA	652	259	42
	3959	1681	396		826	43
13232	**120359**	**88517**	**22084**	**31007**	**95490**	**D**
12023	89895	74190	18960	27020	73537	44
220	9512	2280	489	949	8019	45
989	20952	12047	2635	3038	13934	46
5538	**233739**	**97891**	**19413**	**11436**	**134154**	**E**
1471	77147	52934	814	5903	75503	47
3872	139634	36005	17250	5373	54656	48
59	14989	7564	1293	60	1473	49
136	1969	1388	56	100	2522	50
6294	**85390**	**35486**	**8525**	**9654**	**51460**	**F**
2427	56707	19752	6275	7775	41010	51
3867	28683	15734	2250	1879	10450	52
13383	**127271**	**44452**	**16987**	**15752**	**84252**	**G**
						53
3456	88426	27846	10946	10000	57755	54
	144	65			45	55
7559	9551	4379	2539	2093	8010	56
46	1759	15		13	3058	57
	6985	673	626	68	2836	58
266	6273	3412	742	516	2732	59
2056	14133	8062	2134	3062	9816	60
2693	**24394**	**10158**	**1909**	**1170**	**16392**	**H**
1922	17406	6444	1780	939	12252	61
771	6988	3714	129	231	4140	62
6520	**38852**	**18669**	**6326**	**8604**	**24366**	**I**
6068	28168	14559	5730	6887	19683	63
118	2413	627	45	140	815	64
334	8271	3483	551	1577	3868	65

2-33 续表 8

行业大类	代码	重 庆	四 川	贵 州	云 南
金融业	J	**1915**	**1637**	**1670**	**881**
货币金融服务	66	609	501	327	74
资本市场服务	67	37	231	190	304
保险业	68		NA		
其他金融业	69	1269	902	1153	503
房地产业	K	**34319**	**83233**	**27624**	**28967**
房地产业	70	34319	83233	27624	28967
租赁和商务服务业	L	**114227**	**211886**	**57760**	**72463**
租赁业	71	861	3172	851	406
商务服务业	72	113366	208714	56909	72057
科学研究和技术服务业	M	**38673**	**89005**	**20414**	**26535**
研究和试验发展	73	1397	7711	936	1220
专业技术服务业	74	35827	77283	17317	23971
科技推广和应用服务业	75	1449	4011	2161	1344
水利、环境和公共设施管理业	N	**39001**	**40010**	**25710**	**24201**
水利管理业	76	1231	1506	1899	2068
生态保护和环境治理业	77	11283	4652	829	2625
公共设施管理业	78	20973	31119	22216	18568
土地管理业	79	5514	2733	766	940
居民服务、修理和其他服务业	O	**798**	**4589**	**6342**	**1962**
居民服务业	80	622	1780	3037	1120
机动车、电子产品和日用产品修理业	81	24	2072	491	282
其他服务业	82	152	737	2814	560
教育	P	**593**	**3378**	**1450**	**4648**
教育	83	593	3378	1450	4648
卫生和社会工作	Q	**3201**	**5319**	**5990**	**2136**
卫生	84	1406	4796	5659	1839
社会工作	85	1795	523	331	297
文化、体育和娱乐业	R	**9898**	**13982**	**6972**	**8516**
新闻和出版业	86	1647	3171	2072	1342
广播、电视、电影和录音制作业	87	2526	2866	580	1153
文化艺术业	88	2551	3125	1815	3146
体育	89	916	850	1163	1065
娱乐业	90	2258	3970	1342	1810

西藏	陕西	甘肃	青海	宁夏	新疆	代码
78	**1432**	**724**	**650**	**697**	**1129**	J
25	647	329	65	110	297	66
28	154	41		NA	359	67
	6					68
25	625	354	585	585	473	69
5815	**76576**	**29883**	**6833**	**4387**	**28989**	K
5815	76576	29883	6833	4387	28989	70
5584	**64563**	**36574**	**4899**	**5558**	**78581**	L
167	1925	873	209	94	1236	71
5417	62638	35701	4690	5464	77345	72
2147	**74583**	**31521**	**7213**	**3475**	**23292**	M
90	7147	1738	283	136	561	73
1836	64581	28386	6410	3104	21271	74
221	2855	1397	520	235	1460	75
5162	**28702**	**15612**	**3087**	**6160**	**22514**	N
9	2265	1298	70	147	2454	76
64	3887	986	344	365	1079	77
5084	20798	13005	2620	5596	18396	78
5	1752	323	53	52	585	79
225	**3850**	**1530**	**320**	**43**	**4622**	O
120	1337	462	120	17	558	80
101	275	443	30		432	81
4	2238	625	170	26	3632	82
386	**1081**	**1046**	**232**	**91**	**1851**	P
386	1081	1046	232	91	1851	83
31	**2429**	**1200**	**48**	**94**	**411**	Q
11	2030	1099	48	94	207	84
20	399	101			204	85
236	**15493**	**6454**	**943**	**2703**	**4515**	R
48	2593	1584	106	494	615	86
62	2171	581	125	1062	924	87
27	7975	2964	460	842	803	88
16	317	538	143	97	1589	89
83	2437	787	109	208	584	90

2-34 按行业(大类)、地区

行业大类	代码	企业法人单位数(个)	北 京	天 津	河 北
总 计		**29399015**	**1115310**	**391951**	**1335327**
农、林、牧、渔业	**A**	**103717**	**180**	**168**	**2126**
农、林、牧、渔专业及辅助性活动	05	103717	180	168	2126
采矿业	**B**	**49372**	**8**	**29**	**2302**
煤炭开采和洗选业	06	7981		NA	191
石油和天然气开采业	07	363		NA	NA
黑色金属矿采选业	08	6708		NA	1306
有色金属矿采选业	09	4471			133
非金属矿采选业	10	24624	NA	NA	593
开采专业及辅助性活动	11	3946	6	17	68
其他采矿业	12	1279		5	8
制造业	**C**	**3976149**	**19242**	**39443**	**258358**
农副食品加工业	13	152437	375	829	7844
食品制造业	14	80981	487	749	3854
酒、饮料和精制茶制造业	15	69478	196	151	1605
烟草制品业	16	181	NA		NA
纺织业	17	147299	193	534	11356
纺织服装、服饰业	18	193281	721	815	5897
皮革、毛皮、羽毛及其制品和制鞋业	19	87345	64	151	8547
木材加工和木、竹、藤、棕、草制品业	20	131936	235	697	6032
家具制造业	21	108084	405	699	7449
造纸和纸制品业	22	89957	359	1322	4842
印刷和记录媒介复制业	23	91012	952	750	3678
文教、工美、体育和娱乐用品制造业	24	148504	534	1289	11805
石油、煤炭及其他燃料加工业	25	14219	74	131	859
化学原料和化学制品制造业	26	116144	731	1295	7987
医药制造业	27	31454	536	288	1344
化学纤维制造业	28	7884	21	24	354
橡胶和塑料制品业	29	238316	525	2116	19494
非金属矿物制品业	30	304103	946	1864	20692
黑色金属冶炼和压延加工业	31	23610	71	1021	1541
有色金属冶炼和压延加工业	32	32099	92	315	1177
金属制品业	33	453023	1900	5929	43567

注：本表不含无法划分单位规模的单位数据。

分组的小微企业法人单位数

山 西	内蒙古	辽 宁	吉 林	黑龙江	上 海	江 苏	代码
593630	**337192**	**805740**	**285013**	**296680**	**712938**	**2700439**	
2873	**1056**	**2320**	**1012**	**1518**	**192**	**3417**	A
2873	1056	2320	1012	1518	192	3417	05
4121	**2839**	**3090**	**689**	**1251**	**NA**	**150**	B
2388	948	78	46	426		NA	06
54	68	6	16	9	NA	NA	07
688	380	1080	98	30		28	08
126	237	458	55	30		12	09
759	1065	1359	323	609		95	10
86	110	72	125	136		7	11
20	31	37	26	11		NA	12
41107	**23703**	**104787**	**24521**	**27722**	**54377**	**562892**	C
2861	3443	7669	2940	4926	463	7291	13
1700	1185	2616	1143	1171	790	4810	14
1251	716	1652	799	977	139	1675	15
NA		5	NA	NA	NA	6	16
330	454	1515	172	238	1105	36007	17
637	507	6890	640	261	2907	20899	18
118	70	557	63	146	400	4012	19
875	646	3135	974	1631	884	11242	20
627	282	2161	449	625	1360	9522	21
525	193	1432	336	363	1837	9168	22
1259	717	2125	692	695	1760	14082	23
706	318	1510	276	315	1004	19157	24
683	366	1066	339	943	57	742	25
2143	1527	4678	1114	1558	1953	7644	26
495	281	907	842	390	479	3062	27
43	31	95	35	28	53	2512	28
1218	884	4981	912	979	3523	29812	29
7143	4055	10480	2874	2637	1908	24911	30
403	334	700	106	88	552	4036	31
371	373	943	88	72	372	4902	32
5028	2407	9662	1854	2087	8230	62496	33

2-34 续表 1

行业大类	代码	企业法人单位数(个)	北 京	天 津	河 北
通用设备制造业	34	426361	1714	6303	34531
专用设备制造业	35	302068	1799	3513	20868
汽车制造业	36	91124	429	1196	7270
铁路、船舶、航空航天和其他运输设备制造业	37	35006	211	1597	3769
电气机械和器材制造业	38	252495	1162	1969	11549
计算机、通信和其他电子设备制造业	39	168455	1238	948	2659
仪器仪表制造业	40	60168	900	994	2196
其他制造业	41	29782	60	203	1179
废弃资源综合利用业	42	22283	49	173	1480
金属制品、机械和设备修理业	43	67060	2262	1578	2932
电力、热力、燃气及水生产和供应业	**D**	**130080**	**1607**	**1030**	**5043**
电力、热力生产和供应业	44	90302	1133	641	3085
燃气生产和供应业	45	10215	77	146	841
水的生产和供应业	46	29563	397	243	1117
建筑业	**E**	**2686300**	**58908**	**32314**	**161501**
房屋建筑业	47	779451	17107	7629	50151
土木工程建筑业	48	543155	9095	6611	34896
建筑安装业	49	281218	4871	4809	16316
建筑装饰、装修和其他建筑业	50	1082476	27835	13265	60138
批发和零售业	**F**	**9962182**	**287854**	**110671**	**442387**
批发业	51	5342169	116198	72340	239975
零售业	52	4620013	171656	38331	202412
交通运输、仓储和邮政业	**G**	**926526**	**19811**	**19341**	**41136**
道路运输业	54	628248	12971	9321	32639
水上运输业	55	18331	13	466	478
航空运输业	56	3797	242	145	118
管道运输业	57	410	4	15	23
多式联运和运输代理业	58	143431	3483	6538	2221
装卸搬运和仓储业	59	102757	2074	2453	4867
邮政业	60	29552	1024	403	790
住宿和餐饮业	**H**	**702009**	**50476**	**7251**	**22459**
住宿业	61	187000	6736	1486	5922
餐饮业	62	515009	43740	5765	16537

山西	内蒙古	辽宁	吉林	黑龙江	上海	江苏	代码
4087	1104	17478	2136	2667	7986	98539	34
2776	942	7608	1553	2189	5105	65504	35
331	156	1663	1690	209	1838	16030	36
163	20	1363	208	139	420	7839	37
1077	546	4272	640	883	3281	43587	38
574	239	1412	265	168	1908	25997	39
274	67	1762	322	263	1698	14759	40
114	54	407	115	105	232	3005	41
566	290	613	177	184	108	2217	42
2726	1496	3430	766	784	2024	7427	43
5854	**3435**	**4666**	**1934**	**3002**	**317**	**6534**	D
4530	2512	3667	1407	2284	191	4292	44
528	254	325	195	204	21	523	45
796	669	674	332	514	105	1719	46
75939	**46485**	**68433**	**28970**	**28025**	**31736**	**257265**	E
23088	13537	14675	8424	8018	6172	78891	47
15655	11641	13089	5137	5683	5701	49406	48
6845	4647	9856	3884	3242	5824	33337	49
30351	16660	30813	11525	11082	14039	95631	50
201714	**114503**	**265696**	**97130**	**101318**	**238098**	**837933**	F
101424	62623	148069	41334	58549	165399	535836	51
100290	51880	117627	55796	42769	72699	302097	52
24578	**16103**	**37175**	**10433**	**14034**	**28342**	**93883**	G
19921	11939	26467	7664	9982	10412	70879	54
30	14	733	24	71	592	2829	55
91	98	198	46	67	53	235	56
16	13	17	NA	NA	5	43	57
995	1290	5152	555	1107	12636	8965	58
2941	2178	3589	1617	2247	3761	9562	59
584	571	1019	524	558	883	1370	60
14282	**5560**	**14185**	**5386**	**3921**	**27210**	**45094**	H
4132	2361	4651	1467	1402	5242	9926	61
10150	3199	9534	3919	2519	21968	35168	62

2-34 续表 2

行业大类	代码	企业法人单位数（个）	北 京	天 津	河 北
信息传输、软件和信息技术服务业	I	**1677101**	**116553**	**25175**	**57120**
电信、广播电视和卫星传输服务	63	34275	2099	411	817
互联网和相关服务	64	276340	10538	2800	7763
软件和信息技术服务业	65	1366486	103916	21964	48540
房地产业	K	**980456**	**33405**	**15993**	**44302**
房地产业	70	980456	33405	15993	44302
租赁和商务服务业	L	**3877883**	**201776**	**59693**	**130806**
租赁业	71	503020	16366	6868	26256
商务服务业	72	3374863	185410	52825	104550
科学研究和技术服务业	M	**2001829**	**174312**	**49013**	**76659**
研究和试验发展	73	217140	9988	2784	5176
专业技术服务业	74	921309	44111	13767	28818
科技推广和应用服务业	75	863380	120213	32462	42665
水利、环境和公共设施管理业	N	**189236**	**7533**	**2011**	**9976**
水利管理业	76	7312	113	62	228
生态保护和环境治理业	77	34923	1556	359	1161
公共设施管理业	78	138605	5776	1521	7818
土地管理业	79	8396	88	69	769
居民服务、修理和其他服务业	O	**865939**	**50018**	**12031**	**33856**
居民服务业	80	433136	29561	5260	16024
机动车、电子产品和日用产品修理业	81	309352	12720	4417	12796
其他服务业	82	123451	7737	2354	5036
教育	P	**355177**	**15573**	**4874**	**11525**
教育	83	355177	15573	4874	11525
卫生和社会工作	Q	**161925**	**5831**	**2667**	**6463**
卫生	84	130437	4298	2251	4749
社会工作	85	31488	1533	416	1714
文化、体育和娱乐业	R	**753134**	**72223**	**10247**	**29308**
新闻和出版业	86	5821	1395	95	170
广播、电视、电影和录音制作业	87	98922	13109	1588	3684
文化艺术业	88	170444	17551	2272	9161
体育	89	94267	6980	1733	3636
娱乐业	90	383680	33188	4559	12657

山西	内蒙古	辽宁	吉林	黑龙江	上海	江苏	代码
32591	**13532**	**53908**	**15388**	**17752**	**45376**	**149641**	I
1017	728	1865	397	699	841	2977	63
4919	2872	12308	2687	2518	5343	24456	64
26655	9932	39735	12304	14535	39192	122208	65
22660	**14817**	**31700**	**11353**	**12854**	**32637**	**72837**	K
22660	14817	31700	11353	12854	32637	72837	70
76196	**48256**	**101202**	**42023**	**38072**	**127316**	**287913**	L
15644	9992	10955	7208	7804	7361	28243	71
60552	38264	90247	34815	30268	119955	259670	72
37958	**20095**	**54831**	**19852**	**23618**	**60256**	**226705**	M
1343	1102	6313	2377	2207	5371	41869	73
18925	13668	23667	9269	9374	29839	108340	74
17690	5325	24851	8206	12037	25046	76496	75
5901	**4067**	**4271**	**2032**	**2008**	**3030**	**15477**	N
268	230	213	131	76	84	450	76
1022	744	734	298	339	494	3036	77
4245	2913	3102	1477	1468	2423	11636	78
366	180	222	126	125	29	355	79
21154	**10271**	**22852**	**9624**	**7186**	**29948**	**55644**	O
9346	4494	12155	4727	3290	16767	24048	80
8808	4266	8083	3433	2359	9408	21922	81
3000	1511	2614	1464	1537	3773	9674	82
6648	**4917**	**9982**	**4985**	**4374**	**7960**	**24432**	P
6648	4917	9982	4985	4374	7960	24432	83
4340	**1426**	**7564**	**2706**	**2446**	**2897**	**10177**	Q
3604	1099	6339	1768	2035	2474	7534	84
736	327	1225	938	411	423	2643	85
15714	**6127**	**19078**	**6975**	**7579**	**23245**	**50445**	R
151	55	226	75	77	187	372	86
1756	1315	2725	845	747	2527	6378	87
4584	903	4173	1543	1709	3092	10689	88
1877	859	2404	914	864	5156	5220	89
7346	2995	9550	3598	4182	12283	27786	90

2-34 续表 3

行业大类	代码	浙 江	安 徽	福 建	江 西
总 计		**2083862**	**1185497**	**1146908**	**644617**
农、林、牧、渔业	A	**1680**	**8925**	**2336**	**3725**
农、林、牧、渔专业及辅助性活动	05	1680	8925	2336	3725
采矿业	B	**685**	**824**	**1113**	**2059**
煤炭开采和洗选业	06	NA	10	32	48
石油和天然气开采业	07				
黑色金属矿采选业	08	31	124	160	183
有色金属矿采选业	09	42	85	122	269
非金属矿采选业	10	592	568	759	1391
开采专业及辅助性活动	11	NA	18	11	23
其他采矿业	12	17	19	29	145
制造业	C	**499604**	**148248**	**159182**	**87887**
农副食品加工业	13	4430	8487	5658	3788
食品制造业	14	3158	3782	4694	1763
酒、饮料和精制茶制造业	15	2378	4287	7221	1472
烟草制品业	16	NA	4	5	NA
纺织业	17	35122	4921	5771	2418
纺织服装、服饰业	18	32360	11514	10406	7932
皮革、毛皮、羽毛及其制品和制鞋业	19	19752	2205	11934	3196
木材加工和木、竹、藤、棕、草制品业	20	7330	6915	5881	4868
家具制造业	21	8838	4793	6702	6183
造纸和纸制品业	22	17800	3069	4488	1502
印刷和记录媒介复制业	23	11423	2875	3213	1902
文教、工美、体育和娱乐用品制造业	24	28617	4295	9458	2862
石油、煤炭及其他燃料加工业	25	527	666	320	502
化学原料和化学制品制造业	26	8664	4605	3703	3746
医药制造业	27	1667	2685	783	1136
化学纤维制造业	28	2082	233	235	104
橡胶和塑料制品业	29	42931	9293	8801	3124
非金属矿物制品业	30	14533	12645	18100	12698
黑色金属冶炼和压延加工业	31	2458	617	591	347
有色金属冶炼和压延加工业	32	3277	968	819	1484
金属制品业	33	49094	14829	14725	6189

山东	河南	湖北	湖南	广东	广西	海南	代码
2478882	**1816997**	**1255164**	**846776**	**4271133**	**524725**	**150209**	
9378	**15499**	**8232**	**8813**	**3858**	**2717**	**883**	A
9378	15499	8232	8813	3858	2717	883	05
1331	**2426**	**2007**	**2138**	**1425**	**1761**	**124**	B
147	390	21	108	NA	19		06
33	5	4		6	NA	NA	07
166	211	206	167	124	152	17	08
111	430	67	266	91	198	23	09
676	1209	1563	1502	1137	1296	68	10
168	85	53	13	45	22	7	11
30	96	93	82	21	72	6	12
376154	**191514**	**123538**	**88467**	**743089**	**47304**	**4682**	C
18306	11390	8937	10019	7957	3087	528	13
9922	6985	3143	2724	9149	2427	278	14
3768	3353	4677	2769	3134	1632	212	15
8	9	15	16	68	NA	NA	16
13503	5259	5110	1191	15938	733	45	17
15875	8909	11121	2915	42339	1545	70	18
3435	5191	1127	2048	21185	498	7	19
27738	11284	4877	4517	8080	9513	334	20
7966	5299	2612	2213	25480	1473	175	21
7165	3318	1835	1516	22552	822	52	22
7795	3372	3285	2006	18148	1147	273	23
14082	7604	2673	2412	29302	1288	80	24
1650	822	547	416	888	225	19	25
12583	7400	4674	3894	20728	1882	201	26
2580	3040	1891	1201	2554	485	141	27
631	234	168	72	620	23	5	28
19487	7506	4666	2560	60471	1680	139	29
31738	26373	14468	10957	29098	6152	678	30
2670	1075	660	418	3114	259	24	31
2228	2330	796	1386	5003	374	30	32
38811	14122	10066	8862	115549	3023	462	33

2-34 续表 4

行业大类	代码	浙 江	安 徽	福 建	江 西
通用设备制造业	34	64045	11361	9252	3275
专用设备制造业	35	33681	8653	8481	4319
汽车制造业	36	19185	4214	1893	1140
铁路、船舶、航空航天和其他运输设备制造业	37	4608	828	1038	561
电气机械和器材制造业	38	49574	6413	5659	3907
计算机、通信和其他电子设备制造业	39	13362	4551	3761	3842
仪器仪表制造业	40	7649	2234	1314	768
其他制造业	41	6332	2326	1658	722
废弃资源综合利用业	42	893	1481	809	1193
金属制品、机械和设备修理业	43	3831	2499	1809	943
电力、热力、燃气及水生产和供应业	D	**7461**	**5885**	**6633**	**5786**
电力、热力生产和供应业	44	5848	3908	5185	4306
燃气生产和供应业	45	300	333	189	321
水的生产和供应业	46	1313	1644	1259	1159
建筑业	E	**98676**	**156617**	**72992**	**70790**
房屋建筑业	47	16875	46766	24741	26863
土木工程建筑业	48	20852	29433	13900	12201
建筑安装业	49	11153	14569	5014	5292
建筑装饰、装修和其他建筑业	50	49796	65849	29337	26434
批发和零售业	F	**780368**	**386110**	**480908**	**218025**
批发业	51	440378	205860	229434	104525
零售业	52	339990	180250	251474	113500
交通运输、仓储和邮政业	G	**52351**	**38838**	**26609**	**24614**
道路运输业	54	32769	29875	16132	20493
水上运输业	55	2304	1284	1454	370
航空运输业	56	184	79	120	78
管道运输业	57	12	9	6	7
多式联运和运输代理业	58	10688	2019	5502	1032
装卸搬运和仓储业	59	4620	4335	2457	1920
邮政业	60	1774	1237	938	714
住宿和餐饮业	H	**38843**	**26310**	**21022**	**13557**
住宿业	61	12525	6421	6122	4776
餐饮业	62	26318	19889	14900	8781

山 东	河 南	湖 北	湖 南	广 东	广 西	海 南	代码
54571	18250	8149	6400	48506	1519	85	34
33982	14285	7464	5068	56942	1654	163	35
8095	3401	6752	1167	5766	1132	37	36
2854	1113	641	645	2832	230	40	37
13250	7264	4388	3763	76415	1325	105	38
7565	2897	3369	3318	81259	1287	42	39
4838	2410	1549	835	11793	262	19	40
1616	1706	623	601	7295	152	19	41
1244	2542	1070	1266	2400	376	32	42
6198	2771	2185	1292	8524	1098	386	43
8273	**6903**	**6317**	**8850**	**10790**	**3842**	**630**	D
5240	4640	4043	6532	7818	2780	426	44
824	484	517	431	602	214	55	45
2209	1779	1757	1887	2370	848	149	46
294977	**225983**	**137666**	**65186**	**209680**	**39892**	**18152**	E
86760	76679	49280	20329	38839	8589	3544	47
62274	40731	27812	13335	35261	6302	2668	48
39026	16897	9971	7497	29588	3491	1907	49
106917	91676	50603	24025	105992	21510	10033	50
864570	**669153**	**398934**	**255549**	**1495911**	**171530**	**38320**	F
531012	302321	173819	121830	838028	90727	22256	51
333558	366832	225115	133719	657883	80803	16064	52
86342	**44482**	**42940**	**24469**	**117929**	**19861**	**4953**	G
57830	33822	32857	17299	53192	14291	3173	54
1555	417	791	458	2314	831	412	55
272	163	134	135	419	52	103	56
79	28	19	8	11	NA	NA	57
15238	2613	2477	3065	44876	1681	558	58
10138	6102	5473	2573	12629	2174	383	59
1230	1337	1189	931	4488	829	323	60
47961	**37726**	**35615**	**24518**	**92038**	**12769**	**4205**	H
10573	10224	9506	6981	20279	4665	2159	61
37388	27502	26109	17537	71759	8104	2046	62

2-34 续表 5

行业大类	代码	浙 江	安 徽	福 建	江 西
信息传输、软件和信息技术服务业	I	**102257**	**52735**	**75071**	**33630**
电信、广播电视和卫星传输服务	63	1154	1093	845	832
互联网和相关服务	64	12215	12008	12598	7643
软件和信息技术服务业	65	88888	39634	61628	25155
房地产业	K	**57447**	**34929**	**30392**	**18170**
房地产业	70	57447	34929	30392	18170
租赁和商务服务业	L	**201984**	**168709**	**129162**	**87196**
租赁业	71	21769	27060	12728	13514
商务服务业	72	180215	141649	116434	73682
科学研究和技术服务业	M	**99833**	**64577**	**59761**	**33754**
研究和试验发展	73	14029	5920	8195	1603
专业技术服务业	74	47180	33146	26803	20970
科技推广和应用服务业	75	38624	25511	24763	11181
水利、环境和公共设施管理业	N	**11758**	**8598**	**6052**	**4622**
水利管理业	76	425	407	238	202
生态保护和环境治理业	77	2683	1147	1224	818
公共设施管理业	78	8115	6750	4500	3459
土地管理业	79	535	294	90	143
居民服务、修理和其他服务业	O	**44082**	**38459**	**28171**	**16031**
居民服务业	80	22224	19051	13388	7058
机动车、电子产品和日用产品修理业	81	15636	14409	9989	6085
其他服务业	82	6222	4999	4794	2888
教育	P	**29557**	**16028**	**9651**	**8079**
教育	83	29557	16028	9651	8079
卫生和社会工作	Q	**9164**	**5152**	**5143**	**2943**
卫生	84	7696	3616	4106	2332
社会工作	85	1468	1536	1037	611
文化、体育和娱乐业	R	**48112**	**24553**	**32710**	**13749**
新闻和出版业	86	247	133	139	133
广播、电视、电影和录音制作业	87	9584	2302	3728	1540
文化艺术业	88	8466	6568	9571	3563
体育	89	6035	3083	3678	1617
娱乐业	90	23780	12467	15594	6896

山东	河南	湖北	湖南	广东	广西	海南	代码
115507	**95641**	**87599**	**48140**	**276638**	**23154**	**11996**	I
1319	1738	1924	1437	4975	615	502	63
22037	20980	15611	9738	41462	5209	3173	64
92151	72923	70064	36965	230201	17330	8321	65
67224	**61111**	**39271**	**26819**	**164795**	**21735**	**11306**	K
67224	61111	39271	26819	164795	21735	11306	70
294820	**207989**	**186419**	**142074**	**579342**	**82643**	**31629**	L
42803	34783	23221	20657	44274	10559	3972	71
252017	173206	163198	121417	535068	72084	27657	72
150757	**114949**	**88575**	**64428**	**285720**	**35382**	**9138**	M
18882	8590	9064	10028	43486	1976	544	73
63623	42554	46524	26756	139732	16318	5720	74
68252	63805	32987	27644	102502	17088	2874	75
15146	**11755**	**9148**	**7664**	**15393**	**3317**	**1147**	N
538	415	335	292	496	114	49	76
2702	2087	1489	1628	3876	584	217	77
10980	8778	6956	5345	10714	2238	787	78
926	475	368	399	307	381	94	79
59150	**47238**	**34993**	**27733**	**117432**	**34396**	**5268**	O
30186	24003	17586	15779	57657	25330	2368	80
21889	16600	12158	7674	40505	6559	1922	81
7075	6635	5249	4280	19270	2507	978	82
29847	**23768**	**13609**	**12968**	**42467**	**9165**	**2022**	P
29847	23768	13609	12968	42467	9165	2022	83
11520	**10704**	**6894**	**5728**	**19603**	**3308**	**899**	Q
9102	7269	5546	4542	17784	2869	731	84
2418	3435	1348	1186	1819	439	168	85
45925	**50156**	**33407**	**33232**	**95023**	**11949**	**4855**	R
298	209	317	157	462	63	61	86
8148	4169	3011	2495	11275	1799	1147	87
9128	13798	7720	6642	20156	2358	959	88
5458	4885	3482	3310	14758	1943	926	89
22893	27095	18877	20628	48372	5786	1762	90

2-34 续表6

行业大类	代码	重庆	四川	贵州	云南
总 计		**653853**	**1162505**	**436633**	**596862**
农、林、牧、渔业	**A**	**5040**	**3179**	**878**	**5411**
农、林、牧、渔专业及辅助性活动	05	5040	3179	878	5411
采矿业	**B**	**843**	**3048**	**3107**	**3197**
煤炭开采和洗选业	06	53	338	751	439
石油和天然气开采业	07	13	32	10	NA
黑色金属矿采选业	08	26	326	204	376
有色金属矿采选业	09	14	304	212	597
非金属矿采选业	10	697	1908	1814	1654
开采专业及辅助性活动	11	15	82	15	40
其他采矿业	12	25	58	101	88
制造业	**C**	**62365**	**88506**	**46744**	**41933**
农副食品加工业	13	5076	7544	4375	5474
食品制造业	14	2151	3431	2613	2155
酒、饮料和精制茶制造业	15	1916	4556	6979	8069
烟草制品业	16	9	NA	NA	8
纺织业	17	1046	1389	715	367
纺织服装、服饰业	18	1671	2105	1565	462
皮革、毛皮、羽毛及其制品和制鞋业	19	658	1020	495	93
木材加工和木、竹、藤、棕、草制品业	20	2399	3687	3290	2122
家具制造业	21	2115	4313	2275	1439
造纸和纸制品业	22	771	1613	861	629
印刷和记录媒介复制业	23	1640	2538	714	1048
文教、工美、体育和娱乐用品制造业	24	1341	1648	2032	1141
石油、煤炭及其他燃料加工业	25	197	333	398	316
化学原料和化学制品制造业	26	1392	3216	1479	1665
医药制造业	27	591	1261	506	604
化学纤维制造业	28	36	97	14	15
橡胶和塑料制品业	29	2248	3486	1240	1383
非金属矿物制品业	30	6333	11781	7710	5507
黑色金属冶炼和压延加工业	31	489	502	254	297
有色金属冶炼和压延加工业	32	596	833	368	508
金属制品业	33	6744	7557	3417	3678

西藏	陕西	甘肃	青海	宁夏	新疆	代码
62590	**766363**	**295764**	**72793**	**93642**	**279020**	
165	**3558**	**1797**	**198**	**608**	**1975**	A
165	3558	1797	198	608	1975	05
219	**3876**	**1474**	**285**	**399**	**2551**	B
	907	107	18	270	240	06
NA	25	13	NA	7	43	07
12	139	119	45	6	302	08
33	168	122	43	NA	221	09
150	631	852	148	94	1107	10
4	1964	213	6	18	515	11
19	42	48	22	NA	123	12
3017	**53166**	**19014**	**4244**	**7982**	**23357**	C
341	2859	2034	409	851	2246	13
110	1546	806	180	325	1134	14
118	1782	758	196	314	726	15
	5	NA			NA	16
110	521	221	49	156	810	17
200	729	396	136	118	739	18
20	125	88	15	44	81	19
43	1172	394	77	188	876	20
242	1335	389	61	163	439	21
12	817	249	30	116	363	22
59	1112	983	129	200	440	23
373	941	440	604	87	310	24
19	499	171	17	100	327	25
199	1977	1127	281	632	1466	26
54	765	577	85	69	155	27
NA	63	12	NA	8	32	28
19	1727	803	83	436	1789	29
586	6509	3948	689	1364	4726	30
31	372	184	52	122	222	31
15	1908	182	67	67	155	32
247	5743	2496	500	1133	2616	33

2-34 续表 7

行业大类	代码	重 庆	四 川	贵 州	云 南
通用设备制造业	34	5586	8391	1187	1067
专用设备制造业	35	4051	4762	841	946
汽车制造业	36	4384	1869	219	134
铁路、船舶、航空航天和其他运输设备制造业	37	2365	692	119	37
电气机械和器材制造业	38	1932	3295	876	789
计算机、通信和其他电子设备制造业	39	1949	2731	557	313
仪器仪表制造业	40	815	860	86	227
其他制造业	41	240	281	247	103
废弃资源综合利用业	42	367	639	551	483
金属制品、机械和设备修理业	43	1257	2073	758	854
电力、热力、燃气及水生产和供应业	D	**2527**	**6586**	**2464**	**3637**
电力、热力生产和供应业	44	1370	3485	1446	2380
燃气生产和供应业	45	307	917	276	274
水的生产和供应业	46	850	2184	742	983
建筑业	E	**37951**	**107842**	**42563**	**65769**
房屋建筑业	47	8862	42453	12007	18862
土木工程建筑业	48	5997	15249	8266	14263
建筑安装业	49	4790	7560	3592	4022
建筑装饰、装修和其他建筑业	50	18302	42580	18698	28622
批发和零售业	F	**228457**	**403818**	**149617**	**233503**
批发业	51	87719	212974	65789	119427
零售业	52	140738	190844	83828	114076
交通运输、仓储和邮政业	G	**19118**	**34205**	**12892**	**19499**
道路运输业	54	13498	26569	9841	14798
水上运输业	55	392	267	82	105
航空运输业	56	74	199	52	119
管道运输业	57	7	15	5	6
多式联运和运输代理业	58	2366	2269	417	1466
装卸搬运和仓储业	59	2086	3473	1266	1724
邮政业	60	695	1413	1229	1281
住宿和餐饮业	H	**26197**	**39777**	**19703**	**27038**
住宿业	61	6962	11465	6777	9925
餐饮业	62	19235	28312	12926	17113

西藏	陕西	甘肃	青海	宁夏	新疆	代码
30	6439	573	113	433	584	34
50	3159	527	104	245	834	35
NA	798	38	7	12	68	36
4	609	28	6	NA	24	37
39	2836	506	98	227	868	38
15	1833	129	32	52	183	39
6	1076	69	10	51	62	40
16	246	51	11	10	53	41
13	545	225	28	91	178	42
44	3118	608	172	365	850	43
255	**3594**	**2355**	**778**	**653**	**2439**	**D**
185	2172	1821	644	518	1813	44
17	494	222	46	42	236	45
53	928	312	88	93	390	46
12003	**153051**	**39879**	**9369**	**12325**	**25361**	**E**
5812	40663	12471	2793	2591	5980	47
2671	53750	9718	2708	3174	5676	48
444	11942	4975	738	1757	3362	49
3076	46696	12715	3130	4803	10343	50
17513	**220470**	**103328**	**21792**	**30877**	**96125**	**F**
6580	106513	54814	10251	18101	58064	51
10933	113957	48514	11541	12776	38061	52
1567	**18395**	**10274**	**2292**	**4559**	**15501**	**G**
1251	13233	8138	1828	3790	11374	54
	19	15	5	4	NA	55
18	123	44	11	14	111	56
NA	26	NA	NA	NA	21	57
117	1381	323	99	148	2154	58
115	2867	1188	236	321	1388	59
65	746	564	112	280	451	60
2084	**17265**	**9683**	**2405**	**2062**	**5407**	**H**
1053	5765	3457	1134	682	2224	61
1031	11500	6226	1271	1380	3183	62

2-34 续表 8

行业大类	代码	重 庆	四 川	贵 州	云 南
信息传输、软件和信息技术服务业	I	**43414**	**68394**	**15984**	**20994**
电信、广播电视和卫星传输服务	63	881	1239	476	625
互联网和相关服务	64	7228	9330	3603	4297
软件和信息技术服务业	65	35305	57825	11905	16072
房地产业	K	**21401**	**38089**	**15700**	**20406**
房地产业	70	21401	38089	15700	20406
租赁和商务服务业	L	**101463**	**183211**	**61176**	**73327**
租赁业	71	17697	28227	8697	12040
商务服务业	72	83766	154984	52479	61287
科学研究和技术服务业	M	**38917**	**73003**	**15887**	**27556**
研究和试验发展	73	2312	6143	648	1705
专业技术服务业	74	22886	39799	10644	16809
科技推广和应用服务业	75	13719	27061	4595	9042
水利、环境和公共设施管理业	N	**4967**	**9006**	**3298**	**4333**
水利管理业	76	165	284	242	345
生态保护和环境治理业	77	1092	1367	552	581
公共设施管理业	78	3552	6618	2262	3198
土地管理业	79	158	737	242	209
居民服务、修理和其他服务业	O	**24068**	**37823**	**23359**	**23787**
居民服务业	80	12169	17705	11195	11058
机动车、电子产品和日用产品修理业	81	8358	15061	10041	10477
其他服务业	82	3541	5057	2123	2252
教育	P	**9041**	**15479**	**9033**	**7878**
教育	83	9041	15479	9033	7878
卫生和社会工作	Q	**5116**	**12574**	**4956**	**4220**
卫生	84	3634	10767	4483	3689
社会工作	85	1482	1807	473	531
文化、体育和娱乐业	R	**22968**	**37965**	**9272**	**14374**
新闻和出版业	86	135	203	70	71
广播、电视、电影和录音制作业	87	2049	4091	994	1693
文化艺术业	88	5958	7605	1485	2225
体育	89	2323	4635	1712	2257
娱乐业	90	12503	21431	5011	8128

西藏	陕西	甘肃	青海	宁夏	新疆	代码
2822	**47767**	**9404**	**2713**	**3519**	**12686**	I
173	1487	461	152	106	390	63
409	6667	2727	477	835	1889	64
2240	39613	6216	2084	2578	10407	65
1447	**27284**	**11233**	**2815**	**3244**	**13080**	K
1447	27284	11233	2815	3244	13080	70
13742	**105112**	**45198**	**14666**	**14446**	**40322**	L
2846	18406	9912	2270	3047	7841	71
10896	86706	35286	12396	11399	32481	72
3779	**48694**	**15727**	**4725**	**4527**	**18841**	M
217	3811	564	161	170	562	73
2483	30246	11217	3201	3153	11767	74
1079	14637	3946	1363	1204	6512	75
486	**9037**	**2670**	**1015**	**857**	**2661**	N
48	417	132	25	59	229	76
89	1694	413	301	171	465	77
336	6574	2011	668	609	1776	78
13	352	114	21	18	191	79
1430	**24570**	**10601**	**2486**	**3144**	**9134**	O
518	10186	4448	1010	1263	3282	80
739	10654	5067	1107	1477	4733	81
173	3730	1086	369	404	1119	82
350	**9321**	**5302**	**914**	**2027**	**3401**	P
350	9321	5302	914	2027	3401	83
211	**4065**	**1357**	**348**	**405**	**1098**	Q
178	3322	1106	276	319	919	84
33	743	251	72	86	179	85
1500	**17138**	**6468**	**1748**	**2008**	**5081**	R
13	179	62	14	24	28	86
360	2874	951	361	404	1273	87
431	4358	2002	460	379	935	88
93	2342	870	190	317	710	89
603	7385	2583	723	884	2135	90

2-35 按行业(大类)、地区分组的

行业大类	代码	从业人员数(人)	北京	天津	河北
总 计		**233412404**	**5308658**	**2661364**	**9588940**
农、林、牧、渔业	A	**528684**	**622**	**712**	**10494**
农、林、牧、渔专业及辅助性活动	05	528684	622	712	10494
采矿业	B	**1165749**	**788**	**780**	**57343**
煤炭开采和洗选业	06	326429		76	4067
石油和天然气开采业	07	13635		NA	35
黑色金属矿采选业	08	157155		NA	39210
有色金属矿采选业	09	143502			2769
非金属矿采选业	10	437190	5	56	9521
开采专业及辅助性活动	11	74224	783	641	1684
其他采矿业	12	13614		NA	57
制造业	C	**67659696**	**355376**	**630604**	**3253105**
农副食品加工业	13	2890361	10713	15244	113909
食品制造业	14	1607305	11524	17815	68129
酒、饮料和精制茶制造业	15	946378	3933	4802	23192
烟草制品业	16	16299	5		9
纺织业	17	2696642	1397	7151	142963
纺织服装、服饰业	18	3533411	9213	13125	81975
皮革、毛皮、羽毛及其制品和制鞋业	19	1796065	591	2573	90660
木材加工和木、竹、藤、棕、草制品业	20	2093995	1275	5005	81216
家具制造业	21	1563722	5207	9502	84512
造纸和纸制品业	22	1296319	3652	17076	56604
印刷和记录媒介复制业	23	1281262	13889	11429	46727
文教、工美、体育和娱乐用品制造业	24	2261187	4398	14037	118250
石油、煤炭及其他燃料加工业	25	220479	886	2282	11713
化学原料和化学制品制造业	26	2695521	12840	28907	126751
医药制造业	27	1074835	29348	13313	46010
化学纤维制造业	28	199479	214	416	5559
橡胶和塑料制品业	29	3834859	7078	33945	215637
非金属矿物制品业	30	5680850	16924	28253	308654
黑色金属冶炼和压延加工业	31	495627	483	19913	40609
有色金属冶炼和压延加工业	32	821596	1646	6064	23251
金属制品业	33	6269590	18924	77176	487699

注：本表不含无法划分单位规模的单位数据。

小微企业法人单位从业人员数

山 西	内蒙古	辽 宁	吉 林	黑龙江	上 海	江 苏	代码
3726213	**2200688**	**4736497**	**2154308**	**1862048**	**5420251**	**22711104**	
9918	**4170**	**8231**	**5261**	**5641**	**827**	**17036**	A
9918	4170	8231	5261	5641	827	17036	05
116180	**67907**	**48198**	**17092**	**36455**	**164**	**4816**	B
88334	34277	203	5378	20343		37	06
3653	1253	377	730	167	164	16	07
11331	8558	18263	3435	1170		1600	08
2701	9460	11511	1688	1346		475	09
8303	12800	16019	3827	7628		2443	10
1678	1372	1631	1716	5767		42	11
180	187	194	318	34		203	12
633966	**338371**	**1382763**	**446973**	**382452**	**1151357**	**8925601**	C
33414	41304	105874	44407	77726	15456	138532	13
21026	16397	34839	20207	22333	29113	94872	14
15947	10320	12695	11535	13052	4776	26312	15
78		4	268	140	236	544	16
4581	5335	21576	3660	4908	19055	639948	17
10389	6906	130454	20719	3445	42546	382418	18
2286	638	7409	1774	2286	7008	73955	19
6459	6435	30877	13795	22615	7898	173720	20
4544	1647	18770	5628	7227	22248	108225	21
7446	3510	16880	6133	5200	25982	114978	22
10068	4456	19365	7448	6039	24657	188583	23
6461	1553	13731	4132	4058	14484	290474	24
15004	6004	11670	3746	7428	1632	11734	25
42666	38847	74802	23893	22830	68189	209341	26
15118	12297	24583	36115	16846	28391	102674	27
1316	358	1144	670	264	1676	69224	28
17278	9275	59279	14354	11817	77811	475862	29
148189	62234	135530	47754	36072	35820	431283	30
9457	13468	15611	2216	1669	9852	82206	31
10845	15307	18558	2634	1405	8865	116402	32
77774	21646	118899	20083	21270	115538	877303	33

2-35 续表 1

行业大类	代码	从业人员数(人)	北 京	天 津	河 北
通用设备制造业	34	6121320	28095	80047	369867
专用设备制造业	35	4622568	51147	55836	262690
汽车制造业	36	2384227	15808	41963	115767
铁路、船舶、航空航天和其他运输设备制造业	37	834384	9292	27237	45175
电气机械和器材制造业	38	4430519	23199	37415	148107
计算机、通信和其他电子设备制造业	39	3534198	33982	25937	43174
仪器仪表制造业	40	1042279	24896	16483	31102
其他制造业	41	436040	756	3177	12479
废弃资源综合利用业	42	360903	1131	2832	22431
金属制品、机械和设备修理业	43	617476	12930	11649	28284
电力、热力、燃气及水生产和供应业	D	**2276447**	**25134**	**23241**	**112215**
电力、热力生产和供应业	44	1306192	17309	13952	59685
燃气生产和供应业	45	305892	1780	3675	25764
水的生产和供应业	46	664363	6045	5614	26766
建筑业	E	**30806933**	**452889**	**411039**	**1253779**
房屋建筑业	47	12923932	164876	158865	472104
土木工程建筑业	48	6594263	85876	74146	305079
建筑安装业	49	2753373	48482	62356	124016
建筑装饰、装修和其他建筑业	50	8535365	153655	115672	352580
批发和零售业	F	**42499070**	**807672**	**362272**	**1877349**
批发业	51	24283583	413577	253195	1084035
零售业	52	18215487	394095	109077	793314
交通运输、仓储和邮政业	G	**8618864**	**138797**	**139000**	**342083**
道路运输业	54	5734843	84207	64622	258174
水上运输业	55	290105	199	7406	6397
航空运输业	56	49561	3125	1177	1660
管道运输业	57	10794	132	886	718
多式联运和运输代理业	58	1087062	27200	39227	16917
装卸搬运和仓储业	59	1003583	14623	22060	47707
邮政业	60	442916	9311	3622	10510
住宿和餐饮业	H	**5930389**	**287555**	**56607**	**183474**
住宿业	61	1927556	59641	16662	60938
餐饮业	62	4002833	227914	39945	122536

山 西	内蒙古	辽 宁	吉 林	黑龙江	上 海	江 苏	代码
51190	12411	195436	28981	29972	168915	1253509	34
43029	10220	88909	25394	28615	114561	917569	35
7203	2488	48724	62537	3345	75167	364676	36
4369	589	36666	6149	5413	12549	172792	37
18801	8340	58128	10830	10710	89695	720591	38
11207	8545	23378	7040	3480	58254	518677	39
5026	629	22634	5492	3740	43576	218110	40
800	372	4589	1255	1150	4872	37017	41
9068	4250	6504	2921	2353	2639	29717	42
22927	12590	25245	5203	5044	19896	84353	43
93696	**73070**	**72981**	**45202**	**63219**	**9732**	**107452**	**D**
56174	47438	46174	29624	45827	4103	58387	44
17679	8269	8834	5880	4695	1318	14316	45
19843	17363	17973	9698	12697	4311	34749	46
525157	**345540**	**511754**	**261698**	**192075**	**355330**	**2762934**	**E**
190952	118498	148571	92440	69902	81629	1162348	47
134264	91192	121119	62219	49923	71957	551727	48
54347	36508	80516	37238	21430	69457	331858	49
145594	99342	161548	69801	50820	132287	717001	50
712578	**386323**	**818864**	**451034**	**398893**	**930137**	**3560528**	**F**
379295	224113	474414	226007	247864	687362	2340002	51
333283	162210	344450	225027	151029	242775	1220526	52
216971	**136026**	**243850**	**93163**	**101218**	**307139**	**735734**	**G**
174648	94841	168843	68513	60870	106697	515049	54
120	106	6755	181	957	11692	42598	55
1942	2297	1583	546	1554	1041	1468	56
421	205	118	76	34	544	867	57
6166	6798	30344	3274	6099	135008	66564	58
26522	21651	26765	14286	24685	39226	88540	59
7152	10128	9442	6287	7019	12931	20648	60
138605	**58199**	**90647**	**46318**	**35626**	**240021**	**384472**	**H**
47416	27895	37548	18364	17454	51515	101259	61
91189	30304	53099	27954	18172	188506	283213	62

2-35 续表 2

行业大类	代码	从业人员数(人)	北京	天津	河北
信息传输、软件和信息技术服务业	I	**8722802**	**512347**	**96120**	**270976**
电信、广播电视和卫星传输服务	63	263778	13215	1620	7405
互联网和相关服务	64	1465707	58524	10897	35730
软件和信息技术服务业	65	6993317	440608	83603	227841
房地产业	K	**9361830**	**343312**	**180121**	**420554**
房地产业	70	9361830	343312	180121	420554
租赁和商务服务业	L	**30109463**	**1073105**	**386655**	**859770**
租赁业	71	2847991	63183	28876	131601
商务服务业	72	27261472	1009922	357779	728169
科学研究和技术服务业	M	**11693286**	**685681**	**210366**	**446537**
研究和试验发展	73	1274054	57217	14465	26585
专业技术服务业	74	6362539	234339	86570	213682
科技推广和应用服务业	75	4056693	394125	109331	206270
水利、环境和公共设施管理业	N	**1548481**	**54636**	**14914**	**70472**
水利管理业	76	63841	1004	387	1538
生态保护和环境治理业	77	292393	10466	2279	10225
公共设施管理业	78	1122268	42196	11248	54116
土地管理业	79	69979	970	1000	4593
居民服务、修理和其他服务业	O	**4818676**	**211359**	**58468**	**171695**
居民服务业	80	2344560	100544	23492	80228
机动车、电子产品和日用产品修理业	81	1563421	49845	17859	58848
其他服务业	82	910695	60970	17117	32619
教育	P	**2333965**	**74807**	**28452**	**78129**
教育	83	2333965	74807	28452	78129
卫生和社会工作	Q	**1631027**	**52615**	**27594**	**48983**
卫生	84	1345652	43526	24547	37399
社会工作	85	285375	9089	3047	11584
文化、体育和娱乐业	R	**3707042**	**231963**	**34419**	**131982**
新闻和出版业	86	73305	18716	1467	2068
广播、电视、电影和录音制作业	87	499880	54141	5571	16778
文化艺术业	88	825850	45175	6800	41078
体育	89	477033	28667	7385	16862
娱乐业	90	1830974	85264	13196	55196

山西	内蒙古	辽宁	吉林	黑龙江	上海	江苏	代码
130106	**59158**	**198110**	**81533**	**75201**	**344797**	**726337**	I
7484	4444	8860	3714	6235	7340	17343	63
20349	11463	39058	13295	10278	44344	113893	64
102273	43251	150192	64524	58688	293113	595101	65
249408	**161309**	**247456**	**126554**	**115889**	**313485**	**676260**	K
249408	161309	247456	126554	115889	313485	676260	70
421307	**298564**	**590020**	**290615**	**205904**	**995598**	**2587443**	L
59618	46436	36993	36253	27424	39190	164786	71
361689	252128	553027	254362	178480	956408	2422657	72
201368	**124248**	**242062**	**124779**	**124793**	**391307**	**1309576**	M
7099	4463	27026	13201	9063	61354	241763	73
127372	99449	131021	70146	60826	208042	710194	74
66897	20336	84015	41432	54904	121911	357619	75
39611	**30517**	**27459**	**16717**	**11079**	**34958**	**123846**	N
2278	1756	2558	1258	303	1267	3773	76
8235	5832	4579	2327	2677	6632	25739	77
26916	21751	19208	12331	7397	26754	90845	78
2182	1178	1114	801	702	305	3489	79
90875	**50335**	**91516**	**54311**	**33524**	**157157**	**313917**	O
41130	23408	50442	26577	16475	78455	130243	80
32464	15950	29480	16833	9116	43124	108847	81
17281	10977	11594	10901	7933	35578	74827	82
39329	**23532**	**46308**	**31680**	**25467**	**46396**	**137783**	P
39329	23532	46308	31680	25467	46396	137783	83
39085	**19054**	**49566**	**25228**	**25655**	**50183**	**101284**	Q
34492	17151	44352	18558	23394	43553	73196	84
4593	1903	5214	6670	2261	6630	28088	85
68053	**24365**	**66712**	**36150**	**28957**	**91663**	**236085**	R
2128	633	2453	1528	902	2860	3311	86
8645	5878	10238	4610	3321	13344	32700	87
23009	3971	13021	8143	6496	12083	48498	88
8255	3859	9006	5130	4038	21539	26205	89
26016	10024	31994	16739	14200	41837	125371	90

2-35 续表 3

行业大类	代码	浙 江	安 徽	福 建	江 西
总　计		**18214982**	**10812732**	**10509097**	**6455789**
农、林、牧、渔业	A	**6135**	**33894**	**13082**	**18579**
农、林、牧、渔专业及辅助性活动	05	6135	33894	13082	18579
采矿业	B	**15065**	**23025**	**25189**	**46300**
煤炭开采和洗选业	06	15	296	2184	2586
石油和天然气开采业	07				
黑色金属矿采选业	08	945	4586	3728	3505
有色金属矿采选业	09	1559	4077	2798	8925
非金属矿采选业	10	12334	13765	15757	29563
开采专业及辅助性活动	11	19	172	157	158
其他采矿业	12	193	129	565	1563
制造业	C	**8405286**	**2740821**	**3065632**	**2040743**
农副食品加工业	13	85174	126317	133803	75791
食品制造业	14	59810	68586	110316	39342
酒、饮料和精制茶制造业	15	32769	47739	74387	24009
烟草制品业	16	231	290	676	110
纺织业	17	570040	102352	136139	57958
纺织服装、服饰业	18	542433	256112	241719	201179
皮革、毛皮、羽毛及其制品和制鞋业	19	448159	53992	280935	75529
木材加工和木、竹、藤、棕、草制品业	20	100016	91809	122869	77887
家具制造业	21	180181	55193	111610	118305
造纸和纸制品业	22	198427	42771	81540	29214
印刷和记录媒介复制业	23	158711	44990	54516	31513
文教、工美、体育和娱乐用品制造业	24	374053	90165	168113	64203
石油、煤炭及其他燃料加工业	25	5835	6786	4627	7238
化学原料和化学制品制造业	26	186273	107181	86249	136961
医药制造业	27	65152	66929	23515	46134
化学纤维制造业	28	50472	6396	9482	3514
橡胶和塑料制品业	29	623257	170482	171033	69634
非金属矿物制品业	30	272410	239032	301061	278078
黑色金属冶炼和压延加工业	31	51334	11634	12865	7895
有色金属冶炼和压延加工业	32	63623	32329	18747	62095
金属制品业	33	767111	207168	226985	108558

山东	河南	湖北	湖南	广东	广西	海南	代码
19392349	**16378755**	**10906487**	**9394687**	**29340336**	**4141162**	**874311**	
51785	**95163**	**42006**	**55804**	**16246**	**16058**	**4896**	A
51785	95163	42006	55804	16246	16058	4896	05
35275	**70380**	**43012**	**62974**	**23086**	**35952**	**3202**	B
4277	17909	1438	4921	4	1158		06
1736	196	29		218	178	126	07
7428	5397	4531	4849	1713	1802	226	08
5102	15272	2571	10802	2385	7180	711	09
14091	28461	31702	40865	17858	24922	2026	10
2309	1257	1347	182	780	139	34	11
332	1888	1394	1355	128	573	79	12
5921927	**4382519**	**2534471**	**2422080**	**11162900**	**1038814**	**81957**	C
392991	269114	180714	258561	156468	68081	12329	13
189255	172441	66395	80916	167582	41083	5662	14
52873	70147	66717	68128	44383	24732	6023	15
794	1111	1259	1036	7599		NA	16
256029	142093	141793	31844	264317	27792	304	17
272156	226351	235315	73971	586264	36934	504	18
58903	132683	28131	73264	370757	15301	41	19
383925	228840	84755	99542	101165	259322	4442	20
101576	126274	40191	45372	338806	13722	954	21
111122	73958	35468	39229	288827	22229	1517	22
100097	64655	56482	44482	239994	12547	2820	23
198780	171343	46222	62075	475519	27419	964	24
25489	16937	8963	10179	10767	3377	1121	25
303392	182635	114229	184736	378546	42489	3270	26
83932	85228	64479	47564	72267	17455	8658	27
13690	7033	4795	2244	11220	243	36	28
302572	168164	99923	67261	949034	30568	3673	29
516008	622936	288836	323526	510168	132214	15697	30
40940	22427	13173	14936	51492	8994	156	31
54933	63613	22628	40893	108996	13839	426	32
494520	298776	174086	194461	1440595	44448	4382	33

2-35 续表 4

行业大类	代码	浙江	安徽	福建	江西
通用设备制造业	34	1065393	192471	150085	64129
专用设备制造业	35	529149	147201	142210	77975
汽车制造业	36	432525	146155	54186	39766
铁路、船舶、航空航天和其他运输设备制造业	37	112777	24068	23857	20861
电气机械和器材制造业	38	807477	161843	122898	114282
计算机、通信和其他电子设备制造业	39	320899	138376	101851	142999
仪器仪表制造业	40	139464	37327	31307	16470
其他制造业	41	91233	21940	36563	15062
废弃资源综合利用业	42	17248	22853	13719	25150
金属制品、机械和设备修理业	43	53650	20334	17769	8902
电力、热力、燃气及水生产和供应业	D	**95268**	**66591**	**85784**	**69308**
电力、热力生产和供应业	44	53186	32828	56503	39506
燃气生产和供应业	45	12317	9233	5529	8184
水的生产和供应业	46	29765	24530	23752	21618
建筑业	E	**1325504**	**2090945**	**1466893**	**1016427**
房屋建筑业	47	480937	915141	696415	521512
土木工程建筑业	48	332748	458686	331927	219831
建筑安装业	49	105809	159508	79625	51350
建筑装饰、装修和其他建筑业	50	406010	557610	358926	223734
批发和零售业	F	**2880282**	**1606122**	**2391201**	**1082925**
批发业	51	1717438	909082	1299478	549063
零售业	52	1162844	697040	1091723	533862
交通运输、仓储和邮政业	G	**511167**	**361822**	**348152**	**271652**
道路运输业	54	298194	266579	212887	224615
水上运输业	55	40439	21469	30100	5965
航空运输业	56	2296	1191	1808	751
管道运输业	57	266	56	173	65
多式联运和运输代理业	58	80294	13844	53950	8812
装卸搬运和仓储业	59	45513	39376	30790	20449
邮政业	60	44165	19307	18444	10995
住宿和餐饮业	H	**341513**	**229098**	**197808**	**158755**
住宿业	61	118045	65101	67145	63999
餐饮业	62	223468	163997	130663	94756

山东	河南	湖北	湖南	广东	广西	海南	代码
677978	378617	140507	155693	649257	22748	557	34
484897	301797	140854	127058	761823	25781	1376	35
195748	100190	190868	42867	140693	44289	1565	36
61688	27103	17692	22621	67100	7466	362	37
219003	173943	103949	113906	1208067	29307	1410	38
155799	74799	84167	114904	1381808	45808	200	39
76518	54129	27926	22572	191865	4484	87	40
19501	39213	9903	16208	98382	2957	238	41
16676	46815	21553	27415	27383	5434	397	42
60142	39154	22498	14616	61756	7751	2783	43
185647	**159384**	**100663**	**146466**	**149035**	**59717**	**11719**	D
109218	94354	52769	92526	79292	36709	5912	44
25701	18180	12005	10504	19159	5739	1229	45
50728	46850	35889	43436	50584	17269	4578	46
2573732	**2747588**	**1498804**	**1289940**	**2501186**	**385292**	**120727**	E
974191	1104920	695369	684047	857704	156186	35746	47
543011	553387	310151	269761	436192	76924	20697	48
332786	194716	92930	93858	287789	26886	12846	49
723744	894565	400354	242274	919501	125296	51438	50
4181663	**3302021**	**2154958**	**1685664**	**5209526**	**681381**	**137812**	F
2671701	1540587	1047856	894960	3206065	371739	81590	51
1509962	1761434	1107102	790704	2003461	309642	56222	52
761964	**536532**	**440488**	**307472**	**971026**	**200543**	**42090**	G
517473	413398	335135	216646	462482	134510	23786	54
21992	5012	14392	6988	31478	10099	5881	55
3134	1558	2382	2113	4353	739	895	56
1839	351	853	508	312	76	172	57
109568	24657	21826	32992	300560	12991	2884	58
89265	67272	48111	32485	115374	26512	4280	59
18693	24284	17789	15740	56467	15616	4192	60
386079	**321199**	**291765**	**239929**	**737575**	**134737**	**44462**	H
103563	112983	85740	81196	200093	61182	25278	61
282516	208216	206025	158733	537482	73555	19184	62

2-35 续表 5

行业大类	代码	浙江	安徽	福建	江西
信息传输、软件和信息技术服务业	I	**520335**	**274047**	**504813**	**201348**
电信、广播电视和卫星传输服务	63	11140	8617	7560	8542
互联网和相关服务	64	70038	57489	80644	44452
软件和信息技术服务业	65	439157	207941	416609	148354
房地产业	K	**460280**	**316820**	**284276**	**211041**
房地产业	70	460280	316820	284276	211041
租赁和商务服务业	L	**2281444**	**2147952**	**1125507**	**755447**
租赁业	71	101664	145525	97393	86441
商务服务业	72	2179780	2002427	1028114	669006
科学研究和技术服务业	M	**569748**	**398823**	**420402**	**242376**
研究和试验发展	73	80043	38782	51370	11177
专业技术服务业	74	323187	233392	219612	162884
科技推广和应用服务业	75	166518	126649	149420	68315
水利、环境和公共设施管理业	N	**90044**	**62961**	**56203**	**42763**
水利管理业	76	4172	2538	2146	1632
生态保护和环境治理业	77	22568	8439	11326	7402
公共设施管理业	78	60447	50135	41729	32559
土地管理业	79	2857	1849	1002	1170
居民服务、修理和其他服务业	O	**248628**	**200849**	**198550**	**108730**
居民服务业	80	124437	101542	96552	52231
机动车、电子产品和日用产品修理业	81	81747	64145	63675	34490
其他服务业	82	42444	35162	38323	22009
教育	P	**153651**	**92543**	**72693**	**63288**
教育	83	153651	92543	72693	63288
卫生和社会工作	Q	**101938**	**45550**	**54492**	**36492**
卫生	84	85694	33260	43795	30127
社会工作	85	16244	12290	10697	6365
文化、体育和娱乐业	R	**208694**	**120869**	**198420**	**89615**
新闻和出版业	86	3206	1925	1678	1446
广播、电视、电影和录音制作业	87	38372	12804	20382	11014
文化艺术业	88	35259	32982	55557	21431
体育	89	29843	14450	22487	9933
娱乐业	90	102014	58708	98316	45791

山东	河南	湖北	湖南	广东	广西	海南	代码
674572	**605858**	**498377**	**377911**	**1184872**	**97689**	**39221**	I
10343	15775	14617	16684	28515	6249	2511	63
125981	140358	98549	79450	177747	19647	11455	64
538248	449725	385211	281777	978610	71793	25255	65
621106	**623145**	**372956**	**321042**	**1211018**	**222270**	**100882**	K
621106	623145	372956	321042	1211018	222270	100882	70
2087078	**1661576**	**1669170**	**1257915**	**3283593**	**744422**	**160864**	L
240242	262601	159871	153783	237484	58545	16264	71
1846836	1398975	1509299	1104132	3046109	685877	144600	72
947736	**841400**	**582509**	**459946**	**1401597**	**192508**	**48135**	M
117302	63708	57149	67807	208168	9290	2374	73
449250	342131	333321	228167	789348	116564	36432	74
381184	435561	192039	163972	404081	66654	9329	75
117705	**116012**	**81181**	**81400**	**114338**	**28027**	**9204**	N
4641	3975	3056	2924	3505	1160	431	76
22023	19768	13436	17763	26831	5190	1378	77
83467	87706	60839	55506	81521	18586	6525	78
7574	4563	3850	5207	2481	3091	870	79
318619	**321198**	**221627**	**217585**	**606005**	**152141**	**26680**	O
165377	165992	108335	123688	279722	98794	11361	80
107847	103121	73007	56944	185324	33939	8505	81
45395	52085	40285	36953	140959	19408	6814	82
191367	**179931**	**105407**	**142857**	**226233**	**54558**	**12644**	P
191367	179931	105407	142857	226233	54558	12644	83
100193	**97483**	**69212**	**85065**	**156694**	**38539**	**11047**	Q
78481	68240	56846	70442	138511	33861	10174	84
21712	29243	12366	14623	18183	4678	873	85
235901	**317366**	**199881**	**240637**	**385406**	**58514**	**18769**	R
3420	2611	4550	2174	4209	857	516	86
44931	28044	20203	21744	51663	8623	3745	87
46608	91746	44139	51428	77146	9548	3705	88
29080	31749	20559	24623	63091	9435	3744	89
111862	163216	110430	140668	189297	30051	7059	90

2-35 续表 6

行业大类	代码	重 庆	四 川	贵 州	云 南
总 计		**5779143**	**11528959**	**3066851**	**4841107**
农、林、牧、渔业	A	**24635**	**20246**	**4352**	**25353**
农、林、牧、渔专业及辅助性活动	05	24635	20246	4352	25353
采矿业	B	**20101**	**85223**	**72580**	**76890**
煤炭开采和洗选业	06	1010	18025	42958	20465
石油和天然气开采业	07	548	1809	47	5
黑色金属矿采选业	08	533	10156	2477	8477
有色金属矿采选业	09	292	9765	4136	18292
非金属矿采选业	10	17053	43185	22034	28004
开采专业及辅助性活动	11	194	1613	388	518
其他采矿业	12	471	670	540	1129
制造业	C	**1316826**	**2108084**	**559590**	**646222**
农副食品加工业	13	100956	164283	42250	95105
食品制造业	14	46529	89720	22825	32835
酒、饮料和精制茶制造业	15	27695	85425	70461	68582
烟草制品业	16	188	322	216	872
纺织业	17	15633	38516	6791	4854
纺织服装、服饰业	18	32424	40331	26208	7692
皮革、毛皮、羽毛及其制品和制鞋业	19	14376	27826	14997	1897
木材加工和木、竹、藤、棕、草制品业	20	37797	65457	29935	31393
家具制造业	21	34155	81236	14778	12443
造纸和纸制品业	22	20360	41528	15756	14055
印刷和记录媒介复制业	23	28123	52211	12132	14817
文教、工美、体育和娱乐用品制造业	24	22790	26128	18978	11653
石油、煤炭及其他燃料加工业	25	3143	6641	4054	3604
化学原料和化学制品制造业	26	33650	97199	23969	38713
医药制造业	27	20588	56998	15960	21363
化学纤维制造业	28	1249	3649	198	392
橡胶和塑料制品业	29	56741	89735	19855	23976
非金属矿物制品业	30	133195	310753	85726	102681
黑色金属冶炼和压延加工业	31	9526	15597	6753	8409
有色金属冶炼和压延加工业	32	17314	33016	9125	22997
金属制品业	33	111399	156001	31503	42868

西藏	陕西	甘肃	青海	宁夏	新疆	代码
415790	**5682758**	**2001993**	**555662**	**724978**	**2024405**	
730	**16616**	**7459**	**820**	**2617**	**9296**	A
730	16616	7459	820	2617	9296	05
4303	**86928**	**28105**	**7068**	**6997**	**44371**	B
	34126	4925	1371	4503	11543	06
	817	293	38	181	1018	07
659	3632	2038	1136	366	5401	08
1871	4863	4648	1713	21	6569	09
1480	10376	10163	2624	1318	9007	10
37	32825	5733	7	607	10434	11
256	289	305	179	NA	399	12
30322	**842296**	**271112**	**64694**	**146007**	**376825**	C
2249	45552	27737	4991	13525	37791	13
1406	31238	12474	3352	7553	21730	14
2410	27514	8545	1917	5319	10039	15
	168	137			NA	16
871	11802	2232	684	2906	31118	17
1526	16678	8042	1419	2366	22597	18
231	2501	2483	84	751	4044	19
344	11868	2537	436	1276	9085	20
1373	13046	2031	503	1116	3347	21
144	12083	2761	182	1999	5688	22
1260	14957	6172	1419	2372	4331	23
3108	16306	3191	4097	982	3520	24
137	13129	3270	163	3274	9646	25
1914	37494	27516	7993	25521	26525	26
1704	24660	15546	3510	3748	4750	27
4	1400	482	35	421	1683	28
237	27672	10298	989	6424	20995	29
7698	110809	64155	13071	23127	78956	30
201	7131	4422	3827	4432	3999	31
220	31352	7372	3569	2344	7188	32
1624	66021	22016	4573	10058	26125	33

2-35 续表 7

行业大类	代码	重 庆	四 川	贵 州	云 南
通用设备制造业	34	102078	169325	16800	15983
专用设备制造业	35	75836	108178	11807	15309
汽车制造业	36	147741	70836	6113	3616
铁路、船舶、航空航天和其他运输设备制造业	37	73092	28480	3845	1275
电气机械和器材制造业	38	46354	88226	16937	16438
计算机、通信和其他电子设备制造业	39	62008	98763	14927	11387
仪器仪表制造业	40	19339	21332	1404	4788
其他制造业	41	4117	4882	3882	1469
废弃资源综合利用业	42	7918	15209	4530	8595
金属制品、机械和设备修理业	43	10512	20281	6875	6161
电力、热力、燃气及水生产和供应业	D	**52318**	**141943**	**44858**	**62704**
电力、热力生产和供应业	44	23212	60741	20370	38916
燃气生产和供应业	45	10404	31307	6713	5352
水的生产和供应业	46	18702	49895	17775	18436
建筑业	E	**773518**	**2242916**	**444631**	**962829**
房屋建筑业	47	388010	1305274	176160	396232
土木工程建筑业	48	105464	351088	103437	230451
建筑安装业	49	65535	121411	32216	47557
建筑装饰、装修和其他建筑业	50	214509	465143	132818	288589
批发和零售业	F	**1106896**	**2096801**	**563282**	**1146236**
批发业	51	482125	1207868	277239	655537
零售业	52	624771	888933	286043	490699
交通运输、仓储和邮政业	G	**241219**	**406942**	**124776**	**187574**
道路运输业	54	166528	316284	90293	131072
水上运输业	55	13440	3334	1164	1249
航空运输业	56	1079	3477	2077	1468
管道运输业	57	156	373	408	336
多式联运和运输代理业	58	22828	21045	3169	13439
装卸搬运和仓储业	59	23515	39569	12487	23419
邮政业	60	13673	22860	15178	16591
住宿和餐饮业	H	**176775**	**377304**	**136335**	**208478**
住宿业	61	51355	125271	55813	89660
餐饮业	62	125420	252033	80522	118818

西藏	陕西	甘肃	青海	宁夏	新疆	代码
320	80742	7630	1128	5886	5570	34
301	51327	7919	965	4265	8570	35
NA	27002	970	53	144	1221	36
27	20747	547	60	102	383	37
475	47553	9199	1849	8962	12625	38
126	40376	2138	1834	2230	5125	39
46	19177	1196	79	679	402	40
75	2873	510	84	34	447	41
99	8642	2820	193	1641	2767	42
191	20476	4764	1635	2550	6555	43
4429	**74106**	**46468**	**12826**	**18256**	**63015**	D
3197	36992	30477	8814	12442	39555	44
299	13881	5394	1381	2392	8779	45
933	23233	10597	2631	3422	14681	46
108092	**1377218**	**377655**	**89994**	**99916**	**240931**	E
61779	473173	171601	33271	32557	103522	47
23660	459676	101572	27378	31623	59097	48
3177	99074	36513	6409	12031	25139	49
19476	345295	67969	22936	23705	53173	50
68409	**974344**	**383919**	**81143**	**118251**	**340584**	F
28220	482972	211417	39248	71320	208214	51
40189	491372	172502	41895	46931	132370	52
16043	**167179**	**85870**	**22957**	**42254**	**117161**	G
12194	119965	64183	16646	32235	83274	54
	265	190	94	96	47	55
152	1650	660	110	292	983	56
46	343	16	29	22	393	57
827	9415	2406	849	1393	11716	58
907	25810	10555	3490	3237	15102	59
1917	9731	7860	1739	4979	5646	60
18871	**199447**	**102046**	**24761**	**23244**	**58684**	H
12007	77490	40184	12606	8446	31707	61
6864	121957	61862	12155	14798	26977	62

2-35 续表 8

行业大类	代码	重 庆	四 川	贵 州	云 南
信息传输、软件和信息技术服务业	I	**251392**	**435327**	**78662**	**110247**
电信、广播电视和卫星传输服务	63	5534	10480	5096	7384
互联网和相关服务	64	41825	61630	17583	22491
软件和信息技术服务业	65	204033	363217	55983	80372
房地产业	K	**238687**	**476014**	**162617**	**215150**
房地产业	70	238687	476014	162617	215150
租赁和商务服务业	L	**828172**	**1698564**	**437021**	**620162**
租赁业	71	117612	203541	41654	71557
商务服务业	72	710560	1495023	395367	548605
科学研究和技术服务业	M	**266239**	**563578**	**105080**	**189899**
研究和试验发展	73	17153	45735	3088	8858
专业技术服务业	74	166655	351229	81832	135062
科技推广和应用服务业	75	82431	166614	20160	45979
水利、环境和公共设施管理业	N	**50681**	**85327**	**27600**	**39373**
水利管理业	76	2074	2813	2386	2649
生态保护和环境治理业	77	10929	13444	4125	5663
公共设施管理业	78	34386	62425	19404	28971
土地管理业	79	3292	6645	1685	2090
居民服务、修理和其他服务业	O	**158839**	**264241**	**125225**	**146327**
居民服务业	80	77221	121013	64171	69158
机动车、电子产品和日用产品修理业	81	53113	101199	46306	59107
其他服务业	82	28505	42029	14748	18062
教育	P	**72818**	**149230**	**73724**	**70072**
教育	83	72818	149230	73724	70072
卫生和社会工作	Q	**59964**	**134819**	**55196**	**51070**
卫生	84	43779	114697	49040	46309
社会工作	85	16185	20122	6156	4761
文化、体育和娱乐业	R	**140063**	**242400**	**51322**	**82521**
新闻和出版业	86	1225	2925	1010	1089
广播、电视、电影和录音制作业	87	13414	27047	4603	9134
文化艺术业	88	36255	46795	7443	12361
体育	89	14445	29540	8340	13002
娱乐业	90	74724	136093	29926	46935

西藏	陕西	甘肃	青海	宁夏	新疆	代码
12393	**231242**	**42753**	**11152**	**20375**	**55531**	I
1936	10135	5421	556	3005	6018	63
1641	32907	9933	1936	4081	8039	64
8816	188200	27399	8660	13289	41474	65
14538	**301866**	**135393**	**39169**	**43910**	**155302**	K
14538	301866	135393	39169	43910	155302	70
90612	**712924**	**275371**	**126540**	**113085**	**323063**	L
15510	101163	42920	13901	13368	32592	71
75102	611761	232451	112639	99717	290471	72
22563	**307609**	**97895**	**32550**	**34532**	**107444**	M
931	21937	3022	610	1040	2274	73
17705	217405	78126	26532	28089	83975	74
3927	68267	16747	5408	5403	21195	75
4073	**64580**	**18533**	**7305**	**7320**	**19642**	N
412	3302	1223	217	493	1970	76
566	12469	3118	1759	2019	3186	77
3024	46125	13293	5129	4665	13064	78
71	2684	899	200	143	1422	79
8033	**138873**	**46168**	**14635**	**16692**	**45874**	O
3041	60277	19925	6430	7026	17273	80
3993	52076	19393	5626	6594	20904	81
999	26520	6850	2579	3072	7697	82
2786	**58110**	**32015**	**6401**	**14472**	**27282**	P
2786	58110	32015	6401	14472	27282	83
2429	**40028**	**19611**	**5307**	**7474**	**19177**	Q
2246	33726	17392	4767	6570	17527	84
183	6302	2219	540	904	1650	85
7164	**89392**	**31620**	**8340**	**9576**	**20223**	R
89	2546	959	250	274	280	86
1546	14779	4652	1633	1975	4346	87
2054	24664	10763	2208	1813	3671	88
509	11738	4002	902	1570	3045	89
2966	35665	11244	3347	3944	8881	90

第3篇

文化及相关产业篇

A.概况

3-A-1 文化及相关产业法人单位基本情况

分　组	法　人 单位数 (个)	从业人员 期末人数 (人)	资产总计 (万元)
总　计	**3078545**	**22377123**	**3277111576**
按单位性质分组			
经营性	2933656	21098701	3163299844
公益性	144889	1278422	113811732
按产业类型分组			
文化制造业	255663	5570584	454812619
文化批发和零售业	443225	2023216	239531618
文化服务业	2379657	14783323	2582767340
按领域分组			
文化核心领域	1980568	14081438	2581014974
文化相关领域	1097977	8295685	696096602
按行业类别分组			
新闻信息服务	178558	1528013	365306842
内容创作生产	467223	4273027	608747904
创意设计服务	946189	5229252	397384383
文化传播渠道	206341	1481630	268329559
文化投资运营	16288	137978	580102317
文化娱乐休闲服务	165969	1431538	361143970
文化辅助生产和中介服务	777642	4974463	410117175
文化装备生产	41733	739900	71703205
文化消费终端生产	278602	2581322	214276222

3-A-2　分地区文化及相关产业法人单位基本情况

地　区	法　人 单位数 (个)	从业人员 期末人数 (人)	资产总计 (万元)
全　国	**3078545**	**22377123**	**3277111576**
北　京	178134	1091093	420999775
天　津	32436	182841	36381029
河　北	118457	669066	52502245
山　西	57728	274140	30784595
内 蒙 古	29648	145376	15138050
辽　宁	60976	394535	39362973
吉　林	26535	166829	12467785
黑 龙 江	26740	135893	8838537
上　海	79620	772710	236381290
江　苏	321921	2579043	533188955
浙　江	223832	1682118	331229161
安　徽	109354	739424	86150300
福　建	119295	1031481	72085389
江　西	62066	623962	58838526
山　东	226000	1521280	151860225
河　南	175371	1388257	72340330
湖　北	143869	1140234	130149849
湖　南	102665	978509	68302344
广　东	445982	3333101	382464459
广　西	56666	340049	37553739
海　南	21593	98976	32669295
重　庆	87345	619324	97256351
四　川	134305	1008800	146020534
贵　州	37354	244764	74079565
云　南	50680	332512	34209259
西　藏	6156	41812	5849040
陕　西	76230	460812	66777434
甘　肃	29356	160273	15356210
青　海	8683	44387	3581381
宁　夏	8767	53802	4765358
新　疆	20781	121720	19527594

3-A-3 分地区文化及相关产业法人单位分布情况

地区	法人单位数(个)	文化制造业	#规模以上	文化批发和零售业	#规模以上	文化服务业	#规模以上
全国	**3078545**	**255663**	**20815**	**443225**	**14392**	**2379657**	**39631**
北京	178134	1547	133	22772	752	153815	5060
天津	32436	2023	180	3867	201	26546	589
河北	118457	14926	465	18762	260	84769	531
山西	57728	2058	54	7626	133	48044	243
内蒙古	29648	1022	7	3276	55	25350	100
辽宁	60976	3165	139	7079	220	50732	640
吉林	26535	987	26	3113	96	22435	167
黑龙江	26740	1027	35	2725	115	22988	126
上海	79620	2871	349	11286	607	65463	2720
江苏	321921	38898	3488	46420	2750	236603	5179
浙江	223832	38419	2668	37361	1206	148052	2389
安徽	109354	7018	1047	12377	400	89959	964
福建	119295	13747	1231	16695	574	88853	1666
江西	62066	5908	1182	7828	357	48330	1215
山东	226000	22926	1191	34311	1038	168763	1474
河南	175371	10259	865	27612	579	137500	1135
湖北	143869	6350	776	20215	978	117304	2080
湖南	102665	5721	1265	11474	462	85470	2632
广东	445982	54387	4320	88637	2099	302958	4926
广西	56666	2735	229	6592	166	47339	441
海南	21593	548	11	2602	43	18443	246
重庆	87345	3229	207	8606	209	75510	850
四川	134305	4317	490	11512	390	118476	1962
贵州	37354	2840	107	4092	58	30422	346
云南	50680	2379	111	6865	158	41436	467
西藏	6156	586	4	1291	8	4279	29
陕西	76230	2292	188	8811	323	65127	1078
甘肃	29356	1477	13	4284	46	23595	123
青海	8683	788	5	1465	12	6430	27
宁夏	8767	309	13	1133	23	7325	39
新疆	20781	904	16	2536	74	17341	187

3-A-4 按登记注册统计类别和控股情况分文化及相关产业企业法人基本情况

分　组	法人单位数（个）	从业人员期末人数（人）	#女性	资产总计（万元）	营业收入（万元）
总　计	**2933656**	**21098701**	**9595853**	**3163299844**	**1787380994**
按登记注册统计类别分组					
内资企业	2906393	19609025	8878251	2633218096	1461130841
港澳台投资企业	13471	921471	447585	409522386	234866611
外商投资企业	7514	542739	257978	119598431	90520209
其他统计类别	6278	25466	12039	960931	863334
按控股情况分组					
国有控股	22196	1661277	722479	1176592148	244267083
集体控股	7441	135844	63117	39539310	19648775
私人控股	2712226	17774219	8062851	1417393043	1194187392
港澳台商控股	12259	886256	430933	398172075	231709328
外商控股	7079	508238	243614	110753146	91467117
其他	172455	132867	72859	20850122	6101300

3-A-5 分地区文化及相关产业企业法人基本情况

地区	法人单位数(个)	从业人员期末人数(人)	#女性	资产总计(万元)	营业收入(万元)
全国	**2933656**	**21098701**	**9595853**	**3163299844**	**1787380994**
北京	174934	1005462	492263	404141296	228855976
天津	31522	164722	77473	35152452	18436661
河北	112922	617461	276181	50331743	20380776
山西	52733	224192	106060	26063963	8184561
内蒙古	26294	109039	48664	13388792	3509264
辽宁	57404	361824	164515	37009632	15231087
吉林	24573	138872	62114	11159978	5113973
黑龙江	23851	106213	45786	7682877	4052406
上海	77013	742713	343949	230544415	153666747
江苏	307183	2492244	1089483	517629505	199791441
浙江	213602	1620765	740156	325138610	200113861
安徽	104170	711047	332184	83968324	42101205
福建	113283	996728	435822	69459567	82412899
江西	58365	594816	290677	57385604	35527556
山东	217100	1447032	638978	146082651	120282211
河南	169274	1322181	624968	68699138	51645351
湖北	137144	1082632	468289	125821751	78764096
湖南	96000	920200	443966	65063280	51480996
广东	436153	3254952	1430569	373740880	275369867
广西	52396	303302	150502	35806341	14898408
海南	20658	90148	37812	32080722	16104378
重庆	83590	595477	278210	95352136	38629394
四川	125701	936271	430442	140471086	68924869
贵州	35178	222565	108252	73054658	8214937
云南	46061	297041	133425	31762771	13046415
西藏	5770	33937	12452	5191762	1981289
陕西	69507	405866	188797	62610476	18974934
甘肃	27151	127918	61727	13455988	3707857
青海	7386	34823	15177	2956556	719383
宁夏	8021	44929	22993	4267191	1357691
新疆	18717	93329	43967	17825699	5900507

3-A-6　分地区文化及相关产业事业(社团)单位基本情况

地　区	法　人单位数（个）	从业人员期末人数（人）	#女性	资产总计（万元）	本年支出（费用）合计（万元）
全　国	**144889**	**1278422**	**629738**	**113811732**	**40930029**
北　京	3200	85631	45131	16858479	6787447
天　津	914	18119	9003	1228576	439064
河　北	5535	51605	25560	2170502	983446
山　西	4995	49948	25087	4720632	1068026
内蒙古	3354	36337	18932	1749258	794928
辽　宁	3572	32711	17111	2353341	640999
吉　林	1962	27957	14267	1307807	579526
黑龙江	2889	29680	14846	1155660	545192
上　海	2607	29997	17345	5836875	1861861
江　苏	14738	86799	43306	15559450	3209213
浙　江	10230	61353	31668	6090551	2229832
安　徽	5184	28377	12641	2181977	931183
福　建	6012	34753	16660	2625822	1084923
江　西	3701	29146	13199	1452923	744031
山　东	8900	74248	34795	5777574	1984419
河　南	6097	66076	30470	3641193	1111166
湖　北	6725	57602	27158	4328098	1519651
湖　南	6665	58309	26954	3239064	1461450
广　东	9829	78149	37110	8723579	3536817
广　西	4270	36747	18155	1747398	861575
海　南	935	8828	4133	588573	254065
重　庆	3755	23847	12179	1904215	867773
四　川	8604	72529	36312	5549448	2035827
贵　州	2176	22199	10639	1024907	458123
云　南	4619	35471	17528	2446487	877144
西　藏	386	7875	3646	657278	344016
陕　西	6723	54946	25893	4166958	1227814
甘　肃	2205	32355	16433	1900222	706913
青　海	1297	9564	4467	624825	259214
宁　夏	746	8873	4791	498167	208127
新　疆	2064	28391	14319	1701895	1316266

B.文化制造业

3-B-1 按登记注册统计类别和控股情况

分 组	法 人 单位数 (个)	从业人员 期末人数 (人)	#女性	资产总计 (万元)
总 计	**255663**	**5570584**	**2591618**	**454812619**
按登记注册统计类别分组				
内资企业	249237	4669657	2146735	330874780
港澳台投资企业	3365	556818	282588	66213042
外商投资企业	1935	337033	157885	57626882
其他统计类别	1126	7076	4410	97915
按控股情况分组				
国有控股	1073	195398	71023	54769083
集体控股	1847	40473	18921	3577131
私人控股	239517	4482936	2077389	288050565
港澳台商控股	3176	527019	269709	56605684
外商控股	1790	317237	150050	51482091
其他	8260	7521	4526	328066

分文化制造业企业法人主要财务指标

营业收入(万元)	营业成本(万元)	税金及附加(万元)	投资收益(万元)	利润总额(万元)	应付职工薪酬(万元)	应交增值税(万元)
463350310	**392008360**	**2573396**	**1938431**	**24093900**	**50267271**	**8346861**
352299366	294816791	2123364	1062450	19415859	39554220	7047871
58796742	51291391	256440	532294	2370638	5898526	777550
52148767	45829528	193260	343520	2288494	4791415	519992
105435	70649	331	167	18909	23110	1449
45717719	40740528	273238	483353	1495046	3564501	698991
3262265	2724335	16047	16038	201130	399554	55720
312183052	259000438	1864845	850344	18100821	36435932	6455227
53953163	47274195	235786	313368	1969996	5421788	702769
48040492	42132560	182188	265074	2288607	4414154	430382
193619	136304	1291	10255	38300	31343	3772

3-B-2 分地区文化制造业

地区	法人单位数(个)	从业人员期末人数(人)	#女性	资产总计(万元)	营业收入(万元)
全国	**255663**	**5570584**	**2591618**	**454812619**	**463350310**
北京	1547	29395	10486	6065636	6226798
天津	2023	34231	14727	3425737	2965354
河北	14926	173457	67706	7367382	6699172
山西	2058	20570	9536	1340047	877728
内蒙古	1022	6663	2911	487016	298435
辽宁	3165	45287	20825	3609686	2973645
吉林	987	12539	5966	930241	504380
黑龙江	1027	10231	4292	578092	378024
上海	2871	67709	29359	10572635	14764738
江苏	38898	796439	373706	80829545	74633914
浙江	38419	651266	290238	51768713	43510121
安徽	7018	174783	97259	14463289	11905915
福建	13747	322328	146502	17714531	25971888
江西	5908	257195	142499	14472872	17417961
山东	22926	407049	176335	45013798	50411142
河南	10259	258334	130945	10987156	12029177
湖北	6350	169767	74950	15262239	16561366
湖南	5721	263671	134305	11988769	18845900
广东	54387	1388044	619766	103978434	113443256
广西	2735	80327	49277	8746249	5884509
海南	548	6276	2134	3392278	1458926
重庆	3229	76987	34676	5686288	6433603
四川	4317	146893	65414	20911510	20137505
贵州	2840	44808	27670	1956005	1816804
云南	2379	38939	17732	5344604	2888410
西藏	586	5421	1721	214329	95384
陕西	2292	51780	25657	5952188	3464624
甘肃	1477	9931	4971	407200	198742
青海	788	5443	2517	290765	80144
宁夏	309	5760	2896	609281	298827
新疆	904	9061	4640	446103	173922

企业法人主要财务指标

营业成本(万元)	税金及附加(万元)	投资收益(万元)	利润总额(万元)	应付职工薪酬(万元)	应交增值税(万元)
392008360	**2573396**	**1938431**	**24093900**	**50267271**	**8346861**
5526629	28884	11704	179188	507075	130047
2626598	11275	8108	69413	287467	41188
5475929	45970	24338	499990	982860	202320
733261	6766	1606	27309	102798	34821
246115	3070	52	7828	38625	8040
2528917	17572	1216	107049	356316	53802
415416	4340	336	31583	67471	20758
311532	1834	136	14163	55936	8091
12862873	44618	117239	658391	1060277	222689
62506932	333130	378050	4205971	8348933	1495876
36250510	213970	161538	2085025	5221040	934331
9927471	65008	13399	717393	1357723	275545
21305726	153298	14312	2067266	3449295	306898
14546703	132471	-1785	1302736	1732726	304979
44397774	205476	298000	2144913	3838350	747936
9606747	73724	7057	855424	1567977	339109
13681250	101223	3927	1157412	1666888	442845
14721595	440401	7275	1575131	2462020	560990
97896408	398257	742487	3935885	12768118	1419934
5056646	28008	6727	316706	505204	101944
1156722	11850	2009	122686	77363	26179
5348600	39596	-1425	429914	752428	146806
17238724	159151	74311	802093	1897168	356442
1540825	13644	576	109427	234998	36825
2625100	12205	42099	399653	297917	46799
62237	539	222	24412	18757	4001
2785708	19934	8150	224797	463001	58295
159948	2073	171	8358	42335	4153
68300	968	7745	2852	18189	1311
260674	2329	8633	10535	44756	7497
136491	1811	217	401	43262	6412

3-B-3 按登记注册统计类别和控股情况分

分 组	法 人 单位数 (个)	从业人员 期末人数 (人)	#女性	资产总计 (万元)
总 计	**20815**	**3219909**	**1531478**	**368314178**
按登记注册统计类别分组				
内资企业	18594	2389691	1124947	248485235
港澳台投资企业	1394	512651	259255	63287267
外商投资企业	827	317567	147276	56541676
其他统计类别				
按控股情况分组				
国有控股	455	182031	65275	53022872
集体控股	113	23081	10842	2917498
私人控股	18181	2232485	1068657	207985641
港澳台商控股	1308	483623	246805	53740408
外商控股	757	298417	139855	50423800
其他	NA	272	44	223959

规模以上文化制造业企业法人主要财务指标

营业收入（万元）	营业成本（万元）	税金及附加（万元）	投资收益（万元）	利润总额（万元）	应付职工薪酬（万元）	应交增值税（万元）
382277602	**329866659**	**2085671**	**1839505**	**17954396**	**35399583**	**6262408**
273080314	234072122	1650397	966396	13341109	25171850	5014857
57713837	50476225	246206	530894	2344981	5584375	746213
51483452	45318312	189068	342215	2268306	4643358	501338
45366793	40459227	268171	474246	1496530	3464091	683927
2754344	2357571	11275	14945	152009	297976	39690
233788758	198878854	1401544	764377	12070862	22248764	4452620
52885967	46470245	225589	312084	1944488	5111882	671732
47396630	41637576	178155	263766	2271056	4270147	412270
85111	63186	938	10088	19452	6723	2168

3-B-4 分地区规模以上文化

地区	法人单位数(个)	从业人员期末人数(人)	#女性	资产总计(万元)	营业收入(万元)
全国	**20815**	**3219909**	**1531478**	**368314178**	**382277602**
北京	133	20671	7045	5232739	5931563
天津	180	20695	8682	2557688	2479858
河北	465	47438	19157	4469296	3604210
山西	54	7611	3143	857802	648216
内蒙古	7	1098	439	252573	173251
辽宁	139	23691	11398	2583208	2409385
吉林	26	3989	1743	628896	292086
黑龙江	35	3050	1314	204844	157866
上海	349	47457	20668	8891977	13699056
江苏	3488	480013	230443	64921714	59629985
浙江	2668	327663	146778	38031741	31611665
安徽	1047	105134	57463	12109491	9346806
福建	1231	191236	89946	13555623	20856551
江西	1182	180086	100046	12667166	15493000
山东	1191	210174	84539	36630372	42142513
河南	865	78854	44057	6322625	6193370
湖北	776	107573	49501	12990047	13891049
湖南	1265	189282	98074	10092035	16707879
广东	4320	905498	423487	88188617	99217630
广西	229	50030	30466	8087648	5472272
海南	11	3931	1137	3258575	1404325
重庆	207	37743	18177	4603972	5048544
四川	490	98824	43940	19275904	18581734
贵州	107	20074	12144	1386429	1423384
云南	111	19259	9495	4650419	2369532
西藏	4	495	202	76447	40445
陕西	188	30775	14571	5162601	3041402
甘肃	13	1638	633	106977	67956
青海	5	851	472	83186	37621
宁夏	13	3633	1785	285965	242303
新疆	16	1443	533	147602	62148

制造业企业法人主要财务指标

营业成本（万元）	税金及附加（万元）	投资收益（万元）	利润总额（万元）	应付职工薪酬（万元）	应交增值税（万元）
329866659	**2085671**	**1839505**	**17954396**	**35399583**	**6262408**
5300089	26722	11482	195273	444987	120099
2196893	9532	11470	89186	229909	32042
3117056	24434	22682	88153	424584	108121
549601	4844	1412	20991	61619	28241
152628	1227	-25	2624	13091	3644
2095334	13832	1153	87772	249405	37174
259196	2114	27	7215	27904	7879
138073	743		3627	23006	3268
12025623	39768	107099	667312	908438	190818
51031099	256061	363557	3142884	5772349	1056140
26852757	147136	141569	1426496	3172661	648894
7921501	53508	11554	456019	947930	213831
17434967	123012	10025	1523486	2494574	224627
13113358	110430	-3553	1102865	1370654	254118
38284445	161979	294903	1430639	2618430	566875
5492442	34243	4671	171512	706903	172328
11710715	82558	-3130	846149	1210032	335651
13228021	410211	3916	1253636	1979504	488778
86716513	324297	731594	3493778	9390263	1095266
4731148	22756	5636	296234	387992	90912
1114281	11589	1993	125055	66186	24275
4353432	31664	-2396	259363	527972	114841
16085520	151717	73900	645125	1603310	318726
1252722	11183	249	54124	139700	29805
1864220	9691	41591	340318	184997	37951
20740	332	165	17435	5780	2689
2472933	16368	7857	197151	371682	45467
56904	522		144	11522	924
33149	618		-2156	6331	527
210856	1728	13	10058	32134	6016
50445	854	92	1930	15735	2483

3-B-5 按登记注册统计类别和控股情况分规模

分　组	法人单位数（个）	从业人员期末人数（人）	#女性	资产总计（万元）
总　计	**234848**	**2350675**	**1060140**	**86498441**
按登记注册统计类别分组				
内资企业	230643	2279966	1021788	82389544
港澳台投资企业	1971	44167	23333	2925776
外商投资企业	1108	19466	10609	1085207
其他统计类别	1126	7076	4410	97915
按控股情况分组				
国有控股	618	13367	5748	1746211
集体控股	1734	17392	8079	659633
私人控股	221336	2250451	1008732	80064924
港澳台商控股	1868	43396	22904	2865275
外商控股	1033	18820	10195	1058291
其他	8259	7249	4482	104107

以下文化制造业企业法人主要财务指标

营业收入（万元）	营业成本（万元）	税金及附加（万元）	投资收益（万元）	利润总额（万元）	应付职工薪酬（万元）	应交增值税（万元）
81072708	**62141701**	**487724**	**98926**	**6139504**	**14867688**	**2084454**
79219052	60744669	472967	96053	6074750	14382370	2033014
1082905	815166	10234	1401	25657	314151	31337
665316	511216	4191	1305	20188	148057	18654
105435	70649	331	167	18909	23110	1449
350926	281301	5068	9107	-1484	100410	15064
507922	366765	4773	1093	49121	101578	16030
78394294	60121584	463301	85967	6029959	14187168	2002607
1067196	803950	10197	1284	25509	309905	31037
643862	494984	4033	1308	17551	144007	18112
108509	73118	352	167	18848	24620	1603

3-B-6 分地区规模以下文化

地区	法人单位数(个)	从业人员期末人数(人)	#女性	资产总计(万元)	营业收入(万元)
全国	**234848**	**2350675**	**1060140**	**86498441**	**81072708**
北京	1414	8724	3441	832897	295235
天津	1843	13536	6045	868050	485495
河北	14461	126019	48549	2898086	3094962
山西	2004	12959	6393	482246	229512
内蒙古	1015	5565	2472	234442	125184
辽宁	3026	21596	9427	1026478	564260
吉林	961	8550	4223	301346	212295
黑龙江	992	7181	2978	373248	220158
上海	2522	20252	8691	1680658	1065681
江苏	35410	316426	143263	15907831	15003929
浙江	35751	323603	143460	13736972	11898456
安徽	5971	69649	39796	2353799	2559109
福建	12516	131092	56556	4158908	5115337
江西	4726	77109	42453	1805706	1924961
山东	21735	196875	91796	8383426	8268628
河南	9394	179480	86888	4664531	5835807
湖北	5574	62194	25449	2272192	2670317
湖南	4456	74389	36231	1896734	2138020
广东	50067	482546	196279	15789817	14225626
广西	2506	30297	18811	658602	412237
海南	537	2345	997	133703	54601
重庆	3022	39244	16499	1082316	1385059
四川	3827	48069	21474	1635606	1555771
贵州	2733	24734	15526	569576	393420
云南	2268	19680	8237	694185	518878
西藏	582	4926	1519	137882	54940
陕西	2104	21005	11086	789587	423222
甘肃	1464	8293	4338	300223	130786
青海	783	4592	2045	207579	42523
宁夏	296	2127	1111	323316	56525
新疆	888	7618	4107	298501	111774

制造业企业法人主要财务指标

营业成本（万元）	税金及附加（万元）	投资收益（万元）	利润总额（万元）	应付职工薪酬（万元）	应交增值税（万元）
62141701	**487724**	**98926**	**6139504**	**14867688**	**2084454**
226540	2162	223	-16086	62089	9948
429705	1743	-3362	-19773	57557	9146
2358872	21536	1657	411837	558276	94200
183660	1922	194	6317	41179	6581
93487	1844	77	5204	25534	4396
433584	3741	63	19277	106911	16628
156221	2226	309	24368	39567	12879
173459	1091	136	10537	32930	4822
837250	4849	10140	-8921	151838	31871
11475834	77070	14492	1063087	2576584	439736
9397754	66834	19969	658529	2048379	285438
2005970	11500	1845	261374	409793	61714
3870759	30286	4288	543780	954721	82271
1433345	22040	1768	199871	362072	50861
6113329	43497	3097	714274	1219920	181061
4114305	39481	2386	683912	861075	166781
1970535	18665	7057	311264	456856	107195
1493574	30190	3359	321494	482516	72212
11179895	73960	10893	442106	3377855	324668
325499	5251	1091	20472	117213	11031
42441	261	16	-2370	11177	1904
995168	7932	971	170551	224455	31964
1153204	7435	411	156968	293858	37717
288103	2461	328	55303	95298	7020
760881	2514	508	59335	112921	8848
41497	207	57	6977	12978	1311
312775	3566	294	27646	91319	12828
103044	1551	171	8215	30813	3229
35151	349	7745	5008	11858	784
49818	601	8620	477	12622	1481
86046	958	125	-1529	27527	3929

C.文化批零业

3-C-1 按登记注册统计类别和控股情况分文化

分组	法人单位数(个)	从业人员期末人数(人)	#女性	资产总计(万元)
总计	**443225**	**2023216**	**1026541**	**239531618**
按登记注册统计类别分组				
内资企业	439260	1945789	974188	216087018
港澳台投资企业	1926	43782	32123	11256150
外商投资企业	1618	32251	19482	12142448
其他统计类别	421	1394	748	46002
按控股情况分组				
国有控股	2477	147264	75826	69009542
集体控股	858	17252	10603	7416253
私人控股	408785	1777728	885018	139287256
港澳台商控股	1709	43889	32290	11366645
外商控股	1498	35642	22031	12403927
其他	27898	1441	773	47996

批发和零售业企业法人主要财务指标

营业收入（万元）	营业成本（万元）	税金及附加（万元）	投资收益（万元）	利润总额（万元）	应付职工薪酬（万元）	应交增值税（万元）
307689543	**264452548**	**1139356**	**1598275**	**13189981**	**17220986**	**3422910**
275612996	238640071	919148	1430844	11759347	15489965	3007671
17379854	14004682	151068	58188	788661	951081	171253
14635968	11761908	69003	109196	634505	772451	242343
60724	45888	137	47	7469	7488	1644
67304838	60736124	180525	956482	3085594	2679301	485212
10643489	10017678	17160	55182	89937	274141	73614
198088421	168392962	717919	464070	8574768	12503051	2436664
17432612	14055024	151036	58260	785257	953532	169489
14154253	11200713	72574	64235	646494	803142	256258
65930	50048	141	47	7932	7818	1672

3-C-2 分地区文化批发和

地区	法人单位数(个)	从业人员期末人数(人)	#女性	资产总计(万元)	营业收入(万元)
全国	**443225**	**2023216**	**1026541**	**239531618**	**307689543**
北京	22772	96808	54274	28403597	25966865
天津	3867	14451	8099	2315087	3431024
河北	18762	73877	36811	4098520	4283477
山西	7626	24941	12786	2517663	1859529
内蒙古	3276	11629	6359	1457650	911820
辽宁	7079	30643	15333	2965575	2753041
吉林	3113	14910	7742	841372	1164458
黑龙江	2725	12426	5599	1590258	1279457
上海	11286	75473	43753	21387249	35413131
江苏	46420	221217	111148	35773765	39789402
浙江	37361	163318	81501	18549472	33333549
安徽	12377	54829	27537	6283313	8304719
福建	16695	90337	42156	8451812	18930876
江西	7828	36745	17845	3541810	4128723
山东	34311	173387	85889	20213124	31135243
河南	27612	134699	66660	6291260	9924732
湖北	20215	112553	54717	8856392	11137575
湖南	11474	67351	34489	3910885	6276217
广东	88637	341893	172880	32661202	38979042
广西	6592	25203	13252	2791658	2256766
海南	2602	6059	3250	1137599	2686871
重庆	8606	49265	27120	4466635	5611717
四川	11512	59651	31186	7295533	6471240
贵州	4092	16409	8165	2629234	1507048
云南	6865	33492	16367	2594992	2332689
西藏	1291	5214	2523	1443891	805718
陕西	8811	39013	19894	3361919	3834906
甘肃	4284	17823	9339	1245312	1272457
青海	1465	5048	2286	355566	164386
宁夏	1133	3635	1966	304874	314411
新疆	2536	10917	5615	1794403	1428454

零售业企业主要财务指标

营业成本(万元)	税金及附加(万元)	投资收益(万元)	利润总额(万元)	应付职工薪酬(万元)	应交增值税(万元)
264452548	**1139356**	**1598275**	**13189981**	**17220986**	**3422910**
21977120	113017	337721	892131	1417513	252919
3119240	13143	2977	76932	97808	26361
3429693	19785	25203	356388	416141	43460
1603273	21022	8325	70721	130397	18757
767649	6040	38306	89335	84061	8552
2341206	16640	1564	50352	209639	33768
962386	7761	11175	186989	107230	13694
1110758	3215	6974	38892	70689	8710
30479574	141556	164291	903703	1410798	308226
33905913	121871	180903	2203559	1991346	613337
29637799	93716	156828	1390598	1409704	287087
7403643	20236	56722	381974	403988	74465
17080473	37394	83112	658770	748733	91432
3342079	11639	1170	321959	304672	32088
27526119	94097	51935	976693	1402765	349171
8009351	44899	39697	646287	686163	132740
8830888	54651	11193	902890	943640	317937
4978144	43472	4482	540703	539959	98455
33936069	170917	297017	703316	2849370	411645
1950838	6551	6053	99539	163768	11678
2452528	4455	3318	150710	40525	15140
4434286	28744	13209	519230	436322	81404
5351106	16039	58696	392674	459060	62941
1293828	4070	64	124271	98791	7744
1881029	10580	32485	259099	242227	25277
665711	2869	-544	-10027	34371	15052
3235146	15148	2229	143685	279165	34373
1093077	7905	1860	49840	106739	11000
133503	1390	1146	617	24321	3067
274770	1257	50	33098	23110	3313
1245351	5277	114	35054	87976	29119

3-C-3 按登记注册统计类别和控股情况分限额以上

分　组	法人单位数（个）	从业人员期末人数（人）	#女性	资产总计（万元）
总　计	**14392**	**534657**	**319349**	**161052431**
按登记注册统计类别分组				
内资企业	13949	472044	274641	139223977
港澳台投资企业	258	36663	28468	10310870
外商投资企业	184	25950	16240	11517584
按控股情况分组				
国有控股	1393	135379	69645	66120253
集体控股	100	13876	8843	7058997
私人控股	12448	319231	193447	65719069
港澳台商控股	261	36750	28583	10395581
外商控股	190	29421	18831	11758531

文化批发和零售业企业法人主要财务指标

营业收入（万元）	营业成本（万元）	税金及附加（万元）	投资收益（万元）	利润总额（万元）	应付职工薪酬（万元）	应交增值税（万元）
217781854	**193399590**	**708463**	**1482955**	**7444972**	**7719281**	**1878156**
186952649	168544653	494389	1317303	6039857	6138238	1488932
16844098	13591312	148048	59368	793722	881690	158719
13985108	11263626	66026	106284	611393	699353	230505
65764685	59403659	174005	953661	3026117	2547993	409531
10477755	9902362	15795	52820	77399	251146	70028
111139194	99747046	301114	355711	2929269	3306090	997420
16890522	13642930	148081	59440	789114	883623	156827
13509699	10703594	69468	61323	623073	730430	244350

3-C-4 分地区限额以上文化批发和

地区	法人单位数(个)	从业人员期末人数(人)	#女性	资产总计(万元)	营业收入(万元)
全国	**14392**	**534657**	**319349**	**161052431**	**217781854**
北京	752	43319	26336	21869194	22578572
天津	201	4838	3027	1542798	2922903
河北	260	11940	7277	2093001	1836649
山西	133	6619	3798	1420729	1182781
内蒙古	55	3155	2019	918168	579830
辽宁	220	6763	4269	1853692	1717033
吉林	96	3782	2285	437008	645163
黑龙江	115	3291	1765	1103757	603649
上海	607	40233	24966	16882820	30986855
江苏	2750	68474	40956	27326446	29497659
浙江	1206	37904	22280	12041211	21827180
安徽	400	13093	7683	4218636	3773826
福建	574	15843	8304	5331703	13786116
江西	357	11013	6090	2547945	2857555
山东	1038	43942	26808	14867191	22290675
河南	579	20324	10810	2677744	4498602
湖北	978	27720	15791	5405234	5727865
湖南	462	19686	11425	2094420	3724254
广东	2099	84900	53046	19335287	28683535
广西	166	5617	3122	2015445	1704137
海南	43	1899	1176	760516	2532726
重庆	209	12720	9026	2830313	3136562
四川	390	16873	9957	5198052	4505873
贵州	58	2417	1251	1296476	591118
云南	158	7288	3963	1367227	1291385
西藏	8	95	49	17744	20938
陕西	323	11358	6549	1638683	2510549
甘肃	46	4497	2580	532020	710244
青海	12	736	379	105591	44439
宁夏	23	541	320	144808	101942
新疆	74	3777	2042	1178574	911242

零售业企业法人主要财务指标

营业成本（万元）	税金及附加（万元）	投资收益（万元）	利润总额（万元）	应付职工薪酬（万元）	应交增值税（万元）
193399590	**708463**	**1482955**	**7444972**	**7719281**	**1878156**
19240341	101808	333196	1000837	1055525	208906
2684328	7127	2607	87842	52250	17642
1510286	5867	22170	105311	136592	10457
1039755	5882	8078	27632	64940	6161
472105	3502	32361	68980	46210	2730
1524246	10635	1077	11657	73500	14116
560133	1795	9951	29240	37444	2762
530915	2047	6756	26309	29544	2919
26685366	128723	159955	1012659	1107704	247443
25960074	81756	172929	1553041	879489	427671
20186043	33422	146282	464665	507436	103428
3348221	10398	56577	175189	150438	39098
13123270	18527	80636	235671	192175	33012
2403927	5432	343	158452	162758	9769
20863190	53532	28519	297331	584383	193882
4018908	13517	24318	161411	179798	21859
4813374	27460	4301	332275	277995	106728
3056169	22808	111	228003	208457	37543
25797081	120177	279810	497290	1107333	274275
1498615	3091	5446	58360	78988	5647
2332899	3335	3126	152637	20624	11906
2582894	17776	12118	269179	160614	39173
3886103	8253	57096	234302	217157	27152
514459	1547	-407	27482	31437	1387
1071627	5562	32193	87625	102229	9651
17348	25		1683	1087	83
2161339	5178	763	88481	133431	12286
615931	4637	1312	10916	47190	4659
31984	279	1084	2789	7924	158
83644	358	17	4807	8947	262
785015	4010	230	32917	55679	5392

3-C-5 按登记注册统计类别和控股情况分限额

分组	法人单位数(个)	从业人员期末人数(人)	#女性	资产总计(万元)
总计	**428833**	**1488559**	**707192**	**78479187**
按登记注册统计类别分组				
内资企业	425311	1473745	699547	76863041
港澳台投资企业	1668	7119	3655	945280
外商投资企业	1434	6301	3242	624863
其他统计类别	420	1394	748	46002
按控股情况分组				
国有控股	1084	11885	6181	2889289
集体控股	758	3376	1760	357256
私人控股	396337	1458497	691571	73568187
港澳台商控股	1448	7139	3707	971064
外商控股	1308	6221	3200	645396
其他	27898	1441	773	47996

以下文化批发和零售业企业法人主要财务指标

营业收入（万元）	营业成本（万元）	税金及附加（万元）	投资收益（万元）	利润总额（万元）	应付职工薪酬（万元）	应交增值税（万元）
89907688	**71052958**	**430893**	**115321**	**5745009**	**9501704**	**1544755**
88660347	70095418	424759	113542	5719489	9351727	1518739
535757	413370	3020	-1180	-5061	69391	12534
650860	498282	2977	2912	23112	73098	11838
60724	45888	137	47	7469	7488	1644
1540153	1332465	6520	2820	59477	131308	75681
165735	115316	1366	2361	12538	22996	3587
86949227	68645917	416805	108360	5645499	9196961	1439244
542090	412094	2955	-1179	-3857	69909	12662
644554	497119	3106	2912	23421	72712	11908
65930	50048	141	47	7932	7818	1672

3-C-6 分地区限额以下文化

地区	法人单位数(个)	从业人员期末人数(人)	#女性	资产总计(万元)	营业收入(万元)
全国	**428833**	**1488559**	**707192**	**78479187**	**89907688**
北京	22020	53489	27938	6534404	3388293
天津	3666	9613	5072	772289	508121
河北	18502	61937	29534	2005519	2446827
山西	7493	18322	8988	1096934	676749
内蒙古	3221	8474	4340	539482	331989
辽宁	6859	23880	11064	1111883	1036008
吉林	3017	11128	5457	404364	519295
黑龙江	2610	9135	3834	486501	675808
上海	10679	35240	18787	4504428	4426277
江苏	43670	152743	70192	8447319	10291743
浙江	36155	125414	59221	6508260	11506370
安徽	11977	41736	19854	2064677	4530894
福建	16121	74494	33852	3120108	5144759
江西	7471	25732	11755	993866	1271168
山东	33273	129445	59081	5345933	8844568
河南	27033	114375	55850	3613516	5426130
湖北	19237	84833	38926	3451158	5409711
湖南	11012	47665	23064	1816465	2551963
广东	86538	256993	119834	13325915	10295507
广西	6426	19586	10130	776214	552629
海南	2559	4160	2074	377083	154145
重庆	8397	36545	18094	1636321	2475156
四川	11122	42778	21229	2097481	1965367
贵州	4034	13992	6914	1332758	915930
云南	6707	26204	12404	1227765	1041304
西藏	1283	5119	2474	1426147	784780
陕西	8488	27655	13345	1723236	1324358
甘肃	4238	13326	6759	713292	562213
青海	1453	4312	1907	249975	119947
宁夏	1110	3094	1646	160066	212469
新疆	2462	7140	3573	615829	517212

批发和零售业企业法人主要财务指标

营业成本（万元）	税金及附加（万元）	投资收益（万元）	利润总额（万元）	应付职工薪酬（万元）	应交增值税（万元）
71052958	**430893**	**115321**	**5745009**	**9501704**	**1544755**
2736778	11209	4525	-108706	361988	44014
434912	6016	370	-10910	45558	8719
1919406	13918	3033	251077	279549	33004
563518	15141	248	43090	65456	12596
295544	2538	5945	20355	37851	5821
816960	6005	487	38695	136140	19652
402253	5966	1225	157749	69786	10932
579843	1168	218	12583	41144	5791
3794208	12833	4336	-108956	303093	60783
7945839	40116	7974	650518	1111857	185666
9451755	60293	10546	925933	902268	183659
4055422	9837	145	206786	253550	35367
3957203	18867	2476	423098	556558	58421
938152	6207	826	163507	141913	22319
6662929	40566	23417	679362	818382	155289
3990442	31383	15379	484877	506365	110881
4017514	27191	6893	570615	665645	211209
1921976	20663	4371	312700	331502	60912
8138988	50741	17207	206026	1742036	137369
452223	3460	607	41180	84780	6030
119630	1120	192	-1928	19900	3234
1851392	10968	1091	250051	275708	42232
1465003	7786	1600	158372	241903	35789
779370	2524	471	96789	67353	6356
809402	5018	292	171475	139998	15627
648363	2845	-544	-11709	33284	14969
1073807	9971	1466	55204	145735	22087
477146	3268	548	38924	59548	6341
101519	1111	63	-2173	16397	2909
191126	900	33	28291	14163	3051
460335	1267	-116	2136	32296	23727

D.文化服务业

3-D-1　分地区文化服务业

地　　区	法　人 单位数 (个)	规模以上 企　业	规模以下 企　业	事业(社团) 单位	从业人员 期末人数 (人)
全　　国	**2379657**	**39631**	**2195137**	**144889**	**14783323**
北　　京	153815	5060	145555	3200	964890
天　　津	26546	589	25043	914	134159
河　　北	84769	531	78703	5535	421732
山　　西	48044	243	42806	4995	228629
内 蒙 古	25350	100	21896	3354	127084
辽　　宁	50732	640	46520	3572	318605
吉　　林	22435	167	20306	1962	139380
黑 龙 江	22988	126	19973	2889	113236
上　　海	65463	2720	60136	2607	629528
江　　苏	236603	5179	216686	14738	1561387
浙　　江	148052	2389	135433	10230	867534
安　　徽	89959	964	83811	5184	509812
福　　建	88853	1666	81175	6012	618816
江　　西	48330	1215	43414	3701	330022
山　　东	168763	1474	158389	8900	940844
河　　南	137500	1135	130268	6097	995224
湖　　北	117304	2080	108499	6725	857914
湖　　南	85470	2632	76173	6665	647487
广　　东	302958	4926	288203	9829	1603164
广　　西	47339	441	42628	4270	234519
海　　南	18443	246	17262	935	86641
重　　庆	75510	850	70905	3755	493072
四　　川	118476	1962	107910	8604	802256
贵　　州	30422	346	27900	2176	183547
云　　南	41436	467	36350	4619	260081
西　　藏	4279	29	3864	386	31177
陕　　西	65127	1078	57326	6723	370019
甘　　肃	23595	123	21267	2205	132519
青　　海	6430	27	5106	1297	33896
宁　　夏	7325	39	6540	746	44407
新　　疆	17341	187	15090	2064	101742

法人单位主要指标

			资产总计（万元）			
规模以上企　业	规模以下企　业	事业(社团)单位		规模以上企　业	规模以下企　业	事业(社团)单位
3510300	**9994601**	**1278422**	**2582767340**	**1463197062**	**1005758546**	**113811732**
470661	408598	85631	386530542	300691602	68980461	16858479
33211	82829	18119	30640205	18677939	10733690	1228576
51839	318288	51605	41036343	15638227	23227615	2170502
24945	153736	49948	26926884	11329691	10876561	4720632
10968	79779	36337	13193384	2783415	8660711	1749258
99312	186582	32711	32787713	13261364	17173008	2353341
19516	91907	27957	10696172	5741087	3647278	1307807
14504	69052	29680	6670188	2522104	2992423	1155660
311837	287694	29997	204421407	158105398	40479134	5836875
494513	980075	86799	416585645	208818662	192207534	15559450
241672	564509	61353	260910976	163014346	91806079	6090551
89703	391732	28377	65403699	21351963	41869759	2181977
104725	479338	34753	45919047	21041665	22251561	2625822
55862	245014	29146	40823844	14699298	24671623	1452923
128786	737810	74248	86633303	28012662	52843067	5777574
110972	818176	66076	55061915	19978614	31442108	3641193
194813	605499	57602	106031218	53191074	48512047	4328098
127848	461330	58309	52402690	27048551	22115076	3239064
424943	1100072	78149	245824824	179237378	57863866	8723579
37114	160658	36747	26015831	17500171	6768262	1747398
23969	53844	8828	28139418	8723574	18827271	588573
78827	390398	23847	87103428	37710406	47488807	1904215
181681	548046	72529	117813491	71584781	40679263	5549448
25462	135886	22199	69494326	15541488	52927931	1024907
42622	181988	35471	26269663	11286524	12536652	2446487
3335	19967	7875	4190820	679246	2854296	657278
71182	243891	54946	57463328	26179802	27116567	4166958
13196	86968	32355	13703698	2621495	9181981	1900222
3203	21129	9564	2935050	629757	1680467	624825
5852	29682	8873	3851203	861525	2491510	498167
13227	60124	28391	17287088	4733254	10851939	1701895

3-D-2 按登记注册统计类别和控股情况

分　组	法人单位数(个)	从业人员期末人数(人)	#女性	资产总计(万元)
总　计	**2234768**	**13504901**	**5977694**	**2468955608**
按登记注册统计类别分组				
内资企业	2217896	12993579	5757328	2086256298
港澳台投资企业	8180	320871	132874	332053194
外商投资企业	3961	173455	80611	49829101
其他统计类别	4731	16996	6881	817014
按控股情况分组				
国有控股	18646	1318615	575630	1052813523
集体控股	4736	78119	33593	28545927
私人控股	2063924	11513555	5100444	990055223
港澳台商控股	7374	315348	128934	330199747
外商控股	3791	155359	71533	46867128
其他	136297	123905	67560	20474061

分文化服务业企业法人主要财务指标

营业收入（万元）	营业成本（万元）	税金及附加（万元）	投资收益（万元）	利润总额（万元）	应付职工薪酬（万元）	应交增值税（万元）
1016341141	**680018393**	**5745599**	**17934378**	**127169067**	**160800430**	**20453068**
833218479	617000593	4849547	14755561	69304151	133673323	14818312
158690015	48561804	768076	2810764	55716865	21092045	5138040
23735473	13981132	123072	366932	2011408	5901450	481534
697174	474864	4903	1120	136644	133612	15183
131244526	100838062	1088892	6023698	11213428	27357638	2578951
5743020	3422999	37431	91122	353433	869672	171012
683915920	503800031	3664504	8662076	56910203	103481200	11985223
160323553	50233419	770586	2644704	55518916	21092363	5127702
29272372	16877597	116753	340081	2987320	5714271	467261
5841751	4846285	67432	172698	185768	2285287	122920

3-D-3　分地区文化服务业

地　区	法人单位数（个）	从业人员期末人数（人）	#女性	资产总计（万元）	营业收入（万元）
全　国	**2234768**	**13504901**	**5977694**	**2468955608**	**1016341141**
北　京	150615	879259	427503	369672063	196662313
天　津	25632	116040	54647	29411628	12040283
河　北	79234	370127	171664	38865841	9398127
山　西	43049	178681	83738	22206252	5447304
内蒙古	21996	90747	39394	11444126	2299010
辽　宁	47160	285894	128357	30434371	9504401
吉　林	20473	111423	48406	9388365	3445135
黑龙江	20099	83556	35895	5514528	2394925
上　海	62856	599531	270837	198584532	103488878
江　苏	221865	1474588	604629	401026195	85368125
浙　江	137822	806181	368417	254820425	123270191
安　徽	84775	481435	207388	63221722	21890571
福　建	82841	584063	247164	43293225	37510136
江　西	44629	300876	130333	39370921	13980872
山　东	159863	866596	376754	80855729	38735826
河　南	131403	929148	427363	51420722	29691442
湖　北	110579	800312	338622	101703120	51065155
湖　南	78805	589178	275172	49163627	26358880
广　东	293129	1525015	637923	237101244	122947569
广　西	43069	197772	87973	24268433	6757133
海　南	17508	77813	32428	27550845	11958581
重　庆	71755	469225	216414	85199213	26584074
四　川	109872	729727	333842	112264044	42316124
贵　州	28246	161348	72417	68469419	4891085
云　南	36817	224610	99326	23823176	7825316
西　藏	3893	23302	8208	3533542	1080187
陕　西	58404	315073	143246	53296370	11675404
甘　肃	21390	100164	47417	11803476	2236658
青　海	5133	24332	10374	2310225	474852
宁　夏	6579	35534	18131	3353035	744453
新　疆	15277	73351	33712	15585193	4298131

企业法人主要财务指标

营业成本（万元）	税金及附加（万元）	投资收益（万元）	利润总额（万元）	应付职工薪酬（万元）	应交增值税（万元）
680018393	**5745599**	**17934378**	**127169067**	**160800430**	**20453068**
120347203	848668	2139227	23519127	24363698	3579713
9072428	74897	103819	543564	1221678	177411
6430117	76105	116481	1109603	2172208	175171
5766637	46349	13292	220329	849609	89964
1598207	17449	2969	112977	531178	47849
6773239	65695	94292	503585	2807713	220797
2290906	31668	84488	545466	732826	70085
1707764	14270	13134	124926	511302	22974
68124479	432332	3464616	9811334	16090650	1555207
61596832	554249	890694	7578063	16669885	2064285
77855195	561864	1793264	21290245	13410983	1938436
15767653	99520	293243	2555497	3896962	452576
27546058	242329	342073	4086382	5770528	637371
10106092	68459	240326	1653075	2061642	225158
25901805	226388	310294	4387301	6942866	773751
19880077	257228	216592	4932596	5937667	737441
38335447	266239	155622	5662984	9590066	1319770
17637598	298896	307431	3908581	5166590	690106
80749940	705357	5169385	18643979	22357873	2918734
4555065	44884	217929	684460	1148460	114691
8351568	59486	158481	493634	897696	290385
16819309	164657	786854	4923909	4252303	533417
27932530	300565	396768	7591724	6811527	1202614
3475330	58805	165212	612317	1028965	73257
5921142	65716	154669	858737	1614421	149602
854771	9260	3350	30884	234503	19421
8640337	89800	175919	510405	2377205	213333
1724622	23826	14401	58665	516518	40979
336304	4646	992	654	123709	11410
598359	10453	9402	-13828	198980	15085
3321381	25538	99163	227891	510219	92078

3-D-4 按登记注册统计类别和控股情况分规模

分组	法人单位数(个)	从业人员期末人数(人)	#女性	资产总计(万元)
总计	**39631**	**3510300**	**1541368**	**1463197062**
按登记注册统计类别分组				
内资企业	38170	3069486	1352397	1097696875
港澳台投资企业	836	285999	117079	319788485
外商投资企业	598	154080	71478	45676718
其他统计类别	27	735	414	34983
按控股情况分组				
国有控股	6640	1123183	486757	614234137
集体控股	288	37886	16418	8653467
私人控股	31156	1906449	849229	464162663
港澳台商控股	817	280176	112947	317822934
外商控股	604	135264	61928	42360326
其他	126	27342	14089	15963534

以上文化服务业企业法人主要财务指标

营业收入（万元）	营业成本（万元）	税金及附加（万元）	投资收益（万元）	利润总额（万元）	应付职工薪酬（万元）	应交增值税（万元）
703362732	**469389500**	**3692586**	**14163927**	**94324915**	**91203027**	**13442761**
523585426	408509997	2819823	11276184	36693878	64997460	7885423
156936645	47399393	754280	2545479	55608727	20589970	5098927
22799247	13454166	118046	342264	2010432	5611446	457791
41414	25943	437	1	11879	4151	620
121555330	93227855	911266	4857970	10632140	25164669	2401092
4373162	2488557	26884	40952	240375	549636	151862
387386036	305362657	1840348	6451674	25204490	38017163	5295332
158563722	49056032	757147	2382325	55435675	20578951	5089914
28135519	16197098	111387	265808	2951752	5396486	440597
3348965	3057302	45554	165199	-139516	1496122	63963

3-D-5 分地区规模以上文化

地区	法人单位数(个)	从业人员期末人数(人)	#女性	资产总计(万元)	营业收入(万元)
全国	**39631**	**3510300**	**1541368**	**1463197062**	**703362732**
北京	5060	470661	230941	300691602	180747948
天津	589	33211	14775	18677939	10020906
河北	531	51839	23051	15638227	2804608
山西	243	24945	12148	11329691	2784208
内蒙古	100	10968	4638	2783415	678421
辽宁	640	99312	47982	13261364	5088806
吉林	167	19516	6621	5741087	986531
黑龙江	126	14504	5389	2522104	758825
上海	2720	311837	138858	158105398	84076086
江苏	5179	494513	202149	208818662	47872422
浙江	2389	241672	104363	163014346	103839194
安徽	964	89703	35974	21351963	9971220
福建	1666	104725	43164	21041665	20844433
江西	1215	55862	25319	14699298	6801021
山东	1474	128786	58673	28012662	12274089
河南	1135	110972	59987	19978614	9315702
湖北	2080	194813	78576	53191074	28273135
湖南	2632	127848	58723	27048551	10673784
广东	4926	424943	172782	179237378	96017412
广西	441	37114	15156	17500171	4597104
海南	246	23969	9707	8723574	10208664
重庆	850	78827	35293	37710406	12583174
四川	1962	181681	77668	71584781	27606263
贵州	346	25462	10791	15541488	1926700
云南	467	42622	18211	11286524	3587722
西藏	29	3335	1340	679246	175370
陕西	1078	71182	33695	26179802	6229734
甘肃	123	13196	5666	2621495	987482
青海	27	3203	1417	629757	146928
宁夏	39	5852	2677	861525	221350
新疆	187	13227	5634	4733254	1263492

服务业企业法人主要财务指标

营业成本（万元）	税金及附加（万元）	投资收益（万元）	利润总额（万元）	应付职工薪酬（万元）	应交增值税（万元）
469389500	**3692586**	**14163927**	**94324915**	**91203027**	**13442761**
109702924	771015	1969304	24823261	20802655	3222619
7695690	62402	84226	543113	781732	129120
2002553	20072	30344	117141	587336	63117
2316742	22135	7293	88874	277533	41739
496385	5679	1588	13708	133936	7814
3834472	31762	84777	206841	1692243	116119
666737	8344	74364	94622	197634	18604
571448	5967	8502	9148	153225	-6947
54303965	356091	2802113	9654901	12994771	1176628
35439313	306705	579285	3887369	8974848	1144779
64233826	459648	1477249	20671256	9149360	1661084
7389507	41524	187145	854444	1435652	172349
16785405	160887	272774	1731643	1841740	351028
5183927	20700	55521	485834	591897	89242
9604236	80085	216473	767995	1892856	246177
7763551	78833	151216	512699	1665745	168865
23236432	100505	120681	1885720	4496748	503733
7483887	126364	104311	1068276	1712751	243211
63531020	556311	4970162	17706187	13868524	2406729
3040878	24764	188389	571017	442943	75265
7055096	46489	33658	665714	550752	248134
7611604	74769	56221	1746188	1340010	211193
18024279	218400	365674	5607126	3125708	895267
1579385	16805	19472	-44650	318236	28632
2844495	35171	145718	271531	587258	79616
107916	892	2118	30648	44935	6268
4861944	39901	107302	219615	1080347	92415
794437	8968	3641	-6449	147520	17416
100361	1238	761	-2797	35431	4450
154799	2501	5271	13596	68452	5119
972289	7661	38376	130344	210253	22976

3-D-6 按登记注册统计类别和控股情况分规模

分组	法人单位数(个)	从业人员期末人数(人)	#女性	资产总计(万元)
总计	**2195137**	**9994601**	**4436326**	**1005758546**
按登记注册统计类别分组				
内资企业	2179726	9924093	4404931	988559423
港澳台投资企业	7344	34872	15795	12264710
外商投资企业	3363	19375	9133	4152383
其他统计类别	4704	16261	6467	782031
按控股情况分组				
国有控股	12006	195432	88873	438579386
集体控股	4448	40233	17175	19892459
私人控股	2032768	9607106	4251215	525892559
港澳台商控股	6557	35172	15987	12376813
外商控股	3187	20095	9605	4506802
其他	136171	96563	53471	4510527

以下文化服务业企业法人主要财务指标

营业收入（万元）	营业成本（万元）	税金及附加（万元）	投资收益（万元）	利润总额（万元）	应付职工薪酬（万元）	应交增值税（万元）
312978409	**210628893**	**2053013**	**3770450**	**32844153**	**69597404**	**7010308**
309633053	208490596	2029724	3479378	32610273	68675863	6932889
1753370	1162411	13796	265285	108138	502075	39113
936226	526966	5026	24668	977	290005	23744
655760	448921	4466	1120	124765	129461	14563
9689196	7610208	177626	1165728	581289	2192969	177858
1369858	934442	10548	50169	113058	320036	19150
296529884	198437375	1824156	2210402	31705713	65464037	6689892
1759832	1177387	13439	262379	83241	513412	37788
1136854	680499	5366	74273	35568	317786	26664
2492786	1788983	21878	7499	325284	789165	58956

3-D-7 分地区规模以下文化

地区	法人单位数（个）	从业人员期末人数（人）	#女性	资产总计（万元）	营业收入（万元）
全国	**2195137**	**9994601**	**4436326**	**1005758546**	**312978409**
北京	145555	408598	196562	68980461	15914365
天津	25043	82829	39872	10733690	2019377
河北	78703	318288	148613	23227615	6593519
山西	42806	153736	71590	10876561	2663095
内蒙古	21896	79779	34756	8660711	1620589
辽宁	46520	186582	80375	17173008	4415595
吉林	20306	91907	41785	3647278	2458603
黑龙江	19973	69052	30506	2992423	1636101
上海	60136	287694	131979	40479134	19412792
江苏	216686	980075	402480	192207534	37495703
浙江	135433	564509	264054	91806079	19430997
安徽	83811	391732	171414	41869759	11919351
福建	81175	479338	204000	22251561	16665702
江西	43414	245014	105014	24671623	7179851
山东	158389	737810	318081	52843067	26461738
河南	130268	818176	367376	31442108	20375740
湖北	108499	605499	260046	48512047	22792019
湖南	76173	461330	216449	22115076	15685096
广东	288203	1100072	465141	57863866	26930157
广西	42628	160658	72817	6768262	2160029
海南	17262	53844	22721	18827271	1749917
重庆	70905	390398	181121	47488807	14000901
四川	107910	548046	256174	40679263	14709862
贵州	27900	135886	61626	52927931	2964385
云南	36350	181988	81115	12536652	4237594
西藏	3864	19967	6868	2854296	904817
陕西	57326	243891	109551	27116567	5445670
甘肃	21267	86968	41751	9181981	1249176
青海	5106	21129	8957	1680467	327925
宁夏	6540	29682	15454	2491510	523103
新疆	15090	60124	28078	10851939	3034639

服务业企业法人主要财务指标

营业成本(万元)	税金及附加(万元)	投资收益(万元)	利润总额(万元)	应付职工薪酬(万元)	应交增值税(万元)
210628893	**2053013**	**3770450**	**32844153**	**69597404**	**7010308**
10644279	77653	169923	-1304134	3561043	357094
1376737	12495	19594	451	439946	48291
4427564	56034	86137	992462	1584872	112054
3449895	24215	5999	131455	572077	48225
1101823	11770	1381	99269	397242	40036
2938767	33934	9516	296744	1115470	104678
1624169	23324	10124	450845	535193	51482
1136316	8304	4633	115778	358078	29921
13820514	76241	662503	156434	3095879	378580
26157519	247544	311409	3690694	7695037	919506
13621369	102216	316015	618989	4261623	277352
8378146	57996	106098	1701053	2461310	280227
10760654	81442	69299	2354739	3928787	286342
4922165	47760	184805	1167240	1469746	135916
16297568	146303	93821	3619307	5050010	527574
12116525	178395	65376	4419898	4271922	568576
15099015	165734	34941	3777264	5093319	816037
10153711	172532	203119	2840305	3453839	446895
17218920	149047	199223	937792	8489349	512005
1514187	20120	29540	113443	705517	39426
1296472	12997	124823	-172080	346944	42251
9207705	89888	730633	3177721	2912293	322223
9908251	82165	31094	1984598	3685819	307347
1895945	42000	145739	656966	710730	44625
3076647	30545	8950	587206	1027163	69985
746855	8369	1232	237	189568	13152
3778393	49899	68618	290790	1296858	120918
930185	14858	10760	65114	368998	23563
235944	3408	231	3451	88278	6960
443560	7952	4131	-27424	130528	9966
2349093	17878	60787	97547	299966	69102

第4篇

企业法人数字化情况篇

4-1 分行业规模以上企业法人使用计算机情况

行业	企业数(个)	使用计算机的企业		期末在用计算机数(台)	每百人拥有计算机数(台)
		数量(个)	比重(%)		
总计	**1482250**	**1475784**	**99.6**	**65643734**	**39**
采矿业	**11768**	**11735**	**99.7**	**1170780**	**28**
煤炭开采和洗选业	4758	4742	99.7	526956	20
石油和天然气开采业	160	160	100.0	340015	66
黑色金属矿采选业	1452	1448	99.7	55597	22
有色金属矿采选业	1233	1232	99.9	58202	24
非金属矿采选业	3780	3770	99.7	54589	22
开采专业及辅助性活动	375	373	99.5	135289	56
其他采矿业	10	10	100.0	132	21
制造业	**444631**	**443680**	**99.8**	**23785176**	**36**
农副食品加工业	24429	24366	99.7	475907	19
食品制造业	9726	9697	99.7	450423	28
酒、饮料和精制茶制造业	5591	5573	99.7	248893	26
烟草制品业	192	191	99.5	102930	58
纺织业	19974	19939	99.8	426796	17
纺织服装、服饰业	12488	12451	99.7	418640	20
皮革、毛皮、羽毛及其制品和制鞋业	8061	8037	99.7	181036	13
木材加工和木、竹、藤、棕、草制品业	12159	12103	99.5	96888	12
家具制造业	6975	6962	99.8	246053	26
造纸和纸制品业	7573	7558	99.8	229340	25
印刷和记录媒介复制业	6555	6541	99.8	228424	30
文教、工美、体育和娱乐用品制造业	10078	10056	99.8	317382	23
石油、煤炭及其他燃料加工业	2204	2199	99.8	262954	36
化学原料和化学制品制造业	24799	24758	99.8	1143154	35
医药制造业	9367	9351	99.8	950184	46
化学纤维制造业	2305	2303	99.9	93823	21
橡胶和塑料制品业	25897	25848	99.8	760808	27
非金属矿物制品业	47328	47220	99.8	968670	23
黑色金属冶炼和压延加工业	5971	5954	99.7	539811	29
有色金属冶炼和压延加工业	9621	9603	99.8	381172	25
金属制品业	35077	34996	99.8	946502	26
通用设备制造业	34211	34147	99.8	1773810	43
专用设备制造业	26504	26445	99.8	1716171	51

4-1 续表 1

行业	企业数(个)	使用计算机的企业		期末在用计算机数(台)	每百人拥有计算机数(台)
		数量(个)	比重(%)		
汽车制造业	18335	18306	99.8	1935249	43
铁路、船舶、航空航天和其他运输设备制造业	5708	5696	99.8	464387	43
电气机械和器材制造业	33572	33516	99.8	2491292	42
计算机、通信和其他电子设备制造业	26751	26705	99.8	5041239	57
仪器仪表制造业	6888	6880	99.9	668287	68
其他制造业	2059	2059	100.0	71589	27
废弃资源综合利用业	3436	3424	99.7	62133	27
金属制品、机械和设备修理业	797	796	99.9	91229	37
电力、热力、燃气及水生产和供应业	**20207**	**20162**	**99.8**	**2867627**	**81**
电力、热力生产和供应业	12618	12589	99.8	2357640	90
燃气生产和供应业	3815	3804	99.7	228799	62
水的生产和供应业	3774	3769	99.9	281188	50
建筑业	**168243**	**167095**	**99.3**	**5053012**	**17**
房屋建筑业	81151	80649	99.4	2296139	12
土木工程建筑业	46623	46341	99.4	1811550	27
建筑安装业	15780	15678	99.4	494582	28
建筑装饰、装修和其他建筑业	24689	24427	98.9	450741	24
批发和零售业	**408349**	**405521**	**99.3**	**7926316**	**59**
批发业	258842	256882	99.2	4615763	67
零售业	149507	148639	99.4	3310553	50
交通运输、仓储和邮政业	**44522**	**44522**	**100.0**	**3378233**	**41**
铁路运输业	186	186	100.0	530086	38
道路运输业	23301	23301	100.0	914068	26
水上运输业	2713	2713	100.0	133004	43
航空运输业	439	439	100.0	387658	65
管道运输业	131	131	100.0	30646	80
多式联运和运输代理业	10275	10275	100.0	503506	84
装卸搬运和仓储业	5223	5223	100.0	255800	44
邮政业	2254	2254	100.0	623465	53
住宿和餐饮业	**93686**	**92881**	**99.1**	**1266809**	**24**
住宿业	35020	34845	99.5	649451	37
餐饮业	58666	58036	98.9	617358	18

4-1 续表 2

行业	企业数（个）	使用计算机的企业		期末在用计算机数（台）	每百人拥有计算机数（台）
		数量（个）	比重（%）		
信息传输、软件和信息技术服务业	**30694**	**30693**	**100.0**	**8204271**	**126**
电信、广播电视和卫星传输服务	3111	3111	100.0	1946130	148
互联网和相关服务	5918	5918	100.0	1248654	127
软件和信息技术服务业	21665	21664	100.0	5009487	119
房地产业	**119290**	**118635**	**99.5**	**2536771**	**38**
房地产业	119290	118635	99.5	2536771	38
租赁和商务服务业	**60672**	**60672**	**100.0**	**2796520**	**22**
租赁业	4395	4395	100.0	84834	45
商务服务业	56277	56277	100.0	2711686	22
科学研究和技术服务业	**31387**	**31387**	**100.0**	**3671102**	**91**
研究和试验发展	3285	3285	100.0	538263	119
专业技术服务业	23014	23014	100.0	2792803	88
科技推广和应用服务业	5088	5088	100.0	340036	85
水利、环境和公共设施管理业	**6258**	**6258**	**100.0**	**254153**	**15**
水利管理业	207	207	100.0	19009	80
生态保护和环境治理业	1531	1531	100.0	54421	48
公共设施管理业	4119	4119	100.0	154706	10
土地管理业	401	401	100.0	26017	98
居民服务、修理和其他服务业	**11724**	**11724**	**100.0**	**202941**	**13**
居民服务业	4260	4260	100.0	90060	21
机动车、电子产品和日用产品修理业	3953	3953	100.0	66238	44
其他服务业	3511	3511	100.0	46643	5
教育	**5694**	**5694**	**100.0**	**945648**	**114**
教育	5694	5694	100.0	945648	114
卫生和社会工作	**8537**	**8537**	**100.0**	**930593**	**62**
卫生	7151	7151	100.0	899171	66
社会工作	1386	1386	100.0	31422	24
文化、体育和娱乐业	**16588**	**16588**	**100.0**	**653782**	**69**
新闻和出版业	1505	1505	100.0	218329	122
广播、电视、电影和录音制作业	4747	4747	100.0	187730	93
文化艺术业	2127	2127	100.0	53735	46
体育	1578	1578	100.0	40793	36
娱乐业	6631	6631	100.0	153195	46

4-2　分地区规模以上企业法人使用计算机情况

地　区	企业数(个)	使用计算机的企业		期末在用计算机数(台)	每百人拥有计算机数(台)
		数量(个)	比重(%)		
全　国	**1482250**	**1475784**	**99.6**	**65643734**	**39**
北　京	44193	44154	99.9	5149193	78
天　津	26563	26349	99.2	1177617	48
河　北	40506	40411	99.8	1587107	35
山　西	27433	27367	99.8	974350	29
内蒙古	12433	12406	99.8	646400	38
辽　宁	31568	31386	99.4	1432853	40
吉　林	12758	12727	99.8	560264	40
黑龙江	14317	14173	99.0	626951	45
上　海	51776	51732	99.9	5078350	70
江　苏	174340	173856	99.7	6912347	34
浙　江	128374	128164	99.8	5568544	36
安　徽	54942	54837	99.8	1943200	30
福　建	68109	67837	99.6	2154786	29
江　西	49923	49841	99.8	1246822	29
山　东	120269	119113	99.0	3856707	34
河　南	71075	70873	99.7	1966765	30
湖　北	64218	63965	99.6	2250768	34
湖　南	54358	54186	99.7	1693084	29
广　东	195868	194299	99.2	11026304	45
广　西	27680	27509	99.4	1017919	35
海　南	6179	6137	99.3	266051	47
重　庆	27777	27670	99.6	1319054	32
四　川	63196	63050	99.8	2793689	36
贵　州	19084	19054	99.8	629810	36
云　南	24877	24746	99.5	887615	38
西　藏	1744	1705	97.8	49637	41
陕　西	30460	30133	98.9	1440424	43
甘　肃	12252	12241	99.9	428512	33
青　海	2735	2727	99.7	139496	41
宁　夏	4392	4374	99.6	205282	36
新　疆	18851	18762	99.5	613833	33

4-3 分行业规模以上企业

行业	使用信息化管理的企业数	财务管理	购销存管理	生产制造管理
总 计	**1440773**	**1357651**	**434286**	**350808**
采矿业	**11409**	**10889**	**3172**	**4047**
煤炭开采和洗选业	4591	4372	1383	1741
石油和天然气开采业	158	152	62	108
黑色金属矿采选业	1408	1343	345	417
有色金属矿采选业	1207	1164	342	469
非金属矿采选业	3671	3502	973	1205
开采专业及辅助性活动	365	347	62	103
其他采矿业	9	9	5	4
制造业	**436004**	**409688**	**192237**	**205747**
农副食品加工业	23925	22690	9979	9853
食品制造业	9537	9006	4468	4464
酒、饮料和精制茶制造业	5475	5190	2483	2470
烟草制品业	190	176	107	140
纺织业	19501	18381	8577	8050
纺织服装、服饰业	12090	11237	4068	4663
皮革、毛皮、羽毛及其制品和制鞋业	7838	7210	2456	2630
木材加工和木、竹、藤、棕、草制品业	11879	11246	3652	3251
家具制造业	6786	6254	2740	2858
造纸和纸制品业	7399	6863	3323	3550
印刷和记录媒介复制业	6422	5936	2985	3392
文教、工美、体育和娱乐用品制造业	9833	9113	3838	3849
石油、煤炭及其他燃料加工业	2152	2057	828	967
化学原料和化学制品制造业	24400	23145	10872	12654
医药制造业	9262	8849	5128	5121
化学纤维制造业	2254	2154	1179	1041
橡胶和塑料制品业	25301	23477	10755	11126
非金属矿物制品业	46203	43525	16232	20843
黑色金属冶炼和压延加工业	5847	5584	2436	2218
有色金属冶炼和压延加工业	9439	8928	3702	3892
金属制品业	34292	32026	13328	13876
通用设备制造业	33747	31810	16793	17221
专用设备制造业	26158	24706	12689	13395

法人信息化管理情况

单位：个

物流配送管理	客户关系管理	人力资源管理	产品研发管理	企业资源规划(ERP)	其他
174600	**385180**	**407186**	**104958**	**71057**	**21548**
1285	**1834**	**3207**	**445**	**351**	**151**
550	650	1384	136	135	67
26	31	100	23	35	5
146	169	362	40	39	17
108	183	443	52	52	17
429	736	777	166	72	37
25	62	138	27	16	8
1	3	3	1	2	
75296	**129840**	**132048**	**69097**	**42412**	**3232**
4291	7015	6343	2324	1138	125
2250	2772	3062	1256	868	82
1536	1794	1835	700	412	43
72	63	114	64	65	3
2635	5389	4654	1913	1042	79
1486	3379	3247	1017	579	61
805	2140	2090	687	327	42
1269	2696	1897	597	232	38
1001	2063	1888	919	510	40
1640	2229	2022	804	663	37
1233	2089	1971	822	706	38
1340	3038	2806	1230	569	63
450	538	714	198	188	27
4964	7495	8186	3972	2540	269
2167	3095	3641	1829	1377	131
401	639	622	267	194	4
4032	7706	7058	3384	2103	145
7719	10936	11105	4271	2332	292
1055	1525	1604	528	363	56
1299	2446	2740	1023	659	65
4320	9691	9139	4348	2298	226
5316	11136	10571	7449	4034	256
3832	8425	8961	6443	3318	239

4-3 续表 1

行业	使用信息化管理的企业数	财务管理	购销存管理	生产制造管理
汽车制造业	18096	17057	9881	10617
铁路、船舶、航空航天和其他运输设备制造业	5617	5285	2704	2671
电气机械和器材制造业	33017	30860	16687	17618
计算机、通信和其他电子设备制造业	26357	24627	14302	16696
仪器仪表制造业	6829	6467	3869	4221
其他制造业	2008	1850	816	866
废弃资源综合利用业	3365	3222	1096	1233
金属制品、机械和设备修理业	785	757	264	301
电力、热力、燃气及水生产和供应业	**19935**	**18673**	**5826**	**10239**
电力、热力生产和供应业	12439	11509	3213	6697
燃气生产和供应业	3775	3609	1478	1594
水的生产和供应业	3721	3555	1135	1948
建筑业	**162662**	**156603**	**19465**	**26027**
房屋建筑业	78607	75915	9132	12613
土木工程建筑业	45279	43694	5260	7674
建筑安装业	15170	14469	2291	2445
建筑装饰、装修和其他建筑业	23606	22525	2782	3295
批发和零售业	**394459**	**370105**	**142759**	**37683**
批发业	249526	237284	83279	19887
零售业	144933	132821	59480	17796
交通运输、仓储和邮政业	**43589**	**40332**	**6229**	**6664**
铁路运输业	175	168	33	38
道路运输业	22825	21031	2855	3203
水上运输业	2662	2547	462	510
航空运输业	434	419	101	132
管道运输业	131	124	39	63
多式联运和运输代理业	10019	9333	1011	1093
装卸搬运和仓储业	5128	4825	1279	1161
邮政业	2215	1885	449	464
住宿和餐饮业	**90610**	**83256**	**21086**	**14941**
住宿业	34171	31211	8302	7450
餐饮业	56439	52045	12784	7491

单位：个

物流配送管理	客户关系管理	人力资源管理	产品研发管理	企业资源规划(ERP)	其他
5328	5611	6973	4360	3022	161
856	1556	1846	1141	775	53
6543	10762	11110	7251	4794	250
5335	9482	11415	7494	5654	278
1270	2718	2644	2209	1258	75
277	616	560	291	154	12
475	636	883	225	164	27
99	160	347	81	74	15
1134	**4155**	**9125**	**724**	**1481**	**529**
699	1970	5632	478	1103	328
294	1369	1846	120	277	94
141	816	1647	126	101	107
7107	**32359**	**49353**	**4180**	**1780**	**3065**
3248	15820	23803	1602	739	1291
1996	8516	14453	1273	525	1061
786	3266	4769	653	264	306
1077	4757	6328	652	252	407
55364	**98290**	**68863**	**7162**	**13759**	**3264**
31715	54059	39462	4878	8700	2024
23649	44231	29401	2284	5059	1240
17226	**10753**	**12741**	**1003**	**909**	**1231**
41	30	105	10	7	16
9920	4615	5608	473	308	579
617	667	963	62	61	103
78	116	243	53	35	28
21	28	73	5	15	11
3461	3262	2864	218	212	306
1536	1123	1943	116	176	174
1552	912	942	66	95	14
5022	**25188**	**19834**	**1013**	**1161**	**2111**
1537	13928	10196	380	537	1082
3485	11260	9638	633	624	1029

4−3 续表 2

行 业	使用信息化管理的企业数	财务管理	购销存管理	生产制造管理
信息传输、软件和信息技术服务业	**30358**	**28578**	**6859**	**7996**
电信、广播电视和卫星传输服务	3063	2924	1036	1095
互联网和相关服务	5833	5439	924	999
软件和信息技术服务业	21462	20215	4899	5902
房地产业	**113796**	**109436**	**15186**	**14898**
房地产业	113796	109436	15186	14898
租赁和商务服务业	**59185**	**55668**	**5324**	**6524**
租赁业	4237	4049	554	527
商务服务业	54948	51619	4770	5997
科学研究和技术服务业	**30887**	**29325**	**4993**	**7681**
研究和试验发展	3249	3105	1044	1022
专业技术服务业	22664	21516	2840	5583
科技推广和应用服务业	4974	4704	1109	1076
水利、环境和公共设施管理业	**6166**	**5919**	**1156**	**1493**
水利管理业	206	194	21	59
生态保护和环境治理业	1507	1443	346	561
公共设施管理业	4057	3892	754	821
土地管理业	396	390	35	52
居民服务、修理和其他服务业	**11424**	**10605**	**2397**	**1623**
居民服务业	4159	3823	828	617
机动车、电子产品和日用产品修理业	3863	3551	1113	692
其他服务业	3402	3231	456	314
教育	**5602**	**5205**	**545**	**909**
教育	5602	5205	545	909
卫生和社会工作	**8448**	**8035**	**3706**	**1657**
卫生	7086	6749	3442	1399
社会工作	1362	1286	264	258
文化、体育和娱乐业	**16239**	**15334**	**3346**	**2679**
新闻和出版业	1497	1453	489	383
广播、电视、电影和录音制作业	4645	4402	964	784
文化艺术业	2083	1983	299	302
体育	1547	1445	268	241
娱乐业	6467	6051	1326	969

单位：个

物流配送管理	客户关系管理	人力资源管理	产品研发管理	企业资源规划(ERP)	其他
3035	**13342**	**16890**	**10947**	**2043**	**627**
655	1649	1987	583	252	61
518	2543	2900	1662	241	135
1862	9150	12003	8702	1550	431
2325	**30632**	**38258**	**2080**	**3283**	**2312**
2325	30632	38258	2080	3283	2312
2369	**15660**	**25007**	**1933**	**1144**	**1621**
328	963	947	103	68	89
2041	14697	24060	1830	1076	1532
1814	**9096**	**14622**	**4744**	**1464**	**1466**
351	999	1611	996	388	99
1035	6507	11071	3005	808	1228
428	1590	1940	743	268	139
391	**1147**	**2664**	**253**	**183**	**268**
5	30	96	12	1	19
191	327	591	102	80	38
184	758	1808	131	93	191
11	32	169	8	9	20
733	**3533**	**3235**	**284**	**215**	**183**
283	1438	1222	106	67	94
290	1405	801	105	111	41
160	690	1212	73	37	48
179	**1712**	**2483**	**259**	**94**	**412**
179	1712	2483	259	94	412
525	**3030**	**3607**	**244**	**347**	**595**
480	2568	3096	219	313	542
45	462	511	25	34	53
795	**4609**	**5249**	**590**	**431**	**481**
249	440	704	144	180	81
133	1148	1502	170	78	102
87	530	682	79	18	77
31	579	530	33	20	49
295	1912	1831	164	135	172

4-4 分地区规模以上

地区	使用信息化管理的企业数			
		财务管理	购销存管理	生产制造管理
全国	**1440773**	**1357651**	**434286**	**350808**
北京	43575	41760	8687	6979
天津	25945	24787	3673	4132
河北	38700	35932	8882	8938
山西	25838	24395	5435	4934
内蒙古	12088	11595	3124	2925
辽宁	30637	29266	3949	5263
吉林	12172	11566	2559	2194
黑龙江	13617	12969	2890	2210
上海	50926	48601	13612	11152
江苏	171372	162912	87991	44294
浙江	127016	121595	63414	42684
安徽	53783	51323	14253	15621
福建	65438	61156	18102	13123
江西	49059	46096	9544	9936
山东	118533	112416	35493	30750
河南	69223	64676	16375	15058
湖北	63421	57986	19395	15807
湖南	51853	48363	16826	13413
广东	186207	170782	38764	46816
广西	26787	25686	7240	6321
海南	5950	5776	1449	839
重庆	27075	25603	7754	7034
四川	61925	58490	20276	15989
贵州	18702	18041	5808	4562
云南	24155	23091	5616	5444
西藏	1568	1487	220	288
陕西	28331	26082	6176	6429
甘肃	11876	11206	2357	2646
青海	2628	2512	550	583
宁夏	4282	4133	967	1166
新疆	18091	17368	2905	3278

企业法人信息化管理情况

单位：个

物流配送管理	客户关系管理	人力资源管理	产品研发管理	企业资源规划(ERP)	其他
174600	**385180**	**407186**	**104958**	**71057**	**21548**
4438	10906	17181	3770	2318	1144
2534	4517	5863	1207	1118	421
3669	7573	8587	2003	1142	514
2109	4184	5620	839	562	439
1303	2014	3168	325	474	204
2552	4876	7184	1447	1107	385
1226	2352	3443	593	389	168
1038	2064	3003	497	456	155
8069	15198	20498	4905	4088	1117
21848	50702	48234	14269	9799	1603
20731	44909	40852	12665	9858	1748
7400	15139	15720	4909	2680	671
7448	17946	17281	3997	2237	706
5047	11723	10297	2771	1666	638
14982	27962	30356	7816	4631	1585
6757	16182	16212	3309	1740	663
8906	17375	16577	4672	2513	950
6580	16953	15033	4243	1909	621
21261	51577	56246	18392	12920	3557
2789	6825	7204	1289	1086	455
461	1295	1880	222	246	172
4186	8168	8182	2082	1618	371
8012	19205	18514	3997	2836	1100
2090	5224	5540	832	601	301
2544	6472	7497	1068	773	457
157	320	382	61	61	45
2927	6618	7177	1503	1119	584
1212	2555	3087	496	276	196
266	567	839	87	106	59
537	825	1226	249	208	86
1521	2954	4303	443	520	433

4-5 分行业规模以上企业法人拥有网站情况

单位：个

行业	拥有网站的企业数	网站数量	每百家企业拥有网站数
总计	**488279**	**609867**	**41**
采矿业	**2415**	**3103**	**26**
煤炭开采和洗选业	889	1160	24
石油和天然气开采业	73	234	146
黑色金属矿采选业	235	303	21
有色金属矿采选业	349	396	32
非金属矿采选业	768	865	23
开采专业及辅助性活动	101	145	39
其他采矿业			
制造业	**218321**	**263147**	**59**
农副食品加工业	9819	12014	49
食品制造业	4997	6328	65
酒、饮料和精制茶制造业	2669	3438	61
烟草制品业	113	187	97
纺织业	7268	8104	41
纺织服装、服饰业	3987	4571	37
皮革、毛皮、羽毛及其制品和制鞋业	2339	2653	33
木材加工和木、竹、藤、棕、草制品业	2758	3085	25
家具制造业	3158	3823	55
造纸和纸制品业	2953	3538	47
印刷和记录媒介复制业	3045	3381	52
文教、工美、体育和娱乐用品制造业	4396	5213	52
石油、煤炭及其他燃料加工业	955	1417	64
化学原料和化学制品制造业	14132	16569	67
医药制造业	6423	7778	83
化学纤维制造业	948	1044	45
橡胶和塑料制品业	12617	14860	57
非金属矿物制品业	16464	19034	40
黑色金属冶炼和压延加工业	2507	2945	49
有色金属冶炼和压延加工业	4165	4789	50
金属制品业	16849	19254	55
通用设备制造业	21205	25690	75
专用设备制造业	17583	22607	85

4-5　续表 1

单位：个

行　　业	拥有网站的企业数	网站数量	每百家企业拥有网站数
汽车制造业	9725	11863	65
铁路、船舶、航空航天和其他运输设备制造业	3016	3554	62
电气机械和器材制造业	20137	24748	74
计算机、通信和其他电子设备制造业	16570	21325	80
仪器仪表制造业	5153	6583	96
其他制造业	1047	1251	61
废弃资源综合利用业	993	1084	32
金属制品、机械和设备修理业	330	417	52
电力、热力、燃气及水生产和供应业	**6669**	**8710**	**43**
电力、热力生产和供立业	3939	5330	42
燃气生产和供应业	1419	1822	48
水的生产和供应业	1311	1558	41
建筑业	**38006**	**44726**	**27**
房屋建筑业	15908	19162	24
土木工程建筑业	10809	12894	28
建筑安装业	4938	5456	35
建筑装饰、装修和其他建筑业	6351	7214	29
批发和零售业	**88605**	**114307**	**28**
批发业	52635	64282	25
零售业	35970	50025	33
交通运输、仓储和邮政业	**12727**	**15603**	**35**
铁路运输业	61	91	49
道路运输业	5584	6851	29
水上运输业	747	894	33
航空运输业	234	333	76
管道运输业	45	59	45
多式联运和运输代理业	3952	4650	45
装卸搬运和仓储业	1423	1777	34
邮政业	681	948	42
住宿和餐饮业	**19382**	**26101**	**28**
住宿业	10758	15593	45
餐饮业	8624	10508	18

4-5 续表 2

单位：个

行　　业	拥有网站的企业数	网站数量	每百家企业拥有网站数
信息传输、软件和信息技术服务业	**20377**	**31652**	**103**
电信、广播电视和卫星传输服务	1654	2543	82
互联网和相关服务	3803	7439	126
软件和信息技术服务业	14920	21670	100
房地产业	**27625**	**33595**	**28**
房地产业	27625	33595	28
租赁和商务服务业	**19618**	**24991**	**41**
租赁业	871	1035	24
商务服务业	18747	23956	43
科学研究和技术服务业	**16745**	**20769**	**66**
研究和试验发展	1969	2630	80
专业技术服务业	12270	14886	65
科技推广和应用服务业	2506	3253	64
水利、环境和公共设施管理业	**2216**	**2693**	**43**
水利管理业	71	102	49
生态保护和环境治理业	585	659	43
公共设施管理业	1398	1692	41
土地管理业	162	240	60
居民服务、修理和其他服务业	**2761**	**3397**	**29**
居民服务业	1255	1515	36
机动车、电子产品和日用产品修理业	756	989	25
其他服务业	750	893	25
教育	**2787**	**3793**	**67**
教育	2787	3793	67
卫生和社会工作	**4356**	**5756**	**67**
卫生	3914	5190	73
社会工作	442	566	41
文化、体育和娱乐业	**5669**	**7524**	**45**
新闻和出版业	1110	1829	122
广播、电视、电影和录音制作业	1375	1743	37
文化艺术业	767	895	42
体育	562	715	45
娱乐业	1855	2342	35

4–6　分地区规模以上企业法人拥有网站情况

单位：个

地　区	拥有网站的企业数	网站数量	每百家企业拥有网站数
全　国	**488279**	**609867**	**41**
北　京	18170	23000	52
天　津	6872	8377	32
河　北	13370	16431	41
山　西	4853	5350	20
内蒙古	2887	3480	28
辽　宁	9198	10854	34
吉　林	3279	3864	30
黑龙江	3364	4262	30
上　海	23434	31121	60
江　苏	64870	76980	44
浙　江	46824	56199	44
安　徽	20279	24347	44
福　建	18541	22056	32
江　西	14368	18284	37
山　东	40362	50724	42
河　南	19789	25170	35
湖　北	21746	28337	44
湖　南	19203	24406	45
广　东	72904	93839	48
广　西	5575	7460	27
海　南	1462	2160	35
重　庆	9131	11734	42
四　川	19320	25153	40
贵　州	3998	4934	26
云　南	5660	7484	30
西　藏	423	664	38
陕　西	10075	13039	43
甘　肃	3268	3700	30
青　海	712	867	32
宁　夏	1293	1540	35
新　疆	3049	4051	21

4-7 分行业规模以上企业

行业	有电子商务交易的企业数(个)	有电子商务销售的企业			
				B2B	
		数量(个)	金额(亿元)	企业数量(个)	金额(亿元)
总计	**203411**	**186560**	**363802.1**	**121666**	**272950.3**
采矿业	**510**	**333**	**2490.6**	**308**	**2447.9**
煤炭开采和洗选业	223	127	1774.1	121	1753.1
石油和天然气开采业	28	15	480.3	14	479.6
黑色金属矿采选业	38	25	55.7	23	54.8
有色金属矿采选业	53	25	69.9	25	69.6
非金属矿采选业	156	135	76.1	119	56.3
开采专业及辅助性活动	10	5	34.5	5	34.5
其他采矿业	2	1		1	
制造业	**57062**	**50908**	**119800.6**	**43097**	**110643.8**
农副食品加工业	4543	4353	4254.9	3198	3559.4
食品制造业	2561	2477	4004.9	1630	3637.4
酒、饮料和精制茶制造业	1419	1367	2481.6	942	2349.2
烟草制品业	52	46	10057.2	44	10057.0
纺织业	2106	1914	387.4	1698	322.3
纺织服装、服饰业	1159	1078	343.5	751	193.6
皮革、毛皮、羽毛及其制品和制鞋业	544	495	132.9	399	104.2
木材加工和木、竹、藤、棕、草制品业	816	754	165.6	675	146.7
家具制造业	993	920	400.9	759	369.3
造纸和纸制品业	943	864	523.0	723	452.1
印刷和记录媒介复制业	803	706	241.0	645	223.5
文教、工美、体育和娱乐用品制造业	1660	1561	388.3	1248	296.9
石油、煤炭及其他燃料加工业	220	171	13425.5	154	13090.4
化学原料和化学制品制造业	2836	2500	7869.7	2138	7482.3
医药制造业	1549	1389	1135.5	1072	1022.4
化学纤维制造业	184	158	590.4	149	584.4
橡胶和塑料制品业	3229	2939	1495.2	2611	1374.1
非金属矿物制品业	3247	2843	2508.4	2554	2237.2
黑色金属冶炼和压延加工业	434	353	11630.6	333	11565.5
有色金属冶炼和压延加工业	745	591	2087.8	553	2039.5
金属制品业	3484	3071	1226.0	2733	1095.9
通用设备制造业	4937	4272	2203.4	3883	2103.9
专用设备制造业	3761	3180	1976.6	2822	1841.3

法人电子商务交易情况

B2C		向大陆以外区域销售		有电子商务采购的企业		从大陆以外区域采购	
企业数量(个)	金额(亿元)	企业数量(个)	金额(亿元)	数量(个)	金额(亿元)	企业数量(个)	金额(亿元)
93645	**90811.2**	**11484**	**19225.3**	**66661**	**186368.8**	**3331**	**20550.0**
65	**42.7**	**10**	**17.9**	**309**	**1405.8**	**7**	**5.4**
18	21.0	2	17.4	140	576.7		
1	0.7			22	560.4	1	5.1
5	0.8	2	0.1	23	42.8	1	
4	0.4	1	0.2	41	14.0	1	
36	19.8	5	0.3	74	17.6	4	0.2
1				7	194.0		
				2	0.3		
16340	**9156.8**	**7962**	**15757.2**	**24995**	**76175.5**	**2141**	**10905.2**
2173	695.5	166	135.6	1394	1388.1	55	163.7
1445	367.5	135	46.8	746	1375.2	41	25.3
774	132.4	27	15.8	418	341.5	16	10.3
3	0.2	10	4.5	35	1241.9	4	11.7
523	65.1	313	54.3	897	154.9	61	3.4
479	149.9	122	21.0	362	59.9	25	3.5
188	28.7	87	29.5	210	42.5	20	8.2
223	18.9	120	17.1	271	41.6	11	0.3
330	31.6	176	55.3	363	134.1	41	5.8
274	70.9	93	25.3	374	144.1	23	3.5
181	17.5	105	29.6	407	74.7	23	0.6
642	91.4	358	73.4	578	170.1	62	10.8
31	335.1	9	264.6	119	7357.2	15	1425.4
760	387.4	308	497.0	1264	4428.1	93	124.6
537	113.1	144	73.7	585	278.8	39	11.9
37	6.0	27	4.8	85	251.6	8	12.5
818	121.0	584	234.7	1337	467.6	121	32.2
734	271.2	243	68.6	1507	876.9	71	13.1
48	65.2	35	688.0	251	7151.2	18	743.8
115	48.4	81	18.1	429	1238.6	20	11.3
847	130.1	536	147.5	1559	472.8	102	23.1
1028	99.5	844	389.3	2456	13036.1	215	137.6
797	135.3	648	344.4	1874	900.6	176	44.5

4−7 续表 1

行业	有电子商务交易的企业数(个)	有电子商务销售的企业			
				B2B	
		数量(个)	金额(亿元)	企业数量(个)	金额(亿元)
汽车制造业	2425	2003	20940.2	1885	16826.4
铁路、船舶、航空航天和其他运输设备制造业	740	583	435.9	505	416.3
电气机械和器材制造业	5286	4767	8242.8	4205	7773.4
计算机、通信和其他电子设备制造业	4499	3957	19708.1	3389	18575.2
仪器仪表制造业	1311	1107	713.7	964	689.2
其他制造业	325	310	75.4	262	65.2
废弃资源综合利用业	185	143	119.1	137	114.3
金属制品、机械和设备修理业	66	36	35.1	36	35.1
电力、热力、燃气及水生产和供应业	**2006**	**1387**	**12231.2**	**863**	**6964.8**
电力、热力生产和供应业	1180	673	11305.4	491	6319.2
燃气生产和供应业	465	425	775.0	227	584.7
水的生产和供应业	361	289	150.8	145	60.9
建筑业	**4796**	**2691**	**268.1**	**2462**	**243.5**
房屋建筑业	2066	1204	155.1	1106	147.9
土木工程建筑业	1437	740	60.8	675	50.4
建筑安装业	598	320	26.8	295	25.3
建筑装饰、装修和其他建筑业	695	427	25.4	386	20.0
批发和零售业	**70075**	**67370**	**169720.3**	**40411**	**123871.0**
批发业	28998	27463	126467.7	21349	114177.3
零售业	41077	39907	43252.6	19062	9693.6
交通运输、仓储和邮政业	**4527**	**3847**	**18023.6**	**2768**	**9800.1**
铁路运输业	29	22	2633.6	8	700.8
道路运输业	2305	2050	6949.7	1433	4269.2
水上运输业	190	121	313.2	78	276.4
航空运输业	82	68	3974.7	45	1868.9
管道运输业	15	6	0.5	2	0.3
多式联运和运输代理业	863	647	1482.4	519	1020.8
装卸搬运和仓储业	566	467	693.8	405	603.6
邮政业	477	466	1975.7	278	1060.0
住宿和餐饮业	**37608**	**37373**	**3068.4**	**18493**	**771.8**
住宿业	21519	21448	1071.8	12160	482.5
餐饮业	16089	15925	1996.6	6333	289.2

B2C		向大陆以外区域销售		有电子商务采购的企业		从大陆以外区域采购	
企业数量(个)	金额(亿元)	企业数量(个)	金额(亿元)	数量(个)	金额(亿元)	企业数量(个)	金额(亿元)
291	4113.8	397	616.7	1366	13888.2	159	441.4
151	19.6	116	76.0	403	786.1	37	15.7
1269	469.4	952	755.1	2463	4210.1	232	167.4
1179	1153.0	1011	10933.9	2285	15208.8	366	7363.3
324	24.5	237	113.4	703	315.7	72	57.5
109	10.2	66	21.8	102	21.8	9	3.9
28	4.8	10	1.1	109	65.9	4	
2	0.1	2	0.3	43	50.9	2	28.9
687	**5266.4**	**14**	**5.5**	**938**	**3074.6**	**15**	**9.4**
233	4986.2	3	3.5	692	2642.8	7	9.1
249	190.3	5	1.8	143	414.3	4	0.3
205	89.8	6	0.1	103	17.4	4	
708	**24.6**	**110**	**1.7**	**3329**	**10582.3**	**78**	**66.1**
341	7.2	49	0.7	1434	7443.0	39	0.5
182	10.4	30	0.1	1012	2720.6	21	65.1
66	1.6	14		429	323.0	8	
119	5.4	17	0.8	454	95.7	10	0.5
37717	**45809.4**	**2435**	**2757.6**	**20605**	**84281.9**	**706**	**9181.0**
9828	12290.4	1983	2665.1	9847	70375.2	525	9119.6
27889	33519.0	452	92.5	10758	13906.7	181	61.4
1587	**8223.5**	**109**	**302.6**	**1668**	**3312.7**	**57**	**158.7**
19	1932.8			10	21.0		
834	2680.5	25	5.2	676	2474.5	8	11.6
60	36.7	4	0.4	100	49.9	6	5.9
61	2105.8	15	50.2	28	20.1	1	
4	0.2			13	16.1		
220	461.6	46	128.7	441	530.4	35	133.3
86	90.2	11	12.2	272	150.7	5	7.9
303	915.7	8	105.9	128	49.9	2	
23872	**2296.6**	**234**	**3.5**	**4907**	**126.9**	**81**	**1.0**
12808	589.3	172	3.1	3048	47.6	50	0.3
11064	1707.4	62	0.4	1859	79.3	31	0.6

4-7 续表 2

行业	有电子商务交易的企业数(个)	有电子商务销售的企业			
				B2B	
		数量(个)	金额(亿元)	企业数量(个)	金额(亿元)
信息传输、软件和信息技术服务业	**6758**	**5950**	**25714.0**	**3592**	**10640.4**
电信、广播电视和卫星传输服务	1006	850	5035.9	306	507.8
互联网和相关服务	2050	1982	15056.9	1169	7042.8
软件和信息技术服务业	3702	3118	5621.2	2117	3089.8
房地产业	**3796**	**2710**	**1030.7**	**1726**	**352.8**
房地产业	3796	2710	1030.7	1726	352.8
租赁和商务服务业	**5239**	**4385**	**7706.5**	**2899**	**4952.7**
租赁业	278	248	347.0	151	183.5
商务服务业	4961	4137	7359.5	2748	4769.3
科学研究和技术服务业	**2390**	**1556**	**1401.6**	**1215**	**1263.3**
研究和试验发展	341	224	536.7	172	510.7
专业技术服务业	1468	872	686.4	694	617.8
科技推广和应用服务业	581	460	178.4	349	134.8
水利、环境和公共设施管理业	**803**	**679**	**268.5**	**410**	**137.0**
水利管理业	16	10	4.4	7	2.5
生态保护和环境治理业	115	78	85.0	60	77.7
公共设施管理业	658	579	173.4	334	51.6
土地管理业	14	12	5.7	9	5.2
居民服务、修理和其他服务业	**1237**	**1104**	**205.0**	**583**	**104.1**
居民服务业	673	645	118.3	293	39.4
机动车、电子产品和日用产品修理业	384	332	77.5	218	60.0
其他服务业	180	127	9.3	72	4.7
教育	**657**	**597**	**498.5**	**235**	**61.2**
教育	657	597	498.5	235	61.2
卫生和社会工作	**1511**	**1374**	**218.0**	**549**	**104.5**
卫生	1427	1300	214.6	517	103.5
社会工作	84	74	3.4	32	1.0
文化、体育和娱乐业	**4436**	**4296**	**1156.4**	**2055**	**591.6**
新闻和出版业	604	586	184.9	311	144.3
广播、电视、电影和录音制作业	1533	1487	344.3	648	103.0
文化艺术业	474	459	100.0	211	38.9
体育	403	384	78.9	142	22.0
娱乐业	1422	1380	448.3	743	283.3

B2C		向大陆以外区域销售		有电子商务采购的企业			
						从大陆以外区域采购	
企业数量(个)	金额(亿元)	企业数量(个)	金额(亿元)	数量(个)	金额(亿元)	企业数量(个)	金额(亿元)
3253	**15073.6**	**275**	**271.6**	**2465**	**2790.6**	**65**	**27.8**
636	4528.1	6	1.2	513	948.1	2	5.7
1155	8014.1	56	51.7	508	841.7	18	7.6
1462	2531.4	213	218.6	1444	1000.9	45	14.5
1312	**677.4**	**69**	**5.1**	**1916**	**142.5**	**38**	**1.3**
1312	677.4	69	5.1	1916	142.5	38	1.3
2106	**2753.8**	**95**	**36.3**	**1941**	**3316.7**	**52**	**53.9**
134	163.5	1	1.3	86	5.9		
1972	2590.3	94	35.0	1855	3310.8	52	53.9
542	**138.3**	**82**	**53.5**	**1347**	**955.2**	**42**	**138.6**
81	26.1	25	26.5	199	377.5	9	123.6
274	68.6	36	21.7	872	526.6	23	12.5
187	43.6	21	5.3	276	51.1	10	2.6
423	**131.6**	**8**	**0.1**	**260**	**32.5**	**4**	
3	1.9			7	0.2		
35	7.3	1		60	25.9		
380	121.8	6	0.1	189	4.0	4	
5	0.6	1		4	2.3		
666	**100.9**	**18**	**0.4**	**438**	**38.2**	**13**	**0.3**
434	78.9	7		166	10.9	8	0.2
159	17.5	7	0.3	180	19.7	5	0.1
73	4.5	4		92	7.6		
443	**437.3**	**7**	**1.2**	**183**	**6.9**	**6**	
443	437.3	7	1.2	183	6.9	6	
962	**113.5**	**10**	**1.8**	**423**	**77.5**	**10**	**1.3**
913	111.1	10	1.8	396	77.2	9	1.3
49	2.4			27	0.2	1	
2962	**564.7**	**46**	**9.3**	**937**	**49.0**	**16**	
432	40.6	8	2.9	142	6.7		
1019	241.2	15	5.8	241	5.7	3	
312	61.0	6		101	2.9	3	
278	56.9	2	0.1	94	4.6	2	
921	165.0	15	0.5	359	29.1	8	

4-8 分地区规模以上企业

地区	有电子商务交易的企业数(个)	有电子商务销售的企业			
		数量(个)	金额(亿元)	B2B	
				企业数量(个)	金额(亿元)
全国	**203411**	**186560**	**363802.1**	**121666**	**272950.3**
北京	10415	8423	42301.7	3885	27664.4
天津	2553	2299	8267.5	1517	5966.4
河北	3955	3642	3920.8	2575	3079.4
山西	2337	2100	6351.2	1217	5733.4
内蒙古	1386	1235	5316.7	714	4792.1
辽宁	2730	2494	7841.3	1641	6812.3
吉林	964	871	1250.9	550	1104.2
黑龙江	1257	1193	1469.7	795	982.8
上海	7661	6946	47257.7	3942	34498.5
江苏	20931	19466	28716.5	13708	21084.1
浙江	19299	17957	23463.9	11910	17779.6
安徽	7565	7010	10202.2	4831	7826.5
福建	8857	8510	12541.3	4201	7788.3
江西	6790	6551	5007.8	4626	3710.5
山东	22920	19389	33152.4	13260	27522.5
河南	6438	5990	9813.3	4171	7986.5
湖北	8971	8533	10550.6	5916	8117.4
湖南	7742	7319	6322.3	5186	4779.0
广东	28076	26406	53154.0	17396	40519.3
广西	3447	3189	4022.6	2026	3191.6
海南	950	904	2441.0	437	1555.5
重庆	4790	4452	9406.9	3198	6301.2
四川	9046	8368	11126.7	5517	8015.3
贵州	2521	2359	4963.9	1461	4030.1
云南	3450	3212	3135.2	2038	2469.8
西藏	222	208	326.1	141	272.5
陕西	4093	3858	5467.2	2476	4268.4
甘肃	1317	1228	1403.5	761	1160.1
青海	368	346	483.8	235	395.0
宁夏	544	475	751.0	304	665.5
新疆	1816	1627	3372.3	1031	2878.3

法人电子商务交易情况

B2C		向大陆以外区域销售		有电子商务采购的企业		从大陆以外区域采购	
企业数量(个)	金额(亿元)	企业数量(个)	金额(亿元)	数量(个)	金额(亿元)	企业数量(个)	金额(亿元)
93645	**90811.2**	**11484**	**19225.3**	**66661**	**186368.8**	**3331**	**20550.0**
5773	14637.3	201	1072.3	4330	22713.0	136	3524.7
1073	2301.2	106	549.7	891	4556.8	63	538.3
1597	841.4	245	56.3	1278	1979.6	48	7.0
1105	617.7	30	29.1	699	2206.3	9	0.5
626	524.7	13	2.7	380	2198.4	8	49.4
1159	989.0	121	609.5	832	4025.1	37	620.4
410	146.7	21	36.9	274	1247.3	14	1.2
550	486.9	19	7.2	334	573.8	5	0.1
3999	12759.2	406	889.3	2349	38057.2	249	5790.9
8757	7632.4	1805	4459.3	7182	13372.8	598	3107.9
8409	5684.3	2054	1075.4	6152	7757.3	335	213.6
3425	2375.7	417	451.5	2831	4987.1	98	63.9
5341	4753.0	586	413.1	1764	2862.4	70	36.2
3263	1297.4	280	53.7	2116	1411.3	89	21.9
8746	5629.9	1044	1731.8	8922	13864.8	285	1353.3
2815	1826.7	265	185.5	2098	3953.7	64	28.4
4240	2433.1	326	226.8	2999	4446.9	130	206.6
3746	1543.3	281	116.9	2559	3866.5	89	16.4
13117	12634.7	2507	4892.9	8599	29140.7	716	3096.2
1596	831.0	84	39.1	1056	1976.2	19	72.8
557	885.5	28	18.3	233	636.0	3	
2056	3105.2	193	1278.9	1728	4917.8	83	1069.6
4314	3111.4	254	704.0	3013	5846.1	96	479.5
1264	933.8	32	34.1	663	1321.5	11	8.1
1744	665.4	27	5.1	984	1063.8	6	1.2
97	53.6	1		69	98.5	1	0.1
2058	1198.8	103	275.5	1187	2906.5	42	210.8
655	243.4	6	0.8	311	1039.6	6	16.3
144	88.7	10	1.0	93	353.3	4	0.6
236	85.5	7	3.9	180	482.9	4	3.1
773	494.0	12	4.6	555	2505.3	13	11.2

4-9 分行业规模以上企业法人应用数字技术情况

单位：个

行业	应用数字技术的企业数	云计算服务	物联网	人工智能	工业互联网
总计	**696218**	**557494**	**392560**	**243803**	**404786**
采矿业	**5953**	**4350**	**3940**	**2227**	**4522**
煤炭开采和洗选业	2479	1789	1690	984	1941
石油和天然气开采业	130	99	104	68	117
黑色金属矿采选业	631	454	408	204	462
有色金属矿采选业	677	487	466	266	529
非金属矿采选业	1851	1382	1151	638	1337
开采专业及辅助性活动	179	135	116	64	131
其他采矿业	6	4	5	3	5
制造业	**261297**	**196167**	**160386**	**96311**	**210310**
农副食品加工业	13329	9360	8108	4753	10555
食品制造业	5820	4232	3654	2052	4670
酒、饮料和精制茶制造业	3328	2483	2150	1277	2669
烟草制品业	155	114	122	71	133
纺织业	10330	7280	6128	3269	8269
纺织服装、服饰业	6018	4451	3286	1738	4646
皮革、毛皮、羽毛及其制品和制鞋业	3710	2632	1985	992	2727
木材加工和木、竹、藤、棕、草制品业	4999	3333	2819	1471	3784
家具制造业	3794	2806	2165	1294	3010
造纸和纸制品业	4211	3045	2548	1408	3380
印刷和记录媒介复制业	3869	2816	2343	1420	3242
文教、工美、体育和娱乐用品制造业	5453	4047	3058	1709	4153
石油、煤炭及其他燃料加工业	1300	908	887	500	1033
化学原料和化学制品制造业	15868	11956	10684	5853	13016
医药制造业	6345	4881	4239	2474	5277
化学纤维制造业	1261	925	787	469	1025
橡胶和塑料制品业	14503	10904	8595	4877	11365
非金属矿物制品业	25461	17760	15858	8622	20436
黑色金属冶炼和压延加工业	3051	2263	1837	1017	2311
有色金属冶炼和压延加工业	5335	3981	3282	1828	4128
金属制品业	18825	14064	10819	6429	14615
通用设备制造业	21673	16594	12863	8323	17775
专用设备制造业	17454	13839	10606	6868	14156

4-9　续表 1

单位：个

行　业	应用数字技术的企业数	云计算服务	物联网	人工智能	工业互联网
汽车制造业	12479	9683	7834	5497	10512
铁路、船舶、航空航天和其他运输设备制造业	3410	2606	2048	1323	2781
电气机械和器材制造业	21369	16608	13185	8188	17428
计算机、通信和其他电子设备制造业	19409	15769	13026	9104	16343
仪器仪表制造业	5137	4250	3391	2346	4314
其他制造业	1172	918	673	403	922
废弃资源综合利用业	1785	1306	1145	585	1317
金属制品、机械和设备修理业	444	353	261	151	318
电力、热力、燃气及水生产和供应业	**13642**	**8999**	**9661**	**4775**	**11456**
电力、热力生产和供应业	8513	5462	5738	3356	7438
燃气生产和供应业	2624	1809	2105	755	1962
水的生产和供应业	2505	1728	1818	664	2056
建筑业	**68058**	**59054**	**33062**	**24535**	**32357**
房屋建筑业	32552	28261	15799	11765	15401
土木工程建筑业	19740	17197	9749	7414	9606
建筑安装业	6491	5552	3268	2338	3199
建筑装饰、装修和其他建筑业	9275	8044	4246	3018	4151
批发和零售业	**145994**	**120685**	**71222**	**39033**	**54545**
批发业	89027	76162	37459	21837	30345
零售业	56967	44523	33763	17196	24200
交通运输、仓储和邮政业	**22599**	**17855**	**15042**	**7163**	**9848**
铁路运输业	85	60	60	41	45
道路运输业	11441	8530	8450	3495	4974
水上运输业	1346	1101	842	490	632
航空运输业	276	229	195	137	137
管道运输业	101	73	79	41	74
多式联运和运输代理业	5398	4852	2528	1413	1877
装卸搬运和仓储业	2742	2159	1912	938	1458
邮政业	1210	851	976	608	651
住宿和餐饮业	**37570**	**27923**	**25042**	**13027**	**17761**
住宿业	18003	13332	12808	7694	9153
餐饮业	19567	14591	12234	5333	8608

4-9 续表 2

单位：个

行　业	应用数字技术的企业数	云计算服务	物联网	人工智能	工业互联网
信息传输、软件和信息技术服务业	**24001**	**22255**	**13276**	**14002**	**12539**
电信、广播电视和卫星传输服务	2368	2078	1732	1351	1421
互联网和相关服务	4357	4102	1912	2354	1851
软件和信息技术服务业	17276	16075	9632	10297	9267
房地产业	**48466**	**40504**	**26041**	**16858**	**20916**
房地产业	48466	40504	26041	16858	20916
租赁和商务服务业	**27000**	**23994**	**11578**	**8986**	**9884**
租赁业	1691	1447	829	476	701
商务服务业	25309	22547	10749	8510	9183
科学研究和技术服务业	**18475**	**16351**	**10141**	**8561**	**10055**
研究和试验发展	2246	2037	1322	1114	1297
专业技术服务业	13271	11673	7250	6204	7298
科技推广和应用服务业	2958	2641	1569	1243	1460
水利、环境和公共设施管理业	**3419**	**2823**	**2123**	**1234**	**1775**
水利管理业	130	98	83	51	70
生态保护和环境治理业	926	763	619	308	591
公共设施管理业	2136	1763	1330	787	1033
土地管理业	227	199	91	88	81
居民服务、修理和其他服务业	**4477**	**3725**	**2440**	**1344**	**1984**
居民服务业	1731	1435	993	544	777
机动车、电子产品和日用产品修理业	1530	1246	914	456	760
其他服务业	1216	1044	533	344	447
教育	**2923**	**2480**	**1699**	**1300**	**1288**
教育	2923	2480	1699	1300	1288
卫生和社会工作	**4445**	**3710**	**2712**	**1610**	**2139**
卫生	3775	3157	2264	1368	1801
社会工作	670	553	448	242	338
文化、体育和娱乐业	**7899**	**6619**	**4195**	**2837**	**3407**
新闻和出版业	925	817	328	372	368
广播、电视、电影和录音制作业	2330	1936	1232	770	1005
文化艺术业	970	833	518	364	425
体育	756	626	442	258	327
娱乐业	2918	2407	1675	1073	1282

4−10　分地区规模以上企业法人应用数字技术情况

单位：个

地　区	应用数字技术的企业数	云计算服务	物联网	人工智能	工业互联网
全　国	**696218**	**557494**	**392560**	**243803**	**404786**
北　京	22313	19430	10087	7057	8095
天　津	9940	7913	4836	2910	4868
河　北	17324	12954	9856	5655	10470
山　西	10272	7793	5635	3288	5765
内 蒙 古	6058	4522	3822	1973	3466
辽　宁	10945	8080	5894	3316	6138
吉　林	4631	3513	2502	1460	2576
黑 龙 江	4715	3433	2429	1472	2754
上　海	28520	25307	13360	8797	13525
江　苏	78088	62671	44387	28302	48514
浙　江	71378	58579	40891	24888	45553
安　徽	27980	22713	16671	10868	17303
福　建	27782	22462	14863	9474	14994
江　西	21544	17086	12186	8080	12708
山　东	67205	49862	38336	23066	41427
河　南	30694	23656	17849	10708	17815
湖　北	29455	23543	17766	11570	17626
湖　南	25148	19146	14956	9521	16273
广　东	89752	73833	50103	31158	51318
广　西	12461	10087	7307	4163	7021
海　南	2786	2368	1368	832	1024
重　庆	13936	11116	8224	5423	8621
四　川	30829	24874	18627	11289	18016
贵　州	9342	7821	5492	3480	5152
云　南	11552	9697	6783	4149	6206
西　藏	720	574	437	272	400
陕　西	13951	11011	8336	5071	7928
甘　肃	5415	4150	3265	1909	3154
青　海	1295	1053	719	447	729
宁　夏	2286	1842	1373	828	1328
新　疆	7901	6405	4200	2377	4019

4-11 分行业规模以上数字经济核心产业情况

数字经济行业中类	企业法人单位(个)	从业人员(万人)	营业收入(亿元)
总　计	**119642**	**1954.8**	**401173.2**
数字产品制造业	**40207**	**1087.7**	**194415.1**
计算机制造	2982	100.8	22813.1
通讯及雷达设备制造	2549	170.3	44721.8
数字媒体设备制造	1762	48.4	8160.2
智能设备制造	2942	64.8	9856.5
电子元器件及设备制造	24195	628.7	94435.4
其他数字产品制造业	5777	74.8	14428.1
数字产品服务业	**13483**	**40.0**	**33392.0**
数字产品批发	6753	22.5	29551.5
数字产品零售	6414	15.6	3640.6
数字产品租赁	91	0.4	96.5
数字产品维修	225	1.5	103.4
数字技术应用业	**30802**	**623.4**	**105308.8**
软件开发	12292	253.2	33163.9
电信、广播电视和卫星传输服务	3279	131.6	21943.9
互联网相关服务	4462	67.2	24954.0
信息技术服务	10754	171.2	25233.9
其他数字技术应用业	15	0.1	13.1
数字要素驱动业	**35150**	**203.7**	**68057.3**
互联网平台	1814	30.7	10916.9
互联网批发零售	18381	46.7	32401.5
互联网金融			
数字内容与媒体	8581	35.7	13770.7
信息基础设施建设	4695	71.2	7003.5
数据资源与产权交易	24	0.1	22.0
其他数字要素驱动业	1655	19.2	3942.6

注：不含金融业数据。

4-12　分地区规模以上数字经济核心产业情况

地　　区	企业法人单位 (个)	从业人员 (万人)	营业收入 (亿元)
全　　国	**119642**	**1954.8**	**401173.2**
北　　京	8251	145.9	52214.4
天　　津	1582	20.9	5176.9
河　　北	1748	26.0	4233.8
山　　西	1007	15.9	3018.3
内 蒙 古	401	7.6	1194.9
辽　　宁	1571	25.0	3047.9
吉　　林	525	7.8	699.1
黑 龙 江	516	5.9	598.6
上　　海	5899	112.4	33778.8
江　　苏	16261	285.5	52769.4
浙　　江	10799	164.3	38626.5
安　　徽	4444	61.7	11669.0
福　　建	6944	59.6	11958.0
江　　西	4483	58.3	10813.3
山　　东	6839	83.8	14079.9
河　　南	3055	53.9	9932.0
湖　　北	4025	53.8	9934.6
湖　　南	3866	51.8	6354.4
广　　东	24339	489.8	83542.9
广　　西	1425	20.3	3408.4
海　　南	339	2.4	1640.2
重　　庆	2207	39.0	10420.1
四　　川	4038	87.7	16211.4
贵　　州	753	10.7	2443.6
云　　南	956	14.5	3205.9
西　　藏	96	0.6	460.8
陕　　西	2007	32.0	6350.6
甘　　肃	392	5.6	906.3
青　　海	114	3.0	754.8
宁　　夏	185	3.6	935.0
新　　疆	575	5.2	793.5

注：不含金融业数据。

附　录

主要指标解释

法人单位　法人单位是指有权拥有资产、承担负债，并独立从事社会经济活动（或者与其他单位进行交易）的组织。法人单位应同时具备以下条件：

1．依法成立，有自己的名称、组织机构和场所，能够独立承担负债和其他民事责任；

2．独立拥有和使用（或者受权使用）资产，有权与其他单位签订合同；

3．会计上独立核算，能够编制资产负债表等会计报表。

法人单位包括：企业法人、事业单位法人、机关法人、社会团体法人、民办非企业单位、基金会、居委会、村委会、其他法人。

企业法人　是指依照《中华人民共和国市场主体登记管理条例》核准登记注册的企业。包括：

1．公司制企业法人；

2．非公司制企业法人。

不具有法人资格、但依法成立的个人独资企业、合伙企业在统计上视同法人。

事业单位法人　是指经国务院或地方县级以上机构编制管理部门批准、经国家或地方县级以上事业单位登记管理部门登记或备案，领取《事业单位法人证书》，取得法人资格的事业单位。包括：

1．各级中国共产党委员会、政府直属事业单位；

2．中共中央、国务院直属事业单位举办的事业单位；

3．各级人大、政协机关，监察委员会、人民法院、人民检察院和各民主党派机关举办的事业单位；

4．各级中国共产党委员会部门和政府部门举办的事业单位；

5．使用财政性经费的群众团体举办的事业单位；

6．国有企业及其他组织利用国有资产举办的事业单位；

7．依照法律、行政法规，应当由各级登记管理机关登记的其他事业单位。

机关法人　是指各级政党机关和国家机关。包括：

1．县级以上各级中国共产党委员会及其所属各工作部门；

2．县级以上各级人民代表大会机关；

3．县级以上各级人民政府及其所属各工作部门，以及地区行政行署；

4．县级以上各级政治协商会议机关；

5．县级以上各级监察委员会、人民法院、检察院机关；

6．县级以上各民主党派和工商联机关；

7．乡、镇中国共产党委员会和人民政府。

社会团体法人　指依据《社会团体登记管理条例》，经国家或县级以上民政部门登记注册或备案，领取《社会团体法人登记证书》的各类社会团体，以及由机构编制管理部门管理其编制的群众团体。

民办非企业单位　指企业单位、事业单位、社会团体和其他社会力量以及公民个人利用非国有资产举办的，从事非营利性社会服务的社会组织。民办非企业法人指经各级民政部门核准登记，领取《民办非企业单位登记证书》的民办非企业单位。

基金会　指民政部门核准登记的，颁发《基金会法人登记证书》的基金会。

居委会　由不设区的市、市辖区的人民政府决定设立的社区（居委会）。

村委会　由乡、民族乡、镇的人民政府提出，经村民会议讨论同意后，报县级人民政府批准，设立的村民委员会。

其他法人　指除上述类型以外的其他具备法人条件的单位。

单产业法人单位　法人单位位于一个地点，从事一种或者主要从事一种经济活动，称为单产业法人单位。

多产业法人单位　法人单位从事多种经济活动，或者位于多个地点，称为多产业法人单位。多产业法人单位由两个或两个以上产业活动单位组成。

从业人员数　指年度最后一日在本单位工作，并取得工资或其他形式劳动报酬的人员数。该指标为时点指标，不包括最后一日当天及以前已经与单位解除劳动合同关系的人员，是在岗职工、劳务派遣人员及其他从业人员之和。其中不包括离开本单位仍保留劳动关系，并定期领取生活费的人员和在单位实习的各类在校学生。

营业收入　指企业从事销售商品、提供劳务和让渡资产使用权等生产经营活动形成的经济利益流入。包括“主营业务收入”和“其他业务收入”。根据会计“利润表”中“营业收入”项目的本年累计数填报。

资产总计　指企业过去的交易或者事项形成的、由企业拥有或者控制的、预期会给企业带来经济利益的资源。包括企业拥有的土地、办公楼、厂房、机器、运输工具、存货等实物资产和现金、存款、应收账款和预付账款等金融资产。资产一般按流动性（资产的变现或耗用时间长短）分为流动资产和非流动资产。其中流动资产可分为货币资金、交易性金融资产、应收票据、应收账款、预付款项、其他应收款、存货等；非流动资产可分为长期股权投资、固定资产、无形资产及其他非流动资产等。根据会计“资产负债表”中“资产总计”项目的期末余额数填报。

信息化管理　指通过信息管理应用系统把企业研发、采购、生产、物流、营销、售后、财务、管理等各环节信息集成起来，有效地支撑企业决策，以增强市场竞争力的管理方式。常见的信息管理应用系统包括企业资源规划（ERP）、财务管理、客户关系管理（CRM）、生产制造管理系统

（MES）、供应链管理（SCM）、产品生命周期管理（PLM）等。信息化是数字化转型的基础，特点是将企业的经营情况转为可储存可处理的数据。

电子商务 指通过专门用于收发订单的计算机网络完成的商品或服务的销售或采购等活动，包括通过网站或APP，或者电子数据交换（EDI）生成的订单，不包括通过电话、传真或者手工录入信息（如Email）等方式生成的订单。

云计算服务 指通过互联网获取软件、算力、存储空间等信息通信技术服务。这类服务具备以下特征：通过服务商的服务器实现；用户数量、存储空间等可动态伸缩；用户可按需获取服务并进行付费。

物联网技术 指相互联通的设备或系统，通过收集交换各类数据，借助互联网进行监控或远程控制。如：智慧仪表、温度自动调节器、智慧路灯、智慧警报系统、智慧烟感器、智慧门锁以及智慧摄像头等；以及各类信息传感器和射频识别（RFID）设备等。不包括运动、声音、温度、烟雾等常用传感器，以及无法通过网络进行监控或者远程控制的射频识别（RFID）设备。

人工智能技术 指通过文本挖掘、机器视觉、语音识别、自然语言处理、机器学习、深度学习等收集使用数据，进而实现预测、推荐、决策等目的。人工智能可完全基于软件，如基于自然语言处理技术的聊天机器人、数字虚拟助手，基于机器视觉和语音识别技术的人脸识别系统，机器翻译软件，基于机器学习的数据分析等；也可与硬件设备相结合，如用于库房自动化管理或生产自动化组装的智能机器人，用于生产监控或处理包裹的智能无人机等。

工业互联网 指新一代信息通信技术与工业经济深度融合的新型基础设施、应用模式和工业生态，通过对人、机、物、系统等的全面连接，构建起覆盖全产业链、全价值链的全新制造和服务体系，为工业乃至产业数字化、网络化、智能化发展提供实现途径。

数字经济 指以数据资源作为关键生产要素、以现代信息网络作为重要载体、以信息通信技术的有效使用作为效率提升和经济结构优化的重要推动力的一系列经济活动。

数字经济核心产业 指为产业数字化发展提供数字技术、产品、服务、基础设施和解决方案，以及完全依赖于数字技术、数据要素的各类经济活动。《数字经济及其核心产业统计分类（2021）》中01—04大类为数字经济核心产业。

分类规定

企业控股情况　根据企业实收资本中某种经济成分的出资人的实际投资情况，或出资人对企业资产的实际控制、支配程度进行分类。具体分为国有控股、集体控股、私人控股、港澳台商控股、外商控股和其他六类。

国有控股　包括（1）在企业的全部实收资本中，国有经济成分的出资人拥有的实收资本（股本）所占企业全部实收资本（股本）的比例大于50%的国有绝对控股；（2）在企业的全部实收资本中，国有经济成分的出资人拥有的实收资本（股本）所占比例虽未大于50%，但相对大于其他任何一方经济成分的出资人所占比例的国有相对控股；或者虽不大于其他经济成分，但根据协议规定拥有企业实际控制权的国有协议控股。（3）投资双方各占50%，且未明确由谁绝对控股的企业，若其中一方为国有经济成分的，一律按国有控股处理。

集体控股　包括（1）在企业的全部实收资本中，集体经济成分的出资人拥有的实收资本（股本）所占企业全部实收资本（股本）的比例大于50%的集体绝对控股；（2）在企业的全部实收资本中，集体经济成分的出资人拥有的实收资本（股本）所占比例虽未大于50%，但相对大于其他任何一方经济成分的出资人所占比例的集体相对控股；或者虽不大于其他经济成分，但根据协议规定拥有企业实际控制权的集体协议控股。

私人控股　包括（1）在企业的全部实收资本中，私人经济成分的出资人拥有的实收资本（股本）所占企业全部实收资本（股本）的比例大于50%的私人绝对控股；（2）在企业的全部实收资本中，私人经济成分的出资人拥有的实收资本（股本）所占比例虽未大于50%，但相对大于其他任何一方经济成分的出资人所占比例的私人相对控股；或者虽不大于其他经济成分，但根据协议规定拥有企业实际控制权的私人协议控股。

港澳台商控股　包括（1）在企业的全部实收资本中，港澳台商经济成分的出资人拥有的实收资本（股本）所占企业全部实收资本（股本）的比例大于50%的港澳台商绝对控股；（2）在企业的全部实收资本中，港澳台商经济成分的出资人拥有的实收资本（股本）所占比例虽未大于50%，但相对大于其他任何一方经济成分的出资人所占比例的港澳台商相对控股；或者虽不大于其他经济成分，但根据协议规定拥有企业实际控制权的港澳台商协议控股。

外商控股　包括（1）在企业的全部实收资本中，外商经济成分的出资人拥有的实收资本（股本）所占企业全部实收资本（股本）的比例大于50%的外商绝对控股；（2）在企业的全部实收资本中，外商经济成分的出资人拥有的实收资本（股本）所占比例虽未大于50%，但相对大于其他任何一方经济成分的出资人所占比例的外商相对控股；或者虽不大于其他经济成分，但根据协议规定拥有企业实际控制权的外商协议控股。

其他控股情况　除上述五类以外的企业控股情况。

登记注册统计类别分组修订说明

为了满足统计调查划分经济类型需要，国家统计局会同市场监管总局对《关于划分企业登记注册类型的规定》（国统字〔2011〕86号）（以下简称“原标准”）进行修订，联合印发《关于市场主体统计分类的划分规定》（国统字〔2023〕14号）（以下简称“新标准”），本年鉴对相关分组按“新标准”作出相应调整。

1.修订工作背景

原标准是由国家统计局和原国家工商总局于1998年共同制定印发，并于2011年进行修订。实施以来，该标准为开展统计调查、统计分析和市场监管等工作提供了重要支撑。近年来，《中华人民共和国外商投资法》《中华人民共和国市场主体登记管理条例》等新法律法规陆续出台实施，原《中华人民共和国公司登记管理条例》《中华人民共和国企业法人登记管理条例》《中华人民共和国私营企业暂行条例》等法规已被废止，原标准所依据相关法律法规发生重大变化。为适应市场监管部门登记注册管理范围从“企业”扩大为“市场主体”的新变化，确保依法依规开展统计工作，国家统计局会同市场监管总局于2022年起开展该项标准修订工作，在广泛征求各专业各地方和相关部门意见建议的基础上，于2023年1月联合印发《关于市场主体统计分类的划分规定》（“新标准”）。

2.修订主要内容

（1）拓展适用范围

为了更全面覆盖统计调查对象，新标准按照市场主体登记注册管理实际对分类范围作相应调整，从“企业”扩大至所有“市场主体”，增加了“农民专业合作社（联合社）”和“个体工商户”等类别。

（2）取消相关类别

由于《中华人民共和国私营企业暂行条例》已被废止，根据《中华人民共和国公司法》《中华人民共和国个人独资企业法》《中华人民共和国合作企业法》，将相关“私营有限责任公司”“私营股份有限公司”分别列入“有限责任公司”“股份有限公司”类别范围，“私营独资企业”调整为“个人独资企业”，“私营合伙企业”调整为“合伙企业”。

（3）调整分类结构

一是关于“内资企业”。根据《中华人民共和国市场主体登记管理条例》规定，将原内资企业分类“国有企业”“集体企业”“股份合作企业”“联营企业”“有限责任公司”“股份有限公司”“私营企业”“其他企业”等 8 个类别调整为“有限责任公司”“股份有限公司”“非公司企业法人”“个人独资企业”“合伙企业”“其他内资企业”等 6 个类别。其中，原“国有企业”“集体企业”“股份合作企业”“联营企业”纳入新类别“非公司企业法人”下；原“私营企业”类别取消（上段已述）。二是关于“外商投资企业”和“港澳台投资企业”。根据《中华人民共和国外商投资法》规定，将原外商投资企业分类“中外合资经营企业”“中外合作经营企业”“外资企业”“外商投资股份有限公司”“其他外商投资企业”等 5 个类别调整为“外商投资有限责任公司”“外商投资股份有限公司”“外商投资合伙企业”“其他外商投资企业”等 4 个类别。港澳台投资企业参照外商投资企业分类方法调整。

（4）规范类别名称

根据市场监管部门对登记注册管理的规范名称，分别将原“国有企业”“集体企业”更名为“全民所有制企业（国有企业）”“集体所有制企业（集体企业）”。

（5）统一内资范围

根据《中华人民共和国外商投资法》和相关部门规定，将登记注册为内资公司的有限责任公司（外商投资企业投资）、登记注册为内资公司的股份有限公司(上市、外商投资企业投资)等市场主体，即外商投资企业市场主体在中国境内的再投资市场主体，由原标准中的“外商投资企业”调整为新标准中的“内资企业”相关类别。

关于市场主体统计分类的划分规定

第一条 本规定以市场主体登记注册类型为基础，根据统计工作的需要，对各种市场主体进行再分类。具体划分为以下类别：

代码	市场主体统计类别	代码	市场主体统计类别
100	内资企业	200	港澳台投资企业
110	有限责任公司	210	港澳台投资有限责任公司
111	国有独资公司	220	港澳台投资股份有限公司
112	私营有限责任公司	230	港澳台投资合伙企业
119	其他有限责任公司	290	其他港澳台投资企业
120	股份有限公司	300	外商投资企业
121	私营股份有限公司	310	外商投资有限责任公司
129	其他股份有限公司	320	外商投资股份有限公司
130	非公司企业法人	330	外商投资合伙企业
131	全民所有制企业（国有企业）	390	其他外商投资企业
132	集体所有制企业（集体企业）	400	农民专业合作社（联合社）
133	股份合作企业	500	个体工商户
134	联营企业	900	其他市场主体
140	个人独资企业		
150	合伙企业		
190	其他内资企业		

第二条 内资企业分为有限责任公司、股份有限公司、非公司企业法人、个人独资企业、合伙企业和其他内资企业。

有限责任公司包括登记注册为“内资公司有限责任公司（国有独资）”、“内资公司有限责任公司（外商投资企业投资）”、“内资公司有限责任公司（自然人投资或控股）”和“内资分公司有限责任公司分公司（国有独资）”等类型的市场主体。根据相关属性，将有限责任公司进一步划分为国有独资公司、私营有限责任公司和其他有限责任公司。

股份有限公司包括登记注册为“内资公司股份有限公司（上市）”、“内资公司股份有限公司（非上市）和“内资分公司股份有限公司分公司（上市）”等类型的市场主体。根据相关属性，将股份有限公司进一步划分为私营股份有限公司和其他股份有限公司。

非公司企业法人包括登记注册为“全民所有制”、“集体所有制”、“股份合作制”和“联营”等类型的市场主体。根据相关属性，将非公司企业法人进一步划分为全民所有制企业（国有企业）、集体所有制企业（集体企业）、股份合作企业和联营企业。

个人独资企业包括登记注册为“个人独资企业”和“个人独资企业分支机构”的市场主体。

合伙企业包括登记注册为“合伙企业”和“合伙企业分支机构”的市场主体。

其他内资企业包括除上述之外，登记注册为“内资企业法人”和“内资集团”等类型的市场主体。

第三条　港澳台投资企业包括登记注册为“港、澳、台投资企业有限责任公司”、“港、澳、台投资企业股份有限公司”和“港、澳、台投资企业非公司”等类型的市场主体。根据相关属性，将港澳台投资企业进一步划分为港澳台投资有限责任公司、港澳台投资股份有限公司、港澳台投资合伙企业和其他港澳台投资企业。

第四条　外商投资企业包括登记注册为“外商投资企业有限责任公司”、“外商投资企业股份有限公司”、“外国（地区）公司分支机构”和“外资集团”等类型的市场主体。根据相关属性，将外商投资企业进一步划分为外商投资有限责任公司、外商投资股份有限公司、外商投资合伙企业和其他外商投资企业。

第五条　农民专业合作社（联合社）包括登记注册为“农民专业合作社”和“农民专业合作社分支机构”的市场主体。

第六条　个体工商户是指登记注册为“个体工商户”的市场主体。

第七条　其他市场主体包括除上述第二条至第六条之外的市场主体。

第八条　本规定由国家统计局会同国家市场监督管理总局负责解释。

第九条　本规定自发布之日起施行。其他组织机构的统计分类参照本规定划分。

第十条　国家统计局和原国家工商行政管理总局 2011 年制定的《关于划分企业登记注册类型的规定调整的通知》，以及国家统计局 1999 年制定的《个体经营分类与代码》同时废止。

附表：市场主体登记注册类型与统计类别对照表

附表

市场主体登记注册类型与统计类别对照表

登记注册类型及代码		统计类别及代码	
1000	内资公司		
1100	有限责任公司		
1110	有限责任公司(国有独资)	111	国有独资公司
1120	有限责任公司(外商投资企业投资)		
1121	有限责任公司(外商投资企业合资)	119	其他有限责任公司
1122	有限责任公司(外商投资企业与内资合资)	119	其他有限责任公司
1123	有限责任公司(外商投资企业法人独资)	119	其他有限责任公司
1130	有限责任公司(自然人投资或控股)	112	私营有限责任公司
1140	有限责任公司(国有控股)	119	其他有限责任公司
1150	一人有限责任公司		
1151	有限责任公司(自然人独资)	112	私营有限责任公司
1152	有限责任公司(自然人投资或控股的法人独资)	112	私营有限责任公司
1153	有限责任公司(非自然人投资或控股的法人独资)	119	其他有限责任公司
1190	其他有限责任公司	119	其他有限责任公司
1200	股份有限公司		
1210	股份有限公司(上市)		
1211	股份有限公司(上市、外商投资企业投资)	129	其他股份有限公司
1212	股份有限公司(上市、自然人投资或控股)	121	私营股份有限公司
1213	股份有限公司(上市、国有控股)	129	其他股份有限公司
1219	其他股份有限公司(上市)	129	其他股份有限公司
1220	股份有限公司(非上市)		
1221	股份有限公司(非上市、外商投资企业投资)	129	其他股份有限公司
1222	股份有限公司(非上市、自然人投资或控股)	121	私营股份有限公司
1223	股份有限公司(非上市、国有控股)	129	其他股份有限公司
1229	其他股份有限公司(非上市)	129	其他股份有限公司
2000	内资分公司		
2100	有限责任公司分公司		
2110	有限责任公司分公司(国有独资)	111	国有独资公司
2120	有限责任公司分公司(外商投资企业投资)		
2121	有限责任公司分公司(外商投资企业合资)	119	其他有限责任公司
2122	有限责任公司分公司(外商投资企业与内资合资)	119	其他有限责任公司
2123	有限责任公司分公司(外商投资企业法人独资)	119	其他有限责任公司
2130	有限责任公司分公司(自然人投资或控股)	112	私营有限责任公司
2140	有限责任公司分公司(国有控股)	119	其他有限责任公司
2150	一人有限责任公司分公司		
2151	有限责任公司分公司(自然人独资)	112	私营有限责任公司
2152	有限责任公司分公司(自然人投资或控股的法人独资)	112	私营有限责任公司

登记注册类型及代码		统计类别及代码	
2153	有限责任公司分公司(非自然人投资或控股的法人独资)	119	其他有限责任公司
2190	其他有限责任公司分公司	119	其他有限责任公司
2200	股份有限公司分公司		
2210	股份有限公司分公司(上市)		
2211	股份有限公司分公司(上市、外商投资企业投资)	129	其他股份有限公司
2212	股份有限公司分公司(上市、自然人投资或控股)	121	私营股份有限公司
2213	股份有限公司分公司(上市、国有控股)	129	其他股份有限公司
2219	其他股份有限公司分公司(上市)	129	其他股份有限公司
2220	股份有限公司分公司(非上市)		
2221	股份有限公司分公司(非上市、外商投资企业投资)	129	其他股份有限公司
2222	股份有限公司分公司(非上市、自然人投资或控股)	121	私营股份有限公司
2223	股份有限公司分公司(国有控股)	129	其他股份有限公司
2229	其他股份有限公司分公司(非上市)	129	其他股份有限公司
3000	内资企业法人		
3100	全民所有制	131	全民所有制企业(国有企业)
3200	集体所有制	132	集体所有制企业(集体企业)
3300	股份制	190	其他内资企业
3400	股份合作制	133	股份合作企业
3500	联营	134	联营企业
4000	内资非法人企业、非公司私营企业及内资非公司企业分支机构		
4100	事业单位营业		
4110	国有事业单位营业	131	全民所有制企业(国有企业)
4120	集体事业单位营业	132	集体所有制企业(集体企业)
4200	社团法人营业		
4210	国有社团法人营业	131	全民所有制企业(国有企业)
4220	集体社团法人营业	132	集体所有制企业(集体企业)
4300	内资企业法人分支机构(非法人)		
4310	全民所有制分支机构(非法人)	131	全民所有制企业(国有企业)
4320	集体分支机构(非法人)	132	集体所有制企业(集体企业)
4330	股份制分支机构	190	其他内资企业
4340	股份合作制分支机构	133	股份合作企业
4400	经营单位(非法人)		
4410	国有经营单位(非法人)	131	全民所有制企业(国有企业)
4420	集体经营单位(非法人)	132	集体所有制企业(集体企业)
4500	非公司私营企业		
4530	合伙企业		
4531	普通合伙企业	150	合伙企业
4532	特殊普通合伙企业	150	合伙企业
4533	有限合伙企业	150	合伙企业

登记注册类型及代码		统计类别及代码	
4540	个人独资企业	140	个人独资企业
4550	合伙企业分支机构		
4551	普通合伙企业分支机构	150	合伙企业
4552	特殊普通合伙企业分支机构	150	合伙企业
4553	有限合伙企业分支机构	150	合伙企业
4560	个人独资企业分支机构	140	个人独资企业
4600	联营	134	联营企业
4700	股份制企业(非法人)	190	其他内资企业
5000	外商投资企业		
5100	有限责任公司		
5110	有限责任公司(中外合资)	310	外商投资有限责任公司
5120	有限责任公司(中外合作)	310	外商投资有限责任公司
5130	有限责任公司(外商合资)	310	外商投资有限责任公司
5140	有限责任公司(外国自然人独资)	310	外商投资有限责任公司
5150	有限责任公司(外国法人独资)	310	外商投资有限责任公司
5160	有限责任公司(外国非法人经济组织独资)	310	外商投资有限责任公司
5180	有限责任公司(外商投资、非独资)	310	外商投资有限责任公司
5190	其他	310	外商投资有限责任公司
5200	股份有限公司		
5210	股份有限公司(中外合资、未上市)	320	外商投资股份有限公司
5220	股份有限公司(中外合资、上市)	320	外商投资股份有限公司
5230	股份有限公司(外商合资、未上市)	320	外商投资股份有限公司
5240	股份有限公司(外商合资、上市)	320	外商投资股份有限公司
5250	股份有限公司(外商投资、未上市)	320	外商投资股份有限公司
5260	股份有限公司(外商投资、上市)	320	外商投资股份有限公司
5290	其他	320	外商投资股份有限公司
5300	非公司		
5310	非公司外商投资企业(中外合作)	390	其他外商投资企业
5320	非公司外商投资企业(外商合资)	390	其他外商投资企业
5390	其他	390	其他外商投资企业
5400	外商投资合伙企业		
5410	普通合伙企业	330	外商投资合伙企业
5420	特殊普通合伙企业	330	外商投资合伙企业
5430	有限合伙企业	330	外商投资合伙企业
5490	其他	330	外商投资合伙企业
5800	外商投资企业分支机构		
5810	分公司	390	其他外商投资企业
5820	非公司外商投资企业分支机构	390	其他外商投资企业
5830	办事处	390	其他外商投资企业

登记注册类型及代码		统计类别及代码	
5840	外商投资合伙企业分支机构	330	外商投资合伙企业
5890	其他	390	其他外商投资企业
6000	港、澳、台投资企业		
6100	有限责任公司		
6110	有限责任公司(港澳台与境内合资)	210	港澳台投资有限责任公司
6120	有限责任公司(港澳台与境内合作)	210	港澳台投资有限责任公司
6130	有限责任公司(港澳台合资)	210	港澳台投资有限责任公司
6140	有限责任公司(港澳台自然人独资)	210	港澳台投资有限责任公司
6150	有限责任公司(港澳台法人独资)	210	港澳台投资有限责任公司
6160	有限责任公司(港澳台非法人经济组织独资)	210	港澳台投资有限责任公司
6170	有限责任公司(港澳台与外国投资者合资)	210	港澳台投资有限责任公司
6180	有限责任公司(港澳台投资、非独资)	210	港澳台投资有限责任公司
6190	其他	210	港澳台投资有限责任公司
6200	股份有限公司		
6210	股份有限公司(港澳台与境内合资、未上市)	220	港澳台投资股份有限公司
6220	股份有限公司(港澳台与境内合资、上市)	220	港澳台投资股份有限公司
6230	股份有限公司(港澳台合资、未上市)	220	港澳台投资股份有限公司
6240	股份有限公司(港澳台合资、上市)	220	港澳台投资股份有限公司
6250	股份有限公司(港澳台与外国投资者合资、未上市)	220	港澳台投资股份有限公司
6260	股份有限公司(港澳台与外国投资者合资、上市)	220	港澳台投资股份有限公司
6270	股份有限公司(港澳台投资、未上市)	220	港澳台投资股份有限公司
6280	股份有限公司(港澳台投资、上市)	220	港澳台投资股份有限公司
6290	其他	220	港澳台投资股份有限公司
6300	非公司		
6310	非公司港、澳、台企业(港澳台与境内合作)	290	其他港澳台投资企业
6320	非公司港、澳、台企业(港澳台合资)	290	其他港澳台投资企业
6390	其他	290	其他港澳台投资企业
6400	港、澳、台投资合伙企业		
6410	普通合伙企业	230	港澳台投资合伙企业
6420	特殊普通合伙企业	230	港澳台投资合伙企业
6430	有限合伙企业	230	港澳台投资合伙企业
6490	其他	230	港澳台投资合伙企业
6800	港、澳、台投资企业分支机构		
6810	分公司	290	其他港澳台投资企业
6820	非公司港、澳、台投资企业分支机构	290	其他港澳台投资企业
6830	办事处	290	其他港澳台投资企业
6840	港、澳、台投资合伙企业分支机构	230	港澳台投资合伙企业
6890	其他	290	其他港澳台投资企业
7000	外国(地区)企业		

登记注册类型及代码		统计类别及代码	
7100	外国(地区）公司分支机构		
7110	外国(地区)无限责任公司分支机构	390	其他外商投资企业
7120	外国(地区)有限责任公司分支机构	310	外商投资有限责任公司
7130	外国(地区)股份有限责任公司分支机构	320	外商投资股份有限公司
7190	外国(地区)其他形式公司分支机构	390	其他外商投资企业
7200	外国(地区)企业常驻代表机构	390	其他外商投资企业
7300	外国(地区)企业在中国境内从事经营活动		
7310	分公司	390	其他外商投资企业
7390	其他	390	其他外商投资企业
8000	集团		
8100	内资集团	190	其他内资企业
8500	外资集团	390	其他外商投资企业
9000	其他类型		
9100	农民专业合作社	400	农民专业合作社（联合社）
9200	农民专业合作社分支机构	400	农民专业合作社（联合社）
9500	个体工商户	500	个体工商户
9600	自然人	900	其他市场主体
9900	其他	900	其他市场主体

统计上大中小微型企业划分办法

一、根据工业和信息化部、国家统计局、国家发展改革委、财政部《关于印发中小企业划型标准规定的通知》（工信部联企业〔2011〕300 号），以《国民经济行业分类》（GB/T4754—2017）为基础，结合统计工作的实际情况，制定本办法。

二、本办法适用对象为在中华人民共和国境内依法设立的各种组织形式的法人企业或单位。个体工商户参照本办法进行划分。

三、本办法适用范围包括：农、林、牧、渔业，采矿业，制造业，电力、热力、燃气及水生产和供应业，建筑业，批发和零售业，交通运输、仓储和邮政业，住宿和餐饮业，信息传输、软件和信息技术服务业，房地产业，租赁和商务服务业，科学研究和技术服务业，水利、环境和公共设施管理业，居民服务、修理和其他服务业，文化、体育和娱乐业等 15 个行业门类以及社会工作行业大类。

四、本办法按照行业门类、大类、中类和组合类别，依据从业人员、营业收入、资产总额等指标或替代指标，将我国的企业划分为大型、中型、小型、微型等四种类型。具体划分标准见附表。

五、企业划分由政府综合统计部门根据统计年报每年确定一次，定报统计原则上不进行调整。

六、本办法自印发之日起执行，国家统计局 2011 年印发的《统计上大中小微型企业划分办法》（国统字〔2011〕75 号）同时废止。

附表：

统计上大中小微型企业划分标准

行业名称	指标名称	计量单位	大型	中型	小型	微型
农、林、牧、渔业	营业收入(Y)	万元	Y≥20000	500≤Y＜20000	50≤Y＜500	Y＜50
工业*	从业人员(X)	人	X≥1000	300≤X＜1000	20≤X＜300	X＜20
	营业收入(Y)	万元	Y≥40000	2000≤Y＜40000	300≤Y＜2000	Y＜300
建筑业	营业收入(Y)	万元	Y≥80000	6000≤Y＜80000	300≤Y＜6000	Y＜300
	资产总额(Z)	万元	Z≥80000	5000≤Z＜80000	300≤Z＜5000	Z＜300
批发业	从业人员(X)	人	X≥200	20≤X＜200	5≤X＜20	X＜5
	营业收入(Y)	万元	Y≥40000	5000≤Y＜40000	1000≤Y＜5000	Y＜1000
零售业	从业人员(X)	人	X≥300	50≤X＜300	10≤X＜50	X＜10
	营业收入(Y)	万元	Y≥20000	500≤Y＜20000	100≤Y＜500	Y＜100
交通运输业*	从业人员(X)	人	X≥1000	300≤X＜1000	20≤X＜300	X＜20
	营业收入(Y)	万元	Y≥30000	3000≤Y＜30000	200≤Y＜3000	Y＜200
仓储业	从业人员(X)	人	X≥200	100≤X＜200	20≤X＜100	X＜20
	营业收入(Y)	万元	Y≥30000	1000≤Y＜30000	100≤Y＜1000	Y＜100
邮政业	从业人员(X)	人	X≥1000	300≤X＜1000	20≤X＜300	X＜20
	营业收入(Y)	万元	Y≥30000	2000≤Y＜30000	100≤Y＜2000	Y＜100

行业名称	指标名称	计量单位	大型	中型	小型	微型
住宿业	从业人员(X)	人	X≥300	100≤X＜300	10≤X＜100	X＜10
	营业收入(Y)	万元	Y≥10000	2000≤Y＜10000	100≤Y＜2000	Y＜100
餐饮业	从业人员(X)	人	X≥300	100≤X＜300	10≤X＜100	X＜10
	营业收入(Y)	万元	Y≥10000	2000≤Y＜10000	100≤Y＜2000	Y＜100
信息传输业*	从业人员(X)	人	X≥2000	100≤X＜2000	10≤X＜100	X＜10
	营业收入(Y)	万元	Y≥100000	1000≤Y＜100000	100≤Y＜1000	Y＜100
软件和信息技术服务业	从业人员(X)	人	X≥300	100≤X＜300	10≤X＜100	X＜10
	营业收入(Y)	万元	Y≥10000	1000≤Y＜10000	50≤Y＜1000	Y＜50
房地产开发经营	营业收入(Y)	万元	Y≥200000	1000≤Y＜200000	100≤Y＜1000	Y＜100
	资产总额(Z)	万元	Z≥10000	5000≤Z＜10000	2000≤Z＜5000	Z＜2000
物业管理	从业人员(X)	人	X≥1000	300≤X＜1000	100≤X＜300	X＜100
	营业收入(Y)	万元	Y≥5000	1000≤Y＜5000	500≤Y＜1000	Y＜500
租赁和商务服务业	从业人员(X)	人	X≥300	100≤X＜300	10≤X＜100	X＜10
	资产总额(Z)	万元	Z≥120000	8000≤Z＜120000	100≤Z＜8000	Z＜100
其他未列明行业*	从业人员(X)	人	X≥300	100≤X＜300	10≤X＜100	X＜10

说明：

1. 大型、中型和小型企业须同时满足所列指标的下限，否则下划一档；微型企业只须满足所列指标中的一项即可。

2. 附表中各行业的范围以《国民经济行业分类》（GB/T 4754—2017）为准。带*的项为行业组合类别，其中，工业包括采矿业，制造业，电力、热力、燃气及水生产和供应业；交通运输业包括道路运输业，水上运输业，航空运输业，管道运输业，多式联运和运输代理业、装卸搬运，不包括铁路运输业；仓储业包括通用仓储，低温仓储，危险品仓储，谷物、棉花等农产品仓储，中药材仓储和其他仓储业；信息传输业包括电信、广播电视和卫星传输服务，互联网和相关服务；其他未列明行业包括科学研究和技术服务业，水利、环境和公共设施管理业，居民服务、修理和其他服务业，社会工作，文化、体育和娱乐业，以及房地产中介服务，其他房地产业等，不包括自有房地产经营活动。

3. 企业划分指标以现行统计制度为准。（1）从业人员，是指期末从业人员数，没有期末从业人员数的，采用全年平均人员数代替。（2）营业收入，工业、建筑业、限额以上批发和零售业、限额以上住宿和餐饮业以及其他设置主营业务收入指标的行业，采用主营业务收入；限额以下批发与零售业企业采用商品销售额代替；限额以下住宿与餐饮业企业采用营业额代替；农、林、牧、渔业企业采用营业总收入代替；其他未设置主营业务收入的行业，采用营业收入指标。（3）资产总额，采用资产总计代替。

文化及相关产业分类(2018)

一、目的和作用

（一）为深化文化体制改革和持续推进社会主义文化强国建设提供统计保障，建立科学可行的文化及相关产业统计制度，制定本分类。

（二）本分类为反映我国文化及相关产业生产活动提供标准分类依据，为文化及相关产业统计提供统一的定义和范围，为发展文化产业、推进社会主义文化繁荣兴盛提供统计服务。

二、定义和范围

（一）定义

本分类规定的文化及相关产业是指为社会公众提供文化产品和文化相关产品的生产活动的集合。

（二）范围

根据以上定义，我国文化及相关产业的范围包括：

1.以文化为核心内容，为直接满足人们的精神需要而进行的创作、制造、传播、展示等文化产品（包括货物和服务）的生产活动。具体包括新闻信息服务、内容创作生产、创意设计服务、文化传播渠道、文化投资运营和文化娱乐休闲服务等活动。

2.为实现文化产品的生产活动所需的文化辅助生产和中介服务、文化装备生产和文化消费终端生产（包括制造和销售）等活动。

三、分类原则

（一）以《国民经济行业分类》为基础

本分类以《国民经济行业分类》（GB/T 4754—2017）为基础，根据文化生产活动的特点，将行业分类中相关的类别重新组合，是《国民经济行业分类》的派生分类。

（二）兼顾文化管理需要和可操作性

根据我国文化体制改革和发展的实际，本分类在考虑文化生产活动特点的同时，兼顾文化主管部门管理的需要；同时立足于现行统计制度和方法，充分考虑分类的可操作性。

（三）与国际分类标准相衔接

本分类借鉴了联合国教科文组织的《文化统计框架—2009》的分类方法，在定义和覆盖范围上与其衔接。

四、分类方法

本分类采用线分类法和分层次编码方法，将文化及相关产业划分为三层，分别用阿拉伯数字编码表示。第一层为大类，用01—09数字表示，共有9个大类；第二层为中类，用3位数字表示，共有43个中类；第三层为小类，用4位数字表示，共有146个小类。

五、有关说明

（一)本分类建立了与《国民经济行业分类》（GB/T 4754—2017）的对应关系。在本分类中，如国民经济某行业小类仅部分活动属于文化及相关产业，则在行业代码后加“*”做标识，并对属于文化生产活动的内容进行说明；如国民经济某行业小类全部纳入文化及相关产业，则小类类别名称与行业类别名称完全一致。

（二）本分类全部小类对应或包含在《国民经济行业分类》（GB/T 4754—2017）相应的行业小类中，具体范围和说明可参见《2017国民经济行业分类注释》。

（三）本分类01—06大类为文化核心领域，07—09大类为文化相关领域。

六、文化及相关产业分类表

表 1 文化及相关产业的类别名称和行业代码

类 别 名 称	国民经济行业代码
第一部分 文化核心领域	
一、新闻信息服务	
（一）新闻服务	
新闻业	8610
（二）报纸信息服务	
报纸出版	8622
（三）广播电视信息服务	
广播	8710
电视	8720
广播电视集成播控	8740
（四）互联网信息服务	
互联网搜索服务	6421
互联网其他信息服务	6429
二、内容创作生产	
（一）出版服务	
图书出版	8621
期刊出版	8623
音像制品出版	8624
电子出版物出版	8625
数字出版	8626
其他出版业	8629
（二）广播影视节目制作	
影视节目制作	8730
录音制作	8770
（三）创作表演服务	
文艺创作与表演	8810
群众文体活动	8870
其他文化艺术业	8890
（四）数字内容服务	
动漫、游戏数字内容服务	6572
互联网游戏服务	6422
多媒体、游戏动漫和数字出版软件开发	6513*
增值电信文化服务	6319*
其他文化数字内容服务	6579*
（五）内容保存服务	
图书馆	8831
档案馆	8832

类　别　名　称	国民经济行业代码
文物及非物质文化遗产保护	8840
博物馆	8850
烈士陵园、纪念馆	8860
（六）工艺美术品制造	
雕塑工艺品制造	2431
金属工艺品制造	2432
漆器工艺品制造	2433
花画工艺品制造	2434
天然植物纤维编织工艺品制造	2435
抽纱刺绣工艺品制造	2436
地毯、挂毯制造	2437
珠宝首饰及有关物品制造	2438
其他工艺美术及礼仪用品制造	2439
（七）艺术陶瓷制造	
陈设艺术陶瓷制造	3075
园艺陶瓷制造	3076
三、创意设计服务	
（一）广告服务	
互联网广告服务	7251
其他广告服务	7259
（二）设计服务	
建筑设计服务	7484*
工业设计服务	7491
专业设计服务	7492
四、文化传播渠道	
（一）出版物发行	
图书批发	5143
报刊批发	5144
音像制品、电子和数字出版物批发	5145
图书、报刊零售	5243
音像制品、电子和数字出版物零售	5244
图书出租	7124
音像制品出租	7125
（二）广播电视节目传输	
有线广播电视传输服务	6321
无线广播电视传输服务	6322
广播电视卫星传输服务	6331

类　别　名　称	国民经济行业代码
（三）广播影视发行放映	
电影和广播电视节目发行	8750
电影放映	8760
（四）艺术表演	
艺术表演场馆	8820
（五）互联网文化娱乐平台	
互联网文化娱乐平台	6432*
（六）艺术品拍卖及代理	
艺术品、收藏品拍卖	5183
艺术品代理	5184
（七）工艺美术品销售	
首饰、工艺品及收藏品批发	5146
珠宝首饰零售	5245
工艺美术品及收藏品零售	5246
五、文化投资运营	
（一）投资与资产管理	
文化投资与资产管理	7212*
（二）运营管理	
文化企业总部管理	7211*
文化产业园区管理	7221*
六、文化娱乐休闲服务	
（一）娱乐服务	
歌舞厅娱乐活动	9011
电子游艺厅娱乐活动	9012
网吧活动	9013
其他室内娱乐活动	9019
游乐园	9020
其他娱乐业	9090
（二）景区游览服务	
城市公园管理	7850
名胜风景区管理	7861
森林公园管理	7862
其他游览景区管理	7869
自然遗迹保护管理	7712
动物园、水族馆管理服务	7715
植物园管理服务	7716
（三）休闲观光游览服务	

类　别　名　称	国民经济行业代码
休闲观光活动	9030
观光游览航空服务	5622
第二部分　文化相关领域	
七、文化辅助生产和中介服务	
（一）文化辅助用品制造	
文化用机制纸及纸板制造	2221*
手工纸制造	2222
油墨及类似产品制造	2642
工艺美术颜料制造	2644
文化用信息化学品制造	2664
（二）印刷复制服务	
书、报刊印刷	2311
本册印制	2312
包装装潢及其他印刷	2319
装订及印刷相关服务	2320
记录媒介复制	2330
摄影扩印服务	8060
（三）版权服务	
版权和文化软件服务	7520*
（四）会议展览服务	
会议、展览及相关服务	7281-7284
	7289
（五）文化经纪代理服务	
文化活动服务	9051
文化娱乐经纪人	9053
其他文化艺术经纪代理	9059
婚庆典礼服务	8070*
文化贸易代理服务	5181*
票务代理服务	7298
（六）文化设备（用品）出租服务	
休闲娱乐用品设备出租	7121
文化用品设备出租	7123
（七）文化科研培训服务	
社会人文科学研究	7350
学术理论社会（文化 ）团体	9521*
文化艺术培训	8393
文化艺术辅导	8399*

类　别　名　称	国民经济行业代码
八、文化装备生产	
（一）印刷设备制造	
印刷专用设备制造	3542
复印和胶印设备制造	3474
（二）广播电视电影设备制造及销售	
广播电视节目制作及发射设备制造	3931
广播电视接收设备制造	3932
广播电视专用配件制造	3933
专业音响设备制造	3934
应用电视设备及其他广播电视设备制造	3939
广播影视设备批发	5178
电影机械制造	3471
（三）摄录设备制造及销售	
影视录放设备制造	3953
娱乐用智能无人飞行器制造	3963*
幻灯及投影设备制造	3472
照相机及器材制造	3473
照相器材零售	5248
（四）演艺设备制造及销售	
舞台及场地用灯制造	3873
舞台照明设备批发	5175*
（五）游乐游艺设备制造	
露天游乐场所游乐设备制造	2461
游艺用品及室内游艺器材制造	2462
其他娱乐用品制造	2469
（六）乐器制造及销售	
中乐器制造	2421
西乐器制造	2422
电子乐器制造	2423
其他乐器及零件制造	2429
乐器批发	5147
乐器零售	5247
九、文化消费终端生产	
（一）文具制造及销售	
文具制造	2411
文具用品批发	5141
文具用品零售	5241

类　别　名　称	国民经济行业代码
（二）笔墨制造	
笔的制造	2412
墨水、墨汁制造	2414
（三）玩具制造	
玩具制造	2451-2456
	2459
（四）节庆用品制造	
焰火、鞭炮产品制造	2672
（五）信息服务终端制造及销售	
电视机制造	3951
音响设备制造	3952
可穿戴智能文化设备制造	3961*
其他智能文化消费设备制造	3969*
家用视听设备批发	5137
家用视听设备零售	5271
其他文化用品批发	5149
其他文化用品零售	5249

表 2　带“*”行业分类文化生产活动内容的说明

序号	国民经济行业分类及代码	文化及相关产业类别名称及小类代码	文化生产活动的内容
1	应用软件开发（6513*）	多媒体、游戏动漫和数字出版软件开发（0243）	包括应用软件开发中的多媒体软件、游戏动漫软件、数字出版软件开发活动。
2	其他电信服务（6319*）	增值电信文化服务(0244)	仅指固定网增值电信、移动网增值电信、其他增值电信中的文化服务，包括手机报、个性化铃音等业务服务。
3	其他数字内容服务（6579*）	其他文化数字内容服务（0245）	仅指文化宣传领域数字内容服务。
4	工程设计活动（7484*）	建筑设计服务（0321）	仅包括房屋建筑工程，体育、休闲娱乐工程，室内装饰和风景园林工程专项设计服务。
5	互联网生活服务平台（6432*）	互联网文化娱乐平台（0450）	仅包括互联网演出购票平台、娱乐应用服务平台、音视频服务平台、读书平台、艺术品鉴定拍卖平台和文化艺术平台。
6	投资与资产管理（7212*）	文化投资与资产管理（0510）	指政府主管部门转变职能后，成立的国有文化资产管理机构和文化行业管理机构的活动；文化投资活动，不包括资本市场的投资。
7	企业总部管理（7211*）	文化企业总部管理（0521）	指不具体从事对外经营业务，只负责文化企业的重大决策、资产管理，协调管理下属各机构和内部日常工作的文化企业总部的活动，其对外经营业务由下属的独立核算单位或单独核算单位承担，还包括派出机构的活动（如办事处等）。
8	园区管理服务（7221*）	文化产业园区管理（0522）	仅指非政府部门的文化产业园区管理服务。

序号	国民经济行业分类及代码	文化及相关产业类别名称及小类代码	文化生产活动的内容
9	机制纸及纸板制造（2221*）	文化用机制纸及纸板制造（0711）	包括未涂布印刷书写用纸制造、涂布类印刷用纸制造、感应纸及纸板制造。
10	知识产权服务（7520*）	版权和文化软件服务（0730）	版权服务包括版权代理服务，版权鉴定服务，版权咨询服务，著作权登记服务，著作权使用报酬收转服务，版权交易、版权贸易服务和其他版权服务。文化软件服务指与文化有关的软件服务，包括软件代理、软件著作权登记、软件鉴定等服务。
11	婚姻服务（8070*）	婚庆典礼服务（0754）	指婚庆礼仪服务。包括婚礼策划、组织服务，婚礼租车服务，婚礼用品出租服务，婚礼摄像服务和其他婚姻服务。
12	贸易代理（5181*）	文化贸易代理服务（0755）	包括文化用品、图书、音像、文化用家用电器和广播电视器材等国际国内贸易代理服务。
13	专业性团体（9521*）	学术理论社会（文化）团体（0772）	学术理论社会团体包括党的理论研究、史学研究、思想工作研究、社会人文科学研究等团体的服务。文化团体包括新闻、图书、报刊、音像、版权、广播、电视、电影、演员、作家、文学艺术、美术家、摄影家、文物、博物馆、图书馆、文化馆、游乐园、公园、文艺理论研究、民族文化等团体的服务。
14	其他未列明教育（8399*）	文化艺术辅导(0774)	包括美术、舞蹈、音乐、书法和武术等辅导服务。
15	智能无人飞行器制造（3963*）	娱乐用智能无人飞行器制造（0832）	指按照国家有关安全规定标准，经允许生产并主要用于娱乐的智能无人飞行器的制造。
16	电气设备批发（5175*）	舞台照明设备批发（0842）	包括各类舞台照明设备的批发。
17	可穿戴智能设备制造（3961*）	可穿戴智能文化设备制造（0953）	指由用户穿戴和控制，并且自然、持续地运行和交互的个人移动计算文化设备产品的制造。
18	其他智能消费设备制造（3969*）	其他智能文化消费设备制造（0954）	仅指虚拟现实设备制造活动。

数字经济及其核心产业统计分类（2021）

一、分类目的

为贯彻落实党中央、国务院关于数字经济和信息化发展战略的重大决策部署，科学界定数字经济及其核心产业统计范围，全面统计数字经济发展规模、速度、结构，满足各级党委、政府和社会各界对数字经济的统计需求，制定本分类。

二、编制原则

（一）以党中央、国务院有关文件为依据。本分类贯彻落实党中央、国务院关于数字经济发展战略的重大决策部署，依据 G20 杭州峰会提出的《二十国集团数字经济发展与合作倡议》，以及《中华人民共和国国民经济和社会发展第十四个五年规划和 2035 年远景目标纲要》《国家信息化发展战略纲要》《关于促进互联网金融健康发展的指导意见》等政策文件，确定数字经济的基本范围。

（二）以国内外相关统计分类标准为参考。本分类充分借鉴国内外相关机构关于数字经济分类的方法，参照《新产业新业态新商业模式统计分类（2018）》《战略性新兴产业分类（2018）》《统计上划分信息相关产业暂行规定》等相关统计分类标准，最大程度反映与数字技术紧密相关的各种基本活动。

（三）以《国民经济行业分类》为基础。本分类基于《国民经济行业分类》（GB/T 4754—2017）同质性原则，对国民经济行业分类中符合数字经济产业特征的和以提供数字产品（货物或服务）为目的的相关行业类别活动进行再分类。

（四）以满足数字经济统计监测为目的。本分类立足现行统计工作实际，聚焦数字经济统计核算需求，充分考虑分类的可操作性和数据的可获得性，力求全面、准确反映数字经济及其核心产业发展状况。

三、概念界定和分类范围

数字经济是指以数据资源作为关键生产要素、以现代信息网络作为重要载体、以信息通信技术的有效使用作为效率提升和经济结构优化的重要推动力的一系列经济活动。本分类将数字经济产业范围确定为：01 数字产品制造业、02 数字产品服务业、03 数字技术应用业、04 数字要素驱动业、05 数字化效率提升业等 5 个大类。

数字经济核心产业是指为产业数字化发展提供数字技术、产品、服务、基础设施和解决方案，以及完全依赖于数字技术、数据要素的各类经济活动。本分类中 01-04 大类为数字经济核心产业。

四、结构和编码

本分类采用线分类法和分层次编码方法，将数字经济活动划分为三层，分别用阿拉伯数字编码表示。第一层为大类，用 2 位数字表示，共有 5 个大类；第二层为中类，用 4 位数字表示，共有 32 个中类；第三层为小类，用 6 位数字表示，共有 156 个小类。

本分类代码结构：

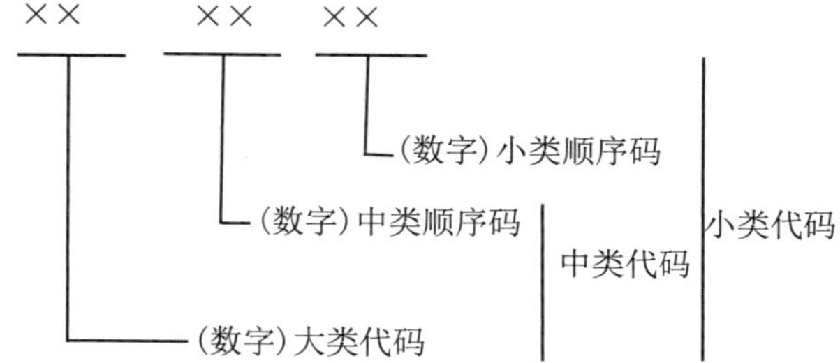

五、有关说明

（一）数字经济核心产业对应的 01-04 大类即数字产业化部分，主要包括计算机通信和其他电子设备制造业、电信广播电视和卫星传输服务、互联网和相关服务、软件和信息技术服务业等，是数字经济发展的基础；第 05 大类为产业数字化部分，指应用数字技术和数据资源为传统产业带来的产出增加和效率提升，是数字技术与实体经济的融合。

（二）本分类所涉及国民经济行业分类的具体范围和说明，与《2017 国民经济行业分类注释》相一致。

附表　数字经济及其核心产业统计分类

代码			名　称	说　明	国民经济行业分类代码及名称
大类	中类	小类			
★01			数字产品制造业		
	0101		计算机制造		
		010101	计算机整机制造	指将可进行算术或逻辑运算的中央处理器和外围设备集成计算整机的制造，包括硬件与软件集成计算机系统的制造、来件组装计算机的加工	3911 计算机整机制造
		010102	计算机零部件制造	指组成电子计算机的内存、板卡、硬盘、电源、机箱、显示器等部件的制造	3912 计算机零部件制造
		010103	计算机外围设备制造	指计算机外围设备及附属设备的制造，包括输入设备、输出设备和外存储设备等制造	3913 计算机外围设备制造
		010104	工业控制计算机及系统制造	指一种采用总线结构，对生产过程及机电设备、工艺装备进行检测与控制的工具总称；工控机具有重要的计算机属性和特征，如具有计算机CPU、硬盘、内存、外设及接口，并有操作系统、控制网络和协议、计算能力、友好的人机界面；工控行业的产品和技术非常特殊，属于中间产品，是为其他各行业提供可靠、嵌入式、智能化的工业计算机制造	3914 工业控制计算机及系统制造
		010105	信息安全设备制造	指用于保护网络和计算机中信息和数据安全的专用设备的制造，包括边界安全、通信安全、身份鉴别与访问控制、数据安全、基础平台、内容安全、评估审计与监控、安全应用设备等制造	3915 信息安全设备制造
		010106	其他计算机制造	指计算机应用电子设备（以中央处理器为核心，配以专业功能模块、外围设备等构成各行业应用领域专用的电子产品及设备，如金融电子、汽车电子、医疗电子、信息采集及识别设备、数字化3C产品等），以及其他未列明计算机设备的制造	3919 其他计算机制造
	0102		通讯及雷达设备制造		
		010201	通信系统设备制造	指固定或移动通信接入、传输、交换设备等通信系统建设所需设备的制造	3921 通信系统设备制造
		010202	通信终端设备制造	指固定或移动通信终端设备的制造	3922 通信终端设备制造
		010203	雷达及配套设备制造	指雷达整机及雷达配套产品的制造	3940 雷达及配套设备制造
	0103		数字媒体设备制造		
		010301	广播电视节目制作及发射设备制造	指广播电视节目制作、发射设备及器材的制造	3931 广播电视节目制作及发射设备制造
		010302	广播电视接收设备制造	指专业广播电视接收设备的制造。不包括家用广播电视接收设备的制造	3932 广播电视接收设备制造
		010303	广播电视专用配件制造	指专业用录像重放及其他配套的广播电视设备的制造。不包括家用广播电视装置的制造	3933 广播电视专用配件制造
		010304	专业音响设备制造	指广播电视、影剧院、各种场地等专业用录音、音响设备及其他配套设备的制造	3934 专业音响设备制造
		010305	应用电视设备及其他广播电视设备制造	指应用电视设备、其他广播电视设备和器材的制造	3939 应用电视设备及其他广播电视设备制造
		010306	电视机制造	指非专业用电视机制造	3951 电视机制造
		010307	音响设备制造	指非专业用智能音响、无线电收音机、收录音机、唱机等音响设备的制造	3952 音响设备制造
		010308	影视录放设备制造	指非专业用智能机顶盒、录像机、摄像机、激光视盘机等影视设备整机及零部件的制造，包括教学用影视设备的制造。不包括广播电视等	3953 影视录放设备制造

代码			名称	说明	国民经济行业分类代码及名称
大类	中类	小类			
				专业影视设备的制造	
	0104		**智能设备制造**		
		010401	工业机器人制造	指用于工业自动化领域的工业机器人的制造，如焊接专用机器人、喷涂机器人、工厂用物流机器人、机械式遥控操作装置（遥控机械手）等	3491 工业机器人制造
		010402	特殊作业机器人制造	指用于特殊性作业的机器人的制造，如水下、危险环境、高空作业、国防、科考、特殊搬运、农业等特殊作业机器人	3492 特殊作业机器人制造
		010403	智能照明器具制造	指利用计算机、无线通讯数据传输、扩频电力载波通讯技术、计算机智能化信息处理及节能型电器控制等技术组成的分布式无线遥测、遥控、遥讯控制系统，具有灯光亮度的强弱调节、灯光软启动、定时控制、场景设置等功能的照明器具的制造	3874 智能照明器具制造
		010404	可穿戴智能设备制造	指由用户穿戴和控制，并且自然、持续地运行和交互的个人移动计算设备产品的制造，包括可穿戴运动监测设备的制造	3961 可穿戴智能设备制造
		010405	智能车载设备制造	指包含具备汽车联网、自动驾驶、车内及车际通讯、智能交通基础设施通信等功能要素，融合了传感器、雷达、卫星定位、导航、人工智能等技术，使汽车具备智能环境感知能力，自动分析汽车行驶的安全及危险状态目的的车载终端产品及相关配套设备的制造	3962 智能车载设备制造
		010406	智能无人飞行器制造	指按照国家有关安全规定标准，经允许生产并主要用于娱乐、科普等领域的智能无人飞行器的制造	3963 智能无人飞行器制造
		010407	服务消费机器人制造	指除工业和特殊作业以外的各种机器人的制造，包括用于个人、家庭及商业服务类机器人，如家务机器人、餐饮用机器人、宾馆用机器人、销售用机器人、娱乐机器人、助老助残机器人、医疗机器人、清洁机器人等	3964 服务消费机器人制造
		010408	其他智能消费设备制造	指其他未列明的智能消费设备的制造	3969 其他智能消费设备制造
	0105		**电子元器件及设备制造**		
		010501	半导体器件专用设备制造	指生产集成电路、二极管（含发光二极管）、三极管、太阳能电池片的设备的制造	3562 半导体器件专用设备制造
		010502	电子元器件与机电组件设备制造	指生产电容、电阻、电感、印制电路板、电声元件、锂离子电池等电子元器件与机电组件的设备的制造	3563 电子元器件与机电组件设备制造
		010503	电力电子元器件制造	指用于电能变换和控制（从而实现运动控制）的电子元器件的制造	3824 电力电子元器件制造
		010504	光伏设备及元器件制造	指太阳能组件（太阳能电池）、控制设备及其他太阳能设备和元器件制造。不包括太阳能用蓄电池制造	3825 光伏设备及元器件制造
		010505	电气信号设备装置制造	指交通运输工具（如机动车、船舶、铁道车辆等）专用信号装置及各种电气音响或视觉报警、警告、指示装置的制造，以及其他电气声像信号装置的制造	3891 电气信号设备装置制造
		010506	电子真空器件制造	指电子热离子管、冷阴极管或光电阴极管及其他真空电子器件，以及电子管零件的制造	3971 电子真空器件制造
		010507	半导体分立器件制造	指各类半导体分立器件的制造	3972 半导体分立器件制造
		010508	集成电路制造	指单片集成电路、混合式集成电路的制造	3973 集成电路制造

代码			名称	说明	国民经济行业分类代码及名称
大类	中类	小类			
		010509	显示器件制造	指基于电子手段呈现信息供视觉感受的器件及模组的制造，包括薄膜晶体管液晶显示器件（TN/STN-LCD、TFT-LCD）、场发射显示器件（FED）、真空荧光显示器件（VFD）、有机发光二极管显示器件（OLED）、等离子显示器件（PDP）、发光二极管显示器件（LED）、曲面显示器件以及柔性显示器件等	3974 显示器件制造
		010510	半导体照明器件制造	指用于半导体照明的发光二极管（LED）、有机发光二极管（OLED）等器件的制造	3975 半导体照明器件制造
		010511	光电子器件制造	指利用半导体光—电子（或电—光子）转换效应制成的各种功能器件的制造	3976 光电子器件制造
		010512	电阻电容电感元件制造	指电容器（包括超级电容器）、电阻器、电位器、电感器件、电子变压器件的制造	3981 电阻电容电感元件制造
		010513	电子电路制造	指在绝缘基材上采用印制工艺形成电气电子连接电路，以及附有无源与有源元件的制造，包括印刷电路板及附有元器件构成电子电路功能组合件	3982 电子电路制造
		010514	敏感元件及传感器制造	指按一定规律，将感受到的信息转换成为电信号或其他所需形式的信息输出的敏感元件及传感器的制造	3983 敏感元件及传感器制造
		010515	电声器件及零件制造	指扬声器、送受话器、耳机、音箱等器件及零件的制造	3984 电声器件及零件制造
		010516	电子专用材料制造	指用于电子元器件、组件及系统制备的专用电子功能材料、互联与封装材料、工艺及辅助材料的制造，包括半导体材料、光电子材料、磁性材料、锂电池材料、电子陶瓷材料、覆铜板及铜箔材料、电子化工材料等	3985 电子专用材料制造
		010517	其他元器件及设备制造	指其他未列明的电子器件、电子元件、电子设备的制造	3979 其他电子器件制造 3989 其他电子元件制造 3990 其他电子设备制造
	0106		**其他数字产品制造业**		
		010601	记录媒介复制	指将母带、母盘上的信息进行批量翻录的生产活动	2330 记录媒介复制
		010602	电子游戏游艺设备制造	指主要安装在室内游乐场所的电子游乐设备的制造，包括电子游戏机等	2462*游艺用品及室内游艺器材制造
		010603	信息化学品制造	指电影、照相、幻灯、投影、医学和其他生产用感光材料、冲洗套药，磁、光记录材料，光纤维通讯用辅助材料，及其专用化学制剂的制造	2664 文化用信息化学品制造 2665 医学生产用信息化学品制造
		010604	计算器及货币专用设备制造	指金融、商业、交通及办公等使用的电子计算器、具有计算功能的数据记录、重现和显示机器的制造，以及货币专用设备及类似机械的制造	3475 计算器及货币专用设备制造
		010605	增材制造装备制造	指以增材制造（3D 打印）技术进行加工的设备制造和零部件制造	3493 增材制造装备制造
		010606	专用电线、电缆制造	指在声音、文字、图像等信息传播方面所使用的电线电缆的制造	3831*电线、电缆制造
		010607	光纤制造	指将电的信号变成光的信号，进行声音、文字、图像等信息传输的光纤的制造	3832 光纤制造
		010608	光缆制造	指利用置于包覆套中的一根或多根光纤作为传输媒质并可以单独或成组使用的光缆的制造	3833 光缆制造
		010609	工业自动控制系统装置制造	指用于连续或断续生产制造过程中，测量和控制生产制造过程的温度、压力、流量、物位等变量或者物体位置、倾斜、旋转等参数的工业用计算机控制系统、检测仪表、执行机构和装置的制造	4011 工业自动控制系统装置制造

代码			名称	说明	国民经济行业分类代码及名称
大类	中类	小类			
★02			数字产品服务业		
	0201		数字产品批发		
		020101	计算机、软件及辅助设备批发	指各类计算机、软件及辅助设备的批发和进出口活动	5176 计算机、软件及辅助设备批发
		020102	通讯设备批发	指各类电信设备的批发和进出口活动	5177 通讯设备批发
		020103	广播影视设备批发	指各类广播影视设备的批发和进出口活动	5178 广播影视设备批发
	0202		数字产品零售		
		020201	计算机、软件及辅助设备零售	指各类计算机、软件及辅助设备的零售活动	5273 计算机、软件及辅助设备零售
		020202	通信设备零售	指各类电信设备的零售活动	5274 通信设备零售
		020203	音像制品、电子和数字出版物零售	指各类音像制品及电子出版物的零售活动	5244 音像制品、电子和数字出版物零售
	0203		数字产品租赁		
		020301	计算机及通讯设备经营租赁	指各类计算机、通讯设备的租赁活动	7114 计算机及通讯设备经营租赁
		020302	音像制品出租	指各种音像制品的出租活动	7125 音像制品出租
	0204		数字产品维修		
		020401	计算机和辅助设备修理	指各类计算机和辅助设备的修理活动	8121 计算机和辅助设备修理
		020402	通讯设备修理	指电话机、传真机和手机等通讯设备的修理活动	8122 通讯设备修理
	0205	020500	其他数字产品服务业	指其他未列明数字产品服务业	
★03			数字技术应用业		
	0301		软件开发		
		030101	基础软件开发	指能够对硬件资源进行调度和管理、为应用软件提供运行支撑的软件的开发活动，包括操作系统、数据库、中间件、各类固件等	6511 基础软件开发
		030102	支撑软件开发	指软件开发过程中使用到的支撑软件开发的工具和集成环境、测试工具软件等的开发活动	6512 支撑软件开发
		030103	应用软件开发	指独立销售的面向应用需求和解决方案等软件的开发活动，包括通用软件、工业软件、行业软件、嵌入式应用软件等	6513 应用软件开发
		030104	其他软件开发	指其他未列明软件的开发活动，如平台软件、信息安全软件等	6519 其他软件开发
	0302		电信、广播电视和卫星传输服务		
		030201	电信	指利用有线、无线的电磁系统或者光电系统，传送、发射或者接收语音、文字、数据、图像、视频以及其他任何形式信息的活动	6311 固定电信服务 6312 移动电信服务 6319 其他电信服务
		030202	广播电视传输服务	指利用有线广播电视网络及其信息传输分发交换接入服务和信号，以及利用无线广播电视传输覆盖网及其信息传输分发交换服务信号的传输服务	6321 有线广播电视传输服务 6322 无线广播电视传输服务
		030203	卫星传输服务	指利用卫星提供通讯传输和广播电视传输服务，以及导航、定位、测绘、气象、地质勘查、空间信息等应用服务的活动	6331 广播电视卫星传输服务 6339 其他卫星传输服务
	0303		互联网相关服务		
		030301	互联网接入及相关服务	指除基础电信运营商外，基于基础传输网络，为存储数据、数据处理及相关活动提供接入互联网的有关应用设施的服务活动	6410 互联网接入及相关服务
		030302	互联网搜索服务	指利用互联网查找、检索存储在其他站点上的信息的服务活动	6421 互联网搜索服务
		030303	互联网游戏服务	指各种互联网游戏服务活动，包括在线网络游	6422 互联网游戏服务

代码			名称	说明	国民经济行业分类代码及名称
大类	中类	小类			
				戏、互联网电子竞技服务等	
		030304	互联网资讯服务	指除基础电信运营商外，通过互联网提供网上新闻、网上新媒体、网上信息发布等信息服务的活动	8610*新闻业 6429*互联网其他信息服务
		030305	互联网安全服务	指各种互联网安全服务活动，包括网络安全集成服务、网络安全运维服务、网络安全灾备服务、网络安全监测和应急服务、网络安全认证检测服务、网络安全风险评估服务、网络安全咨询服务、网络安全培训服务等	6440 互联网安全服务
		030306	互联网数据服务	指以互联网技术为基础的大数据处理、云存储、云计算、云加工、区块链等服务活动	6450 互联网数据服务
		030307	其他互联网相关服务	指除基础电信运营商外，通过互联网提供网上音乐、网上视频、网上表演（直播）、网络动漫、网络艺术品等信息服务的活动，以及物联网服务、互联网资源写作服务、基于 IPv6 技术提供的网络平台服务等未列明的互联网服务活动。不包括互联网支付、互联网基金销售、互联网保险、互联网信托和互联网消费金融等互联网信息服务	6429*互联网其他信息服务 6490 其他互联网服务
	0304		信息技术服务		
		030401	集成电路设计	指企业开展的集成电路功能研发、设计等服务活动	6520 集成电路设计
		030402	信息系统集成服务	指基于需方业务需求进行的信息系统需求分析和系统设计，并通过结构化的综合布缆系统、计算机网络技术和软件技术，将各个分离的设备、功能和信息等集成到相互关联的、统一和协调的系统之中，以及为信息系统的正常运行提供支持的服务活动	6531 信息系统集成服务
		030403	物联网技术服务	指提供各种物联网技术支持的服务活动，包括物联网信息感知技术服务、物联网信息传感技术服务、物联网数据通讯技术服务、物联网信息处理技术服务、物联网信息安全技术服务等	6532 物联网技术服务
		030404	运行维护服务	指各种运行维护服务活动，包括基础环境运行维护、网络运行维护、软件运行维护、硬件运行维护、局域网安装调试服务、局域网维护服务以及其他运行维护服务、网络技术支持服务等	6540 运行维护服务
		030405	信息处理和存储支持服务	指供方向需方提供的信息和数据的分析、整理、计算、编辑、存储等加工处理服务，以及应用软件、信息系统基础设施等租用服务，包括在线企业资源规划（ERP）、在线杀毒、服务器托管、虚拟主机等	6550 信息处理和存储支持服务
		030406	信息技术咨询服务	指在信息资源开发利用、工程建设、人员培训、管理体系建设、技术支撑等方面向需方提供的管理或技术咨询评估服务活动，包括信息化规划、信息技术管理咨询、信息系统工程监理、测试评估、信息技术培训等	6560 信息技术咨询服务
		030407	地理遥感信息及测绘地理信息服务	指各类地理遥感信息服务活动和遥感测绘服务活动，包括互联网地图服务软件、地理信息系统软件、测绘软件、遥感软件、导航与位置服务软件、地图制图软件等地理遥感信息服务软件，以及卫星定位测量、导航定位服务等遥感测绘服务	6571 地理遥感信息服务 7441 遥感测绘服务 7449 其他测绘地理信息服务
		030408	动漫、游戏及其他数字内容服务	指将动漫和游戏中的图片、文字、视频、音频等信息内容运用数字化技术进行加工、处理、	6572 动漫、游戏数字内容服务

大类	中类	小类	名称	说明	国民经济行业分类代码及名称
				制作并整合应用的服务活动，以及数字文化、数字体育等其他数字内容服务	6579 其他数字内容服务
		030409	其他信息技术服务业	指其他上述未列明的信息技术服务业，包括电信呼叫服务、电话信息服务、计算机使用服务等	6591 呼叫中心 6599 其他未列明信息技术服务业
	0305		**其他数字技术应用业**		
		030501	三维（3D）打印技术推广服务	指各类三维（3D）打印技术推广服务活动，包括3D打印服务、3D打印技术推广等	7517 三维（3D）打印技术推广服务
		030502	其他未列明数字技术应用业	指其他未列明的数字技术应用业	
★04			**数字要素驱动业**		
	0401		**互联网平台**		
		040101	互联网生产服务平台	指专门为生产服务提供第三方服务平台的互联网活动，包括工业互联网平台、互联网大宗商品交易平台、互联网货物运输平台等	6431 互联网生产服务平台
		040102	互联网生活服务平台	指专门为居民生活服务提供第三方服务平台的互联网活动，包括互联网销售平台、互联网约车服务平台、在线旅游经营服务平台、互联网体育平台、互联网教育平台、互联网社交平台等	6432 互联网生活服务平台
		040103	互联网科技创新平台	指专门为科技创新、创业等提供第三方服务平台的互联网活动，包括网络众创平台、网络众包平台、网络众扶平台、技术创新网络平台、科技成果网络推广平台、知识产权交易平台、开源社区平台等	6433 互联网科技创新平台
		040104	互联网公共服务平台	指专门为公共服务提供第三方服务平台的互联网活动，包括互联网政务平台、互联网公共安全服务平台、互联网环境保护平台、互联网数据平台等	6434 互联网公共服务平台
		040105	其他互联网平台	指其他未列明的互联网平台	6439 其他互联网平台
	0402		**互联网批发零售**		
		040201	互联网批发	指批发商主要通过互联网电子商务平台开展的商品批发活动	5193 互联网批发
		040202	互联网零售	指零售商通过电子商务平台开展的零售活动。不包括仅提供网络支付的活动，以及仅建立或提供网络交易平台和接入的活动	5292 互联网零售
	0403		**互联网金融**		
		040301	网络借贷服务	指依法成立，专门从事网络借贷信息中介业务活动的金融信息中介公司通过互联网平台实现的直接借贷活动	6637 网络借贷服务
		040302	非金融机构支付服务	指非金融机构在收付款人之间作为中介机构提供的货币资金转移服务，包括第三方支付机构从事的互联网支付、预付卡的发行与受理、银行卡收单以及中国人民银行确定的其他支付等服务	6930 非金融机构支付服务
		040303	金融信息服务	指向从事金融分析、金融交易、金融决策或者其他金融活动的用户提供可能影响金融市场的信息（或者金融数据）的服务，包括征信机构服务	6940 金融信息服务
	0404		**数字内容与媒体**		
		040401	广播	指广播节目的现场制作、播放及其他相关活动，包括互联网广播	8710 广播
		040402	电视	指有线和无线电视节目的现场制作、播放及其他相关活动，包括互联网电视	8720 电视

代码			名称	说明	国民经济行业分类代码及名称
大类	中类	小类			
		040403	影视节目制作	指电影、电视、录像（含以磁带、光盘为载体）和网络节目的制作活动，以及影视节目的后期制作。不包括电视台制作节目的活动	8730 影视节目制作
		040404	广播电视集成播控	指交互式网络电视（IPTV）、手机电视、互联网电视（OTT）等专网及定向传播视听节目服务的集成播控活动	8740 广播电视集成播控
		040405	电影和广播电视节目发行	指电影和影视节目的发行活动。不包括录像制品（以磁带、光盘为载体）的发行	8750 电影和广播电视节目发行
		040406	电影放映	指专业电影院以及设在娱乐场所独立（或相对独立）的电影放映等活动	8760 电影放映
		040407	录音制作	指可以在广播电台播放，或者制作成出版、销售的原版录音带（磁带或光盘），或者在其他宣传场合播放的录音节目的制作活动。不包括广播电台制作节目的活动	8770 录音制作
		040408	数字内容出版	指各类录音制品、电子出版物，以及利用数字技术进行内容编辑加工、并通过网络传播数字内容产品的出版服务	8624 音像制品出版 8625 电子出版物出版 8626 数字出版
		040409	数字广告	指在互联网平台投放，以广告横幅、文本链接、多媒体等形式，为外部客户提供宣传推广服务的活动	7251 互联网广告服务
	0405		**信息基础设施建设**		
		040501	网络基础设施建设	指光缆、微波、卫星、移动通信、工业互联网、物联网、5G等网络基础设施的建设活动	4851*架线及设备工程建筑 4910*电气安装
		040502	新技术基础设施建设	指人工智能、云计算、区块链等新技术基础设施的建设活动	4851*架线及设备工程建筑 4910*电气安装
		040503	算力基础设施建设	指以数据服务器、运算中心、数据存储阵列等为核心，实现数据信息的计算、存储、传递、加速、展示等功能的数据中心、智能计算中心等算力基础设施的建设活动	4790*其他房屋建筑业 4851*架线及设备工程建筑 4910*电气安装 4999*其他建筑安装
		040504	其他信息基础设施建设	指上述未列明的其他信息基础设施的建设活动	
	0406	040600	**数据资源与产权交易**	指对数据资源与数字产权的交易活动	7213*资源与产权交易服务
	0407		**其他数字要素驱动业**		
		040701	供应链管理服务	指基于现代信息技术对供应链中的物流、商流、信息流和资金流进行设计、规划、控制和优化，将单一、分散的订单管理、采购执行、报关退税、物流管理、资金融通、数据管理、贸易商务、结算等一体化整合的服务	7224 供应链管理服务
		040702	安全系统监控服务	指各类安全系统监控服务活动，包括消防报警系统监控服务、治安报警系统监控服务、交通安全系统监控服务和其他安全系统监控服务。不包括公安部门的活动和消防部门的活动	7272 安全系统监控服务
		040703	数字技术研究和试验发展	指大数据、互联网、物联网、人工智能、VR/AR、边缘计算、异构计算、工业视觉算法等新兴计算关键技术，SDN（软件定义网络）、网络切片等关键技术研究应用，以及量子通信和其他数字技术的研发与试验发展活动	7320*工程和技术研究和试验发展
05			**数字化效率提升业**		
	0501		**智慧农业**		
		050101	数字化设施种植	指精准播种、智能温室等利用遥感、地理信息系统、全球定位系统、物联网、人工智能、大数据、云计算、无人机等现代信	01* 农业

代码			名称	说明	国民经济行业分类代码及名称
大类	中类	小类			
				息技术和智能化设施，对土壤、地形、地貌、温度、湿度等农作物生长环境信息进行采集、分析，实现精准控制和监测的农作物种植及相关活动	
		050102	数字林业	指利用遥感、地理信息系统、全球定位系统、物联网、无人机等现代信息技术和智能化设施，对土壤、地形、地貌、气候、温度、湿度等林业生长环境信息进行采集、分析，实现自动化、智能化的林业及相关活动	02* 林业
		050103	自动化养殖	指利用 RFID 射频识别、自动进食、人工智能、大数据、云计算等现代信息技术，实现自动化、智能化的畜牧业及相关活动，包括牲畜饲养、家禽饲养、水产养殖、畜禽粪污处理等活动	03* 畜牧业 04* 渔业
		050104	新技术育种	指应用数字化、信息化、智能化等手段开展的种子种苗培育、林木育种育苗、畜牧良种繁殖、鱼苗及育种场等活动	0211*林木育种 0212*林木育苗 0511*种子种苗培育活动 0531*畜牧良种繁殖活动 0541*鱼苗及鱼种场活动
		050105	其他智慧农业	指利用物联网、大数据、互联网等现代信息技术对农林牧渔业生产经营进行管理的活动	05* 农、林、牧、渔专业及辅助性活动
	0502		智能制造		
		050201	数字化通用、专用设备制造	指利用数字孪生、人工智能、5G、区块链、VR/AR、边缘计算、试验验证、仿真技术等技术和设备，在通用、专用设备领域开展的生产和制造活动，包括个性定制、柔性制造等新模式。不包括计算器及货币专用设备制造、工业机器人制造、特殊作业机器人制造、增材制造装备制造、半导体器件专用设备制造、电子元器件与机电组件设备制造	34* 通用设备制造业 35* 专用设备制造业
		050202	数字化运输设备制造	指利用数字孪生、人工智能、5G、区块链、VR/AR、边缘计算、试验验证、仿真技术等技术和设备，在交通运输设备领域开展的生产和制造活动	36* 汽车制造业 37* 铁路、船舶、航空航天和其他运输设备制造业
		050203	数字化电气机械、器材和仪器仪表制造	指利用数字孪生、人工智能、5G、区块链、VR/AR、边缘计算、试验验证、仿真技术等技术和设备，在电气机械和器材制造、仪器仪表领域开展的生产和制造活动。不包括电力电子元器件制造、光伏设备及元器件制造、专用电线电缆制造、光纤制造、光缆制造、智能照明器具制造、电气信号设备装置制造、工业自动控制系统装置制造	38* 电气机械和器材制造业 40* 仪器仪表制造业
		050204	其他智能制造	指利用数字孪生、人工智能、5G、区块链、VR/AR、边缘计算、试验验证、仿真技术等技术和设备，在上述未列明的制造行业开展的生产和制造活动	C* 制造业
	0503		智能交通		
		050301	智能铁路运输	指借助数字化技术和互联网平台进行的铁路安全管理、调度指挥、行车组织、客运组织、货运组织，以及机车车辆、线桥隧涵、牵引供电、通信信号、信息系统的运用及维修养护等活动	53* 铁路运输业
		050302	智能道路运输	指借助数字化技术和互联网平台进行的道路运输、经营及运输维护活动，包括公路智能管理、交通信号联动、公交优先通行控制、智慧停车场等	54* 道路运输业

代码			名称	说明	国民经济行业分类代码及名称
大类	中类	小类			
		050303	智能水上运输	指借助数字化技术和互联网平台进行的水上旅客运输、水上货物运输和水上运输辅助活动，包括智慧港口、数字航道等	55* 水上运输业
		050304	智能航空运输	指借助数字化技术和互联网平台进行的航空客货运输、通用航空服务和航空运输辅助活动，包括智慧民航等	56* 航空运输业
		050305	其他智能交通	指借助数字化技术和互联网平台进行的海底管道运输和陆地管道运输活动，以及由两种及以上的交通工具相互衔接、转运而共同完成的货物复合运输活动以及与运输有关的代理及服务活动	57* 管道运输业 58* 多式联运和运输代理业
	0504		**智慧物流**		
		050401	智慧仓储	指以信息化技术为依托的装卸搬运、仓储服务	59* 装卸搬运和仓储业
		050402	智慧配送	指利用信息化技术开展的邮政、快递服务	60* 邮政业
	0505		**数字金融**		
		050501	银行金融服务	指银行提供的发放贷款、理财、监管等服务活动，包括中央银行服务、货币银行服务、非货币银行服务、银行理财服务和银行监管服务。不包括典当和网络借贷服务	66* 货币金融服务
		050502	数字资本市场服务	指借助数字化技术和互联网平台进行的资本融通与交易市场的服务，包括证券市场服务、公开募集证券投资基金、非公开募集证券投资基金、期货市场服务、证券期货监管服务、资本投资服务，以及上述未列明的其他资本市场服务	67* 资本市场服务
		050503	互联网保险	指保险机构依托互联网订立保险合同、提供保险服务的保险经营活动	68* 保险业
		050504	其他数字金融	指上述未列明的其他金融业。不包括非金融机构支付服务、金融信息服务	69* 其他金融业
	0506		**数字商贸**		
		050601	数字化批发	指在商品流通环节中有数字化技术适度参与的批发活动。不包括主要通过互联网电子商务平台开展的商品批发活动	51* 批发业
		050602	数字化零售	指在商品流通环节中有数字化技术适度参与的零售活动，包括无人店铺零售、新零售等。不包括主要通过互联网电子商务平台开展的商品零售活动	52* 零售业
		050603	数字化住宿	指利用信息化技术开展的高效、精准、便捷的现代住宿活动	61* 住宿业
		050604	数字化餐饮	指利用信息化技术开展的高效、精准、便捷的现代餐饮活动	62* 餐饮业
		050605	数字化租赁	指利用信息化技术开展的租赁活动。不包括计算机及通讯设备经营租赁、音像制品出租	71* 租赁业
		050606	数字化商务服务	指利用信息化技术开展的商务咨询与调查、票务代理服务、旅游、人力资源服务、会议展览及相关服务等活动。不包括资源与产权交易服务、供应链管理服务、互联网广告服务、安全系统监控服务	72* 商务服务业
	0507		**数字社会**		
		050701	智慧教育	指利用数字化技术和信息化平台进行内容传播和快速学习的活动，包括在线教育、在线培训、网络学院、网络教育和以在线学习等为主的互联网学校教育和职业技能培训等	83* 教育
		050702	智慧医疗	指利用数字化技术和信息化平台开展的医学检查检验影像，以及在线医疗、远程医疗等服	84* 卫生

大类	中类	小类	名　称	说　　明	国民经济行业分类代码及名称
				务活动	
		050703	数字化社会工作	指利用数字化技术和信息化平台开展的慈善、救助、福利、护理、帮助等社会工作的活动	85*　社会工作
	0508		**数字政府**		
		050801	行政办公自动化	指各级行政机关应用现代信息技术、网络技术、计算机等进行的内部办公活动	S*　公共管理、社会保障和社会组织
		050802	网上税务办理	指税务部门通过互联网提供的税收缴纳服务和管理活动	9221*综合事务管理机构
		050803	互联网海关服务	指海关通过互联网进行的通关管理、关税征收等活动	9221*综合事务管理机构
		050804	网上社会保障服务	指社会保障部门通过互联网提供的各种社会保障服务，包括基本保险、补充保险及其他基本保险等	94*　社会保障
		050805	其他数字政府	指其他未列明的电子政务活动	S*　公共管理、社会保障和社会组织
	0509		**其他数字化效率提升业**		
		050901	数字采矿	指利用工业机器人、大数据、物联网、云技术等技术和设备开展煤炭、石油和天然气的开采、洗选、采选、分级等生产活动	B*　采矿业
		050902	智能化电力、热力、燃气及水生产和供应	指将大数据、物联网、云技术等技术和设备应用到电力、热力、燃气及水生产、处理、利用或供应活动中，实现生产、处理、利用或供应过程可视化智能实时监控预警等功能的生产活动	D*　电力、热力、燃气及水生产和供应业
		050903	数字化建筑业	指利用BIM技术、云计算、大数据、物联网、人工智能、移动互联网等数字技术与传统建筑业的融合活动	E*　建筑业
		050904	互联网房地产业	指利用互联网进行的房地产中介服务、房地产租赁经营，以及上述未列明的其他互联网房地产业	K*　房地产业
		050905	专业技术服务业数字化	指利用信息化技术，通过大数据、云计算等技术手段进行的专业技术服务，包括气象服务、地震服务、海洋服务、环境与生态监测检测服务、地质勘查、工程技术与设计服务及其他专业技术服务。不包括工程和技术研究和试验发展、测绘地理信息服务、三维（3D）打印技术推广服务	M*　科学研究和技术服务业
		050906	数字化水利、环境和市政设施管理	指通过信息技术和网络手段实现的水利、环境和公共设施管理，包括水利管理、公共设施管理、土地管理、生态保护和环境治理活动	N*　水利、环境和公共设施管理业
		050907	互联网居民生活服务	指利用信息化技术，通过互联网联络、承接业务、签单、付款等提供的家庭服务、托儿所服务、洗染服务、理发及美容服务、洗浴和保健养生服务、摄影扩印服务、婚姻服务、殡葬服务、代购服务、代驾服务、机动车和日用品修理服务、清洁服务等居民服务业。不包括计算机和辅助设备修理、通讯设备修理	O*　居民服务、修理和其他服务业
		050908	互联网文体娱乐业	指充分渗透数字化技术的文化体育和娱乐活动，包括数字博物馆、数字图书馆等利用数字化技术和信息化平台、借助数字化设备进行的文化艺术活动，专业从事体育比赛、训练、辅导和管理的组织所进行的活动，体育中介代理活动，以及各种形式的彩票活动。不包括新闻业、音像制品出版、电子出版物出版、数字出版	86*　新闻和出版业 88*　文化艺术业 89*　体育 90*　娱乐业

注：★为数字经济核心产业标识；本分类建立了与《国民经济行业分类》的对应关系，在国家经济行业分类中仅部分活动属于数字经济及其核心产业的，所对应的行业代码用“*”做标记。